mandelbaum *verlag*

Norbert Franz,
Thomas Kolnberger,
Pit Péporté (Hg.)

Populations, Connections, Droits fondamentaux

Mélanges pour Jean-Paul Lehners

———————

Bevölkerungen, Verbindungen, Grundrechte

Festschrift für Jean-Paul Lehners

mandelbaum *verlag*

Gedruckt mit Unterstützung der Universität Luxemburg und des Campus Europae.

© mandelbaum *verlag* wien 2015
alle Rechte vorbehalten

ISBN 978-3-85476-808-1

Korrektorat: Norbert Franz, Thomas Kolnberger, Pit Péporté
Satz: Marianne Oppel
Umschlaggestaltung: Kevin Mitrega
Umschlagbild: Batholomé de las Casas, porträtiert von Tomás López Enguídanos und José López Enguídanos, publiziert in: Retratos de los españoles ilustres con un epítome de sus vidas, Madrid 1801 [s.p.].
Druck: Primerate, Budapest

Inhalt

EINFÜHRUNG

9   Vorwort

12 Michel Margue et Michel Pauly
    Écrire et s'engager. Jean-Paul Lehners en cinq images

16 Sonja Kmec
    Erfrischend anders. Jean-Paul Lehners als akademischer Lehrer

19 Antonio Papisca
    Developing a Universal Human Rights Culture in a Context of Positive Secularism

ERSTER TEIL: DEMOGRAPHIE UND SOZIALGESCHICHTE

37 Michael Mitterauer
    Heiratsmuster im interkulturellen Vergleich. Von der Goody-These zum Korotayev-Modell

61 Peter Feldbauer und Gottfried Liedl
    Die Nation kommt nicht zu Stande. Kulturhistorische und philosophische Überlegungen zur gescheiterten Minoritätenpolitik im Spanien des 16. Jahrhunderts

81 Rolf Wittenbrock
    „Die Alldahiesigen und die Hergeloffenen". Zur Geschichte der Zuwanderer in der Stadt Saarbrücken

105 Jean-Marie Yante
    À propos de la population de quatre villes luxembourgeoises de 1444 à 1560. Luxembourg – Grevenmacher – Remich – Diekirch

129 Guy Thewes
    Errance à l'«âge d'or». La répression de la mendicité et du vagabondage au Luxembourg sous le régime autrichien

145 Fabian Trinkaus
    Ausgebliebene Proletarisierung? Die Arbeiterwohnungsfrage im Saar-Lor-Lux-Raum während der Industrialisierung

Zweiter Teil: Menschenrechte und Globalgeschichte

- 165 Hans-Heinrich Nolte
  Migration in Tundra and Taiga. Russian Cossacks and Traders in Siberia and Alaska
- 176 Régis Moes
  Biographies globales et vies transnationales. Les Luxembourgeois dans la mondialisation au XIXe et au XXe siècle
- 203 René Leboutte
  Giorgio La Pira. Droits de l'homme, Europe unie et paix mondiale (1928–1977)
- 219 Helmut Reinalter
  Menschenrechte aus freimaurerischer Perspektive
- 226 Michel Dormal
  Demokratie und Menschenrechte. Gibt es einen Gegensatz?

Anhang
- 241 Kurzbiographien der Beteiligten

Einführung

Vorwort

Am 20. April 2013 hat Jean-Paul Lehners sein 65. Lebensjahr vollendet. An diesem Tag endete auch formell seine Tätigkeit als Professor für Neuere Geschichte an der Universität Luxemburg. Tatsächlich aber blieb er dieser Hochschule erhalten: als Betreuer von Doktorandinnen und Doktoranden, als Lehrender und vor allem als Inhaber des UNESCO-Lehrstuhls für Menschenrechte. Das Ende seiner formellen Dienstzeit für die Universität Luxemburg bedeutete für Jean-Paul Lehners also keine wirklich scharfe Zäsur. Es war lediglich ein Übergang in den weit verbreiteten „Unruhestand" eines emeritierten Professors. Und der engagierte Intellektuelle Jean-Paul Lehners setzte seine vielfältigen Tätigkeiten mit unvermindertem Einsatz fort. Dennoch nahmen etliche Freunde und Kollegen von Jean-Paul Lehners seinen 65. Geburtstag zum Anlass, ihn durch eine Festschrift zu ehren. Bei seiner offiziellen Verabschiedung wurde ihm bereits eine Vorabversion überreicht, die mit einer kräftigen Prise Humor versehen war. Nun liegt ein richtiges Buch vor, das im Gegensatz zu dem handgefertigten Unikat ernst gemeint ist.

Die Einführung des Bandes bilden vier sehr unterschiedliche Texte: Dem Vorwort der Herausgeber folgen eine Rede von Sonja Kmec anlässlich der Verabschiedung von Jean-Paul Lehners an der Universität Luxemburg sowie ein Beitrag zur Biographie Jean-Paul Lehners aus der Feder seiner langjährigen Luxemburger Weggefährten Michel Margue und Michel Pauly. Ein Essay des Politologen und Menschenrechtsforschers Antonio Papisca verweist mit seinen Überlegungen zur Entwicklung einer universellen Kultur der Menschenrechte bereits auf den Hauptteil des Buchs. Die Thematik des Bandes orientiert sich an den Forschungsinteressen unseres Freundes und Kollegen: der historischen Demographie, einer Sozialgeschichte, die immer auch die ökonomischen Verhältnisse mit betrachtet, der Globalgeschichte und der Geschichte der Menschenrechte. Geordnet sind die Beiträge darüber hinaus in der Reihenfolge, in der diese Themenfelder zu Schwerpunkten der Arbeit Jean-Paul Lehners wurden.

Der erste Teil verbindet die bevölkerungsgeschichtlichen Interessen des historischen Demographen Lehners, der sein Handwerk bei Michael Mitterauer erlernt hat, mit einer sehr politisch gemeinten Sozial- und Wirtschaftsgeschichte, der sich Lehners über sein ganzes Forscherleben hinweg verpflichtet sah. Er setzt ein mit einem Beitrag seines Lehrers Mitterauer über neuere Ergebnisse eines klassischen demographischen Forschungsansatzes: der Ermittlung und komparativen Auswertung von Heiratsmustern. Mit Peter Feldbauer und Gottfried Liedl haben zwei weitere Vertreter der „Wiener Schule" einer kulturhistorisch sensibilisierten Sozial- und Wirtschaftsgeschichte einen Beitrag beigesteuert, der ein frühes Beispiel einer gescheiterten fundamentalistischen Religionspolitik vorstellt, mit deutlichen Bezügen zu aktuellen Debatten über Nation, Religion und Vertreibung. Mit dem Beitrag Rolf Wittenbrocks kommt eine regional- und mikrohistorisch fokussierte Demographie und Sozialgeschichte zu Wort, die in der historischen Tiefendimension gesellschaftliche Entwicklungen langer Dauer entlang der Konfliktlinie zwischen der jeweiligen Altbevölkerung und den Zuwanderern in den Blick nimmt. Besonders interessieren dabei die Bemühungen der Vertreter der Staatlichkeit, Migration zu steuern. Eine große Stärke der Geschichtswissenschaft, die Quellenkritik, steht im Zentrum des Beitrags von Jean-Marie Yante, eines anderen großen Vertreters der Regionalgeschichte, der über Jahrzehnte hinweg immer wieder auch wichtige Beiträge zur Luxemburgforschung vorgelegt hat. Yantes Überlegungen bewegen sich um die Bevölkerungsentwicklung eines landesherrlichen Amtsbezirks des alten Herzogtums Luxemburg, der Propstei Luxemburg. Ebenfalls die luxemburgische Perspektive, diesmal in der Frühen Neuzeit, nimmt Guy Thewes Beitrag ein, der die Verfolgung der so genannten Zigeuner und anderer nicht sesshafter Personengruppen im *Ancien Régime* untersucht. Die Reihe der sozialhistorischen Analysen schließt der Aufsatz eines weiteren jüngeren Historikers, dessen umfassenden Studien aus Jean-Paul Lehners' Projekt zur Nationenbildung und Demokratisierung in Luxemburg hervorgegangen sind: Fabian Trinkaus liefert einen Beitrag über die Wohnsituation in den kleinen Industriestädten Neunkirchen und Düdelingen, der die These von der ausgebliebenen Proletarisierung der luxemburgischen Industriearbeiter überzeugend widerlegt.

Auch den zweiten Teil des Bandes eröffnet mit dem Beitrag von Hans-Heinrich Nolte, ein etablierter Osteuropa- und Globalhistoriker, der sich hier ein weithin vernachlässigtes Themas vornimmt: die russische Kolonisation der nordwestlichen Teile Nordamerikas. Auch der Beitrag von Régis Moes, eines weiteren jüngeren Forschers, der von Jean-Paul Lehners gefördert wurde, nimmt eine globalhistorische Perspektive ein, die in Luxemburg bislang nur wenig beachtet wurde. Er verbindet sie mit einem neueren, transnationalen Ansatz der Luxemburgforschung, der besonders intensiv von Michel Pauly, aber auch von Jean-Paul Lehners und Norbert Franz im Rahmen ihrer Projekte zur luxemburgischen Nationsbildung verfolgt wurde. Mit dem Beitrag René Leboutte eröffnet ein weiterer alter Weggefährte Lehners das letzte Themenfeld des Bandes, das Lehners als Forscher und politisch wirkender Intellektueller aktuell am intensivsten beschäftigt: die Geschichte der Menschenrechte. Seine Studie analysiert das Wirken von Giorgio La Pira. Diese Reihe setzt der Beitrag des Historikers Helmut Reinalter fort, dessen Beitrag die Entwicklung der Menschenrechte aus der Perspektive der Freimaurer diskutiert. Dieser Fokus wird durch den Beitrag Michel Dormals um die Debatte über das Verhältnis von Demokratie und Menschenrechten erweitert. Damit schließt der

Beitrag eines weiteren jüngeren Kollegen den Band, dessen akademische Ausbildung in einer entscheidenden Phase von Jean-Paul Lehners begleitet wurde. Dies verweist auch darauf, was Jean-Paul Lehners immer besonders am Herzen lag: Besonders engagierten Forscherinnen und Forschern, jüngeren wie älteren, Wege zu bahnen, sie zu ermutigen, ihnen Türen zu öffnen und einen Rahmen für eigene Forschungen zu geben. Für all dies danken wir ihm von ganzem Herzen.

Esch-sur-Alzette, im Oktober 2015

Die Herausgeber: Norbert Franz, Thomas Kolnberger, Pit Péporté

Michel Margue et Michel Pauly

Écrire et s'engager
Jean-Paul Lehners en cinq images

Il est le propre du métier d'historien d'être pleinement incrusté dans la vie. La science historique scrute l'homme, dans ses trois dimensions du temps, de l'espace et de la communauté, et se situe par conséquent au plus profond de l'humanité. Nulle surprise donc que les historiens dans notre société revêtent des facettes multiples dans leur vie professionnelle, pédagogues, managers, tribuns, critiques et bien sûr chercheurs. Jean-Paul Lehners, qu'une amicale proximité nous permettra d'appeler Jim, a touché dans son riche parcours d'historien à tous ces domaines.

Comme on le verra, ce parcours apparaît à première vue disparate, mais il n'en est pas moins guidé par un fil rouge: l'engagement, la passion voire la compassion pour l'humain. Le portrait – subjectif – qui suivra, tentera d'en montrer quelques étapes déterminantes, des pièces choisies pour leur caractère exemplaire, loin de la «laudatio» que le bénéficiaire de ces Mélanges n'apprécierait guère, plutôt des morceaux choisis de «memoria», sans aucune prétention ni à la précision historique, ni à l'exhaustivité.

Nous retiendrons une première image, qui est familière à certains d'entre nous, celle de l'enseignant de lycée. Jim a débuté sa carrière d'enseignant comme stagiaire puis chargé de cours (1975–1980), pour la poursuivre dans l'enseignement technique au Lycée Michel Lucius (1980–1987), puis dans le secondaire classique, au Lycée Michel Rodange (1987–1995). Le secondaire technique en particulier, qu'il n'a pas fui comme certains de ses collègues, était une école de vie: c'est là que nous avons appris à transmettre notre passion de l'histoire à des jeunes à première vue peu intéressés, mais souvent captés par le lien entre le passé et le présent et qui nous obligeaient à repenser l'histoire et son enseignement. Les années 1975–1995 étaient des années cruciales pour l'enseignement de l'histoire, qui a été entièrement rénové à ce moment: esprit critique, enseignement participatif, travail autonome sur documents du passé furent les maîtres-mots de cette rénovation. Poursuivant ses engagements dans l'esprit de réforme de soixante-huit, Jim s'est notablement investi dans la refonte des programmes et de la didactique, prônant avec d'autres un curriculum basé sur des objectifs d'apprentissage bien définis au lieu de pages d'un manuel à mémoriser. Refusant de se laisser embrigader dans le syndicat dominant alors l'enseignement secondaire, il participa activement au combat pour la survie de la discipline historique dans le sens d'une nouvelle didactique et de nouveaux contenus: la «connaissance du monde contemporain».

La deuxième image qui sera familière à quiconque connaît Jim, est celle du chrétien engagé dans la cité. Loin d'une obéissance aveugle aux préceptes de Rome, Jim n'a jamais caché ses convictions religieuses qui sont pour lui un puissant moteur d'engagement pour un monde meilleur. Au retour de ses études à Vienne il rejoint avec son épouse Christiane la *Jugendpor* d'antan, berceau de la revue *forum* à laquelle il confia treize contributions entre 1978 et 2012. Quand les prêtres se firent rares, il n'hésita pas à s'adresser aux fidèles en l'église de Strassen. C'est en tant que chrétien qu'il soutint activement le mouvement pour la paix et le désarmement au début des années 1980 ou qu'il signa en 2008 la pétition contre la légalisation de l'euthanasie, ayant pendant des années assumé la présidence d'OMEGA90 qui œuvre pour une mort dans la dignité. Là comme à la Commission consultative des droits de l'homme – sa faconde l'aidant – il a toujours fait preuve d'un souci du dialogue et réussi à trouver le compromis entre convictions divergentes, voire contradictoires. Ayant perdu tôt sa mère, il a toujours eu une très grande sensibilité pour les questions touchant l'enfance, voire l'enfant non-né, et le troisième âge.

Une troisième image nous mène au Centre Universitaire, où Jim a enseigné à partir de 1984, en tant que chargé de certains cours d'abord, puis comme professeur à partir de 1990. A vrai dire, son enseignement tout comme ses publications étaient difficiles à cerner, déroutants pour les uns, passionnants pour les autres. A première vue, Jim s'était promis à une science montante à l'époque, celle de la démographie historique, mélange souvent original entre histoire socio-économique et statistiques. Il avait suivi dans ce domaine quelques «maîtres», Gilbert Trausch au Luxembourg et surtout Michael Mitterauer à Vienne, où Jim avait terminé ses études supérieures ponctuées en 1973 par un doctorat en histoire des Temps Modernes, portant sur *Bevölkerungsentwicklung und Familienstrukturen am Beispiel niederösterreichischer Ortschaften im 17. und 18. Jahrhundert*. C'est à Vienne aussi, où il fut l'assistant de Michael Mitterauer de 1973 à 1975, qu'il avait goûté aux premiers pas de l'histoire globale, encore appelée à l'époque histoire de l'expansion européenne, qui l'amena à s'orienter vers des questions plus générales visant à comprendre le monde d'aujourd'hui dans sa globalité. C'est là aussi que la recherche historique rejoignit l'engagement personnel. En ces années si riches où au Luxembourg l'enseignement supérieur avança par tâtonnements et où la recherche universitaire fit ses premiers pas, Jim, assumant d'abord le cours d'histoire luxembourgeoise, créa le séminaire d'histoire des Temps Modernes et surtout le séminaire ISIS («Séminaire interdépendances des sociétés, interactions des sciences»), premier séminaire interdisciplinaire, et s'investit de plus en plus dans des fonctions nationales et internationales. Plutôt que comme chercheur, Jim se fit un nom par son activité intense dans de nombreuses commissions, associations ou autres comités de pilotage très divers mais toujours en lien avec ses domaines de prédilection: les sciences sociales et politiques, les relations internationales. Mais si l'étape du Centre Universitaire est souvent oubliée aujourd'hui parce que la nouvelle Université du Luxembourg se devait de se démarquer de l'institution antérieure, il serait injuste de ne pas se rappeler que certains des domaines dans lesquels Jim a œuvré jouent encore un rôle dans notre Université d'aujourd'hui: le programme ERASMUS, Campus Europae, l'Université de la Grande Région, les droits de l'homme.

Jim incarne probablement plus que tout autre ces liens entre l'ancien Centre Universitaire et la nouvelle Université du Luxembourg. Cette transition, quatrième image du parcours de notre collègue est donc celle de la transition entre les deux institutions. Au Centre Universitaire, Jim ne tarda pas à prendre des responsabilités au-delà de son rôle de professeur d'histoire. En tant qu'administrateur du Département des Lettres et Sciences humaines (à partir de 1997), puis vice-président du Centre Universitaire (à partir de 1999), il fut amené à prendre position par rapport au projet de création d'une université à Luxembourg dont il fut logiquement, en 2003, le premier vice-recteur académique. Au moment du décès inopiné du premier recteur de l'Université, à peine deux mois et demi après sa nomination (13 février 2004), Jim prit le relais de celui qui lui était devenu en peu de temps très proche. Pendant dix mois et demi, Jim fut chargé de la direction des affaires courantes de l'Université, avant la nomination du second recteur Rolf Tarrach, puis se consacra à nouveau entièrement à sa tâche de vice-recteur (janvier 2005–2007). Ces années de double transition (2000–2007), d'une institution à l'autre, puis d'un recteur à l'autre, furent des années décisives pour la création de l'Université du Luxembourg. Elles étaient ponctuées de débats souvent très animés, de confrontation d'idées et de politiques mais aussi de caractères et de personnalités. La question du futur emplacement de l'Université dut y être réglée, tout comme celle des grandes orientations dans la recherche et l'enseignement, des premières structures administratives et de premières procédures internes. La méfiance d'une grande partie du monde économique et du monde enseignant luxembourgeois exigeait de prendre des décisions rapides et de les appliquer de manière efficace. Dans ces années de construction, le recteur occupait une position dominante; il se choisit progressivement une nouvelle équipe rectorale où Jim n'avait plus sa place.

Notre dernière image est donc celle du retour aux sources, Jim réintégrant en 2007 l'Institut d'Histoire, le cercle des (jeunes) collègues, de la recherche et de l'enseignement. Selon ses propres dires, il y fut très heureux, apaisé, mais aussi gagné par la dynamique d'un groupe qui tout en soutenant un développement rapide, sut garder l'esprit de famille qui le caractérisa dès le début. Sous l'impulsion et avec l'aide de Norbert Franz, Jim monta deux grands projets de recherche financés par le FNR qui lui permettaient de renouer avec ses réflexions sur la démocratie, l'évolution de l'Etat, le rôle du citoyen: les projets PARTIZIP qui étudient l'histoire de la participation sociale entre tensions internes et consolidation nationale au Luxembourg (XVIIIe–XXe siècles). De manière symptomatique, c'est dans cette période que Jim connut à l'Université probablement son moment intellectuellement et émotionnellement le plus fort lors de l'inauguration de sa chaire UNESCO en droits de l'homme, le 12 juin

2012. Il y prononça devant le couple grand-ducal et un large auditoire un discours impressionnant où il réussit, comme nul autre ne saurait le faire, à lier son engagement personnel pour les droits de l'homme et des réflexions issues de l'analyse scientifique.

Dans ce sens, le riche parcours de notre collègue et ami Jean-Paul Lehners nous amène à réfléchir à des questions qui sont et seront toujours essentielles pour notre métier d'historien en particulier et la communauté scientifique en général. Des questions sur la définition de l'histoire, science du présent autant que du passé, sur les multiples rôles de l'historien qui doit faire des choix tout en respectant ceux de l'autre, sur l'avenir des sciences humaines, leur apport évident pour la société. Les réponses à ces questions, Jim en a fourni dans son sens à lui: «Ma vie dans la société civile est devenue aussi importante que ma vie professionnelle […] Parfois entre écrire un article scientifique et m'engager pour ces choses [c'est-à-dire les droits de l'homme, la mort dans la dignité, 'Justitia et Pax' entre autres], je suis plutôt dans la deuxième catégorie.»[1]

Ces quelques mots d'amitié tout autant que les contributions scientifiques de ce volume témoignent de la reconnaissance des collègues et amis pour celui sans lequel l'Institut d'Histoire ne serait pas ce qu'il est aujourd'hui: divers, dynamique et conscient de son rôle dans la société.

---

[1] Jean-Paul Lehners en 2012, lors d'une interview avec un étudiant de l'Université du Luxembourg.

Sonja Kmec

Erfrischend anders
Jean-Paul Lehners als akademischer Lehrer

Meine Bekanntschaft mit Jean-Paul Lehners geht zurück auf das Jahr 1995, als ich mich im *Centre Universitaire du Luxembourg* immatrikulierte. Ich wollte herauszufinden, was es mit einem Geschichtsstudium so auf sich hat: ob hier auch bloß stupides Auswendiglernen verlangt würde – wie von manchen Sekundarlehrern, oder ob sogenannte historische Tatsachen erklärt und mit anderen wissenschaftlichen Erkenntnissen verknüpft würden. Die Geschichte der Russischen Revolution und ihrer großen Männer, die ich bei Emile Haag kennen lernte, sowie die zwischenstaatlichen Beziehungen, die zum Ersten Weltkrieg führten, mit denen ich mich unter Anleitung von Monique Kieffer beschäftigte, fielen eher in die zweite Kategorie und waren nicht uninteressant. Dennoch bezweifle ich stark, dass ich weiter dem Geschichtsstudium nachgegangen wäre, hätte es da nicht eine weitere Lehrveranstaltung gegeben. Deren Titel habe ich inzwischen vergessen, den Lehrveranstaltungsleiter aber nicht: Jean-Paul Lehners.

„Erfrischend anders" umschreibt wohl am besten seine didaktische Herangehensweise, die Studierende auch heute noch teils sehr schätzen, teils aber auch mit einem Kopfschütteln quittieren. Denn Jim erzählt keine lineare Geschichte, sondern umkreist sein Argument wie ein Raubvogel, der zwischendurch eine Maus vermeintlich aus dem Blick verliert, um den Blick auf eine Eidechse zu richten, dann aber die Maus mit der linken und die Eidechse mit der rechten Kralle schnappt. Seine Argumentführung schlängelt sich, macht Schleifen, schlägt Haken, verschachtelt und verschiebt sich, um schlussendlich dann doch nach einer spiralenförmigen Bewegung auf den Punkt zu kommen. Dabei werden Anekdoten über seine Studentenzeit in Straßburg und Wien eingeflochten, Methoden der demographischen Datenerhebung und -verwertung vorgestellt, ethische Probleme und die Deontologie, die besondere Pflichtethik des Forschers, diskutiert, werden die Gedanken von Mentoren und Kollegen genau so beiläufig erwähnt wie Inspirationen von Braudel, Wallerstein oder den *Annales*. Das mochte überwältigen, öffnete aber auch Horizonte. Wie, es gibt mehrere Arten Geschichte zu schreiben? Statt *histoire événementielle* und *histoire des grands Messieurs, histoire des cabinets diplomatiques*, kann man auch über die *longue durée* forschen, über Strukturen, *histoire des mentalités* und *histoire culturelle*? Statt uns ein Buch in die Hand zu drücken, schob Jean-Paul Lehners seine Studierenden in eine riesige Bibliothek, ausgestattet mit Schlüsselbegriffen, die neue Welten eröffneten – vorausgesetzt man oder frau wollte.

Ich habe unglaublich viel von Jim gelernt und möchte ihm, im Namen all seiner Studierenden, heute dafür danken. Manches hat mich nachhaltig geprägt, oft unbewusst. So war eine der ersten Aufgaben, die wir im Rahmen seiner Lehrveranstaltung machen sollten, die Begriffe „Nation" und „Ethnie" in mindestens fünf verschiedenen Enzyklopädien nachzuschlagen, aus verschiedenen Zeiten und in verschiedenen Sprachen. Ich erinnere mich noch gut daran, weil ich hierbei

(1) lernte, Photokopien zu machen und
(2) meinen Vater – sozusagen als wissenschaftliche Hilfskraft – einspannte, um die slowakischen und russischen Artikel zu übersetzen.

Diese Aufgabe führte zur prägenden Erkenntnis, dass Definitionen, wie auch andere Wahrheiten, abhängig sind vom historischen Kontext und von Sprecherpositionen. Seit 2013 biete ich zusammen mit Oliver Kohns ein Seminar im *Master Multilingual Communication* (heute *Master in Learning and Communication in Multilingual and Multicultural Contexts*) an, wo wir ganz Ähnliches versuchen: Begriffe wie „community", „minority", „normality" und „people" historisch semantisch zu vergleichen. Erst kürzlich ist mir die Analogie klargeworden. Auch wenn Jim damals „Diskurs" als Modewort abtat – und das heute wahrscheinlich auch noch tut – , so hat er mir doch einen Anschub gegeben auf der Rutsche vom Strukturalismus in den Poststrukturalismus – und ich sehe da heute eher Kontinuitäten als Gegensätze.

Als ich nach meinen weiteren Studien zurück nach Luxemburg kam, war Jim Vizerektor der Universität Luxemburg und hatte sich als unbeirrbarer Lotse in stürmischen Zeiten zu bewähren. Nach dem frühen Tod des Gründungsrektors François Tavenas gelang es ihm, das neue Schiff ‚Uni Lu' (= uni. lu) vor dem Kentern zu bewahren. Etwas, das später gerne vergessen wurde, wenn der nachfolgende Kapitän „Volldampf voraus" blasen ließ, um den Zickzack-Kurs der Admiralität zu folgen. Jim ist sicher kein Machtmensch, aber er ist auch kein „Gutmensch" – ein politisches Schlagwort, das gerne gegen Andersdenkende eingesetzt wird, denen man moralisierendes Verhalten und Bigotterie vorwirft. Er verteidigt seine ethischen Prinzipien, setzt sich immer für die Rechte Anderer ein und ist somit denkbar ungeeignet für jene Form von Herrschaft durch Verwaltung, die man kritisch als „Bürokratie" bezeichnet. Das hatte aber glückliche Konsequenzen für das *Laboratoire d'histoire*, wie das *Historische Institut* damals hieß, für seine Studierenden und die Forschungsprojekte, die er anregte und leitete.

Außerhalb der Universität kennt man ihn als Vorsitzenden der Luxemburger Menschenrechtskommission und Präsidenten – inzwischen Ehrenpräsident – von *Omega 90*, einer Vereinigung, die sich im Bereich der Palliativpflege und Trauerbegleitung einsetzt. Er ist Mitbegründer und Lehrbeauftragter des *European Master's Degree in Human Rights and Democratisation* in Venedig und Inhaber des UNESCO Lehrstuhls für Menschenrechte. Er ist ein Anreger, ein Vermittler, ein Brückenbauer.

Um mit einer Anekdote abzuschließen: Als ich während der Arbeit an meiner Dissertation im Jahre 2002 anfing, mir Gedanken über meine berufliche Zukunft zu machen, bat ich den damaligen Vizerektor, Jean-Paul Lehners, um einen Termin und fragte ihn, ob man den Gerüchten, die kursierten, in Luxemburg solle eine Universität entstehen, Glauben schenken könne. „Sicher", meinte Jean-Paul Lehners, aber das könne noch dauern, bis dahin sei er wohl in Pension. Ich wusste nicht richtig, was ich darauf entgegnen solle und sagte etwas, was mir noch lange peinlich in Erinnerung blieb – aber heute endlich passt: „Et geet heiansdo méi séier wéi ee mengt" (Es geht manchmal schneller als man denkt). Jim bleibt aber – und das hoffe ich sehr – auch weiterhin dem Studiengang *Bachelor en Cultures Européenes*-Geschichte als Lehrbeauftragter der Globalgeschichte erhalten. Als Mitbegründer und -herausgeber von globalgeschichtlichen Buchreihen spannt er den Bogen über alle Kontinente und verfolgt die Forschungsperspektive der *longue durée* weiter mit empirischen Inhalten und weiterführenden Fragestellungen.

Antonio Papisca
Developing a Universal Human Rights Culture in a Context of Positive Secularism

Prologue

I wish to pay homage to Jean-Paul Lehners as one of the protagonists of that amazing academic enterprise the name of which is European Master in Human Rights and Democratisation, the E.MA, based in Venice in the monumental monastery of San Nicolò. Founded in 1997 at the initiative of the University of Padua in partnership with other European universities, this Master programme was an entirely new and original experience given both its educational content and its organisational structure: an academic experience and at the same time an experience in trans-national citizenship and in supra-national integration. This experience was nourished by the generous collaboration of illustrious colleagues from various European universities.

The goal was to set up a European joint degree qualifiable as an authentic European-integrated diploma. We succeeded. Our enterprise was soon considered one of the most advanced, if not the most advanced achievement in the 'Bologna Process'.

As the E.MA Director from 1997 to 2003, my mind teems with memories and gratitude. Since the beginning, I wanted Luxembourg to be part of that exciting inter-university venture, I mean the institution that at that time was called *Centre Universitaire de Luxembourg*. Coming from there, Jean-Paul joined the E.MA board and, through him, the whole E.MA community could followed the transformation of the Centre Universitaire into the University of Luxembourg. In our well-founded perception Jean-Paul Lehners does mean human rights in Luxembourg. The attribution of the UNESCO chair in human rights to his university is testament to this widespread perception.

For many years Jean-Paul offered lectures in the E.MA courses, being at the same time a prolific protagonist in the curriculum development process as well as in participating in the functioning of different E.MA governing bodies.

I am sure he shares with me the conviction that the E.MA's growth is marked not only by good will and commitment on the part of teachers and students, but also by certain 'spillover' dynamics. We might even construct an E.MA spillover typology.

Logistics spillover: the E.MA originated officially in 1997 in the Palazzo Ducale in Venice, in a small ground-floor room. The inauguration of the first academic year took place on the second floor, in the so-called *sala del Piovego*. The following year, we rose to the fabulous Sala del Gran Consiglio.

Membership spillover: in 1997 we were ten partner universities; the following year, fifteen; today we number 41 European universities.

Networking spillover emerges in the context of regional Master programmes on human rights and democracy. In the beginning there was one; today there are six: in Venice, in Sarajevo, in Buenos Aires, in Pretoria, in Sydney, and in Yerevan.

Institutional spillover: at first the University of Padua provided the legal groundwork; later we came to set up the EIUC, the association of the E.MA partner universities, itself endowed with juridical personality.

And we may even see *territorial spillover* developing in the Lido island of Venice: from a small building in Giudecca to the large Monastery of San Nicolò, from San Nicolò to include – so we hope – the historical monumental barracks Caserma Pepe, from the Monastery courtyard to the 'Human Rights Village' on the island.

I will share with Jean-Paul another touching memory. Ever since 6 October 1997, at the end of the E.MA inaugural ceremony, university rectors and professors together pronounce the solemn formula: "Bearing in mind the principles of the International Law of Human Rights and in the spirit of inter-university cooperation, we declare open the Academic Year of the European Master Degree in Human Rights and Democratisation". The recital of this formula reflects the will to contribute toward the effectiveness of International Human Rights Law and to facilitate the spillover dynamism within it, a dynamism that is integral to a universal norm that, precisely because it is universal, is intrinsically fecund.

1. *The humancentric compass for world order*

Inspired by sharing those memories with Jean-Paul Lehners, my reflection here will concern crucial topics such as how to overcome the 'liquidity' of the current human condition, what education to create for intercultural dialogue, religious freedom, and secularity, finally what new language to develop for a universal culture of human rights.

As we know, International Human Rights Law originates in the history of *ius positum* with the United Nations Charter and the Universal Declaration of Human Rights, 1945–1948. The Universal Declaration did not remain a solitary voice crying out in the desert, nor a sacred icon, mysteriously remote and static; instead, it revealed itself as the fecund mother to the many legal instruments constituting the organic body of International Human Rights Law: from the two International Covenants of 1966 on Civil and Political Rights and on Economic, Social, and Cultural Rights respectively, to the Convention on the Rights of Persons with Disabilities, and the Convention for the Protection of All Persons from Enforced Disappearance. The general conventions themselves have proved to be fecund: in turn, they have generated protocols. From the global covenants we passed to regional ones, which were, as well, enriched by protocols and further specific conventions. Therefore, today we find a normative family made up of parents, children, grandchildren, and great grandchildren. Amartya Sen comes to mind, at this point: he maintains that human rights are the parents of law not its children.

The fecundity of standard-setting (whose rapid 'demographic' growth, some say, should be somewhat regulated) has been accompanied by that of the human rights machinery. The universal system has been joined and echoed by regional systems, the UN Human Rights Commission has been followed by the UN Rights Council, the individual communications system has been joined by that of judicial verdict, on the regional level we find Human Rights Courts, while the International Tribunal for ex Yugoslavia has been succeeded by the International Criminal Court, and so on.

Human rights mainstreaming is at work in various fields, including the critical field of bioethics. In this area, on the universal level, UNESCO is the leader, in particular by way of two declarations qualified as 'universal': the Universal Declaration on the Human Genome and Human Rights (1997), and the Universal Declaration on Bioethics and Human Rights (2005). These instruments are sources of soft law (beware: soft law is often the far-seeing father of hard law), but they do enshrine fundamental principles such as the strong one defined in article 3 of the Declaration on Bioethics and Human Rights: "1. Human dignity, human rights and fundamental freedoms are to be fully respected. 2. The interest and welfare of the individual should have priority over the sole interest of science or society."

We might even speak of a force of attraction exercised by International Human Rights Law towards other areas of international law, in particular International Humanitarian Law and International Criminal Law. This attraction has a logic proper to it, summed up in the pair 'life-peace'. The principle of international accountability of individuals in matters of criminal law is due partly to the fact that the individual, as a possessor of internationally recognised fundamental rights, is directly responsible toward the international community. International Humanitarian Law does not question war, which may be licit, and therefore legitimate. At the same time, however, it must deal with article 4 of the International Covenant on Civil and Political Rights, which expressly declares that even in exceptional situations, certain rights cannot be disregarded even temporarily, beginning with the right to life. War is the negation of life; as such, there is no place for it in International Human Rights Law. Like war, capital punishment is incompatible with Human Rights Law. With the second protocol to the International Covenant on Civil and Political Rights (signed, until now, by 70 state parties), the prohibition of capital punishment entered into current International Law. At the European level, punishment by death is forbidden by Protocol 13 of the 1950 Convention and by the European Union Charter of Fundamental Rights.

2. How to overcome 'liquidity' of the current human condition

The far-seeing, visionary fathers and mothers who in the middle of the last century worked to create the new international law, established several principles present in the DNA of a just and peaceful world order, beginning with the principle that "recognition of the inherent dignity and of the equal and inalienable rights of all members of the human family is the foundation of freedom, justice and peace in the world" (Universal Declaration, Preamble).

In a wholly positive light, the International Human Rights Law advanced and opened the era of globalisation as we perceive it nowadays. The legal 'global compass' of human rights is available to us to guide the multiple, diversified globalisation processes that crucially affect us all. It is more and more necessary when living up to today's great challenges by establishing a world governance of the economy in respect for the principle of the interdependence and indivisibility of all human rights, reforming the international monetary system, striving for real disarmament, democratising and strengthening the United Nations, safeguarding the natural environment, and establishing intercultural dialogue.

The fact that this global compass exists, and that it remains valid, is reiterated in the recent declaration of the high-level meeting of the 67th Session of the United Nations' General Assembly "on the rule of law at the national and international levels". Let me quote a few excerpts. The declaration reads:

> "We are determined to establish a just and lasting peace all over the world, in accordance with the purposes and principles of the Charter […]. We reaffirm our solemn commitment to an international order based on the rule of law and international law, which together with the principles of justice, is essential for peaceful coexistence and cooperation among states […]. We consider the rule of law to be a principle of governance in which all persons, institutions and entities public and private, including the state itself, are accountable to laws that are publicly promulgated, equally enforced and independently adjudicated, and which are consistent with international human rights norms and standards […]. We reaffirm that human rights, the rule of law and democracy are interlinked and mutually reinforcing and that they belong to the universal and indivisible core values and principles of the United Nations […]. We reaffirm that, while the rule of law shares common features as laid out in the present Declaration, there is no one model of the rule of law and that the rule of law does not belong to any country or region […]."

This document presents a valuable synthesis of a new sustainable statehood based on the coupling of 'rule of law/welfare' as two sides of the same coin.

According to the universal human rights code, the architecture of a just and peaceful world order can only be one of multilivel governance, to be exercised according to the principle of subsidiarity and therefore in respect for cultural and institutional diversity.

In order for such a structure to function, we need to share the global compass' core values. The big question is how we can develop the sharing of core values in a period marked by distrust in numerous political leaders' capacity for governance, by a revolt against the disasters caused by a four-decade-long orgy of neo-liberalism, by more than twenty years of 'easy war', by the persistence of politico-religious fundamentalisms. Should we surrender to the pessimism of Zygmunt Bauman, who speaks of the current human condition in terms of "liquidity", i.e. uncertainty? Should we surrender to that of Marshall McLuhan, who described the globalising world as a quarrelsome little village devoid of safe homes where we can abide peacefully? No, certainly not! Personally, I believe that not everything is liquid; there is something solid in today's world. As I noted before, the right compass exists, and it is there to guide us. And homes do exist in which we can develop reciprocal knowledge and cooperate toward the common good. I refer to the many legitimate multilateral and supranational institutions at global and regional levels.

The future of human rights is rife with stumbling blocks along a pathway which, however, has reached a point of no return: a path leading the system of international relations once and for all outside the primitive state of *bellum omnium omnibus*, the war of all against all, towards an architecture of multi-level democratic governance. We might view today's complex transition toward a fairer and more peaceful world order by using four metaphors. Metaphors and signs of the times are analytical tools relating not only to our capacity/will to discern, but also to our willingness to marvel at the opportunities offered to the good will of people. Such tools help to expand the horizons of hope through commitment to making plans and taking action.

The first metaphor is that of childbirth, or more specifically in our case: labour pains. What must be born in terms of a new world order does not remain at a stage of mere wishful thinking, rather, it is an existing project. Indeed, the pathway has been clearly traced in its essentials since 1945–1948. The issue is not to conceive a child, but to help the new-born baby grow and mature.

A rather artistic metaphor is that of the mosaic. For an image formed in mosaic to be recognisable, we need not only tesserae, but also their composition according to a design. The tesserae for a new world order exist, but the mosaic cannot take shape unless we commit ourselves to compose it. As mentioned before, the project for a humanly sustainable world order exists; what we need to do is make it visible, to develop it. What I mean to say is the DNA for an order of peace in justice is inscribed in the United Nations Charter (Preamble, articles 1 and 2), in the Universal Declaration (article 28 in particular), and in what they have produced by way of more specific juridical instruments and specialised bodies. All of them are tesserae of a mosaic waiting to be composed in order to carry forward and complete the construction of positive peace.

The third metaphor centres on a bucolic image. Through the centuries, universals are sown, i.e. those inventions, creations, and discoveries across various fields – art, science, philosophy, law – which do and must benefit all members of the human community. They are global goods making up the material and non-material 'world heritage'. Once discovered, such 'universals' are fixed in works of art and geographical maps. They emerge, for example, in the frescoes of the Sistine Chapel and in Michelangelo's David; in the *Divine Comedy* and in *Don Quijote*; in the pyramids and in the temples of Nubia, Yucatan, and Cambodia; in the dome of Santa Maria del Fiore and the Colosseum; in Bach's Passion according to Saint Matthew and Beethoven's Ninth Symphony; in Gandhi's philosophy of non-violence; in the French Declaration of 1789 and the Universal Declaration of 1948 … All mark points of no return along the pathway of civilisation promoting the equal dignity of all members of the human family. In the field of juridical creativity, International Human Rights Law is a fully shaped universal.

The fourth metaphor is that of a house, one as vast as the planet Earth, richly furnished with sophisticated devices which, if properly used, would make the life of its inhabitants more comfortable. Certain of these 'household appliances' function only intermittently, or have stopped functioning at all, once unplugged.

Beyond metaphor, the world today has available fine new juridical norms, sophisticated international institutions, innumerable instruments suitable for enhancing cooperation towards the common good in all areas. We must use them. We need the political will to make them work. We need to stop making the United Nations and other legitimate multilateral institutions the scapegoat for political and juridical failures caused by states' governing classes, the most powerful ones in particular.

As regards the "house" motive, we might call to mind one of the many marvellous allegories created by the great theologian, St. Anthony of Padua, in his *Sermons*. Writes St. Anthony:

"The house is called *domus* in Latin, from the Greek *dòma*, also meaning 'roof'. Consider that the house consists of three parts: the foundations, the walls and the roof. The foundations represent humility; the walls, the virtues as a whole; the roof, charity. Wherever these three parts are united, there is the Lord, who says: 'My house shall be called the house of prayer'."

Anthony adds, "Prayer is called *oratio* in Latin, as if to say, *oris ratio*, the reason (reasoning) of the mouth."

"We, the Peoples of the United Nations…": to use St. Anthony's allegory in considering the load of ideals and universal values carried by the UN, we might say that the UN Organisation is a house shared by all members of the human family and its respective peoples, a grand house protecting lofty civil virtues; and that the standard-setting it carries on under the auspices of universal ethics is like a prayer addressing those who hold power, so that they will exercise it in a legal manner and in a spirit of solidarity among all the peoples of the earth.

It is for good reason that lovers of wisdom look to the UN as a 'moral forum', an institutional entity endowed with high 'moral authority'. Without strong institutions – in our case without the United Nations and other multilateral institutions in communion with it – there is no soil in which to raise guarantees for the fundamental rights, or to enact that collective secular prayer called 'international cooperation'.

3. Intercultural dialogue, religious freedom, secularity

Multi-culturalisation all over the world is one of the many processes relating to globalisation. It is often addressed as a disturbing factor of social cohesion, instead of considering it a physiologic cultural and economic enrichment for societies. The best answer to the question of how to move from a stage of suspicion and fear to one of acceptance and inclusion is: intercultural dialogue.

Sharing core values is the necessary premise for carrying out a fruitful intercultural dialogue. I mean sharing values, and not deleting or ignoring values. Putting aside the solution of exporting and forcefully imposing values (see the dreadful results of so-called 'humanitarian wars'), we must choose the way of dialogue to seek an axiological common ground and go on in a spirit of healthy secularism. Human rights and fundamental freedoms as enshrined in the Universal Declaration are the core values we are referring to, values to be translated into concrete, shared goals, in places which must become inclusive.

This paradigm has also an instrumental function to play, as a code of communication symbols, as a trans-cultural tool that facilitates moving from the potentially conflicting condition of multi-culturality to the dialogic stage of inter-culturality. But dialogue could still be limited to an exchange of information, a reciprocate exchange of images and stereotypes. This is certainly a pre-requisite but not enough to achieve the principal aim: the inclusion of all in the political community to benefit from equal citizenship rights. For to be fructuous, dialogue among individuals and groups bearing different cultures should occur among equals. If not, the case will be another kind of interaction, for instance, for deliberate homologations from one side or another. These 'equals' are the original holders of the universal citizenship. The right reply to the question 'intercultural dialogue for what?' is a dialogue for working together, to imagine and put into practice common projects for good common goals.

The dialogue we are interested in is one that should be carried out in the context of every-day life. If we start from within the human rights paradigm, dialogue should focus on how values and principles are translated into objectives for behaviour and policies, on what should be done together within the same polity. As mentioned above, dialogue should be common goal-oriented more than oriented towards comparing identities. The strategic common goal is building up and developing the inclusive city as the result of the contributions of many cultures.

Once more, we should emphasize that the culture and strategy of inclusion has a direct relationship with both internal peace (social cohesion) and international peace. These are the two faces of the same coin: the inclusive city is the ground for the construction of a peaceful and a just world according to article 28 of the Universal Declaration.

One important aspect involves religious freedom, not only in the specific context of inter-religious dialogue, but also in the wider context of intercultural dialogue. One shortcoming of inter-religious dialogue as it has proceeded up to now has lain in its claim or pretence to remain autonomous with respect to intercultural dialogue. Often, one has treated the right to religious freedom as if it were cut off from the 'systemic' context and logic of all other human rights. In certain religious environments, it is difficult to admit that religions are part of a culture, that religions form the basis of several grand cultures. And it is difficult to recognise the autonomy of secularism, difficult to admit that there exists a positive secularism, and not only a negative one. As an expression of positive secularism and as a sign of the times, International Human Rights Law specifically deals in matters of religious liberty and decides what relationship must exist between the civil sphere and the religious one.

Freedom of opinion, of conscience, of religion: article 18 of the Universal Declaration contains the sacred triad of the Universal Code of human rights, i.e. the axiological nucleus at the heart of the assembled rights inherent in the dignity of the human person. Article 18 of the International Covenant on Civil and Political Rights takes up this text and further clarifies it. So does the 1950 European Convention (article 9), the 1969 Inter-American Convention (article 12), the 1981 African Charter on the Rights of Man and Peoples (article 8), the 1989 International Convention on Children Rights (article 14), the European Union Charter on Fundamental Rights from 2000 (article 10), and the 2004 Arab Charter on Human Rights (article 30).

This universal concordance of norms is itself a vigorous sign of the times: we find ourselves standing before a fundamental human right endowed with profound valence, not only moral, but juridical as well. The exercising of this right is not limited merely to the private sphere. Religious faith is not a separate part of the person's identity, but instead permeates it in its totality. Except as a conceptual abstraction, it is impossible to separate the person's religiosity from other roles and conditions relative to one's social situation, to one's civic and political behaviour. An eminent religious leader has justly declared: "it is inconceivable that believers must suppress a part of themselves – their faith – in order to be active citizens; it should never be necessary to deny God in order to enjoy one's rights."[1]

Religious freedom includes the believer's right by which the symbols of his/her religious creed are respected. Offending them touches deep feelings directly affecting the dignity of the person, so that even the fundamental right of freedom of opinion and expression must be exercised in respect for the general principle according to which the believer's honour, reputation, and identity must be safeguarded. As long as they do not transmit messages contrary to res-

---

[1] Address of His Holiness Pope Benedict XVI to the members of the General Assembly of the United Nations Organisation, Friday, 18 April 2008.

pect for the equal dignity of all members of the human family, life and peace, religious symbols mirror the personal identity of believers in its entirety.

Secularism should not be considered an alternative to religious freedom. Correctly understood, i.e. in the sense of 'positive secularism', it is not a *tabula rasa* (empty desk) of values. It does not imply the annulment of cultural and religious symbols, or of historical roots. Instead, it is a public space for freedom, open to the exercising of each person's human rights. It nourishes harmony with the spirit of inclusion, provided, of course, that the various cultural diversities can become compatible with the paradigm of universal values, accepting to purify themselves by drinking at the common source of the universal in order to communicate with one another. In such perspective, pre-existing religious symbols, like other identifying symbols of collective history, must not be removed from public spaces. If necessary, others may be displayed alongside them, provided that they are compatible with the values of International Human Rights Law: "the patrimony of principles and values expressed by an authentic religiosity is a source for peoples and their *ethos*."[2]

A healthy secularism defends itself and nourishes itself through inter-religious dialogue, which must proceed in respect for the various specific traits characterising the interlocutors, and, as already pointed out, in the framework of a wider, intercultural dialogue: in part, to avoid sterile verticalisms, and any tendency towards self-referential behaviours. Current international law urges religions to contribute to the development of a universal human rights culture. We might well refer here to the 2005 UNESCO Convention, which came into effect in 2007, "on the protection and promotion of the diversity of cultural expressions". Its first principle reads:

"Cultural diversity can be protected and promoted only if human rights and fundamental freedoms, such as freedom of expression, information and communication, as well as the ability of individuals to choose cultural expressions, are guaranteed. No one may invoke the provisions of this Convention in order to infringe human rights and fundamental freedoms as enshrined in the Universal Declaration of Human Rights or guaranteed by international law, or to limit the scope thereof."

Definition number 8 regards interculturality: "'Interculturality' refers to the existence and equitable interaction of diverse cultures and the possibility of generating shared cultural expressions through dialogue and mutual respect."

The duties of those claiming respect for their religious freedom, of course, include that of respecting the rights of those professing a different religious creed, and of those who are atheists or agnostic or sceptical or indifferent. This duty is highlighted in Recommendation 1962 (2011), adopted by the Parliamentary Assembly of the Council of Europe on 12 April 2011 under the title *The Religious Dimension of Intercultural Dialogue*. This important document

---

[2] Message of His Holiness Pope Benedict XVI for the celebration of the World Day of Peace, 1 January 2011.

helps clarifying fundamental aspects in the exercising of the right to religious liberty, accompanied by the right to freedom of opinion and conscience. The basic premise is that in Europe, Churches and religious communities have a right to exist and organise in an independent manner and that, at the same time, religious freedom itself is inseparable from the unconditional acceptance by everyone of the fundamental human rights. The document further specifies that, in the degree to which they are compatible with respect for human rights and for the principles of democracy, differences not only have a right to exist, but also help to determine the very essence of our many societies. According to the Council of Europe, it is not only desirable, but necessary that the various Churches and religious communities – in particular, Christians, Jews, and Muslims – mutually acknowledge the right to freedom of religion and freedom of worship. They must agree to intensify the construction of dialogue on a shared foundation of equal dignity for all peoples. They must together commit themselves to the democratic principles and to human rights. The goal is twofold to promote "solidarity among communities by caring for the most vulnerable" and to develop "a new culture of coexistence". On their part, states have an obligation to ensure that all religious communities which accept the common fundamental values may enjoy an appropriate juridical status. However, they must also ensure that any preferential support lent to given religions must not, in practice, result as "disproportionate or discriminatory".

4. Religious freedom and education

Starting out from the premise that religious liberty is a fundamental right, religious education cannot do without human-rights education and training, whose content is well illustrated in the fourteen articles of the United Nations Declaration on Human Rights Education and Training, adopted by the General Assembly on 19 December 2011. This is a strategically important juridical instrument declaring that "everyone has the right to know, seek and receive information about all human rights and fundamental freedoms and should have access to human rights education and training" (article 1). This type of education and training aims to empower persons to "contribute to the building and promotion of a universal culture of human rights" (article 2). The document also declares that "human rights education and training should embrace and enrich, as well as draw inspiration from, the diversity of civilisations, religions, cultures and traditions of different countries, as it is reflected in the universality of human rights" (article 5).

On a European level, we might usefully refer to the Council of Europe's Charter on Education for Democratic Citizenship and Human Rights Education, adopted by the Committee of Ministers on 11 May 2010. This important document likewise declares that this branch of education aims to empower students to "contribute to the construction and defence of a universal human rights culture in society" in light of the "promotion and protection of human rights and fundamental freedoms".

In the United-Nations sphere, we find the Human Rights Committee (for civil and political rights), an independent body instituted in virtue of the International Covenant on Civil and Political Rights. In its General Comment number 22, 30 July 1993, the Committee explains that the fourth clause of article 18 in the International Covenant allows for "education in public schools regarding such topics as general history of religions and ethics, if offered in a neutral, objective manner". It also specifies that the liberty of parents or legal guardians to ensure that children receive a religious and moral education in line with their convictions is linked to the safeguarding of the freedom to teach a religion or creed in accordance with the first clause of article 18, and that public education which includes instruction in a particular religion or creed is incompatible with the above-mentioned fourth clause, unless exemption or non-discriminatory alternatives are accorded which correspond to the wishes of parents and legal guardians.

Note that the United Nations Declaration "on the elimination of all forms of intolerance and of discrimination based on religion or belief", adopted by the General Assembly in 1981, specifies that "the parents or, as the case may be, the legal guardians of the child have the right to organise life within the family in accordance with their religion or belief and bearing in mind the moral education in which they believe the child should be brought up". The document also states that "every child shall enjoy the right to have access to education in the matter of religion or belief in accordance with the wishes of his parents or, as the case may be, legal guardians, and shall not be compelled to receive teaching on religion or belief against the wishes of his parents or legal guardians, the best interest of the child being the guiding principle".

The section of the Recommendation by the Parliamentary Assembly of the Council of Europe mentioned above is particularly significant regarding the teaching of religion in schools and the training of teachers of religion or individuals fulfilling religious tasks and functions. After affirming the importance of the educational system for understanding and learning about various cultures and religions, the Recommendation stresses the need for religious communities and states to cooperate in reviewing this sector "in a holistic approach". The principle of 'state neutrality' regarding religious education in public schools is expressly evoked in urging the national authorities to prevent parents' religious and non-religious convictions from being "offended".

The Recommendation declares that the internal autonomy of religious institutions in educating those having religious responsibilities, beginning with ministers of worship, constitutes a principle intrinsic to religious freedom. At the same time, it finds limitation in the fundamental rights, in democratic principles, and in the rule of law. With this premise, the Parliamentary Assembly of the Council of Europe on the one hand urges religious institutions to develop together, in the context of inter-religious dialogue, the best ways to educate their leaders. On the other hand, it offers suggestions relative to method and substance: education must be carried out in openness, dialogue, and collaboration among difference religious communities; it must transmit the knowledge and understanding of other religions and faiths; it must educate toward respect for human rights, the principles of democracy, and the rule of law, as a common foundation for dialogue and collaboration.

The Council of Europe Recommendation's insistence on the human rights paradigm should be interpreted in light of the concept of positive secularism, as mentioned above. In stating that human rights must be included in educational programmes for religious personnel, the Council of Europe does not mean, of course, to urge the 'secularisation' of religious practice. Human rights are ethically universal values, recognised as such by international *ius positum*: knowledge regarding them, axiologically marked as it is, is in perfect syntony with the universalist, transcendent vocation of the great religions, in particular the three monotheistic religions.

Like cultures, religions are urged to drink from the source of 'the universal' in order to purify themselves of any dregs that may have accumulated from the negative parts of their respective histories. One vigorous sign of this will for purification will come from the radical, definite repudiation of any justification for capital punishment and just war, and of any unjust discrimination between men and women. For exercising the right of religious liberty must be compatible with the general principles of the universal human rights code. Any religion, or creed of a non-religious nature, which advocates such violations of value as racial, religious, or sexual discrimination, violence, intolerance, social exclusion, or war clearly conflicts with the principles and norms of current International Human Rights Law.

Counterparts to the fundamental right to religious freedom include both states, on the one hand – which must bring their pertinent legislation in line with International Human Rights Law, ensuring 'open spaces' for worship – and on the other, the holders of the right themselves, i.e. believers, beginning with those who profess the majority religion in a given country. Such people must respect believers in other faiths, non-believers, and those who profess atheism.

The duty of duties, if I may put it in such terms, is that of the believer toward his/her own religion: anyone invoking one's own fundamental right to religious freedom must first of all honour his/her own religion, i.e. to be consistent in word and deed with the creed professed, thus helping to build an order of peace founded on respect for the human dignity of all.

In their deepest inspiration, the three great monotheistic religions are inherently in favour of peace, for they favour respect for the life of human beings created by God in His image and resemblance. The life of the human being is sacred; killing a human being is committing a crime against the One who created it. Capital punishment, killing an individual, is a crime against God. Similarly, war – collective killing – is a crime against God: "Any act of war […] is a crime against God and against humanity itself which must be unequivocally and unhesitatingly condemned."³ Condemnation of war is even more radical, if possible, in the Encyclical "Pacem in Terris" by John XXIII, 1963 (n. 67): "In an era like ours, which glories in atomic power, it is against all reason to believe that war is a suitable instrument for re-establishing violated rights."⁴ In short, the war lovers are crazy.

Finally, in building a universal human rights culture, which involves developing inter-religious dialogue, the exercising of religious freedom must serve to nourish intercultural dialogue with deep motivations, creating synergies for reinforcing respect for universal ethics, building bridges and acts of solidarity within the international system. In particular, it should foster multilateral cooperation and the democratic development of legitimate international institutions, beginning with the United Nations.

5. New language to develop a universal culture of human rights

Let me resume the Prologue's leitmotiv of education. At the end of masters programmes in Human Rights, students are considered, more or less explicitly, as human-rights defenders, with a precise identity defined by what is worldwide considered their Magna Charta: the United Nations Declaration of 1998 on the Right and Responsibility of Individuals, Groups and Organs of Society to Protect and Promote Universally Recognised Human Rights and Fundamental Freedoms. Out of its twenty articles, let me quote two.

Article 1: "Everyone has the right, individually and in association with others, to promote and to strive for the protection and realisation of human rights and fundamental freedoms at the national and international levels."

Article 7: "Everyone has the right, individually and in association with others, to develop and discuss new human rights ideas and principles and to advocate their acceptance."

These articles tell us that human rights, being universal, are without borders, that everyone is allowed to act in their defence, inside and outside his/her own state, that everyone is called upon to nourish with new ideas the human rights culture, made up of law and politics, theory and practise, education, advocacy, commitment. Those who work for the cause of human rights, peace, and solidarity are gaining possession of this precious legal instrument by making of it a trans-national identity card for the pioneers of universal citizenship, marked by a strong action orientation in the 'glocal' space.

The examples below indicate a few ways in which we can use article 7 of the Charter to exploit and translate into action what is inherent in universal law: human rights law as leavening; law with potentialities longing to be identified and developed. For instance, the principle of the 'best interest of children', proclaimed by article 3 in the International Convention on the Rights of

---

3   Vatican Council Constitution "Gaudium et Spes", 1965, n. 80.
4   "Quare aetate hac nostra, quae vi atomica gloriatur, alienum est a ratione, bellum iam aptum esse ad violata iura sarcienda."

Children (1989), is normally evoked when referring to needs and issues which are specific to this age group. While being useful in its specific context, that principle is also a candidate for membership among the general principles of international law. It should be formally added to the list of principles provided by the 1993 Declaration of Vienna, adopted at the end of the United Nations World Conference on Human Rights. As reflected by some of its verdicts, the Italian Constitutional Court has already found a way to define this principle as 'constitutional'.

Another example of such 'new ideas and principles' regards the way of defining the international community. Traditionally, we refer to it as an entity constituted solely by states and the multilateral agencies created by states. This conceptual category has been used and abused by the more powerful states, and in practice it has become an evanescent entity. In the language of human rights, instead, and in perfect alignment with reality as it is evolving, one should define 'international community' as a much vaster, much more concrete institutional container, that includes human subjects – persons and peoples – as well as states and other institutional entities. The international community is marked by the ethics of inhabiting the earth as a home shared by 'all members of the human family'.

The expression 'human family', which has recurred in international legal texts starting with the Universal Declaration, is a bearer of moral, social, and political meaning which is much more pointed and demanding than the abstract terms 'humanity' or 'human species'. To say 'human family', indeed, is to evoke a common bloodline, brotherhood, a shared membership, a demand for unity, a commitment to cooperate toward the common good. The most representative institution of a shared world home is, of course, the United Nations.

In times not too remote, I was taught at my university that the state is the political entity *par excellence*, since it is not predetermined in the choice of its objectives, unlike functional agencies such as international organisations created by states. In short, I was taught that the state as such can actually adopt all the goals it wishes. Clearly, here, we see an extreme apology for the sovereignty of a legal entity *superiorem non recognoscens*. Now, in light of the international recognition of human rights that has occurred, such an idea is untenable. Since the human person is recognised as an original subject of fundamental rights even by international law, the state cannot but be considered as a derived entity. And being derived, the state itself is functional, albeit with a higher degree of necessariness with respect to other functional entities. This makes not only the political agenda *teleologically* predetermined, but also the very public institutional form of governance – I mean 'statehood' – as well. As such it is obliged to prioritise given goals.

Again, we must innovate our theoretical framing of 'citizenship', using appropriate conceptual categories that allow us to grasp the sense of evolution, and of the agonising process of redefinition occurring today, of such an institution. Suffice it to recall the contradictions pervading national immigration legislations. Before the advent of the international human rights law, citizenship was essentially characterised as being national, unilateral, granted by the state and based on the *ius sanguinis* (the law of blood) more than on the *ius soli* (the law of land), excluding all others. In virtue of the new international law, a 'universal citizenship' has emerged which asserts primacy over national citizenships: it is the citizenship of the human person as such, endowed with fundamental rights formally recognised by current international law as being unalienable. The metaphor of the tree helps us to grasp the meaning of this novelty. National citizenships, which *de iure posito* in modern history are more ancient than universal citizenship, are like branches on a tree trunk. In order to produce leaves and fruit, the branches must be physiologically joined to the trunk and, by way of it, to the roots. The roots are the fundamental rights. Together with the trunk, they constitute the juridical status of the human person internationally recognised as a human being, not as an anagraphic citizen of a given state. Thus composed, the tree would produce the institution of plural citizenship. In light of this novelty which, I repeat, is juridical and not merely poetic or even utopian, we need to accept the fact that with the entry of the international legal system into what we might call the human-centric, peace-and-life-based plenitude of law (*plenitudo iuris*), the traditional parameters of *ius sanguinis* and *ius soli* must confront the superior *ius humanae dignitatis*.

Today, we are at an advanced phase of fullness of law, whose principles postulate the *plenitudo civitatis*, the fullness of citizenship. Human dignity bridges law and citizenship, articulating the latter in the plural, in the sense that the universal dimension does not cancel particular citizenships but rather opens towards the experience of a richer identity. The universal citizenship is inherent in the human being and particular citizenships (the branches of the tree) must be regulated according to the respect of universal citizenship (the trunk and roots of the tree). This implies that the *ius humanae dignitatis* parameter prevails over the traditional parameter of *ius sanguinis*, making the *ius soli* complementary compared to the *ius humanae dignitatis* and functional for the harmonious exercise of personal identities. Universal citizenship sums up and harmonises anagraphic-national citizenships, and the inclusive city is a place that favours this process: plural citizenship and the inclusive city postulate each other.

In the inclusive city, particularly through intercultural dialogue, evolutionary dynamics of the identity/ies is expected to develop in a direction of a 'transcendent civic identity', a superior identity that is authentically secular because it is universalist, trans- and meta-territorial, and trans-cultural. This transcendent civic identity is the binomial *plenitudo iuris – plenitudo civitatis* that is interiorised by individuals, an identity that is open to sharing responsibilities in the inclusive city.

The architecture of multi-level and supra-national governance is congruous with the need to guarantee plural citizenship rights in the enlarged space that logically and legally belongs to it. And it is in fact the 'phenomenology in the plural' of citizenship, I mean dialogue and inclusion that obliges institutions to redefine themselves according to *telos*, to aims and objectives, and therefore to open up and develop multiple channels of representation and democratic participation. Of course, we could continue at length to exemplify processes, highlighting new conceptual categories that are useful in closing down or redefining old juridical schemes in order to plant and grow new ones, being aware that humanism and creativity – whether artistic, juridical, or scholarly – are the vital lymph that allows the civilisation of law and the whole culture to progress.

Erster Teil:
Demographie und Sozialgeschichte

MICHAEL MITTERAUER
Heiratsmuster im interkulturellen Vergleich
Von der Goody-These zum Korotayev-Modell

Die Historische Familienforschung verdankt in ihrer Entwicklung sehr viel der Sozialanthropologie. Das gilt vor allem für die Übernahme des Themenfelds Verwandtschaft. Neben die Haushaltsfamilie als Untersuchungsgegenstand trat unter diesem Einfluss immer häufiger auch die Verwandtschaftsfamilie. Die verstärkte Berücksichtigung spezifischer kulturräumlicher Phänomene ist ebenso dieser Interdisziplinarität zu verdanken – durchaus mit dem Blick über Europa hinaus. In ihren Anfängen hatte sich die Historische Familienforschung ja doch eher auf europäische Entwicklungen konzentriert. Anregend wirkte schließlich auch die vergleichende Zugangsweise. In der demographisch orientierten Historischen Familienforschung der frühen Jahre beschränkte sich die komparative Methode im Wesentlichen auf quantitative Daten. Unter dem Einfluss der Sozialanthropologie kam es verstärkt zu Vergleichen auf qualitativer Basis – und das zunehmend aus interkultureller Sicht.[1]

Ob die Sozialanthropologie in gleicher Weise von der Historischen Familien- und Verwandtschaftsforschung oder – allgemeiner formuliert – von der Historischen Anthropologie bzw. der Sozialgeschichte – Impulse erhalten hat, sei dahingestellt. Die Möglichkeit dazu bestand und besteht. Anregungen wären etwa aus der Analyse von Langzeitentwicklungen zu erwarten, die die Geschichtswissenschaft zu bieten vermag, ebenso aus den jeweiligen gesellschaftlichen Kontexten, in die anthropologisch relevante Phänomene in der Vergangenheit eingeordnet zu sehen sind, vor allem aber aus Bedingungsfaktoren, die – in kurzfristiger oder langfristiger Entwicklung – zu deren Veränderung geführt haben. Am Beispiel von Erklärungsmodellen zweier großer Anthropologen, die sich solchen historischen Herausforderungen gestellt haben, seien Erfolge und Probleme eines interdisziplinären Zusammenwirkens besprochen.

Sowohl Jack Goody als auch Andrey Korotayev haben historisch weit zurückreichende Vergleiche unternommen.[2] Bei beiden sind Strukturen von Familie und Verwandtschaft ein wichtiger Untersuchungsgegenstand. Beide gehen von der besonderen gesellschaftlichen Bedeutung von Heiratsverboten bzw. Heiratspräferenzen unter nahen Verwandten aus. Beide untersuchen solche Heiratsregeln aus dem Interesse an spezifischen Besonderheiten bestimmter Kulturräume – der eine vor allem an der Entwicklung von Ehe und Familie

---

[1] Dressel 1996, 84-94.
[2] Goody 1986; Korotayev 2000, 395-407; Korotayev 2004, 46-52.

in Europa orientiert, der andere am islamisch-arabischen Kulturraum. Zweifellos haben die von den beiden Forschern aufgegriffenen Themenfelder hohe Aktualität. So bedeutet die Auseinandersetzung mit ihren Thesen auch für die Geschichtswissenschaft eine Herausforderung.

Die Grundfrage, die sich Jack Goody in seinem 1983 in englischer Sprache und schon 1986 in deutscher publizierten Buch „Die Entwicklung von Ehe und Familie in Europa" stellt, formuliert er in folgender Weise: „Wie kam es, dass sich etwa ab 300 n. Chr. bestimmte allgemeine Züge des Erscheinungsbilds von Verwandtschaft und Ehe anders gestalteten als im antiken Rom, Griechenland, Israel und Ägypten, anders auch als in den Gesellschaften an den Mittelmeerküsten des nahen Ostens und Nordafrikas, die diese ablösten?"[3] Es ist dieselbe zentrale Frage nach den Bedingungen von Sonderentwicklungen der Familienverfassung in der europäischen Geschichte, die auch die Historische Familienforschung immer wieder beschäftigt hat – eine Frage, die hier zunächst unter dem Aspekt des hohen Heiratsalters bzw. des Fehlens komplexer Familienstrukturen behandelt wurde.[4] Jack Goody brachte darüber hinaus Verbote von Ehen unter nahen Verwandten als Faktor neu ins Spiel.

Goody geht von den Verhältnissen im Mittelmeerraum aus und stellt hier „östliche" und „westliche Strukturen" einander gegenüber, die er auf die Kurzformel „Endogamie versus Exogamie" bringt. Er schließt diesbezüglich an Pierre Guichard an, der in seiner Analyse der gesellschaftlichen Verhältnisse im islamischen Spanien einen Katalog von Phänomenen und Tendenzen herausgearbeitet hat, die er „orientalische" bzw. „okzidentale Strukturen" nennt.[5] Für die ersteren ist nach Guichard die Tendenz zur Endogamie innerhalb der agnatischen Gruppe charakteristisch: „Bevorzugt wird die Tochter des Bruders des Vaters geheiratet". Für die letzteren hingegen erscheint die Tendenz zur Exogamie charakteristisch. Guichard ordnet diese Unterschiede der Heiratsregeln in größere soziale Zusammenhänge ein – etwa bezüglich Systemen der Abstammungsberechnung „orientalische Patrilinearität" versus „okzidentale" Bilinearität oder bezüglich der Eheformen „orientalische" Polygamie versus „okzidentale" Monogamie. Goody hebt aus diesem Katalog östlicher und westlicher Strukturen die „matrimonialen Allianzen" besonders hervor und macht sie zum Ausgangspunkt seiner weiteren Überlegungen. Er geht davon aus, dass die östlichen Strukturen die ursprünglichere Form darstellen, die westlichen hingegen ein Produkt späterer Entwicklung sind. Deutlich kommt diese Sichtweise zum Ausdruck, wenn er über den Vormarsch der Araber in Nordafrika im 7. Jahrhundert formuliert: „Mit der arabischen Invasion wurde nicht nur an die Stelle des in der römischen Kirche in hohem Maß zentralisierten Christentums die eher diffuse Organisation des Islams gesetzt, sondern es wurden auch die ‚orientalischen' Strukturen von Verwandtschaft und Ehe wieder eingeführt,

---

[3] Goody 1986, 17.
[4] Hajnal 1965, 101-143; Laslett 1972, 89-116.
[5] Goody 1986, 22; Guichard 1977, 19.

was zur Trennung zwischen den nördlichen Küsten des Binnenmeeres und den südlichen Küstengebieten beitrug".[6] Und noch deutlicher in Bezug auf ein Schreiben Papst Gregors I.: „Man kann also sagen, dass hier Merkmale des Verwandtschaftssystems eine plötzliche Veränderung vom bisherigen ‚mediterranen' zum neuen ‚europäischen' oder mit den Worten Guichards vom orientalischen zum okzidentalen Heiratsmuster erfuhren".[7] Oder schließlich: „In Europa sollte man sich von der ‚Logik' der Eheschließungen im engen Kreis, zumindest auf der Ebene der Verwandtschaft, weit entfernen; allerdings heiratete man durchaus ‚endogam' innerhalb der eigenen sozialen Klasse. Somit unterschied sich Europa nicht nur von den gegenwärtigen Praktiken der arabischen Welt, sondern auch von denen der alten Mittelmeerkulturen".[8]

Die Gründe, warum man sich in Europa von den endogamen Heiratsmustern entfernte, sieht Goody in der kirchlichen Ehegesetzgebung seit dem vierten Jahrhundert. Er spricht von einem „radikalen Wandel in der Heiratsideologie". Das in der Folgezeit zunehmend verschärfte Verbot von Verwandtenehen stellt er in den Zusammenhang des Kampfes der Kirche gegen Adoption, Ammenwesen und Konkubinat. Ziel aller dieser kirchlichen Maßnahmen soll es gewesen sein, „anerkannte Erbschaftsstrategien zu modifizieren [...] und die Gläubigen zu Vermächtnissen zugunsten der Kirche zu ermuntern". „Es erscheint kein Zufall, dass die Kirche gerade die Bräuche verurteilt hat, die ihr Besitz vorenthalten hätten".[9]

In einem engeren Verständnis bezieht sich die „Goody-These" auf diesen vom Autor behaupteten Konnex zwischen Interessen der römischen Kirche an Besitzakkumulation und ihren Verboten von Verwandtenheiraten. Nachdem das Erklärungsmodell anfänglich breiten Zuspruch gefunden hatte, geriet es späterhin jedoch zunehmend unter Kritik.[10] Der postulierte Bewirkungszusammenhang zwischen Einschränkungen von Verwandtenheiraten und vermehrtem Übergang von Besitz an die Kirche wurde in Frage gestellt. Vor allem kamen immer mehr Zweifel an der rein ökonomischen Begründung kirchlicher Verbote auf. Ließen sich nicht religionsrechtliche Maßnahmen wie Eheverbote überzeugender aus religiösen Gründen erklären? Im frühmittelalterlichen Christentum sind verschiedene Faktoren festzustellen, die eine Ablehnung bestimmter Formen der Verwandtenehe nahelegten:[11] Die Konzeption der Ehepartner als „una caro", durch die Heiratsverwandte als Blutsverwandte gesehen wurden, der Einfluss des römischen Rechts auf das Kirchenrecht, durch den es zu einer Erweiterung des Kreises verbotener Blutsverwandter kam, das logische Weiterdenken der im Buch Levitikus festgelegten Inzestverbote des Alten Tes-

---

6   Goody 1986, 29.
7   Goody 1986, 52.
8   Goody 1986, 45.
9   Goody 1986, 62-115.
10 Zusammenstellung kritischer Beiträge in: Continuity and Change 6 (1991), weitere in: Martin 1993, 149-162; Mitterauer 2003, 160-363; Ubl 2008; Jussen 2009, 275-325.
11 Mitterauer 1990, 41-86.

taments durch Analogieschlüsse, etwa von der Tantenehe auf die Nichtenehe, schließlich die Auseinandersetzung mit religiösen Gruppierungen, die endogame Heiratspraktiken als Heilsweg propagierten, wie den Zoroastriern. So hat die Debatte um die Kernthese Jack Goodys zu neuen Erklärungsansätzen geführt. Der Kampf der römischen Kirche gegen Ehen unter nahen Verwandten tritt nun in seinen Ursachen deutlicher in Erscheinung als zuvor. Das Erklärungsmodell aus Interessen der Besitzakkumulation erscheint weitgehend aufgegeben.

Anders verhält es sich mit dem größeren Zusammenhang, innerhalb dessen Goody seine Thesen formulierte. Die idealtypische Gegenüberstellung von östlichen und westlichen Strukturen erscheint mehr denn je aktuell. Sie enthält ja nicht nur wichtige Aussagen über die Entwicklung von Ehe und Familie in Europa, sondern ebenso in jenem zweiten historischen Kulturraum, mit dem Europa kontrastierend verglichen wird. In diesem weiteren Zusammenhang verdient die Goody-These nach wie vor große Beachtung.

Vieles, was Jack Goody 1983 in „Die Entwicklung von Ehe und Familie in Europa" angedacht hat, wurde von ihm 1989 in „The Oriental, the Ancient and the Primitive. Systems of Marriage and the Family in the Pre-industrial Societies of Eurasia" vertiefend dargestellt.[12] Exemplarisch seien ein paar Gedanken herausgegriffen, die zur Erklärung des bis heute im islamisch-arabischen Kulturraum – kontrastierend zu Europa – so stark wirksamen endogamen Heiratsverhaltens beitragen können. Zunächst erweist sich der Alte Orient bis in frühe Zeiten zurück als eine Großregion der Endogamie.[13] Die islamisch-arabische Kultur steht in dieser Tradition[14] – und zwar nicht in Verengung der Grade verbotener Verwandtenehen, sondern gegenüber einigen Vorgängerkulturen in deutlicher Erweiterung. Dann zeigt sich ein Zusammenhang zwischen der Verbreitung von Ehen mit patrilateralen Verwandten und der Expansion des Kalifenreichs. Durch sie gelangt die *bint 'amm*-Ehe, die Ehe mit der Vatersbrudertochter („FBD marriage"), bis nach Spanien.[15] Diese räumliche Entsprechung ist für Goody in seiner West-Ost-Gegenüberstellung in Anschluss an Pierre Guichard wesentlich. Weiters zeigt sich im großräumigen Kulturvergleich, dass Adoption einerseits, Verheiratung der Tochter mit einem Agnaten andererseits im Interesse der Erhaltung der Patrilinie eine ähnliche Funktion haben.[16] Im Islam fehlt die Adoption. Umso wichtiger erscheinen deshalb Ehen unter patrilateralen Verwandten.[17] Schließlich ist die Heirat innerhalb der Patrilinie oft mit einem reduzierten Brautpreis verbunden. Auch das ist als Erklärungsfaktor für die im islamisch-arabischen Kulturraum so häufige Ehe mit der patri-

---

[12] Goody 1989.
[13] Goody 1989, 315-360.
[14] Goody 1989, 381.
[15] Goody 1989, 380; Goody 1986, 22.
[16] Goody 1989, 204, 206-7, 265, 473, 477.
[17] Goody 1989, 379-380.

lateralen Parallelcousine zu bedenken.[18] Die Goody-These in ihrem weiteren Kontext bietet so viel Material, um die Entwicklung von Ehe und Familie in der Geschichte des Orients besser zu verstehen. Die Historische Familienforschung hat sich bisher nur wenig mit diesem Kulturraum befasst. In Anschluss an Jack Goody gäbe es diesbezüglich noch manches zu tun.

Die besondere Aktualität des Themas Verwandtenheirat im islamisch-arabischen Kulturraum erscheint heute durch die bedenklichen erbbiologischen Folgen dieser Praxis gegeben.[19] In den letzten Jahren häufen sich Studien zur Verbreitung solcher endogamer Praktiken – durchaus auch von offiziellen staatlichen Stellen in Auftrag gegeben. Der statistische Befund ist eindeutig. Von Mauretanien bis Pakistan, von der Türkei bis in den Sudan erstreckt sich ein Block mit Endogamieraten von über 20 Prozent. In Saudiarabien und im Sudan werden sogar Werte von über 50 Prozent erreicht. Alle diese Staaten stehen in islamischer Tradition.[20] Es gibt allerdings auch islamische Staaten, in denen Ehen mit nahen Verwandten geringe Bedeutung haben – in Südostasien Indonesien und Malaysia, in Zentralasien Kasachstan, Kirgisistan, Usbekistan, Turkmenistan und Tadschikistan. Zeitpunkt und Form der Islamisierung spielen bei diesen Abweichungen eine Rolle. Darauf wird noch zurückzukommen sein.

Aus erbbiologisch-medizinischem Interesse durchgeführte Untersuchungen erfassen nur konsanguine Ehen unter nahen Verwandten. In der Regel beschränken sie sich auf Blutsverwandte über zwei Generationen. Darüber hinausgehende Verwandtschaftsgrade werden nicht berücksichtigt – genau so wenig Beziehungen der Heiratsverwandtschaft oder der „künstlichen Verwandtschaft" wie etwa die anthropologisch so interessanten der Milchverwandtschaft oder der Patenverwandtschaft durch Beschneidung, die gelegentlich auch unter Eheverbote fallen.[21] Sie alle sind für erbbiologische Fragen ohne Bedeutung. Nicht beachtet wird auch die Unterscheidung zwischen Ehen mit patrilateralen bzw. mit matrilateralen Verwandten. Trotzdem ist die markante Ausgrenzung eines islamisch-arabischen Kulturraums, die sich aus diesen naturwissenschaftlich orientierten Studien ergibt, auch aus anthropologischer Sicht interessant. Ob nur auf Heiraten mit patrilateralen Verwandten bezogen oder Blutsverwandte insgesamt einschließend – die Verbreitungsgebiete sind deckungsgleich. Das zeigen sehr deutlich die Studien von Andrey Korotayev über „Parallel-Cousin (FBD) Marriage, Izlamisation and Arabization".[22]

In der Diskussion um das weltweit einzigartige Heiratsmuster unter patrilateralen Verwandten, das für den islamisch-arabischen Kulturraum so cha-

---

18 Goody 1989, 380.
19 Langer 2011, 34-37.
20 Bittles, Black 2010, 193-207.
21 So etwa bei den Alawiten; Prager 2010, 170-175, 177. Eine weitere Verwandtschaftsbeziehung mit Auswirkungen auf Eheverbote entsteht bei den Alawiten durch die Vorstellung der Übertragung einer Lichtseele von deren früherem Träger; Prager 2010, 178-179.
22 Korotayev 2000; Korotayev 2004.

rakteristisch ist, nimmt Andrey Korotayev heute eine führende Stellung ein. Das gilt vor allem für sein Erklärungsmodell über die Wurzeln dieses Musters. Immer wieder werden die von ihm genannten Entstehungsbedingungen zitiert. So erscheint es auch für die Historische Familienforschung wichtig, sich mit diesem Modell auseinanderzusetzen.

In seiner Untersuchung über die Ehe mit der patrilateralen Parallelcousine geht auch Korotayev von aktuellen Daten aus. Er testet die in der anthropologischen Literatur ziemlich einheitlich vertretene These des Zusammenhangs dieser spezifischen Eheform mit der islamischen Kultur, indem er die elektronische Version des Ethnographischen Atlas („*Murdock's Atlas*") von 1990 zu Korrelationen benützt. Dabei ergibt sich zunächst folgendes Resultat: „If a given culture has nothing to do with Islam, it is almost certain that the preference for FBD marriage does not occur. But knowing that a given culture is Islamic is not a certain predictor of FBD".[23] Es ist dies im Wesentlichen dasselbe Ergebnis, das die biologisch-medizinischen Studien auf der Basis konsanguiner Heiraten generell erkennen lassen.

In einem zweiten Schritt korreliert Korotayev das Auftreten der „FBD marriage" heute mit der Zugehörigkeit der betreffenden Region zum islamischen Kalifat des 8. Jahrhunderts. Dabei stellt er noch deutlichere Entsprechungen fest. Das macht eine zusätzliche Erklärung notwendig: „Evidently, there should be ‚something else' in addition to Islamization to persuade someone to do this" (nämlich FBD marriage). „That ‚someting else' was present in the Arabic-Islamic Khalifate of the seventh and eighth centuries (at least up to AD 751)".[24] Als Beispiel für einen solchen zusätzlichen Faktor nennt er die Übernahme arabischer Genealogien durch islamisierte Nicht-Araber und stellt generalisierend fest: „All this suggests that within the Omayyad Khalifate there was strong informal pressure to adopt Arab norms and practizes (e. g. genealogies and preferential parallel-cousin marriage)".[25] Diesen Prozess charakterisiert er bereits im Titel seiner Studie als „Arabization".

Der Konnex zwischen dem heutigen Verbreitungsgebiet von Ehen mit nahen patrilateralen Verwandten und der Erstreckung des Kalifenreichs im 8. Jahrhundert führt Korotayev zu historischen Langzeitentwicklungen und schließlich zur Frage nach dem Ursprung dieses Heiratsmusters: „In the seventh and eighth centuries, an explosive diffusion of this pattern took place when Arab tribes, backed by Islam, spread throughout the whole Omayyad Khalifate".[26] Spätere Diffusionsprozesse wären nur sehr begrenzt gewesen. Es könne kein Zweifel bestehen, dass alle bekannten Fälle der präferentiellen Heirat mit der Vatersbrudertochter auf eine einzige Quelle zurückzuführen seien. Diese wäre nicht im Islam zu suchen: „All the time of its origin FBD marriage

---

[23] Korotayev 2000, 397.
[24] Korotayev 2000, 401.
[25] Korotayev 2000, 402.
[26] Korotayev 2000, 403.

had nothing to do with Islam".[27] Der Ursprung – meint er – müsse irgendwo im syro-palästinischen Raum liegen, und zwar in einer Zeit weit vor Christi Geburt. Mikhail Rodionov hat 1999 darauf verwiesen, dass dieses Heiratsmuster auch in nichtislamischen Kulturen weit verbreitet gewesen sei – z. B. unter den Maroniten und Drusen.[28] Korotayev schließt sich Rodionov an und vermutet, dass das Heiratsmuster in der islamischen Welt und in syro-palästinischen Kulturen aus derselben Wurzel stammt. Aber vor dem Islam sei seine Verbreitung eher begrenzt gewesen. Die einzige benachbarte Region, in der es stärker präsent war, dürfte die Arabische Halbinsel gewesen sein. Dort könne seine Diffusion mit einem beträchtlichen jüdischen Einfluss bereits in der Zeit vor dem Islam verbunden gesehen werden.[29] Korotayevs Erklärungsmodell umfasst also Entwicklungen über Jahrtausende. Obwohl es mit „Islamisierung" und „jüdischem Einfluss" religiöse Kulturen anspricht, spielt der Faktor Religion bei ihm keine wesentliche Rolle. Darin stimmt Korotayev durchaus mit Jack Goody überein.

Wie viele andere Autoren vor ihm stellt Andrey Korotayev fest, dass das islamische Recht die Ehe mit der Vatersbrudertochter weder verbietet noch vorschreibt. Er sieht jedoch eine funktionale Verbindung zwischen Islam und „FBD marriage", durch die religiöse Vorschriften in vermittelter Form wirksam werden. Der Koran legt in seinen erbrechtlichen Bestimmungen fest, dass auch Töchter einen Anteil erhalten sollen, und zwar halb so viel wie Söhne. Gegenüber den vorislamischen Verhältnissen war diese Regelung grundsätzlich neu. Um nicht Landbesitz der Abstammungsgruppe durch das Erbe von Töchtern zu entfremden, wäre es naheliegend gewesen, sie innerhalb der Patrilineage zu verheiraten, insbesondere mit dem Vatersbrudersohn, dem *ibn 'amm*.[30] Eine solche Argumentation kann wenig überzeugen. In vielen Kulturen und in vielen Epochen wurden Töchter am Erbe beteiligt. Hätte diese Form der Besitzweitergabe tendenziell zu endogamen Heiraten geführt, so wäre die Ehe zwischen Cousin und Cousine derselben Patrilinie nicht so eindeutig zum charakteristischen Heiratsmuster des islamischen Kulturraums geworden. Nur unter den sehr spezifischen Besitzverhältnissen des Nomadismus in dieser Region konnten solche Erbrechtsregelungen derart endogame Strukturen bewirken.[31] Der Hinweis auf die koranischen Bestimmungen über das Tochtererbrecht greift jedenfalls zu kurz. In dieser Form lässt sich kein überzeugender Zusammenhang zwischen Islam und der Häufigkeit von Verwandtenehen im islamischen Raum herstellen. Ein Erklärungsmodell solcher Bedingungszusammenhänge muss weiter ausgreifen.

In der Sure 33,50 heißt es: „Prophet! Wir haben dir zur Ehe erlaubt deine bisherigen Gattinnen ... die Töchter deines Onkels und deiner Tanten väterli-

---

27 Korotayev 2000, 403.
28 Rodionov 1999, 264-266.
29 Korotayev 2000, 403.
30 Korotayev 2000, 400.
31 Motzki 1985, 519-520.

cherseits und deines Onkels und deiner Tanten mütterlicherseits". Es handelt sich hier um eine an Muhammad gerichtete Offenbarung aus Anlass seiner Eheschließung mit Zaynab bint Jahsh, der Tochter seiner Vatersschwester.[32] Zainab war zuvor mit seinem Adoptivsohn Zayd verheiratet gewesen. Obwohl die Stelle keine Empfehlung der Cousinenheirat enthält, erscheint sie deshalb interessant, weil sie eine Gleichstellung von Cousinen aus unterschiedlichen Verwandtschaftsverhältnissen erkennen lässt – der Vatersbrudertochter und der Vatersschwestertochter, der Mutterbrudertochter und der Mutterschwestertochter. So sehr die Ehe mit der *bint 'amm* im „orientalischen Heiratsmuster" im Vordergrund steht, eine Beschränkung auf sie wird der endogamen Tradition dieses Kulturraums nicht gerecht – bis zurück zu den Anfängen des Islam.

Es wird berichtet, dass Muhammad vor seiner Ehe mit der verwitweten Kaufmannsfrau Khadijah seine Vatersbrudertochter Fachita bint Abu Talib, später Umm Hani genannt, heiraten wollte.[33] Sein Onkel verweigerte ihm jedoch deren Hand. Als *ibn 'amm* hatte er offenbar damals keinen Anspruch. In der Geschichte der *bint 'amm*-Ehe müssen verschiedene Formen unterschieden werden. Das viel zitierte „Vetternrecht" ist sicher nicht die einzige und sehr wahrscheinlich nicht die älteste. Ein verallgemeinernder Bezug auf die „FBD marriage" verstellt den Blick auf notwendige Differenzierungen.

Muhammad verheiratete seine Tochter Fatimah an seinen Cousin Ali ibn Abu Talib, den Sohn seines Vatersbruders.[34] Es handelte sich um eine Ehe innerhalb der agnatischen Abstammungsgemeinschaft, aber mit verschobener Generationszugehörigkeit. Für den Typus der *bint 'amm*-Ehe erscheint ersteres entscheidend, letzteres von geringerer Bedeutung. Insgesamt sind es mehrere unterschiedliche Formen von Verwandtenehen, die Muhammad selbst geschlossen oder veranlasst hat. Geht man von der Vorbildlichkeit der Lebensweise des Propheten als religiöse Leitlinie für seine Gläubigen aus, so ist aus diesen Handlungen zwar keine irgendwie bindende Vorschrift abzuleiten, der Zusammenhang zwischen Islamisierung und Endogamie erhält jedoch dadurch eine zusätzliche Komponente. Allerdings ist auch ein Ausspruch Muhammads überliefert, in dem er vor Ehen mit nahen Verwandten in Hinblick auf eventuelle Behinderungen des Nachwuchses warnt.

Von Fatimah und Ali leiten sich die vielen Deszendenzlinien der islamischen Welt ab, die für sich die Abstammung vom Propheten beanspruchen – die sogenannten Saiyiden. Man hat sie als den einzigen Adel bezeichnet, den der Islam kennt. Ein besonderes Charakteristikum dieser vermeintlichen Nachkommen Muhammads ist ihre ausgeprägte Endogamie.[35] Ihre Praxis der Heirat mit nächsten Verwandten ist offenbar religiös bedingt. Sicherung der Geblütsheiligkeit durch Endogamie begegnet auch sonst in der Geschichte des Ori-

---

32   „Zainab" in: Hughes 1995, 773.
33   Nagel 2008, 104.
34   Nagel 2008, ebenda.
35   Bernheimer 2012, 84–86; Nippa, 1991, 148, 177.

ents vielfach. Im Islam führt die Legitimierung durch Abstammung von Fatimah und Ali bis in die Frühzeit der Religionsgemeinschaft zurück. Zweifellos stellt auch Geblütsdenken einen „Islamic context"[36] von Verwandtenehen dar.

Fragt man nach den Folgen der Islamisierung für endogame Traditionen, so ist sicher auch die Bedeutung von Eheverboten zu bedenken. Wie viele Religionsgemeinschaften kennt der Islam primär Eheverbote unter Verwandten, nicht Heiratsempfehlungen. In der Sure 4 (22ff.) heißt es: „Und heiratet keine Frauen, die vorher einmal eure Väter geheiratet haben, abgesehen von dem, was in dieser Hinsicht schon geschehen ist! Das ist etwas Abscheuliches und hassenswert – eine üble Handlungsweise! Verboten zu heiraten sind euch eure Mütter, eure Töchter, eure Schwestern, eure Tanten väterlicherseits oder mütterlicherseits, die Nichten, eure Nährmütter, eure Nährschwestern, die Mütter eurer Frauen, eure Stieftöchter, die sich im Schoß eurer Familie befinden ... und die Ehefrauen eurer leiblichen Söhne". Weder die Cousinen väterlicherseits noch mütterlicherseits werden in diesem Katalog verbotener Frauen genannt. Sie waren offenbar im Islam die nächsten Verwandten, die zu heiraten noch erlaubt war und auf die sich die Endogamie dementsprechend konzentrierte. Korotayev meint: „But most traditional cultures have a clear perception that the marriage between a man and his FBD is incestuous".[37] Wäre die vorislamische Gesellschaft des Nahen Ostens eine „traditionelle Gesellschaft" dieses Typs gewesen, hätten die Inzestregeln des Korans anders ausgesehen. Die gerade noch erlaubte Cousinenehe, wäre dann ebenfalls unter den verbotenen genannt worden. Es muss anders gewesen sein. Wie noch zu zeigen sein wird, war in vielen vorislamischen Kulturen des Vorderen Orients sogar die Ehe zwischen Onkel und Nichte üblich. Der Koran hat sie ausdrücklich verboten. Der Islam hat also keineswegs gegenüber früheren Verhältnissen den Kreis der erlaubten Ehepartner unter Verwandten erweitert, sondern im Gegenteil reduziert. Das Verbot der Nichtenheirat führte in einer traditionell endogamen Gesellschaft zu einer Konzentration auf Eheschließungen mit Cousinen. In diesem vermittelten Zusammenhang hatte Islamisierung sehr wohl mit der Intensivierung der *bint 'amm*-Ehe und ähnlichen Eheformen zu tun.

In Korotayevs Modell wird davon ausgegangen, dass die Verbreitung der Ehe mit der Vatersbrudertochter in der Gegenwart in höherem Maße mit der einstmaligen Zugehörigkeit zum Kalifenreich des 8. Jahrhunderts korreliert als mit dem Faktor Islamisierung der betreffenden Region. Daraus wird auf die relative Bedeutung des Prozesses der Islamisierung bzw. der Arabisierung für das untersuchte Heiratsmuster geschlossen. Bei einer solchen Ableitung stellen sich zumindest zwei grundsätzliche Probleme: Zunächst gilt es zu fragen, ob der Komplex von Islamisierungsprozessen für den gesamten von der Religionsgemeinschaft erfassten Großraum als einheitlich und gleichartig wirkender Faktor aufzufassen ist, der undifferenziert einer Korrelationsanalyse zugrunde

---

36   Korotayev 2000, 402.
37   Korotayev 2000, 401.

gelegt werden kann. Dann wird man sich damit auseinandersetzen müssen, ob denn Islamisierung und Arabisierung als zwei gesonderte Entwicklungen zu verstehen sind, die in je unterschiedlicher Weise auf das untersuchte Heiratsmuster eingewirkt hätten.

Der heute islamisch geprägte Kulturraum, von dem Korotayevs Korrelationsanalysen ausgehen, erscheint aus historischer Sicht durch sehr unterschiedliche Prozesse der Islamisierung bestimmt. Zumindest zwei Formen sind zu unterscheiden.[38] In der Frühzeit verlief die Expansion von Religionsgemeinschaft und Herrschaftsraum innerhalb des Kalifenreichs im Gleichklang. Korotayev postuliert, dass unter dem Omayyadenkalifat ein starker informeller Druck auf die islamisierten nichtarabischen Gruppen bestand, arabische Normen und Praktiken zu übernehmen. Darin wäre die hauptsächliche Erklärung für die starke Korrelation zwischen der Verbreitung der Parallelcousinenehe und dem vom Omayyadenkalifat erfassten Raum zu suchen. Ein ganz anderer Prozess der Islamisierung, auf den Korotayev nicht eingeht, setzte unter den Abbasiden ein. Dieser Prozess greift nun weit über den Herrschaftsraum des Kalifats hinaus – vor allem auf das Gebiet der Turkvölker in Zentralasien, aber auch durch das Niltal und über die Sahara im Süden. Die Mission außerhalb des Imperiums wurde sehr stark von Sufi-Gemeinschaften getragen, deren Glaubensvermittlung sich vom Ulama-Islam in den Kerngebieten deutlich unterschied. Sie benützte etwa die jeweilige Volkssprache und beließ viel an überkommenen Bräuchen. Bei den zentralasiatischen Turkvölkern erhielt sich so deren traditionell exogame Heiratspraxis. Eheschließungen innerhalb der Patrilinie wie die *bint ʿamm*-Ehe waren hier weiterhin verpönt. Bei den türkischen Gruppen in Kleinasien dauerte es Jahrhunderte, bis sich neben ihren herkömmlich exogamen Mustern endogame Elemente durchsetzen konnten.[39] Bei manchen Balkanmuslimen ist dies bis heute nicht der Fall – etwa den Albanern, die grundsätzlich Ehen zwischen agnatisch Verwandten ablehnen.[40] Islamisierung erfasst so aus historischer Sicht sehr unterschiedliche Prozesse. Eine von Gegenwartsverhältnissen ausgehende Korrelation zwischen islamischen Ländern und bestimmten endogamen Praktiken muss notwendig zu problematischen Resultaten führen. Über die Bedeutung des Islam für die Verbreitung dieser Muster lassen sich auf dieser methodischen Grundlage nur in beschränktem Maß Aussagen machen – sicher auch nicht über die Gewichtung von Islamisierung und Arabisierung in diesem Prozess.

Im Titel seiner Studie stellt Korotayev „Islamization" und „Arabization" als Bedingungsfaktoren der „parallel-cousin (FBD) marriage" nebeneinander. Im Diskussionsteil seiner Untersuchungsergebnisse hingegen formuliert er: „Thus a systematic transition to FBD marriage took place when Islamization

---

38 Küng 2006, 377-422; Nagel 1998, 179-184.
39 Kaser 2011, 331; zur neueren Entwicklung: Stirling, Onarian Inciroglu 1996, 61-82.
40 Kaser 1995, 185-188.

occured together with Arabization".⁴¹ Ohne Zusammenwirken dieser zunächst getrennt gesehenen Prozesse kommt das Heiratsmuster also offenbar nicht zur vollen Entfaltung. Andererseits ist unmittelbar zuvor die Rede vom informellen Druck auf die „Islamized non-arab groups to adopt Arab norms ... (e. g. preferential parallel-cousin marriage)". Wieso sind solche endogamen Praktiken arabisch und nicht islamisch, auch wenn sie als Folge von Islamisierung übernommen wurden? Und wer sind die „non-arab groups"?⁴² Offenbar nichtarabischsprachige Bevölkerungsgruppen des Kalifenreichs. Auf sprachliche Verhältnisse bezogen wird ja auch in der Regel der Begriff „Arabisierung" verwendet. Hat die Verbreitung endogamer Heiratsmuster mit einer so verstandenen Arabisierung zu tun? In großen Teilen des Kalifenreichs, in denen dieses Heiratsverhalten anzutreffen ist, konnte sich allerdings Arabisch nicht durchsetzen – etwa bei den Persern oder Kurden.⁴³ Oder ist Arabisierung als Prozess innerhalb jenes Gebiets zu verstehen, in dem sich – über die Sprache hinausgehend – die arabische Schrift verbreitet hat – zweifellos in Verbindung mit der Religion.⁴⁴ Eine Vielfalt unterschiedlicher Deutungen bietet sich an. Die meisten stehen wie die beiden angesprochenen in „islamischem Kontext". Man wird aber konkreter werden müssen, um über die Begrifflichkeit von „Islamization" und „Arabization" hinaus ein Erklärungsmodell für das weltweit einzigartige Heiratsmuster des islamisch-arabischen Kulturraums mit seiner Präferenz für die Eheschließung mit nahen patrilateralen Verwandten zu finden.

Korotayevs Feststellung, dass die aktuelle Verbreitung der Heiratspräferenz für die patrilaterale Parallelcousine mit der Erstreckung des Kalifenreichs im 8. Jahrhundert korreliert, ist sicher wesentlich – wenn auch nicht so ganz neu, wie die Beschäftigung mit der Goody-These gezeigt hat. Sie lässt sich sowohl mit Islamisierung als auch mit Arabisierung als bewirkenden Faktoren verbinden. Aber es gibt noch eine ganz andere räumliche Entsprechung, die für ein Erklärungsmodell neue Perspektiven eröffnet: Das orientalische Heiratsmuster deckt sich weitgehend mit dem Verbreitungsgebiet des Arabischen Kamels.⁴⁵ Der Kamelnomadismus geht in seiner historischen Entwicklung von der Arabischen Halbinsel aus.⁴⁶ Arabische Stämme haben ihn weit über sein Ursprungsgebiet hinaus getragen – insbesondere mit der Expansion des Kalifenreichs. Kamelnomaden waren auch für die Ausbreitung des Islam eine wichtige Trägergruppe. So liegt es nahe, in Verbindung mit Arabisierung bzw. Islamisierung nach der Rolle des Kamelnomadismus für die Entstehung und Entwicklung traditioneller Heiratsgewohnheiten des Orients zu fragen.

Auch für den Zusammenhang zwischen Kamelnomadismus und endogamen Heiratsgewohnheiten wurden auf der Basis von Murdock's Atlas Korrela-

---

41 Korotayev 2000, 402.
42 Zu arabischer Sprache und Identität: Patai 1973, 41-72.
43 Zur Entstehung eines persisch-sprachigen Islam in Iran: Nagel 2008, 97
44 Zum arabischen Schriftkulturkreis: Haarmann 1990, 493-500.
45 Benecke 1994, 331; vgl. auch die Karte bei Mitterauer 2011, 6.
46 Benecke 1994, 327-328.

tionen durchgeführt. Auch sie ergaben deutliche Entsprechungen: „Atlas data on pastoralists shows the differences: with camels (implying travel and trade by camel) or small animal husbandry, the sibs are endogamous and FaBrDa marriage is usually preferred".47 Der Zusatz „unter Einschluss von Reise und Handel" erscheint wesentlich. Kamele kamen ja weit über ihre Züchtungsgebiete in Wüsten- und Halbwüstengebieten hinaus zum Einsatz. Und auch in diesem weiteren Gebiet der Nutzung erscheint endogames Heiratsverhalten gebräuchlich.

Zum Unterschied vom Baktrischen Kamel oder Trampeltier, das sich von den kalten Wüsten Innerasiens aus verbreitet hat, folgte das Arabische Kamel oder Dromedar den heißen Wüsten Vorderasiens und Nordafrikas.48 Als frühester Beleg für domestizierte Kamele im Vorderen Orient gilt die Geschichte von Rebekka im 24. und 25. Kapitel des Buches Genesis.49 Sie bezeugt das Vorkommen des Arabischen Kamels in den arabischen Grenzländern in der Zeit zwischen 1800 und 1700 v. Chr.50 Die älteste Erwähnung des Begriffs „Araber" steht mit Kamelen in Verbindung. 845 v. Chr. wird Gindibu „der Araber" erwähnt, der dem Herrscher von Damaskus mit 1000 Mann Kameltruppen in den Krieg folgte. Auch in Mesopotamien kamen Kamele aus Arabien bei Kriegszügen zum Einsatz. Als Tragtier wurde das Arabische Kamel schon früh für den Weihrauchhandel zwischen Südarabien und der östlichen Mittelmeerküste eingesetzt. Den entscheidenden Durchbruch in der Funktion als Transporttier bedeutete jedoch erst die Erfindung des nordarabischen Kamelsattels, die eine wesentliche Steigerung der Traglasten ermöglichte und schließlich zur Verdrängung des Wagens im Orient führte.51 Die Auswirkungen dieser epochemachenden Erfindung fallen zum Teil noch in vorislamische Zeit. Im Kalifenreich erreichte dann der Einsatz von Kamelen enorme Bedeutung – im Handel, im Transportwesen, in der militärischen Verwendung, in der Kommunikation. Mit vermehrtem Einsatz kam es auch zu vermehrter Zucht und damit zu einer Ausweitung des Kamelnomadismus – insbesondere in Nordafrika. Es erscheint bezeichnend, dass das Kalifenreich seine Expansion überall dort nicht weiter führte, wo aus klimatischen Gründen der Einsatz von Kamelen nicht möglich war, z. B. in den kühl-humiden Gebirgsregionen Nordspaniens.

In über drei Jahrtausenden beduinischer Lebensweise hat sich eine enge Verbindung zwischen den Arabern und ihren Kamelen ergeben.52 Sie kommt auch in Werthaltungen und Einstellungen zum Ausdruck. Nicht zuletzt hat sie in der Religion ihren Niederschlag gefunden. In der Sure 88 (17) des Korans wird die Erschaffung von Kamelen als Reittiere als ein besonderes Beispiel für

---

47 White 2000, 5.
48 Benecke 1994, 324.
49 Benecke 1994, 328.
50 Patai 1973, 12.
51 Bulliett 1975, 87-110.
52 Patai 1973, 76.

Gottes Weisheit und Güte genannt.⁵³ In der islamischen Welt begegnet das Kamel stets als ein sehr positiv bewertetes Tier.

In der anthropologischen Forschung wurde über statistische Korrelationen hinaus immer wieder auch nach ursächlichen Zusammenhängen zwischen einer auf Kamelzucht gestützten Lebensweise und endogamem Heiratsverhalten gefragt. Als ein besonders geeigneter Ausgangspunkt dafür erschien dabei der Vergleich zwischen vorderasiatischen Kamelnomaden und zentralasiatischen Pferdenomaden.⁵⁴ Beide Gruppen sind seit alters islamisch, beide sind nach Prinzipien patrilinearer Abstammung und patrilokaler Residenz organisiert. Die ersteren jedoch heiraten endogam, die letzteren exogam. Auf der Suche nach einem erklärenden Kontext der beiden Formen des Heiratsverhaltens werden folgende Unterschiede diskutiert: Zerbrechen der komplexen Familie nach dem Tod des Patriarchen versus Zusammenbleiben der Brüder nach dieser Zäsur, Gleichheit unter den Abstammungslinien der Söhne versus Vorrang des ältesten Sohnes und seiner Nachkommen vor denen der jüngeren, schließlich Tendenz zu Blutrachefehden versus Stammeskrieg. Um von solchen Merkmalen zu überzeugenden Erklärungen von endogamen Strukturen aus dem Kontrast zu exogamen zu gelangen, müssten wohl vermittelnde Faktoren zwischengeschaltet werden. So ließe sich die *bint ʿamm*-Ehe als eine Eheform absolut gesicherter Ebenbürtigkeit verstehen, wenn zwischen den Vätern als Brüdern volle Gleichheit bestand. Das zugrundeliegende Prinzip hieße dann: Isogamie durch Endogamie. Oder: Die Häufigkeit der Blutrachefehden unter den Kamelnomaden hat mit dem besonders konfliktreichen Milieu ihrer Wirtschaftsweise zu tun. Blutsverwandte zugleich als Heiratsverwandte zu gewinnen, könnte da im Sinne einer verstärkten Verwandtschaftssolidarität besondere Bedeutung gehabt haben. Die komparative Zugangsweise müsste in diesen Belangen also noch weiter vertieft werden.

Dass es einen ursächlichen Zusammenhang zwischen Kamelnomadismus und endogamen Heiratspraktiken innerhalb der Patrilinie geben muss, das zeigt sich an den verschiedenen Formen, in denen solche Ehen jeweils mehr oder minder verbindlich vorgeschrieben sind. Generalisierend von „FBD marriages" zu sprechen, greift diesbezüglich zu kurz. Es bedeutet einen Unterschied, ob Ehen mit der patrilateralen Parallelcousine als erlaubt praktiziert werden, ob eine gesellschaftliche Präferenz für sie besteht, ob der *ibn ʿamm* einen Rechtsanspruch auf die *bint ʿamm* als Ehefrau hat – einen Rechtsanspruch, den er sich ablösen lassen kann, den er selbst ausüben muss, den er im Extremfall bis zur Blutfehde verfolgen muss. Die verschiedenen Formen dieses „cousin right" hat für den Nahen Osten schon früh der Anthropologe Raphael Patai verfolgt.⁵⁵ Sie führten ihn in ihrer radikalen Ausformung immer wieder in beduinisches Milieu. Offenbar haben sie sich hier im Kontext von Stam-

---

53 Schimmel 1995, 53.
54 Patai 1951, 401-414; Crone 1980, 18; Lindholm 1986, 334-355.
55 Patai 1955, 25-55.

messtrukturen ausgebildet. Außerhalb treten sie nur in abgeschwächter Weise in Erscheinung.

Die Genese endogamer Heiratspraktiken unter kamelzüchtenden Araberstämmen lässt sich sicher nicht aus einem einlinigen Bewirkungszusammenhang ableiten. Es bedarf zu ihrem Verständnis viel mehr eines multifaktoriellen Erklärungsmodells. Die anthropologische Literatur liefert dazu verschiedene Ansätze, die sich zum Teil auch untereinander verbinden lassen. Zu einem geschlossenen System von Bedingungen fügen sie sich jedoch einstweilen noch nicht zusammen.

Außer Streit steht wohl, dass das spezifische Heiratsmuster der Kamelnomaden mit deren Sonderstellung unter den verschiedenen Kulturen von Pastoralisten zusammenhängt.[56] Die Wirtschafts- und Lebensweise der Kamelzüchter unterscheidet sich grundsätzlich von der anderer Hirtennomaden, bei denen Schafe und Ziegen, Pferde oder Rinder die Lebensgrundlage darstellen. Der Übergang zur Kamelzucht ermöglichte es, in Wüsten, Halbwüsten und Steppengebieten ausgedehnte neue Nutzungsräume zu erschließen, in denen andere Formen der Viehzucht nur marginal oder überhaupt nicht betrieben werden konnten. Der einzige Bezug zu Grund und Boden waren bei Kamelnomaden die Nutzungsrechte an Weiden und an Wasserstellen. Über solche Rechte verfügte die patrilineare Abstammungsgruppe als Ganze. In den Eigentumsverhältnissen war also ein grundsätzlicher Unterschied zu landwirtschaftlichen und städtischen Populationen gegeben. Vor allem die Kamelherde als wichtigstes Produktionsmittel stand im Besitz agnatischer Verbände. Töchter hatten an ihr ursprünglich keinen Anteil.

Die Erbregeln des Korans, die auch Frauen einen Anteil am Erbe zugestanden, könnten die Heiratspraktiken von Beduinenstämmen beeinflusst haben.[57] In besonderer Weise bestand bei ihnen die Notwendigkeit, den kollektiven Besitz der Familie bzw. der Abstammungsgruppe unvermindert zusammenzuhalten. Gerade die Kamelzucht ist auf den Verlust von Tieren sehr anfällig. Verheiratete man eine erbberechtigte Tochter mit dem nächststehenden Cousin der gleichen Deszendenzgruppe, so konnte man das religiös gebotene Erbrecht einhalten ohne die Interessen der herdenbesitzenden Gruppe zu beeinträchtigen. Es kam jedoch auch vor, dass – den Vorschriften des Korans zum Trotz – nach außen heiratenden Frauen ihr Erbteil verweigert wurde. Die Überlebensbedingungen von Kamelnomaden waren besonders hart. Alles, was die Geschlossenheit des Herdenbesitzes beeinträchtigt hätte, wurde nach Möglichkeit vermieden.

Von den prekären Besitzverhältnissen der Kamelnomaden ausgehend ist auch die Bedeutung des Brautpreises für die endogame Praxis dieser Gruppen zu verstehen. Wenn der *ibn ʿamm* seine *bint ʿamm* heiratete, war in der Regel nur ein reduzierter Brautpreis zu zahlen, mitunter überhaupt keiner. Blieb die

---

[56] Bell 2004, 25-54; Bell 2008, 25.
[57] Motzki 1985, 520.

Braut in der Familie, dann konnten die Heiratstransaktionen auch zeitlich gestaffelt erfolgen. Die beiden Väter waren ja als Brüder zueinander Personen des besonderen Vertrauens, unter denen man langfristige Abmachungen treffen konnte. Wurden Kamele als Brautpreis geleistet, konnte man dabei auf das fragile Gleichgewicht in der Zusammensetzung der Herde Rücksicht nehmen.

Kamele vermehren sich – im Vergleich zu anderen von Hirtennomaden gezüchteten Tieren – nur sehr langsam.[58] Der Bestand der Herde wird durch Trockenheit, Krankheiten, vor allem aber durch Raubzüge konkurrierender Gruppen gefährdet, die ihre Herde durch „raiding" ergänzen oder erweitern wollen. Das beduinische Milieu ist höchst konfliktreich. Im Kampf ums Überleben bedarf es besonderer Solidarität unter den nächsten Verwandten. Wie schon erwähnt scheint die Heirat innerhalb der patrilateralen Deszendenzgruppe ein Mittel zur Stärkung solcher Loyalitäten gewesen zu sein.

Die Erschließung extrem lebensfeindlicher Wüsten- und Halbwüstengebiete durch den Kamelnomadismus hat zur Entstehung von Bevölkerungsgruppen geführt, die voneinander weitgehend isoliert leben. Aufgrund der beschränkten Kommunikationsmöglichkeiten neigen solche Isolate generell zu Endogamie. Das gilt ja ähnlich auch für die Bewohner abgeschlossener Gebirgstäler. Die schwierigen Bedingungen geschlechtsspezifischer Arbeitsteilung führen bei Kamelnomaden zu stark polarisierten Geschlechterrollen – und damit auch zu Patrilokalität und Patrilinearität. Die Ehe mit der *bint 'amm* ist bei solchen isoliert lebenden patrilinearen Gesellschaften eine besonders nahe liegende Form der Endogamie.

Geht man davon aus, dass der Kamelnomadismus für die Entstehung und Entwicklung der *bint 'amm*-Ehe zumindest eine wichtige Rolle gespielt haben dürfte, dann stellt sich die Frage nach den Formen der Verbreitung dieses Musters. Zumindest drei Linien der Diffusion sind dabei zu bedenken. Die erste betrifft die Führungsgruppe des Kalifenreiches. Jedenfalls in omayyadischer Zeit war sie arabischer Herkunft. Wenn sie auch nicht unmittelbar dem Beduinentum entstammte, gab es in Familienformen und Heiratsregeln doch grundsätzliche Entsprechungen. Zweifellos hatte sie Vorbildcharakter und beeinflusste dadurch die Heiratsgewohnheiten im ganzen Großreich. Die zweite Diffusionslinie betrifft die Expansion des Kamelnomadismus im Kalifenreich bis an die Grenzen des klimatisch Möglichen. Der steigende Bedarf an Kamelen als Trag- und Reittieren intensivierte die Zucht. In Nordafrika erreichte der Kamelnomadismus erst im 18. Jahrhundert den Höhepunkt seiner Verbreitung. Eine dritte Linie der Diffusion ist über die Abwanderung von Beduinen bzw. deren Kindern in landwirtschaftliche und städtische Gebiete vermittelt zu sehen. Aus Überlebensgründen hatten Kamelnomaden eine sehr hohe Fertilität. Durch Migration in Dörfer und Städte verbreiteten Nachkommen von Beduinenstämmen deren spezifische Heiratsmuster auch außerhalb der Regionen, in denen Kamelzucht seit alters heimisch war.

---

[58] Bell 2008, 25.

Als ein Heiratsmuster, das Verbindungen zum Kamelnomadismus erkennen lässt, hat sich die Ehe mit der patrilateralen Parallelcousine zwar in einem islamischen Kontext verbreitet, sie geht aber sicher über die Entstehung des Islam zurück. Korotayev formuliert zu Recht: „At the time of its origin, FBD marriage had nothing to do with Islam".[59] Diese Religionsgemeinschaft existierte ja damals noch nicht. Handelte es sich bloß um eine Praxis der altarabischen Stämme aus vorislamischer Zeit? Oder ist mit einer weiteren Fundierung in altorientalischen Gesellschaften zu rechnen? Korotayev vermutet letzteres und sieht den Ursprung in syro-palästinischen Kulturen. Sein Verweis auf Maroniten und Drusen ist diesbezüglich allerdings ein ungenügendes Argument. Die Drusen sind erst im Hochmittelalter als eine islamische Sekte entstanden.[60] Die Maroniten konstituierten zwar schon im 7. Jahrhundert eine von der byzantinischen Christenheit abgespaltene Patriarchatskirche, übernahmen allerdings die *bint'amm*-Ehe wahrscheinlich aus ihrem islamischen Umfeld.[61] Für eine Entstehung im syropalästinischen Raum in der Zeit vor Christi Geburt ist aber aus diesen Verhältnissen nichts abzuleiten.

Korotayev nimmt an, dass sich die „FBD marriage" auf der Arabischen Halbinsel in vorislamischer Zeit unter beträchtlichem Einfluss des Judentums verbreitet hätte. Auch diese Annahme kann nicht überzeugen. Zwar erscheint das Judentum seit seinen weit zurück verfolgbaren Anfängen als eine ausgesprochen endogame Religionsgemeinschaft, aber doch in anderen Formen als der Islam. Das Judentum schreibt ursprünglich die Ehe mit der Witwe des söhnelos verstorbenen Bruders vor, der Islam erlaubt sie unter der Bedingung, dass die Frau zustimmt. Die im Buch Numeri (27,1-11 und 36,1-13) als Gebot des Moses überlieferte Eheschließung der fünf Erbtöchter des söhnelos verstorbenen Zelofhad mit fünf Verwandten aus der gleichen Patrilinie hat im Islam kein Gegenstück. Die Cousinenehe ist zwar erlaubt, aber nicht religionsrechtlich für bestimmte Erbsituationen vorgeschrieben. Es handelt sich stets auch um ein individuelles Arrangement, nicht um eine kollektive Verpflichtung aller Töchter. Grundsätzlich kennt der Islam nicht wie das Judentum religiös angeordnete oder empfohlene Eheformen. Wären die Ehepraktiken der frühislamischen Zeit vom Judentum beeinflusst gewesen, dann dürfte man auch eine Spiegelung der innerjüdischen Diskussionen um Verwandtenheiraten im Islam erwarten. Davon gibt es keine Spur. Der babylonische Talmud erlaubt nicht nur die Nichtenheirat, sondern empfiehlt ausdrücklich die Ehe mit der Schwestertochter.[62] Im Koran erscheint diese Form der Verwandtenehe explizit abgelehnt. In jüdischen Gemeinden des islamischen Kulturraums wird viele Jahrhunderte hindurch bis in die Gegenwart an der Nichtenheirat beharrlich festgehalten. Es handelt sich offenbar um zwei religiöse Kulturen, die in der

---

59   Korotayev 2000, 403.
60   Schmucker 1999, Spalten 1416-1417.
61   Breydy 1999, Spalten 320-321.
62   Goitein 1978, 26, 68-69; MacDonald 1994, 118.

Frage der Heiraten von nächsten Verwandten divergieren. Auch die Diskussion um Verbote in auf- und absteigender Linie, die aus Bestimmungen des Buches Levitikus durch Analogieschluss abgeleitet wurden, findet im Islam keine Parallele.[63] Insgesamt stellt sich die Frage, inwieweit eine Religionsgemeinschaft, die in ihrem Eherecht so stark separatistisch eingestellt war, eine andere beeinflusst haben könnte. Das Judentum verhielt sich ja im Frühmittelalter ganz anders als der Zoroastrismus, die Staatsreligion des Perserreichs, die damals mit der Propagierung von Eheschließungen unter nahen Verwandten als besonders heilbringender Handlung Missionsarbeit betrieb.

Korotayev kommentiert das Fehlen sowohl einer Empfehlung als auch eines Verbots der „FBD marriage" im Islam: „But most traditional cultures have a clear perception that marriages between a man and his FBD is incestuous".[64] Bezüglich der Kulturen des Orients ist das eine glatte Fehleinschätzung. Viele von ihnen erlaubten sie und manche von ihnen gingen noch weiter – am weitesten wohl der zuvor erwähnte Zoroastrismus.[65] Die Einstellung dieser Religionsgemeinschaft zur Verwandtenheirat ist deshalb für die Frage nach den Wurzeln des islamisch-arabischen Heiratsmusters besonders interessant, weil die arabischen Stämme in vorislamischer Zeit zum Teil zum Einflussgebiet des zoroastrischen Sassanidenreichs gehörten. Auch wirkten im Kalifenreich der Abbasiden viele persischen Traditionen nach.

Der Zoroastrismus dieser frühen Zeit hatte hinsichtlich der Einstellung zur Verwandtenheirat unter den Religionsgemeinschaften weltweit eine einmalige Position. Er empfahl Ehen mit nächsten Angehörigen – nicht nur mit Cousinen und Nichten, sondern auch mit Schwestern, Töchtern und Müttern. Kritik an diesem Verhalten ist aus allen Nachbarkulturen überliefert – von China bis zu den verschiedenen christlichen Gruppierungen innerhalb wie außerhalb des Römischen Reichs. Sie alle empfanden solche Ehen als inzestuös. Trotzdem erscheint es nicht legitim, von „Inzestehen" zu sprechen. Aus der eigenen Sicht lag ja nichts Verbotenes vor, sondern im Gegenteil religiös Empfohlenes. Die Praxis solcher Ehen unter nächsten Blutsverwandten hatte ihre Grundlage im Nachvollzug von Schöpfungsmythen. Auch die Ehen unter nächsten Heiratsverwandten waren religiös begründet. Ein Mann ohne Sohn konnte nach zoroastrischem Glauben die Brücke ins Jenseits nicht bewältigen. Seine Witwe musste deshalb mit dem Bruder des Verstorbenen oder einem anderen nahen Agnaten für ihn einen Sohn zeugen – eine ähnliche Vorstellung, wie sie dem jüdischen Levirat zugrunde lag.[66] Solche Eheformen waren also mit spezifischen religiösen Normen und Werten verbunden. Sie wurden durch die Mission der zoroastrischen Staatkirche weit über das Perserreich hinaus systematisch verbreitet. Der Hohepriester Kartir rühmte sich in einer Inschrift,

63   Jewish Encyclopedia 1901, 571-575.
64   Korotayev 2000, 401.
65   Spooner 1966, 51-59; Sidler 1971; Lee 1988, 403-413; Mitterauer 1994, 321-251, deutsch, in: Derselbe, Historische Verwandtschaftsforschung, Wien 2013; Frandsen 2009.
66   Mitterauer 1996, 53-70.

dass er viele Ehen unter nächsten Verwandten gestiftet habe. Angehörige anderer Religionen widersetzten sich und übten heftige Kritik an den „Sitten der Magier".[67]

Die Eheverbote des Korans haben eine deutliche antizoroastrische Tendenz: „Es ist euch nicht erlaubt, Frauen nach dem Tod ihres Mannes wider ihren Willen zu erben" heißt es in der Sure 4, 19. Diese Bestimmungen richteten sich zwar wohl auch gegen altarabische Traditionen. Eine religiöse Grundlage hatten die abgelehnten Eheformen aber vor allem in den verschiedenen Ausprägungen des obligatorischen Levirats bei den Zoroastriern: „Und heiratet keine Frauen, die vorher einmal eure Väter geheiratet haben." Die Witwenerbschaft hat bei den stark polygamen Zoroastriern wohl eine größere Rolle gespielt als bei den arabischen Beduinenstämmen. Vor allem die folgenden Bestimmungen der Sure 4 sprechen den Kern der zoroastrischen Heiratsregeln an: „Verboten sind euch eure Mütter, eure Töchter, eure Schwestern, eure Tanten väterlicherseits und mütterlicherseits". Die islamische Polemik gegen die Heirat mit Müttern, Schwestern und Töchtern reicht bis weit ins 12. Jahrhundert hinein.[68] Der Kampf gegen sie war also noch Jahrhunderte lang aktuell. Unter dem Druck des islamischen Umfelds haben dann die Parsen, die Nachfolger der Zoroastrier, ihre Verwandtenheiraten auf Cousinenehen reduziert,[69] wenn auch die vom Islam verbotene Nichtenheirat gelegentlich bei ihnen noch vorkam. Die zoroastrischen Cousinenehen beschränkten sich nicht auf die väterliche Verwandtschaft. Unter den persischen Muslimen begegnen bis heute Ehen mit matrilateralen Cousinen ähnlich häufig wie solche mit patrilateralen. Das begünstigt „double first cousin marriages". Das beduinische „cousin right" hingegen fehlt. Die Entwicklung in Iran ist ein Beispiel dafür, dass das stark endogame Muster der Cousinenheirat aus der Reduktion noch stärker endogamer Vorformen hervorgehen kann.

Noch deutlicher als in den Eheverboten des Islam ist die antizoroastrische Tendenz in denen der christlichen Kirchen des Orients erkennbar. Sie wird hier auch explizit zum Thema gemacht. Als Grund für die Ablehnung einer bestimmten Form der Verwandtenheirat dient immer wieder die Formel: „Denn dieses sind die Sitten der Magier".[70] Als die zoroastrische Staatsreligion unter den Sassaniden aggressiv missionierte, kamen vor allem die Christen der nestorianischen Kirche unter massiven Druck. Eine Schlüsselfigur in dieser Auseinandersetzung über Ehen mit nahen Verwandten war Mar Aba I., von 539 bis 552 Patriarch von Seleukia. Von den 13 Jahren seiner Amtszeit verbrachte er zehn unter Hausarrest oder im Exil. Unter den von den „Magiern" gegen ihn erhobenen Anklagen nehmen Probleme der Verwandtenheirat einen wichtigen Platz ein. Man forderte von ihm u. a., dass er diejenigen, die mit Frauen

---

67 Mitterauer 1994, 231-238.
68 Frandsen 2009, 118.
69 Encyclopaedia Iranica 2011.
70 Mitterauer 1994, 231-232.

ihrer Väter, mit Schwestern bzw. Schwiegertöchtern verheiratet waren, wieder in die Kirche aufnehme, was er verweigerte. Auch an der Leviratsehe sowie der Ehe mit der Frau des Vatersbruders – zwei für die Zoroastrier typische Formen von Witwenvererbung an Agnaten – entzündete sich der Gegensatz. Die in der Vita des Patriarchen geschilderten Kontroversen spiegeln sich in den eherechtlichen Kanones der von ihm 543/4 einberufenen Synode seiner Kirche. Mar Aba steht hier streng auf dem Boden der mosaischen Gesetzgebung im Buch Levitikus. Auf dieser Basis argumentiert er gegen die persischen Ehebräuche. Bezeichnend erscheint, dass er dabei weder die Cousinenheirat noch die Nichtenheirat verurteilt. Diese waren ja nach den auch für Christen gültigen Bestimmungen des Pentateuch erlaubt und wurden unter Juden in der nächsten Umgebung Mar Abas praktiziert. Allerdings sprach der Patriarch der nestorianischen Christen keine Empfehlung der Nichtenheirat aus, wie sie der Talmud formuliert hatte. Das hätte ihn in ein unerwünschtes Naheverhältnis zum Zoroastrismus gebracht. Religiös empfohlene Verwandtenheiraten waren den Christen – sehr zum Unterschied von den Zoroastriern – grundsätzlich fremd.

In der nachsassanidischen Zeit – also schon unter arabischer Herrschaft – finden sich bei den nestorianischen Christen Verbote der Verwandtenheirat, die weit über die am Buch Levitikus orientierten des Mar Aba hinausgehen. Das gilt vor allem für das Rechtsbuch des Patriarchen Timotheos I. von Seleukia von 805.[71] Nachdem der Druck der alten Staatsreligion weggefallen ist, führt die Auseinandersetzung mit ihr offenbar dazu, dass der extremen Begünstigung von Verwandtenehen nun eine Perhorreszierung der Endogamie gegenüber gestellt wird. Der ausdrückliche Hinweis auf einen jetzt unter Christen verbotenen zoroastrischen Brauch findet sich bei folgenden Heiratsformen: Heiraten von Vater und Sohn mit zwei Schwestern, von zwei Brüdern mit zwei Schwestern, zwischen Vatersbruder oder Mutterbruder und der Frau des Bruder- oder Schwesternsohns sowie zwischen Neffe und Witwe des Onkels, eine Eheform, die schon Mar Aba bekämpft hatte. Mar Timotheos verbietet – entgegen der Tradition seiner Kirche – erstmals die Ehe mit der Nichte und vor allem auch mit der Cousine – gleichgültig, ob es sich um eine Tochter des Vaters- oder Mutterbruders, der Vaters- oder der Mutterschwester handelt. Während die Nichtenheirat bei den Nestorianern weiterhin verboten bleibt, kommt es bezüglich der Cousinenheirat bald zu einer Revision. Mar Timotheos wird von seinen Nachfolgern korrigiert. Die Cousinenheirat – obwohl auch eine „Sitte der Magier" – bleibt ausdrücklich erlaubt.[72]

Die Situation der Ehegesetzgebung bei den nestorianischen Christen, die sich am schärfsten mit den endogamiefreundlichen Traditionen des Zoroastrismus auseinanderzusetzen hatten, lässt sich in ihren wesentlichen Grundzügen für die orientalische Christenheit im Frühmittelalter insgesamt verallgemeinern. Aus der zweiten Hälfte des 5. Jahrhunderts stammt das unter dem

---

71 Mitterauer 1996, 232.
72 Mitterauer 1990, 53-54.

Titel „Leges Constantini, Theodosii et Leonis" verbreitete Syrisch-Römische Rechtsbuch, das in der gesamten orientalischen Christenheit vom Kaukasus bis Ägypten und Abessinien, von Babylonien und der Persis bis ans Mittelmeer höchstes Ansehen genoss.73 Dieses Rechtsbuch verbietet die Heirat mit der Frau des Vaters – offenbar der Stiefmutter –, mit der Witwe des Bruders und der Schwester der Frau, mit der Tochter des Bruders oder der Tochter der Schwester sowie mit der Schwester des Vaters oder der Schwester der Mutter. Die Cousine wird in diesem Katalog verbotener Frauen nicht erwähnt. Sie zu heiraten, war offenbar unproblematisch. Den Regelungen des Syrisch-Römischen Rechtsbuchs lässt sich ein wenige Jahrzehnte zuvor verfasster Brief an die Seite stellen, den der große syrische Theologe Theodoret, Bischof von Kyrrhos, (gest. 460) an die Gemeinde von Zeugma in Mesopotamien gerichtet hat.74 Ehen zwischen Cousin und Cousine „erlaubt" er, Ehen zwischen Onkeln und Nichten „verzeiht" er. Das Schreiben verweist auf eine Übergangssituation, in der sich auch unter Christen stark endogame Heiratspraktiken finden. Nichtenheiraten kamen noch vor, wurden aber von der kirchlichen Obrigkeit eingemahnt bzw. bekämpft. Die Cousinenheirat hingegen galt als erlaubt. Hinweise auf eine solche Übergangsphase finden sich verschiedentlich in orientalischen Kirchen.75 Jahrhunderte hindurch war der christliche Orient durchaus endogam. Es galten die Bestimmungen des Buches Levitikus. Und diese erlaubten sowohl Nichten- als auch Cousinenheiraten. Wie das Syrisch-Römische Rechtsbuch zeigt, wurde die Nichtenheirat damals schon tendenziell ausgegrenzt. Analogiedenken dürfte dabei entscheidend gewesen sein.76 Die Heirat zwischen Neffe und Tante war ja nach dem Buch Levitikus verboten. Ebenso sollte es zwischen Onkel und Nichte sein. Auch verschiedene jüdische Richtungen sahen das als legitim an. Auf die Bibel gestützte Argumente gegen die Cousinenheirat gab es hingegen nicht. Sie wurde in der westlichen Christenheit vom römischen Kaiserrecht her in Frage gestellt. Im christlichen Orient fehlte dieser Einfluss.

Die Welt, in der sich im Frühmittelalter der Islam entwickelte, war weitgehend endogam geprägt. Der Zoroastrismus befürwortete Heiraten mit nächsten Verwandten nahezu unbeschränkt – jedenfalls auch mit Cousine und Nichte. Das Judentum erlaubte beide und empfahl die letztere. Mit ihm auf gleicher religionsrechtlicher Grundlage gestattete auch das Christentum im Orient zunächst beide Eheformen. Die Erlaubtheit der Nichtenheirat wurde jedoch zunehmend in Frage gestellt. Die gleiche Grenzziehung vollzog auch der Islam. In der Sure 4 des Korans wurde ein für alle Mal die Nichtenehe untersagt. Die Cousinenehe hingegen blieb erlaubt, und zwar in allen ihren Erscheinungsformen über Vater- und Mutterseite. Sie entwickelte sich in der

---

73 Sachau 1907.
74 Lee 1988, 411.
75 Zusammengestellt bei Dauvillier, De Clerq 1936.
76 Mitterauer 1990, 56.

neuen Religionsgemeinschaft zu einer bevorzugten Form der Partnerwahl. Innerhalb seines endogamen Umfelds entspricht die Regelung der Ehe unter Blutsverwandten im Islam am ehesten den zur gleichen Zeit in den christlichen Kirchen des Orients geltenden Normen. Das könnte auf Verbindungen in der Frühzeit des Islam deuten, denen in größeren Zusammenhängen nachzugehen sicher interessant wäre. Im islamischen Recht lassen sich Einflüsse des Syrisch-Römischen Rechtsbuchs erkennen.[77] Syrisch-christliche Einflüsse auf die frühislamischen Regeln der Verwandtenheirat haben jedenfalls ein weit höheres Maß an Wahrscheinlichkeit als die von Korotayev postulierten jüdischen. Dem Islam und dem orientalischen Christentum gemeinsam ist die entschiedene Ablehnung der radikalen Endogamieformen des Zoroastrismus.

Die christlichen Kirchen stellten im Frühmittelalter im Orient auch quantitativ einen bedeutsamen Faktor dar und damit die von ihnen erlaubten Formen der Cousinenheirat. Korotayev irrt, wenn er meint: „But prior to the time of Islam, the diffusion of the FBD marriage was rather limited". Dementsprechend beginnt er die Entwicklungsgeschichte dieser Eheform sicher zu spät, wenn er erst mit „Islamization" und „Arabization" einsetzt. Damit wird die ganze endogame Tradition des Alten Orients und seiner unmittelbaren Nachfolgekulturen ausgeblendet. Es geht bei dieser Tradition allerdings nicht nur um Ehen mit der patrilateralen Parallelcousine. Das Beispiel Iran etwa hat gezeigt, dass hier bis zur Gegenwart Heiraten mit Cousinen über die Vaterseite wie über die Mutterseite eine Rolle spielen. Das gilt auch für andere Kulturen des Nahen und Mittleren Ostens. Die Konzentration auf die *bint ʿamm* ist offenbar in tribalem Milieu mit ausgeprägter Patrilinearität erfolgt. In solchen Stammesgesellschaften haben sich dann wohl auch die verschiedenen Sonderformen des „cousin right" entwickelt. Sie sind sicher aus anthropologischer Sicht besonders bemerkenswert, stellen aber nur einen Ausschnitt aus dem Gesamtkomplex des orientalischen Heiratsmusters dar.

Der Kamelnomadismus als Erklärungsfaktor für Ehen mit der väterlichen Parallelcousine steht mit dieser tribalen Entwicklungslinie in Zusammenhang. Sie führt in die vorislamische Zeit der arabischen Stämme zurück. Sicher ist sie nicht für den Alten Orient insgesamt charakteristisch. Ob sich endogame Muster in der Frühzeit dieses Raumes auch sonst aus ökologischen Bedingungen erklären lassen, sei dahingestellt. In den hier skizzierten Überlegungen spielten religiöse Bedingungen der Heiratspraxis eine bedeutsamere Rolle.

Die weite Verbreitung von Endogamie im Alten Orient hat innerhalb der anthropologischen Forschung vor allem Jack Goody betont. Auf dieser Grundlage beruht seine Unterscheidung eines „westlichen" und eines „östlichen Heiratsmusters". Seine Untersuchungen haben gezeigt, dass eine solche Gegenüberstellung hohen Erklärungswert für Sonderentwicklungen des historischen Kulturraums Europa hat. Dasselbe gilt für den Orient. Heiratsmuster sind ein guter Indikator. Sie eröffnen den Zugang zu größeren gesellschaftlichen Kon-

---

[77] Daher 2004, 97.

texten. In einer Zeit, in der durch Migrationsprozesse die beiden Kulturräume zunehmend in engere Verbindung kommen, gewinnen solche Vergleiche an Aktualität. Für Anthropologen wie für Historiker bedeutet diese Situation eine Herausforderung – im Rahmen der Familienforschung und darüber hinaus.

Bibliographie

Bell 2004 = Duran Bell, Evolution of Middle Eastern Social Structures: A New Model, in: Social Evolution & History 3 (2004) 2, 25-54.

Bell 2008 = Duran Bell, Marriage Payments: a fundamental reconsideration, in: Structure and Dynamics, eJournal of Anthropological and Related Sciences 3 (2008) 1, 1-20.

Benecke 1994 – Norbert Benecke, Der Mensch und seine Haustiere. Die Geschichte einer jahrtausendealten Beziehung, Stuttgart 1994.

Bernheimer 2012 = Teresa Bernheimer, Genealogy, Money and the Drawing of Boundaries among the Alids 9th to 11th Centuries, in: Kazuo Morimoto (Hg.), Sayyids and Sharifs in Muslim Societies, The Links to the Prophet, London-New York 2012.

Bittles, Black 2010 = Alan H. Bittles/Michael L. Black, Consanguineous Marriage and Human Evolution, in: Annual Review of Anthropology 39 (2010), 193-207.

Breydy 1999 = Michael Breydy, „Maroniten", in: Lexikon des Mittelalters 6, Stuttgart 1999, Spalten 320-321

Bulliett 1975 = Richard W. Bulliett, The Camel and the Wheel, Cambridge MA 1975.

Crone 1980 = Patricia Crone, Slaves on Horses, Cambridge 1980.

Daher 2004 = Ayman Daher, The Shari'a: Roman Law Wearing an Islamic Veil? https://secureweb.mcgill.ca/classics/sites/mcgill.ca...2004-08pdf [20.9.2012].

Dauvillier, De Clerq 1936 = Jean Dauvillier/Carlo De Clerq, Le mariage en droit canonique oriental, Paris 1936.

Dressel 1996 = Gert Dressel, Historische Anthropologie. Eine Einführung, Wien u. a. 1996.

Encyclopaedia Iranica 2011 = „Marriage Next of Kin", in: Encyclopaedia Iranica 2011, www.iranicaonline.org/.../marriage-next-of-kin [20.9.2012].

Frandsen 2009 = Paul John Frandsen, Incestuous and Close-Kin Marriages in Ancient Egypt and Persia an Examination of the Evidence, Kopenhagen 2009.

Goitein 1978 = Shlomo D. Goitein, A Mediterranean Society. The Jewish Communities of the Arab World as Portrayed in the Documents of the Cairo Geniza, Bd. 3 The Family, Berkeley u. a. 1978.

Goody 1986 = Jack Goody, Die Entwicklung von Ehe und Familie in Europa, Berlin 1986. (Originalausgabe: The development of the family and marriage in Europe, Cambridge 1983)

Goody 1989 = Jack Goody, The Oriental, the Ancient and the Primitive: Systems of Marriage and the Family in the Pre-Industrial Societies of Eurasia, Cambridge 1989.

Guichard 1977 = Pierre Guichard, Structures sociales ‚orientales' et ‚occidentales' dans l'Espagne musulmane, Paris 1977.

Haarmann 1990 = Harald Haarmann, Universalgeschichte der Schrift, Frankfurt am Main 1990.

Hajnal 1965 = John Hajnal, European marriage patterns in perspective, in: D.V. Glass/D. C. E. Eversley (Hg.), Population in history. Essays in historical demography, London 1965, 101-143.

Hughes 1995 = Thomas Patrick Hughes (Hg.), Lexikon des Islam, Wiesbaden 1995.

Jewish Encyclopedia 1901 = Artikel „incest", in: Jewish Encyclopedia, New York-London (1901), Bd. 6, 571-575

Jussen 2009 = Bernhard Jussen, Perspektiven der Verwandtschaftsforschung fünfundzwanzig Jahre nach Jack Goodys Entwicklung von Ehe und Familie in Europa, in: Karl-Heinz

Spieß (Hg.), Die Familie in der Gesellschaft des Mittelalters (Vorträge und Forschungen 71), Ostfildern 2009, 275-325.

Kaser 1995 = Karl Kaser, Familie und Verwandtschaft auf dem Balkan. Analyse einer untergehenden Kultur, Wien u. a. 1995.

Kaser 2011 = Karl Kaser, Balkan und Naher Osten. Einführung in eine gemeinsame Geschichte, Wien u. a. 2011.

Korotayev 2000 = Andrey Korotayev, Parallel-Cousin (FBD) Marriage, Islamization and Arabization, in: Ethnology 39 (Fall 2000) 4, 395-407.

Korotayev 2004 = Andrey Korotayev, World Religions and Social Evolution of the Old World Oikumene Civilizations. A Cross-Cultural Perspective, Lewiston N. Y. 2004.

Küng 2006 = Hans Küng, Der Islam. Geschichte, Gegenwart, Zukunft, München 2006.

Langer 2011 = Martin Langer, Die konsanguine Ehe – eine medizinische und sozio-kulturelle Herausforderung, in: Historische Sozialkunde (Verwandtenehen. Ein interkulturelles Problemfeld) 41 (2011), 34-37.

Laslett 1972 = Peter Laslett, Characteristics of the Western Family Considered Over Time, in: Journal of Family History 2 (1972), 89-116.

Lee 1988 = Allen D. Lee, Close-Kin Marriage in Mesopotamia, in: Greek Roman and Byzantine Studies 29 (1988), 403-413.

Lindholm 1986 = Charles Lindholm, Kinship Structure and Political Authority, in: Comparative Studies in Society and History 28 (1986), 334-355.

MacDonald 1994 = Kevin MacDonald, A People That shall Dwell Alone: Judaism as a Group Evolutionary Strategy, Westport 1994.

Martin 1993 = Jochen Martin, Zur Anthropologie von Heiratsregeln und Besitzübertragungen, 10 Jahre nach den Goody-Thesen, in: Historische Anthropologie 1 (1993) 1, 149-162.

Mitterauer 1990 = Michael Mitterauer, Christentum und Endogamie, in: Derselbe, Historisch-anthropologische Familienforschung. Fragestellungen und Zugangsweisen, Wien 1990, 41-86.

Mitterauer 1994 = Michael Mitterauer, The Customs of the Magians: The Problem of Incest in Historical Societies, in: Roy Porter/Mikuláš Teich (Hg.), Sexual Knowledge, Sexual Science: The History of Attitudes to Sexuality, Cambridge 1994, 321-251 (deutsch: Michael Mitterauer, Historische Verwandtschaftsforschung, Wien, Köln, Weimar 2013).

Mitterauer 1996 = Michael Mitterauer, Die Witwe des Bruders. Leviratsehe und Familienverfassung, in: Medium Aevum Quotidianum 35 (1996), 53-70.

Mitterauer 2003 = Michael Mitterauer, Mittelalter, in: Andreas Gestrich/Michael Mitterauer/Jens-Uwe Krause (Hg.), Geschichte der Familie, Stuttgart 2003.

Mitterauer 2011 = Michael Mitterauer, Kontrastierende Heiratsregeln. Traditionen des Orients und Europas im interkulturellen Vergleich, in: Historische Sozialkunde (Verwandtenehen. Ein interkulturelles Problemfeld) 41 (2011), 4-16.

Motzki 1985 = Harald Motzki, Geschlechtsreife und Legitimation zur Zeugung im frühen Islam, in: Ernst Wilhelm Müller (Hg.), Geschlechtsreife und Legitimation zur Zeugung (Veröffentlichungen des Instituts für Historische Anthropologie e. V 3), Freiburg-München 1985, 519-520.

Nagel 1998 = Tilman Nagel, Die islamische Welt bis 1500, München 1998.

Nagel 2008 = Tilman Nagel, Mohammed. Leben und Legende, München 2008.

Nippa 1991 = Annegret Nippa, Haus und Familie in arabischen Ländern. Vom Mittelalter bis zur Gegenwart, München 1991.

Patai 1951 = Raphael Patai, Nomadism: Middle Eastern and Central Asian, Southwestern Journal of Anthropology 7 (1951), 401-414.

Patai 1955 = Raphael Patai, Cousin-Right in Middle Eastern Marriage, in: Southwestern Journal of Anthropology 11 (1955), 25-55.

Patai 1973 = Raphael Patai, The Arab Mind, New York 1973.

Prager 2010 = Leila Prager, Die ‚Gemeinschaft des Hauses', Religion, Heiratsstrategien und transnationale Identität türkischer Alawi-/Nusairi-Migranten in Deutschland (Comparative Anthropological Studies in Society, Cosmology and Politics 7), Münster 2010.

Rodionov 1999 = Mikhail Rodionov, Eshcho raz ob ortokuzennom brake u arabov (Once More about Parallel Cousin Marriage among Arabs), in: Algebra rodstva 3 (1999), 264-266.

Sachau 1907 = Eduard Sachau, Leges Constantini, Theodosii et Leonis (Syrische Rechtsbücher 1,) Berlin 1907.

Schimmel 1995 – Annemarie Schimmel, Die Zeichen Gottes. Die religiöse Welt des Islam, München 1995.

Schmucker 1999 = Werner Schmucker, „Drusen", in: Lexikon des Mittelalters 3, Stuttgart 1999, Spalten 1416-1417.

Sidler 1971 = Nikolaus Sidler, Zur Universalität des Inzesttabus, Stuttgart 1971.

Spooner 1966 = Brian Spooner, Iranian kinship and marriage, in: Iran 4 (1966), 51-59.

Stirling, Onarian Inciroglu 1996 = Paul Stirling/Ermine Onarian Inciroglu, Choosing Spouses: Villagers, migrants, kinship and time, in: Gabriele Rasuly-Paleczek (Hg.), Turkish Families in Transition, Frankfurt am Main 1996, 61-82.

Ubl 2008 = Karl Ubl, Inzestverbot und Gesetzgebung. Die Konstruktion eines Verbrechens (300-1100), Berlin 2008.

White 2000 = White, Douglas R., Emergence, transformation and decay in pastoral nomad socio-natural systems, in: Van der Leeuw, Sander u. a. (Hg.), Emergence, Transformation and Decay in Socio-Natural Systems, 2000.

Peter Feldbauer und Gottfried Liedl

Die Nation kommt nicht zu Stande
Kulturhistorische und philosophische Überlegungen zur gescheiterten Minoritätenpolitik im Spanien des 16. Jahrhunderts

Wer heute *El País* oder eine andere spanische Zeitung aufschlägt, braucht nicht lange zu suchen – oder zu lesen –, um die Nichtexistenz von ‚Spanien' als eine Nation vor Augen geführt zu bekommen. Vom Baskenland bis Katalonien, den Balearen und Valencia stehen die Zeichen auf Sturm: verweigert wird eine Identität, welche Américo Castro zufolge ohnedies nie mehr war als der Name, den einem die Anderen gaben.

Maurice Aymard könnte dazu die passende Bemerkung beisteuern: „Die nicht zu verwirklichende [gesellschaftliche, Anm. d. Ver.] Einheit soll wenigstens im Rahmen der Nationalstaaten Gestalt annehmen; doch selbst in diesem bescheidenen Kontext bleibt sie unvollkommen, so als ob sie sich, zu ihrer Selbsterkenntnis und Selbstbehauptung, periodisch Feinde schaffen müsste, die es auszustoßen gilt".[1] Dieser Expertise zur „condition européenne" kann auch in Bezug auf das iberische Experiment der ‚*reyes católicos*' (‚Katholischen Könige') respektive Habsburger nur zugestimmt werden. Ja, die bei Aymard angelegte Pointe lässt sich sogar noch zuspitzen: heute gieren die autonomen Provinzen Spaniens (‚*autonomías*') danach, ausgestoßen zu werden, was auf das bemerkenswerte Bild einer Selbstausstoßung hinaus läuft. Es ist, als bedaure man die Abwesenheit innerer Feinde, die ja seit dem ruhmlosen Abtreten der baskisch-nationalistischen Separatistenorganisation ETA (‚Baskenland und Freiheit') beim besten Willen nicht mehr ‚herzustellen' sind.

Unsere postmodernistische Einleitung soll helfen, den Blick auf das frühmoderne Phänomen von gewissen Trübungen zu befreien, wie sie in der traditionellen Sicht auf das iberische Phänomen und den ‚Aufstieg Spaniens' im 16. Jahrhundert offenbar unausrottbar sind.[2] Dazu gehört die Darstellung der sogenannten ‚Wiedereroberung' (der Reconquista) als einer unbeirrt aufs moderne Ziel des National- beziehungsweise Fürstenstaates zusteuernden Ereigniskette, deren letztes Glied mit sozusagen historischer Notwendigkeit die Ausweisung (‚*la expulsión*') gewesen sei. Die Vertreibung der Juden und ‚Mauren' aus einem ‚vereinigten Spanien', dessen ‚*limpieza*' – Reinheit, Reinrassigkeit – dann quasi nur die andere Seite besagter Vereinigung war. Ein Kollateralschaden sozusagen.

---

[1] Aymard 1989, 69-70.
[2] Auch Träger großer Namen scheinen vor diesen Trübungen des Blicks nicht gefeit zu sein, vgl. Pérez 1989.

Säuberungsaktionen sind auch einer ‚aufgeklärten' Historiographie lieb und teuer. Als Negativfolie für Humanität – Signum der modernen Denkungsart, die vor solchen Hintergründen hell erstrahlt –, eignen sie sich bestens. Die ‚*leyenda negra*'[3] Konstruktion eines Spanien der schwärzesten Unsäglichkeiten durch die Anderen, die Guten, hat mindestens so viele Konstrukteure, Interpreten und Propagandisten wie das, wovon sie sich absetzen zu können meint: die Erzählung vom ‚gesäuberten', vom religiös und national wieder erstandenen christlichen Spanien. Es mag somit nicht überraschen, dass selbst ein gegen die eigene – hugenottische – Minorität wenig zimperlicher Kardinal Richelieu den propagandistischen Mehrwert vertriebener Juden und ‚Mauren' viel zu augenfällig fand, um auf ein außenpolitisch derart praktisches Propagandainstrument zu verzichten.[4]

‚*Convivencia*': Zusammenleben inmitten eines ‚boomenden' Mittelmeerraumes (‚*Méditerranée*')

Lange bevor sich aus den zerstrittenen Königreichen auf der Iberischen Halbinsel durch dynastische Zusammenführung das politische Setting herauskristallisiert, welchem wir heute bei seiner abermaligen Desintegration zusehen, spielen in der mediterranen Welt und in Westeuropa potente Stadtstaaten, produktive, Handel treibende Bürgerschaften und ‚Republiken' die eigentliche geschichtsmächtige Rolle. Auf jener spätmittelalterlichen Bühne sind es gerade nicht die ‚großen' Mächte und die Jahrhunderte alten Konstellationen, welche aus der Zerrissenheit des Kontinents Profit zu ziehen verstehen (also auch – noch – nicht die Protagonisten der Reconquista, sondern die ‚Kleinen' und die ‚Emporkömmlinge' wie Burgund und die flandrischen Städte, gewisse Städte der Provence, allen voran Marseille – und natürlich die mächtigen italienischen Seestädte, allen voran das antagonistische Doppelgestirn Venedig und Genua. Es ist die Zeit der ‚Big Player' einer veritablen Weltökonomie zwischen Europa und dem Fernen Osten – eines zwischen Krisen und Aufschwüngen oszillierenden Systems, worin der Iberischen Halbinsel vorerst die Rolle der Peripherie zugewiesen ist, vielleicht mit Ausnahme des Südens. Dort, an der Straße von Gibraltar, wo durch den Zusammenbruch islamischer Dominanz erstmals seit Jahrhunderten Mittelmeer und Atlantik, Mittelmeer und Nordsee ungehindert miteinander kommunizieren, haben aber wiederum die iberischen Binnenmächte fast gar nichts von der neuen Freiheit: diejenigen, welche von der neuen Situation wirklich profitieren, sind die Anderen – zur See fahrende, am Fernhandel partizipierende Staaten, Gemeinwesen, Individuen.

Im Spätmittelalter hat es ganz den Anschein, als sollten ‚die Fremden' die Früchte der Reconquista ernten – selbst der ‚Erzfeind', die islamische Welt, steht in gewisser Weise gut da. Denn auch sie partizipiert am ausgeweiteten

---

3 Die ‚leyenda negra' y la verdad histórica' wurde von Juliàn Juderías (1877–1918) im gleichnamigen Werk geprägt und zum pro-spanischen Kampfbegriff erhoben.
4 Kuffner 2010, 136.

Handelsvolumen, an den Tendenzen einer globalisierten und sich globalisierenden Ökonomie. In großen Teilen der islamischen Welt legt die Entwicklung von Handel, Gewerbe und Landwirtschaft jedenfalls den Schluss nahe, dass die Mittelmeeranrainer ökonomisch sogar noch enger zusammenwachsen und eine vorwiegend günstige Wirtschaftskonjunktur aufweisen. Selbst die Landwirtschaft, die gegenüber der Blütephase vor der Jahrtausendwende sicherlich etwas zurückgefallen ist,[5] – in manchen Regionen boomt auch sie, vor allem dort, wo es einen starken ‚cash crop'-Sektor, eine landwirtschaftliche Produktion für den Export gibt. Recht auffällige Entwicklungen in dieser Hinsicht lassen sich in Syrien und Ägypten beobachten (Zucker- und Baumwollproduktion), aber auch im Westen, im islamisch dominierten Teil Spaniens (*„al-Andalus"*). Was das Emirat von Granada betrifft, so weisen einige Indizien sogar auf eine interessante Diversifizierung der Agrarwirtschaft hin, wo zusätzlich zu schon bestehenden Anbauflächen neue Gebiete für cash crops erschlossen wurden. So scheint das Zuckerrohr in der Gegend östlich von Málaga aufgrund der enorm gestiegenen Nachfrage der Genuesen einen regelrechten Boom erlebt zu haben – was übrigens auch für seine Verarbeitung vor Ort, in zahlreichen Zuckermühlen, gilt. Dagegen wusste nach den großen Erfolgen der christlichen Reconquista in *al-Andalus* – etwa ab 1230/1250 – die siegreiche kastilische Oberschicht mit dem riesigen Gebietszuwachs in der Regel nichts Besseres anzufangen, als nach Vertreibung der islamischen Landbevölkerung eine Umwandlung des Garten- und Ackerlandes in Weideland – vor allem für die Wollschafzucht – vorzunehmen: wohl auch aus Mangel an christlichen Neusiedlern und Ackerbauern. Wo es den Christen gelang, die ‚Mauren' (‚*moros*') zum Bleiben zu bewegen, erfreuten sich diese sogenannten Mudejaren absoluter Religionsfreiheit und umfangreicher Privilegien, die mit den Verhältnissen im 16. Jahrhundert nichts, aber schon gar nichts gemein hatten.

Die boomende *Méditerranée* als Ort einer christlich-muslimischen *convivencia* hat ihre Agenten vor allem im kommerziellen Sektor. Immer mehr muslimische Kaufleute tauschen ihre Güter im Rahmen eines relativ freien Marktes, der weiter reicht als zur Zeit des Römischen Imperiums, und in einem Volumen, das vor der Jahrtausendwende undenkbar gewesen wäre. Für die jeweilige Blütephase innerhalb der zyklischen Auf- und Abschwünge lässt sich sogar von einer im östlichen Mittelmeerraum zentrierten, von Spanien und dem westafrikanischen Sudan bis China, Zentralasien und den Indischen Ozean reichenden ‚Weltökonomie' („*économie monde*") im Sinne Braudels sprechen. Der Vormarsch südeuropäischer Kaufleute im Mittelmeerhandel hatte die Geschäftsbeziehungen mit Schwarzafrika und den Ländern am Indischen Ozean bis ins 15. oder sogar 16. Jahrhundert nur wenig beeinträchtigt. Nicht einmal die Mongoleninvasion, die Eroberungszüge Timurs oder die kriegerischen Konflikte zwischen Mamluken, Osmanen und Safawiden stellten radikale Kontinuitätsbrüche dar. Ähnlich dem Handel entwickelten

---

5   Feldbauer, Liedl 2008, 108-108.

sich auch viele Gewerbezweige im 11. und 12. Jahrhundert günstig, selbst als nach 1200 der Import europäischer Woll- und Leinenerzeugnisse zu florieren begann und die maghrebinischen Märkte die Konkurrenz südeuropäischer Waren zu spüren bekamen, war das keine ‚handelspolitische Einbahnstraße'. Es gab ausgesprochene Wachstumsinseln der handwerklich-industriellen Produktion, etwa bei der Keramik oder, allgemeiner, auf dem Feld der Herstellung dekorativer Gebrauchsgegenstände und Luxusgüter. Besonders hervorzuheben sind hier Teppiche, Textilien und Lederwaren. Womit sich der Kreis insofern schließt, als es auf der Iberischen Halbinsel exakt der islamische Staat, das Emirat von Granada ist, der jenes Eingebettetsein in die Weltökonomie vorbildlich lebt. Als frühmoderner, kapitalkräftiger, in den mediterran-atlantischen Fernhandel fest und profitabel eingebundener Militärstaat mit zentralistisch-höfischer Struktur, weiß sich Granada auch gegen die von Norden her vorrückende christliche Reconquista gut zu behaupten – nicht zuletzt dank seines treuen Verbündeten und wichtigsten Handelspartners Genua. In dieser Situation erscheint das Wunder der *convivencia* – das ‚friedliche' Nebeneinander von Christen, Juden und Muslimen auf der Iberischen Halbinsel – nicht mehr ganz so wunderbar; vielmehr erscheint es logisch oder war doch zu erwarten.

‚bayna l-mulûk': ein Richter zwischen Königen; ein König zwischen Religionen?

Der Arabist Leonard Patrick Harvey hat eine simple aber suggestive Erklärung für die merkwürdig entgegenkommende Haltung christlicher Könige in Kastilien, Aragón und Navarra, was ihre Untertanen muslimischen Glaubens (und, nach diesem Bilde, auch ihre jüdischen Untertanen) betrifft: „Die fortdauernde Präsenz eines unabhängigen muslimischen Staates [auf der Iberischen Halbinsel] hatte die in letzter Instanz entscheidende Garantie gebildet, dass Muslimen auch sonst überall mit einem gewissen Respekt begegnet wurde".[6] Dieser Argumentation folgt – freilich in paradoxer Torsion – Katharina Kuffner, wenn sie die ‚*perfide*' Behandlung der 1492 um ihren Staat gebrachten Granadiner nicht als Verletzung sondern als logische Verwirklichung des innersten Sinns jener ‚*capitulaciones*' (Friedensverträge) dechiffriert, in denen die ‚Katholischen Könige' den um Frieden ansuchenden Bewohnern von Granada freie Religionsausübung und ein Leben gemäß ihren Gewohnheiten und Sitten garantiert zu haben schienen. Es liege in der Natur der Sache – einem durch Friedensverträge bloß temporär unterbrochenen Krieg in Permanenz –, dass das vielhundertjährige Zusammenleben von ‚Christen' und ‚Mauren' (*moros y cristianos*) in Wahrheit immer nur Zusammenleben auf Zeit gewesen sei, ein, mit Liedl zu reden, „aufgehaltenes Schwinden": „Man kämpft gegeneinander, man schließt Frieden. Parallel dazu läuft auf beiden Seiten die den Feind diffamierende Propaganda weiter. Man versichert einander die besten Absichten und hält sich auch an Abmachungen, solange es nützlich erscheint. Dann

---

6   Harvey 1990.

kämpft man weiter: ein langer und langsamer Krieg, ein Krieg auf Sparflamme, dessen Resultat das allmähliche Verschwinden der einen Seite, der Mauren, in Spanien ist".[7]

Zu reflexartig ist unsere Zustimmung zum Harvey-Kuffner'schen Theorem vom Krieg in Permanenz, um nicht sogleich Verdacht zu erregen. Der nachträglichen Interpretation der Christen, dass alles schon vom ersten Tage an geklärt war und der 2. Januar 1492 nur der überfällige Beweis für die von der Geschichte längst festgestellte Rechtmäßigkeit der *Re*-Conquista, im Sinne eines Zurück-Holens von Diebesgut aus den Händen des Diebs ist, wäre damit beigepflichtet. Was wir bei der Vorstellung einer *capitulación* als Schmutz- und Deckblatt für das Buch des Krieges beinahe vergessen hätten, ist die faktenhistorisch unwiderlegbare Existenz längst unterworfener muslimischer Untertanen christlicher Könige auf der Iberischen Halbinsel. Kein ‚Krieg' wird da geführt, geschweige denn zu Ende geführt. Die Muslime und Juden von Toledo, die ‚*moros horros*' (‚freien Mauren') von Hornachos, die Bewohner von Tudela im Königreich Navarra, sie lebten alle schon seit Hunderten von Jahren als gute muslimische Untertanen christlicher Könige, als 1482 mit der ‚*Guerra de Granada*' eine vermeintliche beziehungsweise behauptete Reconquista in ihre – damals übrigens alles andere als garantierte – Schlussphase trat. Und was die Krone Aragón, also König Ferdinand selbst betrifft: war nicht ein gutes Fünftel seiner Hausmacht – das Königreich Valencia – in Wahrheit immer noch ‚*dar ul-Islam*' (‚Haus des Islam'), ein Land, in dem die überwiegende Mehrheit der Bevölkerung der Lehre des Propheten folgt? Vielleicht sollten wir Katharina Kuffner Unrecht und dem ‚großen Lea'[8] Recht geben: was da unter den Katholischen Königen begann, war auch und gerade für das Institut der *capitulaciones* eine „inconsistency" (Lea) und nicht dessen ‚Logik' (Kuffner). Ein Paradigmenwechsel, der für Spanien etwas einzuläuten begann, was seit Thomas Hobbes' mitleidslos-nüchterner Expertise als ‚konfessionelles Zeitalter' perfekt dechiffriert ist. Man wird also noch einmal den Weg durch die Jahrhunderte zurückgehen müssen. Bis zu jenem Punkt, an welchem Américo Castro auf ein Phänomen stößt, das „tatsächlich zählt – und worauf es die ganze Aufmerksamkeit zu richten gilt, […] die unleugbare Tatsache, dass es die Gesellschaft in den christlichen Reichen selber war, die sich als Spiegelbild des Andalusien der Emire und Kalifen gestaltet und hergestellt hat".[9]

Den Schlüssel bildet der islamische Begriff des ‚*dhimmi*', jener Status von Schutzbefohlenheit, der den beiden ‚unterworfenen' Monotheismen Judentum und Christentum in der *dar ul-Islam* zukommt: eine eigene Sphäre garantierter Religionsfreiheit und rechtlicher Autonomie – lediglich eingeschränkt durch die prinzipielle Suprematie der islamischen Staatsmacht. Die christlichen Eroberer polten dieses System um, sie definierten ihre neu erworbenen

---

7 Kuffner 2005, 61.
8 Kuffner 2005, 61; Kuffner bezieht sich auf Lea 1901.
9 Castro 1990, 190.

muslimischen (und jüdischen) Untertanen so, wie sie selbst einst definiert waren: als *dhimmi*, Schutzbefohlene.

Natürlich ist das noch nicht Laizismus im Sinne der Aufklärung. Doch dadurch, dass das *dhimmi*-Prinzip jetzt nicht nur von islamischen sondern auch von christlichen Mächten angewendet wurde, kam es nolens volens zu seiner Verallgemeinerung. Mit Folgen, die vielleicht, wenn dies Prinzip im Konfessionellen Zeitalter nicht für Jahrhunderte sistiert worden wäre, von enormer rechtspolitischer Brisanz hätten sein können. Denn von einer konkreten rechtlichen Herrschaftspraxis der weltlichen Macht zum ‚unangreifbaren' weil abstrakten Rechtsanspruch ist es auch dann nur ein kleiner Schritt, wenn das Gegenüber ‚Religion' heißt, und ganz besonders klein ist dieser Schritt, wenn diese ‚Religion' im Plural auftritt.

Das Prinzip der Verdoppelung und der Brechung

Als die mittelalterlichen Monarchen der Iberischen Halbinsel das *dhimmi*-Prinzip von ihren muslimischen Gegenspielern übernahmen, wurden sie mit den Insignien einer religiösen Autorität bekleidet, die so paradox war, dass sie den orthodoxen Wächtern ihrer Zeit gar nicht auffiel. Insofern er nämlich Fürst – Anführer und Schutzherr seiner Gefolgsleute und Untertanen – ist, hat auch der christliche Herrscher für die Orthodoxie nicht bloß seiner eigenen sondern auch der beiden anderen Monotheismen – des jüdischen und des muslimischen – Verantwortung übernommen. Sehr schön kommt das in einem mittelalterlichen Dekret aus Kastilien zum Ausdruck, in welchem der König seinen jüdischen Untertanen nicht nur zugesteht, „alle Bücher zu lesen und zu besitzen, die ihrem religiösen Gesetz, so wie es ihnen durch Moses und die anderen Propheten gebracht worden ist, entsprechen". Darüber hinaus befiehlt er ihnen – Orthodoxie. Der christliche Fürst als Hüter jüdischer Orthodoxie hört sich so an: „[Wir verbieten euch] die Lektüre aller Bücher, die sich mit dem [mosaischen] Gesetz in der Absicht beschäftigen, es zu widerlegen, es schlecht zu machen oder zu verändern. Weder offene Lektüre noch heimlicher Besitz derartiger Bücher sei erlaubt, und wenn jemand solche Bücher aufspürt, soll er sie vor den Pforten der Synagoge öffentlich verbrennen".[10] Das ist natürlich ‚indirect rule', worin der Fürst zum Schiedsrichter einer gleichsam universell – jedenfalls in drei Formen zugleich – auftretenden Religiosität gemacht wird. Folglich fallen in diesem System Politik und Religion nicht wie sonst überall im mittelalterlichen Europa in eins zusammen sondern sind deutlich von einander geschieden. Unter diesem Aspekt kann man das iberische Modell vielleicht sogar tatsächlich als ein krypto-säkulares, wenn man will sogar ‚aufgeklärtes' Modell bezeichnen. Aber zuallererst ist es ein intrigantes Modell, wobei die Intrige der Macht darin besteht, Untertanen und Gefolgsleute in einer Art Überkreuzregel der Botmäßigkeit und des Hasses gegen einander auszuspie-

---

[10] Códigos 1872, 105-106; Ley I, tit.II, lib.IV (Königliches Dekret aus dem 13. Jahrhundert), zitiert nach Castro 1990, 28.

len. An der Politik eines nur auf den ersten Blick unbedeutenden Staates auf der Iberischen Halbinsel – des nordspanischen Königreichs von Navarra – lässt sich zeigen, wie das System im selben Atemzug die christlichen Untertanen auf die Feindschaft gegen die Andersgläubigen verpflichtet, während es gleichzeitig den Schutz der eigenen nicht-christlichen – jüdischen und muslimischen – Untertanen garantiert.

Als Philipp von Navarra, Graf von Evreux, Angoulême, Mortain und Longueville, der durch seine Heirat mit Juana Herr über Navarra geworden war, seine Teilnahme an einem Kreuzzug gegen die von den Mauren beherrschte Stadt Algeciras bekannt gibt, fordert er in einem Edikt von den Behörden geeignete Maßnahmen, um sicherzustellen, dass „die Kreuzritter auf ihrem Zug gegen die Mauren den Mauren von Tudela [also seinen eigenen muslimischen Untertanen, Anm. d. Ver.] kein Leid antun".[11] Denn Philipp von Evreux ist ja nicht nur einfach Herr über Schutzbefohlene, sondern als ‚amir ul-muslimin' (‚Anführer der Gläubigen') – mag er nun so christlich sein, wie er wolle – der ‚Emir' seiner Muslime. Und um die absolute Besonderheit dieses Systems noch deutlicher zu machen, sei wiederholt, was dieses System einem christlichen König zumutet – oder soll man sagen erlaubt? Dass er als christlicher Fürst ... für die Reinheit der Lehre und den Glaubenseifer von Muslimen und Juden Verantwortung trägt. Speiste sich aus dieser ideologischen Ironie des iberischen Modells womöglich auch jene für das spanische Mittelalter immer wieder festgestellte religiöse Gleichgültigkeit, von der Américo Castro gemeint hat, dass sie „einen Spanier des 17. Jahrhunderts zutiefst erschreckt hätte"?

Auf Seiten der spanischen Araber gibt es eine Bezeichnung, die das innere Geheimnis des ‚christlichen Sultans' sozusagen ausplaudert: sie nannten den speziellen Richter, der – im Namen des Königs beziehungsweise des muslimischen Sultans – in jenen Fällen Recht spricht, wo die Kontrahenten unterschiedlicher Konfession sind, ‚qadi bayna l-muluk', also ‚Richter zwischen den Königen'. Mit dieser Bezeichnung wird auf eine Anomalie gezeigt, worin sich dieser ‚Juez' oder ‚qadi' (Kadi) über alle bekannten internationalen Gerichtshöfe hinaushebt: weil bei dieser Form der Rechtsprechung ausgesprochen paradox Recht gesprochen wird, nämlich im wahrsten Wortsinn nach zweierlei Maß. Dem *qadi bayna l-muluk* sagt man nach, dass seine Logik intrigant sei. Nun: wenn Intriganz jenes Verhalten darstellt, das seine Ziele auf paradoxem Wege erreicht, dann tut genau dies besagte Logik. Beide – Christentum und Islam – werden nämlich verlassen, sobald man das eine mit dem andern vertauscht, indem man über beide – Christen wie Muslime – zu Gericht sitzt. Solche Freiheit braucht als Fundament ein übergreifendes Drittes – zum Beispiel die Vorstellung eines selbst nicht weiter ableitbaren Rechts, worin die praktische und politische Vernunft der Herren mehr gilt als Glaube und Sitte ihrer Völker. Dazu wiederum ein Beispiel.

---

11   Edikt von 1341, zitiert nach Garcia-Arenal, Leroy 1984, 43.

Im Jahre 1416 gab es in Navarra einen aufsehenerregenden Prozess. Aisha, die Frau eines gewissen Mahoma Matarran aus Ablitas, einem kleinen Dorf, hatte mit einem Christen aus der Nachbarschaft ein Verhältnis angefangen. Ihr Mann ging aber nicht, wie zu erwarten gewesen wäre, zum zuständigen Kadi sondern zur christlichen Obrigkeit. Der Bericht erklärt auch warum: „Gemäß der Sunna der Muslime wäre die Strafe der Frau Auspeitschung und Steinigung gewesen, aber auf Bitten ihres Vaters und ihres Gatten(!) fällen Wir [d.h. das königliche Gericht, Anmerk. d. Ver.] folgendes Urteil: Nach Zahlung einer Strafe von 110 Gulden ist sie aus dem Gefängnis zu entlassen".[12] Es folgt eine interessante Übersetzungsleistung. Aus der ausführlichen Urteilsbegründung geht nämlich hervor, dass es das christliche Gericht für klug erachtete, auch muslimische Grundsätze heranzuziehen. Ausdrücklich wird auf die vier (männlichen) Zeugen verwiesen, die für eine Anklage auf Ehebruch notwendig gewesen wären, die der Kläger aber nicht beizubringen vermochte. In der Tat eine höchst merkwürdige Gerichtsbarkeit. Wo ein muslimischer Kläger die Möglichkeit hat, das christliche Gericht anzurufen, das wiederum die Möglichkeit (die Verpflichtung?) hat, nach islamischem Recht zu urteilen. Nach islamischem Recht? Nun, die christliche Obrigkeit gibt vor, nach diesem Recht zu urteilen, so wie der muslimische Kläger vorgibt, nach dem islamischen Recht zu leben. Wie nicht unwitzig gesagt wurde: beide, das Gesetz und die, für die es gilt, werken fleißig am eigenen Verschwinden.[13] Wenn die überlieferten Fakten nicht täuschen, stand es den Muslimen Navarras frei, sich sozusagen nach Bedarf wahlweise unter muslimisches oder christliches Recht zu stellen; wobei sie dann natürlich das jeweils bequemere weil mildere Recht gewählt haben dürften.

Der christliche König als sein eigener *qadi bayna l-muluk*

Um zu erkennen, dass solche ‚Gleichheit vor dem Gesetz', wie sie der Beispielfall suggeriert, auch exakt ins intrigante Schema des iberischen indirect rule passt, muss man sich nur ansehen, wer denn hier ‚die Könige' sind, zwischen denen der Kadi steht. Nun – im navarresischen Beispiel nimmt die Position der Könige das religiöse Doppel als solches ein: hier Christentum, dort Islam. Dies vorausgesetzt, bleibt dann aber für die Position des ‚Richters zwischen den Königen' (*qadi bayna l-muluk*) ein Einziger übrig – der König von Navarra selbst, der damit sein eigener Kadi geworden ist. Wie man auch sagen könnte: Zur Rechten den Papst, zur Linken die Sunna, sitzt dazwischen – *bayna* – der König. Sowohl das christliche Gericht, das die muslimische Ehebrecherin nur zu einer Geldstrafe verurteilt hat, als auch der muslimische Kadi, der sie zur Steinigung verdammt hätte, wenn er denn zum Zuge gekommen wäre – beide sind sie nichts anderes als gleichwertige Aspekte des Königs, die Verlängerung seiner Macht in die Sphäre des Rechts.

---

[12] Garcia-Arenal, Leroy 1984, 108.
[13] Harvey 1990, 146-147.

Die Nation kommt nicht zu Stande

Im mittelalterlichen Navarra und überall sonst auf der iberischen Halbinsel ließ die weltliche Obrigkeit nicht den geringsten Zweifel daran, dass jede Behörde, gleichgültig ob islamisch oder christlich, insofern sakrosankt ist, als sie Behörde des Königs ist. „Kraft Unserer königlichen Autorität und eingedenk seines guten und löblichen Rufs, von dem Uns Kunde ward, machen Wir den Ali Serrano zum öffentlichen Notar Unserer Mudejaren-Gemeinde in Tudela sowie sämtlicher anderer Mudejaren-Gemeinden Unseres Königreichs [...]. Und Wir betrauen ihn fürderhin mit der Macht und der Autorität, alle Arten von Verträgen auszustellen und zu beglaubigen, seien es Verträge zwischen Mauren und Christen oder zwischen Mauren und Juden – gemäß der Sunna der Mauren. Und vom besagten Ali Serrano haben wir Uns den Eid schwören lassen auf das Buch, Koran genannt (clamado l'alcoran), in Übereinstimmung mit erwähnter Sunna – dass er nach Recht und Gesetz sein Notariatsamt erfüllen, Unsere Rechte achten und Unsere Geheimnisse wahren wird".[14] Die Sunna, das Gewohnheitsrecht des Islam, fungiert hier als Aspekt der Autorität des christlichen Königs und ist genau unter dieser Bedingung – das heißt nur unter dieser Bedingung! – garantiert. Und ebenfalls unter dieser Bedingung ‚gilt' dann auch der Eid auf das fremde Buch, das somit auch für den christlichen König so etwas wie ein heiliges Buch wird. Wohlgemerkt: ‚So etwas wie' ...

Und im 16. Jahrhundert? Da ist die Eine Religion als Erbin zweier anderer Religionen übrig geblieben, es gibt kein *bayna*, kein ‚Dazwischen' mehr, der König hat seine Stellung als Schiedsrichter – verloren. Logisch gefragt – was ist da geschehen, beziehungsweise was geschieht, wenn diese Vereinnahmung der Religion durch die Staatsmacht nicht mehr ambivalent, nicht mehr als *qadi bayna* auftritt – etwa weil Religion Nummer zwei und Nummer drei von Religion Nummer eins verschluckt worden sind? Nochmals anders gefragt: Wie sieht das ‚iberische Modell' aus, wenn der König nicht über Christen, Muslime und Juden sondern über Christen, ehemalige Muslime (Krypto-Muslime) und ehemalige Juden (Krypto-Juden) herrscht? Gewiss – das Prinzip des Primats der Politik über Religion – der König als Garant des Religionsfriedens – besteht weiter. Auch die Katholischen Könige herrschen kraft ihres Königtums und nicht kraft ihres Katholisch-Seins. Nur: die von ihnen ‚verzweckte', zum Mittel herunter transformierte christliche Religion ist von ihrer Position der Dienerin, des Untertan der Macht entbunden – nämlich aufgerückt in die Stellung eines Partners von (beinahe) gleich zu gleich. Je mehr es ihr gelang, die beiden anderen Religionen auszuschalten, ja zum Verschwinden zu bringen, desto weniger anfällig war sie für königliche Erpressungen. Weil der König von jetzt an nicht mehr *bayna*, also nicht mehr ‚zwischen' irgendwelchen Religionen stand, war er auch nicht mehr über ihnen. Die Religion – der Katholizismus – aber musste nichts anderes tun als der ‚katholischen' Staatsmacht bei ihrer Zentralisierungsanstrengung und bei der Schaffung einer einheitlichen, ‚spanisch-katholischen'

---

14 Königliches Dekret von 1391, zitiert nach Garcia-Arenal, Leroy 1984, 100-101.

Nation zu helfen. Indem er dies tat, hat er genau jenen Platz des unangreifbaren Dritten, des Schiedsrichters eingenommen, der bis dahin dem König vorbehalten war. Das war die ‚neue' Rolle der Kirche in Spanien, die ‚moderne' Aufgabe der Heiligen Inquisition.

Übergänge zum Konfessionellen Zeitalter

Sowohl ‚harte' als auch ‚weiche' Fakten stützen das Theorem einer europäischen Frühmoderne. Nicht nur Sozial-, Wirtschafts- und Technologiegeschichte, auch Kultur- und Kunstgeschichte, Geistesgeschichte und Philosophie liefern ihre mehr oder weniger plausiblen Referenzen. Was den Renaissancebegriff anlangt, so lässt sich also ein gewisser ‚Fortschritt' gegenüber Jacob Burckhardt und Zeitgenossen erahnen. Mit ihrer Einbettung ins sogenannte ‚lange' 16. Jahrhundert erhält auch die Rede vom ‚italienischen' Humanismus, von der ‚italienischen' Renaissance einen neuen, erweiterten Sinn. Weder sind die genannten Phänomene auf Italien beschränkt, noch haben sie jene kurze (wiewohl wirkmächtige) ‚Ausnahme-Existenz' geführt, die ihnen vom großen Kulturhistoriker aus Basel zugeschrieben wurde. Darin gleichen sie der Mittelmeerwelt und gleicht die Mittelmeerwelt ihnen: sie waren erstaunlich ausgedehnt, langlebig und stabil.

In einer bemerkenswert paradoxen Interpretation der abendländischen Religionsgeschichte hat Friedrich Nietzsche die landläufige Ansicht vom Stellenwert der Reformation und der Leistung Luthers auf den Kopf gestellt. Nicht der deutsche Reformator habe die geistige Emanzipation Europas vorangetrieben sondern – der Papst. Mehr noch, der fanatische Mönch aus Deutschland habe Europa um die edelsten Früchte einer neuen Denkungsart gebracht, die damals schon reif gewesen seien.[15] Natürlich denkt der Philosoph an Burckhardts Italien, an das Rom der Renaissance-Päpste; und was er gegeneinander ausspielt, ist auf der einen Seite, sozusagen im nebligen Norden, das utopische Moment des religiösen Impetus, dem auf der anderen Seite, gewissermaßen im sonnigen Süden, etwas entgegen steht, das man dann wohl gut nietzscheanisch ‚die große mediterrane Vernunft' nennen muss. Nun ist es in der Tat verlockend, die Epoche an der Schwelle zum Konfessionellen Zeitalter mit Nietzsches Augen zu betrachten. Zumal sofort der Gegensatz großer universeller ‚Player' auffällt – hier der Habsburger Karl V. und sein Sohn Philipp II., beide auf der Suche nach dem Heiligen Gral (der in diesem Fall ‚katholisches Universalreich' heißt); und auf der anderen Seite der ‚sinnliche' französische König Franz I. mit seiner ‚mediterran-vernünftigen' Pragmatik des Strebens nach dem Nächstliegenden. Dann die Welt des Protestantismus, ebenfalls geteilt in Utopisten und Realisten. Der englische König Heinrich VIII. schafft sich seine Nationalkirche selbst – dazu braucht er keinen zweiten Wiclif. Auch die Holländer gehen ihren neu-religiösen Weg eher pragmatisch; als gute Calvinisten hat ihnen Gott das Glück des Tüchtigen immer schon versprochen, die Ein-

---

15   Nietzsche 1977, 1232-1233.

lösung dieses Versprechens ist dann für eine selbstbewusste Bürgerschaft mit entsprechenden militärisch-ökonomischen Mitteln bloß eine Frage der Zeit. Und von den katholischen Venezianern hat man den bemerkenswerten Ausspruch gehört: *primo Veneziani, poi Cristiani* (zuerst sind wir Venezianer, dann erst Christen). Zum Florentiner Machiavelli muss man in diesem Zusammenhang nicht mehr viel erklären. Dem sind der ‚Katholische König' Ferdinand von Aragón und der Sultan der Osmanen gleich lieb, weil gleich ‚tüchtig'. *Virtù* (Tüchtigkeit) bedeutet dem Renaissancemenschen mehr als die göttliche Gnade.[16] Ganz im Gegensatz zu Martin Luther.

Und trotzdem geht die Geschichte zwischen 1350 und 1650 einen anderen Weg. Trotzdem eilt sie unaufhaltsam ihrem ethischen und moralischen Tiefpunkt im militaristisch gewordenen religiösen Wahn zu. Womit nicht unbedingt der Jesuitenorden gemeint sei. Eher schon dessen ‚weltliche' Schwester, die Heilige Inquisition, machiavellistisches Werkzeug der spanischen Könige und erst in zweiter Linie des katholischen Glaubens.[17] Und selbstverständlich die Gegenreformation – sofern sie nämlich mit der Unabwendbarkeit einer antiken Tragödie in den absoluten Bürgerkrieg, in den Religionskrieg mündet. Hier die perfekte Innerweltlichkeit und praktische Vernunft, dort das utopische Rasen des Transzendentalen. Wie geht das zusammen? Eine genaue Betrachtung der Epoche wird auch hier so manchen Schleier lüften helfen.

Bis zum großen Einschnitt der Pest vollendet sich eine Bewegung, deren Anfänge im späten Hochmittelalter, in den scholastischen Disputen der aufstrebenden universitären Intelligenz des christlichen Abendlandes liegen (in der islamischen Sphäre ist diese Bewegung etwa durch Averroës, arabisch Ibn Rushd, vertreten). Man könnte sie in Analogie zum Kriegshandwerk die ‚Enthegung' der Religion nennen. Religion verlässt die Sphäre des Herkommens, der ‚Sittlichkeit der Sitte' (Hegel) und wird – subjektiv, zu einer Sache des Individuums. Religion wird ‚Glaube', wird ‚Gewissensreligion' (dass und wie solches mit der gleichzeitig auftretenden kirchlichen Reformbewegung und dem Entstehen einer ‚Beichtkultur' zusammenhängt, ist mittlerweile gut erforscht).[18] Was den Islam anlangt, so ist vor allem der spanische Islam ‚individuiert' wie nirgendwo sonst. Von einem seiner großen Lehrer stammt der Ausspruch: „Ich habe mein Leben lang vergeblich versucht, einem einzigen Gott zu geben, was diesem zusteht – da soll mir dies bei dreien [nämlich: der christlichen Trinität] besser gelingen?"[19] Solche islamische beziehungsweise kryptoislamische ‚Gewissensethik' ist auch den Morisken, den im 16. Jahrhundert zwangsgetauften Nachkommen spanischer Muslime, immer wieder nachgesagt worden. Und zwar aus berufenem Munde, nämlich von Seiten der Inquisition.[20] Außerdem hat jene westlichste Spielart des Islam mit dem christlichen

---

16 Burckhardt 1985, 305-306.
17 Gschwendtner 2005, 255-256.
18 Frey 2001, 286-287.
19 Muhammad ibn Ahmad ar-Riquti, zitiert nach Guichard 1989, 160.
20 Dressendörfer 1971.

(aber auch dem jüdischen) Konterpart noch etwas gemeinsam – die Mystik. In diesem Zusammenhang ein Aperçu: Teresa von Ávila stammt aus einer *Converso*-Familie.

Je stärker ausgeprägt sich dieser Trend im Laufe des Spätmittelalters zeigt, desto problematischer wird er, desto deutlicher nämlich formieren sich auch seine inhärenten Widersprüche. Da sind einmal die innerreligiösen Ungereimtheiten. Die Stärke des Glaubenseifers nimmt nämlich mit der individuellen Verantwortung des Einzelnen eher zu als ab – damit einhergehend aber auch die Differenzierungen von Religion als solcher. Das zeigt sich nicht nur in der Fanatisierung des spanischen Katholizismus, der seine noch im Spätmittelalter zur Schau getragene eher ‚desinteressierte' Haltung – mit einem erstaunlich hohen Toleranzpegel dem Judentum und dem Islam gegenüber – am Ende des 15. Jahrhunderts zusehends verliert. Vergleichbares nimmt man auch ein Jahrhundert später innerhalb der Reformbewegungen wahr – die eifernd-unduldsame Haltung eines Calvin dem Luthertum gegenüber spricht Bände. Das Widersprüchliche am Prinzip der Autonomie des Subjekts wird jedoch auch im außerreligiösen Kontext deutlich, genauer gesagt in den beiden Extremformen von Gewissensethik – Areligiosität und Wechsel der Religion (Renegatentum). Der ungeheure politische Aufschwung des Islam in Kernzonen der *Méditerranée*, immerhin tritt das Osmanische Reich territorial gesehen das Gesamterbe Ostroms an, noch dazu exakt am Höhepunkt frühmoderner Subjektivität – Stichwort Humanismus und Renaissance –, musste da wie ein zusätzlicher Katalysator wirken. So stellt sich die Zeit von etwa 1400 bis 1600 auch unter ideologischen Voraussetzungen als wahres Schlachtfeld dar. Als hochkomplexes Zusammenwirken unversöhnlicher Gegensätze im stets bedrohten labilen Gleichgewicht. Denn auch das ist ‚Enthegung' von Religion: eine Serie, gebildet aus den Gliedern Gewissensreligion, Protestantismus, Inquisition, Gegenreformation – der ‚das ganz Andere' in Gestalt der reinen Innerweltlichkeit gegenübersteht. Auch hier eine Reihe, ein Kontinuum: beginnend mit dem Pragmatismus des ‚Weltmannes' (prototypisch der Skeptiker Montaigne) spannt sich der Bogen über den ‚frommen Humanisten' (Erasmus von Rotterdam) zum (krypto-) heidnischen Agnostiker Machiavelli.

Eine ‚glückliche' *Méditerranée*?

Da hat den Pastorensohn Nietzsche sein an Burckhardt geschärfter Blick nicht betrogen: Hort der frühmodernen Innerweltlichkeit ist die mittelmeerische Welt. Das beweist sie uns gleich zweimal, dies- und jenseits der religiösen Demarkationslinie. Zwischen 1350 und 1650 gehen dies- und jenseits besagter Demarkationslinie die kulturellen Uhren der *Méditerranée* synchron. Politisch, machtpolitisch verlaufen die Verbindungslinien zu Beginn der Epoche (1350–1500) in bekannter Weise zwischen den Eckpunkten Genua und Granada, Venedig und Alexandria. Am Höhepunkt, im eigentlichen 16. Jahrhundert hat sich eine andere Achse herausgebildet, jene zwischen Paris und Istanbul, mit einer zweiten, ‚atlantisch-mediterranen' zwischen den Punk-

Die Nation kommt nicht zu Stande 73

ten London, Rabat-Salé, Algier und ebenfalls Istanbul. Diese ‚skandalösen' Allianzen zwischen christlichen und muslimischen Pragmatikern, vom ‚allerchristlichsten König' Franz I. und seiner erlauchten Verbündeten, der Hohen Pforte, bis herab zum gewöhnlichen Kaperkapitän und Korsaren, lassen sich durch das interessante Faktum komplettieren, dass es in Venedig einen ‚*Fondaco dei Turchi*', eine Handelsniederlassung, ein Kontor – oder soll man sagen: ein Konsulat? des angeblichen Erbfeindes gab – die venezianischen Schiffsbauer, Festungsingenieure und Waffenexperten im Osmanischen Reich runden das Bild dann nur mehr ab. Demgegenüber die ideologischen Hardliner par excellence, die Spanischen Habsburger. Im Kampf mit dem eigenen Volk (sofern man ihre Morisken und Niederländer so bezeichnen darf), mit überall vermuteten und dann auch wirklich gefundenen Häretikern, im Krieg mit den christlichen Fürsten und Staaten halb Europas, müssen jene begnadeten Utopisten ihr Reich in die Waagschale werfen für – einen religiösen ‚Einheitsstaat', der dennoch niemals Gestalt annehmen wird.

Am Ende der überlangen Epoche mediterraner Selbstverwirklichung in der Frühmoderne und zu Beginn einer ganzen Reihe von Zurücknahmen, von ‚Hegungen' vordem entfesselter (‚enthegter') Kräfte, legt Spanien, das mediterrane und katholische Spanien seinen Offenbarungseid ab angesichts der beiden atlantisch-protestantischen Mächte England und Holland. Das Datum ‚1648' ist auch in dieser Hinsicht bedeutsam. Der Wendepunkt am Ende eines der stumpfsinnigsten Religionskriege, die Europa je gesehen hat, fasst das Spiel des ‚überlangen' 16. Jahrhunderts im Schicksal von drei seiner Protagonisten symbolisch zusammen. Protagonist Nummer eins – Spanien, der erste ‚moderne' Zentralstaat, wird als Großmacht aus dem Konzert der europäischen Mächte verabschiedet. Protagonist Nummer zwei – die Niederlande, die es als erste gewagt hatten, diesen Zentralstaat in die Schranken zu weisen, erleben ihren völkerrechtlich sanktionierten Eintritt in den Kreis der ehrenwerten Nationen. Und dann gibt es noch ein drittes symbolträchtiges Ereignis als Resultat des Westfälischen Friedens zu vermerken – den Austritt der Schweiz aus dem Verbund des Heiligen Römischen Reichs. Immerhin handelt es sich dabei um jene Eidgenossen, deren Vorfahren die Vorfahren der spanischen Monarchen höchst unehrenhaft des Landes verwiesen hatten. Das war ganz zu Anfang der langen Epoche, von der hier die Rede ist. Ein Kreis hatte sich geschlossen.

Vom Ressentiment in der Politik: Eine Minderheit schaffen, um sie zu vertreiben

Wenn man sich die naheliegende Frage stellt, was das am Anfang des 16. Jahrhunderts derart begünstigte Spanien dazu getrieben hat, bis zum Ende des Jahrhunderts exakt all das ‚falsch' zu machen, was seine Gegner und künftigen Totengräber – die Holländer, die Engländer – ‚richtig' gemacht haben, gerät man in ein veritables Dilemma. Was, ist man versucht auszurufen, focht die Katholischen Könige und ihre in diesem Punkt womöglich noch ‚dümmeren' Erben aus dem Hause Habsburg an, das iberische Erfolgsmodell ihrer königlichen Vorfahren zu Gunsten einer Tabula rasa aufzugeben, die in der Tat für sie, die Dynasten Spaniens, am Ende des Jahrhunderts eine ‚leere Tafel', für so viele andere – notabene ihre schärfsten Konkurrenten und geschworensten Feinde – ein gedeckter Tisch sein würde. Die grausame historische Wirklichkeit – welche die oberste gerichtliche Instanz ist, die das Zeitalter kennt – zeigt uns am Beginn des 17. Jahrhunderts einen König – Philipp III. –, der sich das Projekt, den Krieg seines Vaters, die Züchtigung des Niederländischen Eigensinns, als verloren eingestehen und diese Schande mit einem Waffenstillstand besiegeln muss. Dieser wird – Zufall oder nicht – genau im Jahr seines eigenen ‚Projekts' geschlossen. Der eine Krieg gegen Untertanen ist zu Ende, da beginnt schon wieder ein neuer. 1609 ist das Jahr des spanischen Waffenstillstands mit den Niederländern. Und 1609 ist das Jahr der großen Vertreibung (*expulsión*), bei der rund 300.000 Morisken, ehemalige Muslime, somit Untertanen der Spanischen Krone, nach monatelanger minutiöser Vorbereitung in einem großen Staatsakt aus dem Land geworfen werden.

Cui bono? – fragt man sich. Wer hat den Nutzen davon, dass mehrere Hunderttausend der tüchtigsten Untertanen und besten Steuerzahler – bisweilen die einzigen weit und breit – dem König abhanden kommen? Und sie kommen ihm nicht nur einfach abhanden, sie nützen auch noch seinen Erzfeinden, den Osmanen, denen sie ein hoch willkommener, weil hoch motivierter und best qualifizierter Stoßtrupp gegen die Christen sind. Dass der König überhaupt nichts hat von ‚seiner' Maßnahme, ist ein Topos, den schon die Zeitgenossen mitleidig oder maliziös belächelt haben. Dass es aber womöglich gar nicht seine Maßnahme war – diesem Verdacht ist interessanter Weise keiner der unzähligen Ideologen, Moralisten und Gelehrten, denen das Schicksal der vertriebenen Morisken zu tiefschürfenden Untersuchungen oder seichten Pamphleten gerann, wirklich nachgegangen. Cui bono? Antwort: zum Nutzen derer natürlich, die ein rundes Jahrhundert lang an ihrem ganz persönlichen ‚Projekt' gefeilt haben – der Fabrikation einer Minderheit.

Wir sprechen von – Intellektuellen, das heißt (wir sind in Spanien) von Klerikern. Aber solchen, die von den Erfolgen ihres Souveräns nur die Krümel abbekamen. Von intellektuellen Globalisierungsverlierern sozusagen. Nur wenige, nur die Großen des Reichs, die Granden und der Hohe Klerus (oder jene glücklichen, weil mit Missionsarbeit betrauten Ordensangehörigen, denen eine Neue Welt geboten wird) lukrieren die Gewinne einer frühmodernen expandierenden Staatsmacht. Die aber sind denn auch nicht wirkliche Feinde der jüdischen oder muslimischen Minorität. Man steht ihnen vielleicht nicht wirklich nahe (aber selbst das stimmt so nicht immer), doch eines weiß man mit Sicherheit: als saturierter Profiteur des Status quo kann man von Änderungen des Herkommens und der traditionellen gesellschaftlichen Gemengelage nichts Gutes erwarten. Für die Granden, die Inhaber der *señorios* (Grundherrschaften), gilt, sobald sie ihren Reconquistagewinn eingestreift haben, das Gleiche wie für den König: divide et impera, der Grundsatz des indirect rule.

Am Beispiel der ersten Vertreibung, der Ausweisung der Juden, 1492, stellt man vielleicht noch halbwegs mit Erfolg Ihre Majestäten die Katholischen Könige als Handelnde, als Herren der Lage dar. Doch selbst Joseph Pérez, der, wo immer es geht, die spanischen Regenten gegen sich selbst in Schutz nimmt, kann am Ende nur kopfschüttelnd sagen: „Die Katholischen Könige […] erkannten […], dass die Ausweisung der Juden in finanzieller und wirtschaftlicher Hinsicht ein Verlustgeschäft war".[21] Aber dass sie dem Druck der Straße nachgegeben hätten …? „Man zögert zu glauben, dass sich die Herrscher dadurch beeinflussen ließen. In anderen nicht weniger bedeutenden Bereichen haben sie nicht gezögert, ihren Willen durchzusetzen, ohne sich Gedanken um die Meinung ihrer Untertanen zu machen".[22] Ja, in anderen Bereichen. Was es zu sehen und anzuerkennen gilt: es gibt in jeder Öffentlichen Meinung ein, zwei neuralgische Punkte, Schaltstellen des Populismus, wenn man will. Die befinden sich dort, wo, mit Nietzsche zu sprechen, das Ressentiment sitzt. Wenn der soziale Stress nicht groß ist, schweigt das Ressentiment und alles sieht gemütlich aus. Ändert sich die soziale Großwetterlage, finden praktisch von einem Tag auf den anderen die ‚menudos', die Kleinen, ihre Wortführer. Diese Sprecher, Fürsprecher der Kleinen sind wirklich ihre Sprecher, denn sie stammen aus ihrer Mitte: Kleriker und Prediger, deren Bildung und Intellektualität ausreicht, um sie die Gläserne Decke, die ihren gesellschaftlichen Aufstieg begrenzt, erkennen zu lassen und mehr noch: sie erkennen auch den einzig logischen Weg, das Unwahrscheinliche doch noch zu schaffen – durch gesellschaftliche Erpressung ‚der Großen'. Dazu bedarf es der Minoritäten. Also schafft sich die Öffentliche Meinung solche, die zugleich minoritär wie gesellschaftspolitisch ‚wichtig' – oder potenziell ‚bedrohlich' – sind: für die ‚Großen'!

Ihr Werkzeug ist dabei – die Unordnung. Da die Herrschenden ihre Herrschaft auf die segmentierte, die geschichtete Gesellschaft aufgebaut haben, genügt es, eine einzige Schicht aus dem Gefüge herauszubrechen, um die Stabilität des Ganzen zu bedrohen. Und natürlich nimmt man sich nicht die kräftigste, best verankerte sondern die prekärste Schicht vor. An der expulsión von 1492 – an deren Vorgeschichte – lässt sich das gut sehen. Die Logik der Prediger und Aufrührer, die Öffentliche Meinung ist von bewundernswerter Direktheit. Zuerst müssen alle Juden konvertieren. So wird aus der ursprünglichen Minorität – relativ fest verankert im Herrschaftsgefüge und auf Grund ihrer traditionellen Loyalität so etwas wie die Reservearmee der Herrschenden – eine Minorität zweiter Ordnung, eine prekäre Minorität: den Konvertierten kann man immer Falschheit attestieren. Nicht dass die Könige davon überzeugt sein müssen – es genügt sie davon zu überzeugen, dass sie gut daran täten. „Die Elite – die Herrscher, die Aristokratie, der hohe Klerus – nahm die Konversionsbewegung wohlwollend auf, förderte sie sogar, doch die Masse stand ihr

---

[21] Pérez 1989, 298.
[22] Pérez 1989, 304.

feindlich gegenüber".²³ So hat schon 1449 in Toledo „der Demagoge Pero Sarmiento […] die Unzufriedenheit der kleinen Leute, die von Steuern erdrückt werden, […] gegen die lokale Regierung, gegen Alvaro de Luna und seine jüdischen ‚Verbündeten' und die conversos [gerichtet]. Er hat die Stadt mehrere Monate in der Hand und plündert systematisch die Häuser seiner Gegner".²⁴ Die ‚Demagogen', wie der Historiker sie ein wenig zu bieder nennt – die Intellektuellen, wie wir sie, der brutalen Wahrheit die Ehre gebend, lieber nennen würden, wissen genau, wie leicht man den Königen drohen kann: ein historischer Exkurs genügt.

Die Moriskenfrage – ein Meisterstück ‚moderner' Intellektueller

Wir haben es bereits angedeutet. Die ‚Moriskenfrage' gehört zu den am meisten beschriebenen, am häufigsten kommentierten und – wie der Umkehrschluss allenfalls lauten darf – am wenigsten verstandenen Ereignissen der neueren Geschichte. Es ist ein Gebiet, in welchem von Bleda bis Lea, vom großen Kardinal Richelieu bis zum großen Anti-Christen (dies gemäß Eigendefinition) Nietzsche die pointiertesten Intellektuellen ihrer Zeit unverwischbare Spuren hinterlassen haben. Wir gehen einen Schritt weiter und stellen die Behauptung auf: sie taten das – konnten das tun –, weil es Intellektuelle waren, die schon den Gegenstand selbst für jene späteren Überlegungen geliefert haben – geliefert? Nein. Erschaffen. Der *morisco* ist ein Konstrukt, eine Kreation frühmoderner Intriganz und Intelligenz. Ein Produkt ‚humanistischer Bildung'.

Wer sich aus den Quellen und Zeitzeugnissen ein Bild machen, gewissermaßen selbst ‚vor Ort sein' möchte, wird dort, wo das Ereignis selbst schon immer im vermischten Stimmengewirr aus Original und Fälschung (man kann es auch milder sagen: dann ist es ‚Interpretation') verschwunden zu sein scheint, erst einmal ein fast unentwirrbares Knäuel finden, bestehend aus sogenannten Quellen und deren Zitation. Er wird sich auf der Suche nach einem Objekt Namens *morisco* (wortwörtlich für ‚kleiner Maure') in einem veritablen Tohuwabohu frühneuzeitlicher Medienhysterie wiederfinden … Die einen sagen: „Denn in Spanien verfolgte man sie, und man ließ sie weder nach dem einen, noch nach dem anderen Gesetz leben, sodass sie weder gute Mauren noch gute Christen sein konnten". Den anderen ist der Morisco jemand, „der gar kein Gesetz in seinem Herzen" trägt. Ein Kleriker wiederum meint: „Wer ein Kind taufen will, der taufe es, und wer das nicht will, der taufe es nicht. [Diejenigen, die ihre Kinder taufen und selber katholisch werden, soll man warnen,] dass man sie mit derselben Strenge und Härte behandeln werde, wenn sie sich vom katholischen Glauben abwenden, mit der man heutzutage gegen die Lutheraner vorgeht. […] Die anderen aber, die ihre Kinder nicht taufen wollen, sollen ganz und gar als Feinde anerkannt werden […], indem man ihnen [lediglich]

---

²³ Pérez 1989, 269.
²⁴ Pérez 1989, 270.

das Naturrecht einräumt". Schnell wird der Tonfall schärfer: der Staatsmann (in diesem Fall Graf Lerma höchstpersönlich) weiß genau, „was [in der Maurenfrage] angemessen ist: Entweder man erledigt sie ganz, oder man schenkt ihnen die Freiheit, so dass sie in Sicherheit [*assigurados,* also nicht nur ‚in Sicherheit' sondern auch ‚wohl verwahrt, gut gesichert'?] leben". Die Öffentliche Meinung überschlägt sich in guten Ratschlägen: von Zucht- und Züchtigungsprojekten – „[Man teile sie in] Gruppen zu je zweihundert Personen ab sechzehn Jahren – wir nennen das eine ‚Sippe'"; „[Personen, die sich nicht fügen,] soll man dazu zwingen, in Fabriken oder sonstigen Beschäftigungen als Tagelöhner zu dienen, wo sie ihren Abgabenanteil verdienen können oder ihre Freiheit an den König verlieren und seine Sklaven werden, auf dass man sie zur Arbeit auf den Galeeren oder in den Quecksilberminen oder zu sonstigen Diensten verdamme"; „Vor allem soll es so sein, dass für diese Leute keine andere Aufgabe zugelassen wird als der Ackerbau"; – bis zur schieren und simplen Ausrottung, zur physischen Vernichtung gehen die Expertisen: „Diese Leute kann man an die Küsten der macallaos und von Terranova schaffen, die sehr weitläufig sind und unbevölkert. Dort werden sie völlig aussterben, speziell wenn man die Männer, alte und junge, kastriert und ebenso die Frauen".[25]

Soweit die Ausgangslage. Rasch wird dem Forschenden klar, dass ein ‚Ereignis' dieser Art nicht einfach mit dem klassischen Handwerkszeug des Historikers – Quellenanalyse, Sekundärinterpretation, Faktengeschichte – bearbeitet werden kann. Die Moriskenvertreibung von 1609 ist tatsächlich ein ‚Ereignis', das sich dem Betrachter, wenn er (bloß) auf den ‚real-historischen Kern' aus wäre, auf eine Beinahe-Nullität reduzierte. Denn ‚eigentlich' ist das Ereignis eine historiographische Monstrosität, deren Logik sich dem Normalbetrachter alias mit gesundem Menschenverstand versehenen Weltbürger entzieht. Etwa 300.000 an und für sich friedfertige, um nicht zu sagen harmlose Menschen, wenn es hoch her geht gerade einmal fünf Prozent der Gesamtbevölkerung, werden unter unglaublichem Mediengetöse des Landes verwiesen; und dieses Ereignis wirkt weiter, das Getöse erzeugt ein Echo, welches bis heute nicht verstummt ist. Undurchsichtig und intrigant, wie er ist, fordert der Gegenstand ein Höchstmaß an Hermeneutik von uns. Diskurs- und Strukturanalyse scheint somit das Gebot der Stunde, um dort, wo man vergeblich nach ökonomischer oder politischer Logik gesucht hat (denn um es kurz zu machen: eine solche ‚Logik' gibt es hier nicht), den medialen Charakter des Ereignisses zu erkennen. Es geht insofern um ‚Politik', als es der Vertreibungsrhetorik – nein: den Vertreibungsrhetoren – blutiger Ernst ist mit ihren Vorschlägen; kommen dieselben doch aus der Kränkung, wie sie eine gesellschaftliche Schräglage mit sich bringt. Die uns – nein: natürlich den Mächtigen ihrer Zeit und dann in letzter Instanz dem König selbst – ihre abstrusen und grausamen Vorschläge lautstark unterbreiten, übertönen damit nur ihre Angst vor dem gesellschaftlichen, politischen, ökonomischen Abstieg oder das Wissen um die Vergeblich-

---

[25] Alle Zitate nach Kuffner 2010, 99, 134-135, 145-146, 148, 150.

keit ihres Ehrgeizes. Unsere Diskursanalyse bringt ihre Stimmen noch einmal zum Erklingen: schrill, verlogen, selbstbetrügerisch, wie sie sein mögen, gönnen wir ihnen eine ‚werktreue' Auferstehung.

Dabei stoßen wir wie von selbst auf die Problematik dieser (und jeglicher) Rezeption: indem wir dechiffrieren, setzen wir den alten Medien-Hype bloß mit anderen Mitteln fort. Niemals, so scheint es, kommen die Betroffenen selbst zu ihrem historischen Recht, stets bleiben sie Objekte, ja Opfer eines Spiels, worin sie die Steine sind, die auf dem Brett hin und her geschoben werden. In methodischer Hinsicht verdankt sich solche Ironie – nicht selten hart an Zynismus grenzend – somit dem Gegenstand selbst. Wobei der Gegenstand gerade nicht ‚die Vertreibung der Morisken' ist. Der Gegenstand, mit dem unsere Struktur- und Diskursanalyse rechnet und ringt, ist eine von Anfang an die Sache selbst komplett zudeckende, verbiegende, verbergende und verfälschende Interpretationsmaschinerie, mit deren Hilfe weniger die ‚Vertreibung' der Morisken ‚gerechtfertigt' wurde, als vielmehr die ‚Morisken' als solche konstruiert, ja erfunden und sodann zum Gegenstand einer möglichen ‚Vertreibung' hergerichtet worden sind.

Dabei bleibt man dennoch stets Historiker. Man zeichnet eine Entwicklung nach: Entwicklung dessen, was (um es so zu sagen) nicht den wahren Inhalt jener hysterischen, grausamen, abstrusen und absurden Diskurse ausmacht, dafür aber formal die Bedingung der Möglichkeit darstellt, dass derartige Diskurse im 16. Jahrhundert geschichtsmächtig wurden (und dass sie solches unter struktural vergleichbaren Voraussetzungen auch in anderen Epochen tun). Dabei geht es scheinbar nur um die Evolution des frühmodernen Fürstenstaates. An diesem Punkt – beispielsweise wo die Öffentliche Meinung Karl V. (Carlos I.) sofort in die mediale ‚Moriskenherstellungsmaschinerie' hinein reklamiert (durch die Zwangstaufe der *Mudejaren* Valencias, die der Monarch nachträglich gutheißen muss, obwohl er doch spürt, wie ihm diese Maßnahme eigentlich schadet, weil sie ihn als jemanden zeigt, dem das Gesetz des Handelns entglitten ist) – lässt sich wenigstens für Momente die intrigante Vermischung von Propaganda, verschleiertem Machtanspruch und einem nicht minder gut camouflierten faktisch-pragmatischen Atheismus inmitten einer religiös aufgeheizten Rhetorik erahnen. Auf Seiten der Propagandisten, wohlgemerkt – nicht auf Seiten des Monarchen.

Zum Abschluss – geschichtsphilosophische Überlegung zur ‚Fabrikation' von Ereignissen

Uns Diskurstheoretikern und Strukturanalytikern, die wir die gebrochene, modern und nihilistisch anmutende Intelligenz (nennen wir sie ruhig so) jener Propagandisten auf frischer Tat ertappten, imponiert (wenn man so sagen darf) die Instinktsicherheit, womit das Ressentiment jener Humanisten gleich zu Beginn erkannt hat, worauf die Fürsten aus waren – auf den Zentralstaat höfischen Zuschnitts – und wie sie sodann den Weg zu diesem Ziel hinzu erfunden haben. Was heißt ‚hinzu erfunden'? Dekonstruiert haben sie diesen Weg,

Die Nation kommt nicht zu Stande 79

sodass es besagten Fürsten unmöglich wurde, ihn zu Ende zu gehen. Und dann die eminent ‚historiographische' Leistung dieser durchtriebenen Intelligentsija, nämlich die Fabrikation einer ganzen Geschichte, die dann genau so verläuft, dass an und in ihr die Notwendigkeit des antiken Schicksalsbegriffs (*Ananke*) ‚erscheint' – aber wiederum, wie ‚erscheint' besagter Zwang? Als ‚gemachter', als ein dem Fürsten (der doch seinem Selbstverständnis nach ein Handelnder ist) unterschobener Zwang, eine sogenannte (real)politische ‚Notwendigkeit', zu der Philipp III. nur mehr Ja und Amen sagen kann, wie schon seinerzeit Großvater Karl zur Zwangstaufe seiner muslimischen Untertanen nur mehr Ja und Amen sagen durfte.

Diese Perfektion weil Fabriziertheit von ‚Geschichte' durchzieht aber sämtliche Diskurse der Moderne – vom humanistischen Kotau vor einer ‚perfekten' Antike bis zum ethnologisch-sozialdarwinistischen Phantasma einer Hierarchie der Rassen. Wenn man den ‚Juden- und Moriskendiskurs' von all seinen religiös-propagandistischen Blendwerken gesäubert hat, steht er sozusagen schamlos nackt vor uns; lässt man ihn nur kalt selber zu Worte kommen, outet er sich von Anfang an. Wiewohl er dazu natürlich der fremden Stimme bedarf, der Stimme der Historikerin:

„Der ‚Rassismus' auf seinen Begriff gebracht fasst die Morisken zunächst jeder speziellen Qualität und jedes speziellen Merkmals entkleidet auf. Von den ehemaligen Mudejaren Valencias bis zu den ehemaligen Mauren Granadas sind sie alle eins, nicht gemäß einer / ihrer speziellen Qualität, sondern gemäß ihrer allgemeinen Natur. Ein unsichtbares Band zwischen Weder-Christen-noch-Mauren kann nur ersatzweise sichtbar gemacht werden. Im Kern der universellen Anwendbarkeit einer unreinen Abstammung zu Definitionszwecken steht die paradoxe, leere Form des unsichtbaren Makels. Als sich 1609 die Untertanen in den Niederlanden dem Zugriff des Königs endgültig selbst entzogen haben und er als *supremo conquistador* wenigstens die Mauren – anstelle der Moriscos – zurück haben will, wird er genau diesem rassistischen Modell Vorschub leisten – und sich damit paradoxer- aber konsequenterweise den Rückgriff auf seine Mauren ein für alle Mal selbst nehmen. Was Philipp III. eigentlich gelingen müsste: die Aufhebung der Taufen ‚von unten', die sein eigener königlicher Großvater [...] in Kauf nahm, sowie die Befreiung eines [...] Königtums, das seit Philipp II. auf dem besten Wege war, selbst völlig in die Fänge der eigenen Inquisition zu geraten [...], statt diese – den Absichten ihrer Begründer folgend – zu kontrollieren, misslingt gründlich: Die Theologen und ihre Taufdebatte werden – statt höfisch gezähmt – überrollt, die radikalsten der Staatsräsonierer befördert. Nicht einmal definieren kann der einstige Fürst über drei Religionen seine Untertanen ohne die Hilfe der Experten einer Mengenlehre *sin escrúpulo* und *de una vez*. Dass [...] jene Moricos nicht auf unbewohnte Inseln und nicht – den Verwertungsphantasien der Ökonomen gemäß – in Besserungs- und Arbeitsanstalten sondern ‚wieder zurück' nach Afrika geschickt werden, passt da nur zu gut ins Bild der Pseudo-Reconquista-Symbolik eines Philipp III. [...] Wo sich in der Moriskengeschichte die

Effizienzlogik des modernen Staates zeigt, kann Philipp III. nur noch überstürzt den Regress in die Position des religiösen Fundamentalisten antreten. Zurück zum Anfang. Ein naheliegender Schluss".[26]

Eine Vertreibungspolitik aus Staatsräson? Eher eine nach Art der *menudos*. Nach Art der Zukurzgekommenen, um noch ein letztes Mal Nietzsche zu zitieren. Staatsgewalten, die einer wirklichen, nicht bloß vorgeschobenen, imaginierten Staatsräson huldigen, sehen nämlich anders aus … Aber das weiß ja mittlerweile jeder. Jeder, der *El País* liest.

[26] Kuffner 2010, 151-152, 154.

Bibliographie

Aymard 1989 = Maurice Aymard, Die Minderheiten, in: Fernand Braudel (Hg.), Europa: Bausteine seiner Geschichte (Übersetzung: L'Europe. Paris 1987), Frankfurt amMain, 1989 (69-97), 69-70.

Burckhardt 1985 = Jacob Burckhardt, Die Kultur der Renaissance in Italien. Ein Versuch. [Neudr. der Urausg. von 1860, hg. von Konrad Hoffmann], Stuttgart 1985.

Castro 1990 = Américo Castro, De la España que aún no conocía, Barcelona 1990.

Códigos 1872 = Los Códigos españoles, Madrid 1872.

Dressendörfer 1971 = Peter Dressendörfer, Islam unter der Inquisition. Die Morisco-Prozesse in Toledo 1575–1610, Wiesbaden 1971.

Feldbauer, Liedl 2008 = Peter Feldbauer/Gottfried Liedl, Die islamische Welt bis 1517. Wirtschaft. Gesellschaft. Staat, Wien 2008.

Frey 2001 = Herbert Frey, Die Europäisierung Europas und die Okzidentalisierung der Welt, in: Peter Feldbauer/Gottfried Liedl/John Morrissey (Hg.), Vom Mittelmeer zum Atlantik. Die mittelalterlichen Anfänge der europäischen Expansion, Wien-München 2001, 281-296.

Garcia-Arenal, Leroy = Mercedes Garcia-Arenal/Béatrice Leroy, Moros y Judíos en Navarra en la Baja Edad Media, Madrid 1984.

Gschwendtner 2005 = Ferdinand Gschwendtner, Staatsfeudalismus in Kastilien. Die Entstehung des frühabsolutistischen Staates, in: Peter Feldbauer/Gottfried Liedl/John Morrissey (Hg.), Mediterraner Kolonialismus. Expansion und Kulturaustausch im Mittelalter (Expansion. Interaktion. Akkulturation, 8), Essen 2005, 255-256.

Guichard 1989 = Pierre Guichard, Los campesinos de al-Andalus (siglos XI–XIV), in: Bartolomé Bennassar (Hg.), Historia de los Españoles, 1: Siglos VI–XVII ([1]Histoire des Espagnols, 1: VIe–XVIIe siècle, Paris 1985), Barcelona 1989.

Harvey 1990 = Leonard Patrick Harvey, Islamic Spain, 1250 to 1500, Chicago-London 1990.

Kuffner 2005 = Kuffner, Katharina, „Aufgeschoben ist nicht aufgehoben…" – Eine ethnische Säuberung am Beginn der Neuzeit, in: Gottfried Liedl/Katharina Kuffner, Das Ende einer Epoche – Drei Studien zu Andalusien in der frühen Neuzeit, Wien 2005, 59-85.

Kuffner 2010 = Katharina Kuffner, Die letzten Mauren – Geschichte der Moriscos in vier Sätzen (Mittelmeerstudien 1), Wien-Berlin 2010.

Lea 1901 = Henry Charles Lea, The Moriscos of Spain: their conversion and expulsion, London 1901.

Nietzsche 1977 = Friedrich Nietzsche, Der Antichrist (Aph. 60, 61), in: Werke (hg. von Karl Schlechta, Bd. 2), Frankfurt am Main [u.a.] 1977 (1. Aufl. München 1969).

Pérez 1989 = Joseph Pérez, Ferdinand und Isabella – Spanien zur Zeit der Katholischen Könige, München 1989.

Rolf Wittenbrock
„Die Alldahiesigen und die Hergeloffenen"
Zur Geschichte der Zuwanderung in der Stadt Saarbrücken[1]

Die Einwohnerschaft Saarbrückens wurde in den vergangenen zwei Jahrtausenden immer wieder von Katastrophen in Form von Siedlungszerstörungen und massiven Verlusten heimgesucht, auf die allerdings immer auch Phasen des Wiederaufbaus und der Zuwanderung folgten. Ein Blick in die Stadtgeschichte zeigt, dass eine über Jahrhunderte kontinuierliche Siedlungsentwicklung eher eine Ausnahme darstellte, während demographische Umbrüche und massive Ab- bzw. Zuwanderungen die Geschichte der Stadt maßgeblich prägten. Mitverantwortlich für diese Einschnitte in der Bevölkerungsgeschichte war über mehrere Jahrhunderte hinweg die Grenzlage der Stadt in unmittelbarer Nähe zu Frankreich. Aber es gab auch andere soziale, politische und vor allem wirtschaftliche Gründe, die zu der Dynamik der Bevölkerungsverschiebungen beitrugen. In jedem Fall kann man jetzt schon feststellen, dass es wohl keine Saarbrücker Familie gibt, die behaupten kann, dass ihre Vorfahren ununterbrochen schon seit über 350 Jahren in dieser Stadt gewohnt haben. Letztlich gehören wohl auch die alteingesessenen Saarbrücker zu Familien, deren Vorfahren vor höchstens zehn Generationen nach Saarbrücken zugewandert sind.

Zäsuren in der Bevölkerungsgeschichte bis zum Dreißigjährigen Krieg (1618–1648)

Die vor nahezu zwei Jahrtausenden am Halberg errichtete römische Siedlung entwickelte sich in den Folgejahren zu einer bescheidenen Kleinstadt, die allerdings im 4. Jahrhundert n. Chr. durch Germaneneinfälle massive Zerstörungen erlitt. Möglicherweise blieben einige Häuser weiterhin bewohnt, aber letztlich hatten diese durch die Völkerwanderung ausgelösten Überfälle zur Folge, dass die Besiedlung dieses Ortes aufgegeben wurde. Im frühen Mittelalter entwickelten sich dann einige Kilometer weiter westlich neue Siedlungskerne im Bereich der späteren Orte Saarbrücken und St. Johann. Hier gab es wohl schon ein Nebeneinander von alteingesessenen Romanen und zugewanderten Franken, die die neue Oberschicht bildeten, aber wohl in den folgenden Generationen vollkommen mit den Romanen verschmolzen, wie archäologische Funde vermuten lassen.

---

[1] Liesbet Dill, Text zitiert in: Behringer, Berger, Oberhauser 1998, 227. Eine frühere Version des vorliegenden Beitrags wurde bereits publiziert unter http://www.quattropole.org/media/download-532ac3bd9c1cc.

Im weiteren Verlauf des Mittelalters erfolgte ein weiterer Ausbau von Siedlungen, wobei die landwirtschaftlich ergiebigeren Böden die Richtung und die Abfolge der Rodungen vorgaben. Die Burg Saarbrücken wurde im Hochmittelalter Herrschaftssitz der Grafen von Saarbrücken, aber die Bevölkerungszahlen blieben lange überaus bescheiden: vor der herrschaftlichen Burg auf dem Saarfelsen entstand wohl im 13. Jahrhundert eine kleine Ansiedlung und ein Markt. Allerdings zählte man 1466 erst 189 Häuser in Saarbrücken, was in etwa eine Zahl von 1000 Einwohnern ergab. Im benachbarten St. Johann wohnten noch weniger Menschen, Schätzungen gehen von etwa 600 Personen aus. Der Zuzug war durch diverse Vorschriften streng reglementiert, weil die gräfliche Obrigkeit genau darauf achtete, die Zuwanderung quantitativ und qualitativ zu steuern. Es galt einerseits, eine Stadtflucht aus den umliegenden dörflichen Siedlungen der gräflichen Herrschaft zu verhindern, andererseits war der Stadtherr aber auch daran interessiert, tüchtige Bürger in Saarbrücken anzusiedeln, um die wirtschaftliche Entwicklung zu fördern. Außerdem mussten die Zuwanderer über ausreichenden Besitz verfügen und ein Einstandsgeld bezahlen. Etliche Bürger zogen auch nach Saarbrücken, weil sie von Handelsbeziehungen mit anderen Städten zumeist in West- und Süddeutschland lebten. Bis zum 17. Jahrhundert war die Bevölkerung weitgehend homogen, nur vereinzelt fanden sich einzelne Händler lombardischer Herkunft oder auch Personen mit französischen Namen.[2]

In der ersten Phase des Dreißigjährigen Krieges erhöhte sich die Einwohnerzahl in beiden Städten bis auf insgesamt ca. 5000, boten die von Mauern umgebenen Städte doch einen gewissen Schutz vor den umherziehenden Söldnern. Ab 1634 verschlechterte sich dann die Lage dramatisch durch eine Pestepidemie sowie eine Hungersnot. Wenig später, im Schreckensjahr 1635, wütete die Soldateska auch in den Städten. Binnen kurzer Zeit sank die Zahl der Einwohner auf ein Fünftel des Vorkriegsstandes. Zwei Jahre später wurden in beiden Städten nur noch sieben Kinder geboren, während vor dem Krieg allein in Saarbrücken die jährliche Geburtenzahl bei 70 Kindern gelegen hatte.

Eine zögerlich wachsende Zuwanderung 1648–1860

Nach dem Frieden von 1648 wuchs die Einwohnerzahl zunächst nur langsam: einige Familien, die im Krieg geflohen waren, kehrten wieder in die Städte zurück, und es setzte ein Zuzug aus der näheren Umgebung ein. Auch einige Fremde wanderten zu, wobei sie häufig verwitwete Frauen oder ledige Bürgertöchter ehelichten. Die Zuwanderung hielt sich vor allem deshalb in Grenzen, weil das geforderte hohe Zuzugsgeld von zwölf Gulden nur von wenigen Menschen aufgebracht werden konnte. Aber auf diese Weise konnte der Zuzug von weniger begüterten Personen wirkungsvoll verhindert werden, was wiederum die Gefahr einer Inanspruchnahme der städtischen Armenkasse reduzierte.

---

2   Ein wichtiges Findmittel für detaillierte Recherchen ist Ostmann 2008.

Das 17. Jahrhundert brachte noch eine weitere Katastrophe, als 1677 französische Armeen in die linksrheinischen Territorien einmarschierten und dann im Rahmen ihrer Strategie der verbrannten Erde die Stadt Saarbrücken in Schutt und Asche legten. Nur wenige Gebäude blieben bewohnbar und auch zehn Jahre später zählte man nur 58 Familien, während im weniger zerstörten St. Johann immerhin 193 Haushalte gezählt wurden.

Noch in diesem Jahrhundert begann eine aktive Peuplierungspolitik: das Zuzugsgeld konnte im Bedarfsfall gestundet oder reduziert werden. Weiterhin wurde aber der Zuzug gesteuert, um mittellose Bewerber aus der Stadt fernzuhalten. Durchschnittlich wurden jährlich nicht mehr als zwei bis vier Bürger in jeder der beiden Städte aufgenommen. Man schätzt, dass um 1700 insgesamt 2000 Einwohner in beiden Städten lebten, wozu neben der Gruppe der Bürger auch die abhängigen Hintersassen sowie die Soldaten und die gräfliche Verwaltung gehörten.

1741 begann mit dem Herrschaftsbeginn von Wilhelm Heinrich die sogenannte Fürstenzeit. Nach den über 100 Jahren andauernden Wirren folgte jetzt eine über 50 Jahre anhaltende Zeit des Friedens und Wiederaufbaus. Saarbrücken erlebte als Residenzstadt einen bedeutenden Aufschwung, der von einem schnellen Bevölkerungswachstum begleitet wurde. Der Fürst betrachtete den Reichtum an Menschen und Bodenschätzen als wichtigsten Faktor für die Wohlfahrt des Landes und dementsprechend förderte er den Zuzug neuer Bürger. So gewährte er Bürgern, die in den Städten ein Haus errichteten, Steuerbefreiungen und warb auch direkt für eine Zuwanderung nach Saarbrücken, sehr zum Leidwesen mancher eingesessener Bürger, die eine wachsende wirtschaftliche Konkurrenz durch Neubürger fürchteten und auch den Zuzug unvermögender Personen strikt ablehnten. Letztlich aber setzte sich der Fürst zumeist durch: in den 30 Jahren seiner Regentschaft verdoppelte sich die Einwohnerschaft seiner Residenzstadt auf nahezu 3000 Bewohner.

Im 18. Jahrhundert kamen die Zuwanderer nach Saarbrücken zumeist aus Süddeutschland und dem Alpengebiet, kaum jedoch aus Lothringen und dem übrigen Frankreich. Die Eroberung der beiden Saarstädte durch die französischen Revolutionstruppen 1793 führte dann zu einer deutlichen Bevölkerungsverschiebung: alle Hofbediensteten flüchteten bzw. wanderten ab, während im Rahmen der Besatzung nun zahlreiche Militärs und Beamte aus Frankreich nach Saarbrücken kamen. Während der Zeit der Napoleonischen Herrschaft wanderten im Gefolge zahlreicher Transaktionen großer zuvor beschlagnahmter Immobiliengüter auch zahlreiche Unternehmerfamilien aus der entfernteren Umgebung in die Saarstädte, so zum Beispiel die Familien Röchling und Stumm. 1815 gab es auch eine kleine Gruppe von 15 Familien jüdischen Glaubens in den beiden Saarstädten.

Nach 1815 verlor Saarbrücken definitiv seinen Rang als Residenzstadt und wurde stattdessen Verwaltungszentrum eines Kreises im preußischen Regie-

3 Abb. aus Kloevekorn 1960, 76.

Abb. 1: Förderung der Zuwanderung nach Saarbrücken 1762[3]

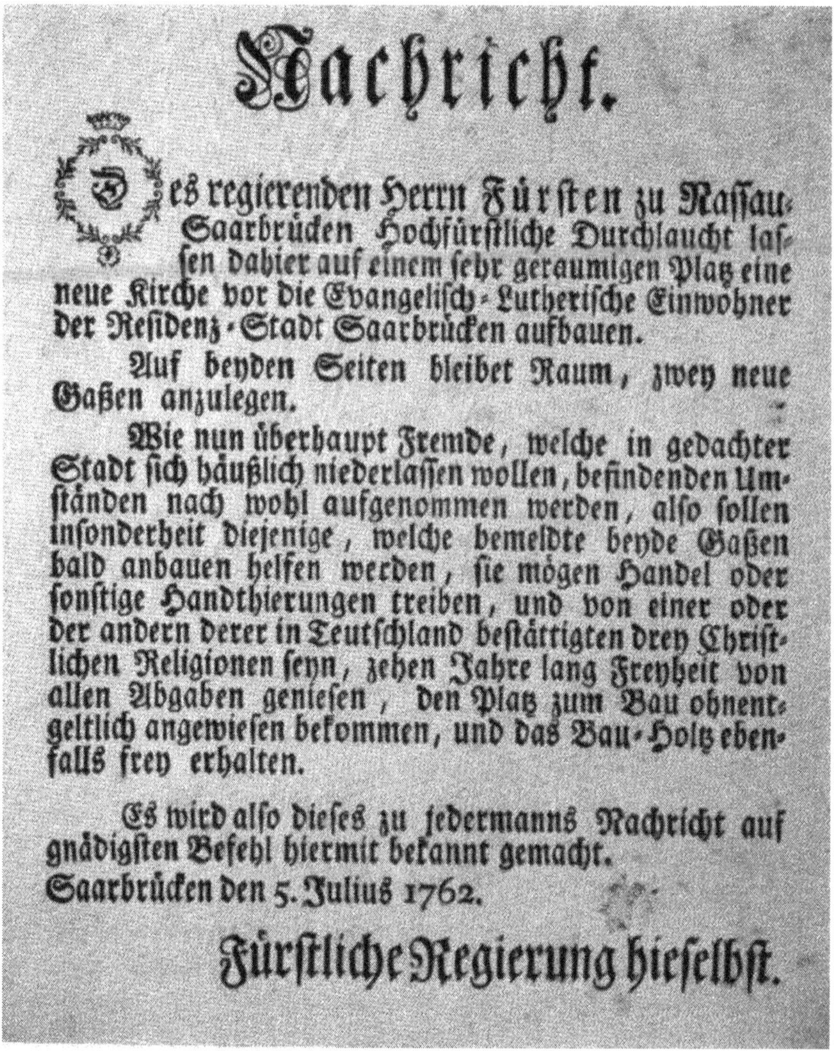

Nachricht.

Des regierenden Herrn Fürsten zu Nassau-Saarbrücken Hochfürstliche Durchlaucht lassen dahier auf einem sehr geraumigen Platz eine neue Kirche vor die Evangelisch-Lutherische Einwohner der Residenz-Stadt Saarbrücken aufbauen.

Auf beyden Seiten bleibet Raum, zwey neue Gaßen anzulegen.

Wie nun überhaupt Fremde, welche in gedachter Stadt sich häußlich niederlassen wollen, befindenden Umständen nach wohl aufgenommen werden, also sollen insonderheit diejenige, welche bemeldte beyden Gaßen bald anbauen helfen werden, sie mögen Handel oder sonstige Handthierungen treiben, und von einer oder der andern derer in Teutschland bestättigten drey Christlichen Religionen seyn, zehen Jahre lang Freyheit von allen Abgaben geniesen, den Platz zum Bau ohnentgeltlich angewiesen bekommen, und das Bau-Holtz ebenfalls frey erhalten.

Es wird also dieses zu jedermanns Nachricht auf gnädigsten Befehl hiermit bekannt gemacht.
Saarbrücken den 5. Julius 1762.

Fürstliche Regierung hieselbst.

rungsbezirk Trier. Zunächst war Saarbrücken auch hinsichtlich der Einwohnerzahl (1818 gab es 3597 Einwohner) Trier deutlich unterlegen, allerdings veränderten sich diese Relationen in den folgenden Jahren grundlegend, ohne dass Saarbrücken einen entsprechend höheren Rang in der preußischen Verwaltungshierarchie erhielt. In der Mitte des 19. Jahrhunderts gab es bereits nahezu 5000 Einwohner in Saarbrücken, und im benachbarten St. Johann lebten etwa 3300 Einwohner. Das keineswegs rasante, aber doch stetige Wachstum resultierte nicht nur aus einem Anstieg der Geburten, sondern auch aus einer steigenden Zahl von Zuwanderungen. Zwar verließen die meisten Franzosen, besonders die Beamten, 1815 Saarbrücken, aber andere Zuwanderer, wie die Familien Stumm und Röchling sowie auch einige ältere eingesessene Familien verblieben in Saarbrücken und wurden hier später zu Pionieren des wirtschaftlichen Aufschwungs. Hinsichtlich der Herkunft dominierten Nahwanderer, aber es gab auch andere Regionen, aus denen die Menschen nach Saarbrücken kamen. In der ersten Jahrhunderthälfte dominierte die Zuwanderung aus der Pfalz und aus Hessen. Hier handelte es sich vermutlich zum Teil um Beamte unterschiedlicher Rangstufen, die für den Aufbau der preußischen Verwaltung und des Rechtswesens benötigt wurden. Die Zuwanderer aus dem saarländischen Nahbereich waren wohl überwiegend in den verschiedenen Gewerbeaktivitäten und im Handel tätig.

Nach 1850 setzte dann eine massenhafte Zuwanderung ein, wobei nun die Einwanderer aus dem saarländischen Nahbereich mit 34,6 Prozent die stärkste Gruppe bildeten. Auch aus dem Hunsrück sowie der Eifel kamen mit 31 Prozent sehr viele Zuwanderer, während Hessen und Pfälzer mit 8,5 Prozent nur noch ein vergleichsweise bescheidenes Kontingent stellten.

Die preußischen Behörden förderten zwar generell die Zuwanderung, gleichzeitig versuchten sie aber auch, diesen Prozess kontrollierend und selektierend zu steuern. Dazu gehörten einerseits detaillierte Meldevorschriften „in Bezug auf Fremde und Durchreisende"[4] sowie andere Auflagen, die zur Erlangung des Bürgerrechts zu erfüllen waren. Besonders wichtig war hier das weiterhin erhobene Einzugsgeld, das immer wieder in der Höhe verändert wurde und zwischen 6 und 25 Talern betrug.

Abb. 2: Herkunftsgebiete der Zuwanderer nach Saarbrücken 1810–1850 (in Prozent)

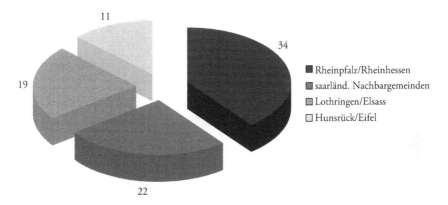

Wenn wir nach der zeitgenössischen Reaktion auf die verstärkte Zuwanderung im 19. Jahrhundert fragen, ist festzustellen, dass vereinzelt die Sorge geäußert wurde, die große Zahl der Zuwanderer könne zu einer sittlichen Verrohung der eingesessenen Bevölkerung führen. So befürchtete z.B. der evangelische Pfarrer Friedrich Petersen 1856, dass die Jagd nach dem „schwarzen Gold" an der Saar zu einem „Californien im Kleinen" führen könne. Demgegenüber ist zu beachten, dass es sich bei dieser Zuwanderung in die Städte in

4 Burg 1999, 547.

dieser Phase bei den Neuankömmlingen vor allem um Angehörige der Mittelschicht und höhergestellte Beamte handelte. Sie integrierten sich in der Regel schnell in die städtische Gesellschaft, wie Untersuchungen im Bereich des Heiratsverhaltens und des Engagements in kommunalen Vereinen und Vertretungen ergeben haben.

„Diese moderne Völkerwanderung"[5] (1860–1914)

1875 erhielten die Industriedörfer Burbach und Malstatt in unmittelbarer Nähe von Saarbrücken und St. Johann Stadtrechte, und damit entstand eine Agglomeration von drei Saarstädten, die in dieser Phase der Hochindustrialisierung ihr größtes Bevölkerungswachstum erreichten. Gab es 1861 hier 15.726 Einwohner, so zählte man 1905 bereits mehr als 84 000 Bewohner. Vier Jahre später, bei dem Zusammenschluss der Städte zur Großstadt Saarbrücken, war dann mit über 105 000 Einwohnern der begehrte Rang einer Großstadt erreicht.

Dabei hatte St. Johann, begünstigt durch die Anlage des Bahnhofs im Jahr 1852 und die dadurch ausgelöste Ansiedlung zahlreicher Unternehmen, schon 1864 hinsichtlich der Bevölkerungszahl die Nachbarstadt Saarbrücken überflügelt. Allerdings sollte St. Johann nur für wenige Jahre diese Spitzenposition behalten, denn nun führte ein noch viel dynamischerer Bevölkerungszuwachs in unmittelbarer Nachbarschaft dazu, dass Malstatt-Burbach die beiden Saarstädte deutlich überflügelte. Hier hatte sich am Ufer der Saar 1858 die Burbacher Hütte angesiedelt, und dieses Unternehmen expandierte so erfolgreich, dass sich die Bevölkerung in Burbach und Malstatt nahezu explosionsartig erhöhte.[6]

Abb. 3: Die Bevölkerungsentwicklung in den drei Saarstädten 1864–1910

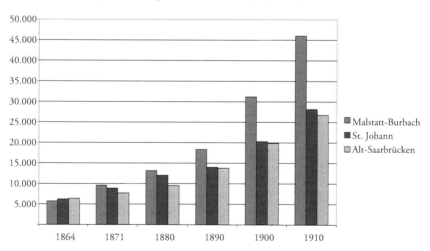

5   Neue Saarbrücker Zeitung v. 24. Juli 1908, zitiert in Leiner 1994, 295. In diesem Werk untersucht Leiner detailliert und auch mit quantifizierenden Methoden die demographische Entwicklung Burbachs.
6   Wittenbrock 1999, 46.

„Die Alldahiesigen und die Hergeloffenen" 87

Natürlich war dieses Wachstum ohne eine massive Zuwanderung nicht möglich, ja in manchen Jahren war der Geburtenüberschuss in den Städten deutlich niedriger als der Wanderungsgewinn. So betrug der Wanderungsgewinn in Malstatt-Burbach, dessen Bevölkerung in der Zeit von 1860–1910 von 4000 auf 46 000 Einwohner anwuchs, etwa 15 000 Personen. Die Zuwanderungen veränderten die traditionellen Bevölkerungsstrukturen aber auch in den beiden anderen Saarstädten. Das hatte zur Folge, dass die eingesessenen Bürger häufig im Vergleich zu den nach ihrer Geburt Zugewanderten in der Minderheit waren, wie die folgende Übersicht verdeutlicht:

Abb. 4: Zahl der Bewohner, die in ihrer Gemeinde geboren sind (in Prozent der Stadtbevölkerung)

	1880		1900		1905	
	Männer	Frauen	Männer	Frauen	Männer	Frauen
Malstatt-Burbach	47,5	49,8			50	52,1
Saarbrücken	27,3	38,6			37,5	44,5
St. Johann			33,8	38,7		

Es wird ersichtlich, dass der Anteil der Zugewanderten in St. Johann und Saarbrücken noch deutlich höher war als z.B. in Malstatt-Burbach, was zu der Folgerung führt, dass die Angehörigen der Dienstleistungsberufe sowie die Angestellten und Beamten, die in beiden Städten stärker vertreten waren, eine noch größere Wanderungsaktivität entwickelten als die Arbeiterschaft, die sich vorzugsweise in Malstatt-Burbach niederließ. Andererseits zeigt sich – wie auch in anderen Industriestädten –, dass die Arbeiterschaft zunehmend sesshaft wurde, was wiederum den Kern der ortsfesten Bevölkerung stärkte und die Integration und soziale Stabilisierung förderte. St. Johann hingegen übte eine starke Anziehungskraft auf Zuwanderer aus, denn in keiner anderen Stadt der preußischen Rheinlande gab es eine ähnliche hohe Zahl von Zugereisten. So waren im Jahr 1900 nur 17,4 Prozent der dort wohnhaften 30-50jährigen Frauen auch hier geboren, bei den Männern betrug der Anteil gar nur 12,5 Prozent.

Die demographische Entwicklung in Malstatt-Burbach belegt auch, dass die Zuwanderung in hohem Maß von der Wirtschaftskonjunktur abhängig war, denn das Angebot an Arbeitsplätzen war ein zentrales Element für die Steuerung der Migrationsbewegungen. Stefan Leiner hat diese Prozesse für die Industriestadt Burbach besonders gründlich erforscht und ist dabei zu dem Ergebnis gekommen, dass die Daten zur Wanderungsbilanz noch keine Rückschlüsse auf das gesamte Wanderungsvolumen in dieser Zeit erlauben. Dank seiner Forschungen wissen wir, welches Ausmaß die Migration in den Saarstädten tatsächlich erreichte. So errechnete er z.B., dass es in Malstatt-Burbach in der Zeit von 1860–1910 insgesamt 269 000 Wanderungsbewegungen (140 000 Zuzüge und 129 000 Abzüge) gab, die in der Bilanz einen Wanderungsgewinn von 15 000 Einwohnern erbrachten. Im statistischen Mittel kamen somit 88 Abwanderer auf 100 Zuwanderer. Wenn man bedenkt, dass es zusätzlich noch zahlreiche innerstädtische Umzüge gab, die in den Melderegistern nicht erfasst wurden, kann man erahnen, dass wohl ständig irgendwelche Bewohner mit ihren Handwagen auf dem Weg zu einer anderen Bleibe waren! So wechselte eine Familie innerhalb von acht Jahren 23-mal die Wohnung, ohne jedoch Burbach den Rücken zu kehren.[7]

Nur die Hälfte der Zuwanderer blieb länger als sechs Monate in Burbach. Vor allem bei den „Singles" handelte es sich vielfach auch um Zuwanderer, die nur saisonal eine Beschäftigung suchten. Besonders die ledigen Zuwanderer, die in nomadisierender Weise von Stadt zu Stadt zogen, hielten sich häufig nur wenige Tage in der Stadt auf.

Die Mehrzahl der Zuwanderer in die drei Saarstädte kam aus dem agrarisch geprägten Umland, vor allem aus den sechs preußischen Saarkreisen sowie dem Hunsrück-Eifelraum und der Pfalz. Vor allem in Malstatt-Burbach gehörten durchgehend mehr als 80 Prozent zur Gruppe der Nahwanderer, d.h. sie kamen aus einem Umkreis von max. 80 Kilometern. Es handelte sich zumeist um Männer jüngeren Alters zwischen 16 und 30 Jahren. Sie kamen häufig als „Singles" und gründeten nur selten eigene Haushalte, da sie zumeist bei Verwandten oder Freunden aus den gleichen Herkunftsgemeinden eine Unterkunft fanden.[8] Diese persönlichen Kontakte erleichterten auch die soziale Integration, so dass der Abschied aus der bisherigen zumeist dörflichen Lebenswelt in der Regel ohne schmerzhafte Brüche erfolgte. Die Integration der Zuwanderer wurde auch dadurch erleichtert, dass es so gut wie keine ethnischen oder sprachlichen Minderheiten gab. Im Jahr 1900 betrug der Anteil der nichtdeutschen Bevölkerung in Malstatt-Burbach ganze 0,7 Prozent und die Vergleichszahlen für die beiden Nachbarstädte waren kaum höher. Es handelte sich dabei um einige Familien aus Österreich, Polen, der Schweiz und Luxemburg. Hinzu kam eine nach 1890 wachsende Zahl von Männern italienischer Herkunft, die z.T. im Bauhandwerk Arbeit suchten, aber in der Regel Wanderarbeiter blieben.

Ein weiteres Indiz dafür, dass die Zuwanderer gute Aussichten hatten, sich in die städtische Gesellschaft zu integrieren, ergibt sich aus der Betrachtung des sozialräumlichen Gefüges von Malstatt-Burbach. Zwar gab es einige wenige Straßen, die von (klein-)bürgerlichen – und Beamtenfamilien bevorzugt wurden. Allerdings entstanden – mit Ausnahme eines von Italienern genutzten kleinen Wohnungslagers – keine Viertel, die ausschließlich von der Unterschicht bewohnt wurden. Durchweg ergab sich also eher eine soziale Durchmischung, wenngleich die besten Wohnungen Beletage in größeren Häusern

---

[7] Leiner 1994, 250.
[8] Stefan Leiner hat eine detaillierte Typologie der Zuwanderer nach Malstatt-Burbach erstellt. Dabei unterscheidet er folgende Gruppen: Angestellte, kaufmännische und technische Angestellte; Beamte und Angestellte des öffentlichen Dienstes; Dienstboten; Zunfthandwerker; industrialisierte Handwerker; Facharbeiter; angelernte Arbeiter; Hilfsarbeiter. Leiner 1994, 206.

in der Regel von den wohlhabenderen Familien genutzt wurden, was dann zu einer eher vertikalen sozialen Differenzierung führte.

Auch in der Zeit der massiven Zuwanderungen versuchten die Behörden, den demographischen Prozess zu steuern, wobei jedoch flexible Strategien erforderlich waren. Einerseits benötigten die lokalen Industrieunternehmen weitere Arbeitskräfte, um weiter expandieren zu können. Andererseits wollte man aber auch die Zuwanderung von Personen verhindern, die politisch unzuverlässig waren oder von denen man annahm, dass sie über kurz oder lang der städtischen Armenkasse zur Last fallen würden. Besonders argwöhnisch beobachtete man auch den Lebenswandel der Zuwanderer. Konkubinate bzw. die Ausübung oder Förderung von Prostitution waren allemal ausreichende Gründe, um verdächtige Zuwanderer sehr schnell wieder auszuweisen. So stand der gesamte Berufsstand der Kellnerinnen unter Generalverdacht, und die Fremdenpolizei in Burbach führte ein eigenes „Verzeichnis der in wilder Ehe lebenden Familien in Burbach"[9].

Bei der Wahrnehmung der Zuwanderer und der Haltung gegenüber den Fremden fällt jedoch auch auf, dass es hier noch nicht durchgehend ein national geprägtes Selbst- und Fremdbild gab. Natürlich kam es vor, dass zugewanderte Arbeiter von den Stammarbeitern als Konkurrenten um die Arbeitsplätze bzw. als potentielle Lohndrücker wahrgenommen wurden. Aber dieses zumeist eher latente Misstrauen war noch nicht national aufgeladen, sondern bezog sich auf alle zugewanderten Arbeiter. So beschwichtigte z.B. der Bürgermeister von Burbach 1902 die Öffentlichkeit angesichts der erfolgten Entlassung von 200 Arbeitern aus dem örtlichen Gussstahlwerk mit dem Hinweis „dass es sich aber zumeist um auswärtige westfälische Arbeiter" gehandelt habe.[10]

Wenn westfälische Arbeiter als ein fremdes Element betrachtet wurden, kann man vermuten, dass die Nahwanderer aus den anderen Saarkreisen schon eher als Teil der ortsansässigen Belegschaft und somit als integrierbarer Bestandteil der eigenen Gruppe, wahrgenommen wurden. In jedem Fall bleibt festzuhalten, dass in dieser Zeit virulente fremdenfeindliche Aktivitäten nicht bekannt wurden bzw. die Ausnahme blieben.[11]

Auf der anderen Seite ist nicht zu verkennen, dass in dieser Zeit kommunale und auch staatliche Behörden keine Anstrengungen unternahmen, um eigene integrative sozialpolitische Konzepte zu entwickeln. Weder im Bereich der kommunalen Wohnungspolitik noch im Bereich der Gesundheitsvorsorge gab es ein Bemühen, die oft sehr prekären und ungesunden Wohnbedingungen der Zuwanderer zu verbessern. Die städtische Leistungsverwaltung sowie eine umfassende kommunale Fürsorge war noch nicht einmal in Ansätzen erkenn-

---

9   Leiner 1994, 302.
10 Leiner 1994, 265.
11 Leiner 1994, 266. Vgl. auch die letzte Strophe eines mundartlichen Gedichts von Friedrich Schön, in: Friedrich Schön, 's'Saarbricker Herz, Saarbrücken 1922, S. 85: „Sinn doch jetzt die Städt scheen blihend, / Wie ke Städt im Vaterland: / Unn warum: weil Alldahiesige, / Hiesige, Hergelaafene reiche sich die Hand!"

bar. Das eher obrigkeitliche und repressive Amtsverständnis der Behörden galt natürlich für alle Einwohner, aber die Zuwanderer hatten ohne Zweifel am meisten unter diesen Defiziten und Mängeln zu leiden.

Im Schüttelglas der europäischen Politik (1918–1945)

Nach der Kapitulation der deutschen Armeen wurde Saarbrücken noch im November 1918 von französischen Truppen besetzt. Für die eingesessene Bevölkerung begann eine Zeit großer politischer Unsicherheit, die durch permanente Konfrontationen mit der Besatzungsmacht gekennzeichnet war. Schon im März 1919 wurde der gewählte Oberbürgermeister zum Rücktritt veranlasst, zahlreiche Beamte und auch Beigeordnete wurden des Landes verwiesen. Die Schriftstellerin Liesbet Dill schilderte in ihrem Roman „Wir von der Saar" die Geschichte eines Saarbrückers, der nach Kriegsende in seine Heimatstadt zurückkehrte: „Das erste, was ihn begrüßte, war eine Trikolore, die am Bergamt hing … Hans war in eine ihm fremd gewordene Stadt gekommen. In den ersten Tagen musste er sich beständig daran erinnern, dass dieses seine Heimatstadt war. Französische Laute klangen ihm entgegen, überall sah er fremde Gesichter, französische Uniformen, Französinnen in bunten hohen Lederstiefeln, Offiziere, Zigaretten rauchend und mit den Stöckchen wippend, in himmelblauen Mänteln, trikolorengeschmückte Autos durchquerten die Stadt".[12]

Es ist zu beachten, dass die Autorin sich hier eine eher deutschnationale Perspektive zueigen macht. Vermutlich haben nicht alle Einwohner die Besetzung als eine so tiefe Zäsur empfunden. Aber es war für alle klar, dass nun Fremde in die Stadt gekommen waren, die sich nicht mehr um eine Integration in das städtische Sozialgefüge bemühten. Vielmehr waren diese Fremden jetzt – ganz unerwartet – die Herren, die über das zukünftige Schicksal und Wohlergehen der Bürger maßgeblich entscheiden konnten. Erstmals zeigte sich jetzt – nach über 100 Jahren kontinuierlichen Aufstiegs – was es bedeutete, in einer Stadt an der Grenze zu leben.

In der kollektiven Wahrnehmung der meisten Saarbrücker waren diese Fremden Vertreter einer feindlichen Macht, die die Stadt völlig zu Unrecht besetzt hatte. Es verfestigte sich ein bald nationalistisch aufgeladenes Feindbild, das es erlaubte, die Besatzungsmacht mit allen zur Verfügung stehenden (gewaltlosen) Mitteln zu bekämpfen, machte sie doch die Einheimischen zu rechtlosen Befehlsempfängern. Als dann bald auch eine größere Zahl von Saarbrückern ausgewiesen wurde und der bestehende Wohnungsmangel sich noch dadurch verschlimmerte, dass die französischen Offiziere die besseren Wohnungen beanspruchten, war das Verhältnis zwischen Besatzern und Einheimischen endgültig vergiftet. Hinzu kam, dass zahlreiche Saarbrücker sich dadurch gereizt und provoziert fühlten, dass immer mehr Kolonialtruppen, also Tunesier und Marokkaner sowie „Senegalschützen mit ihren schwarz-

---

[12] Dill 1934, 127.

„Die Alldahiesigen und die Hergeloffenen"

polierten Gesichtern und Raubtiergebissen"¹³ im Auftrag der Siegermacht in Saarbrücken hoheitliche Aufgaben wahrnehmen. Diese massiven Fremdheitserfahrungen bedeuteten für zahlreiche Saarbrücker nicht nur eine Beleidigung für ihren Nationalstolz, sondern sie fühlten sich auch als Vertreter „der weißen Rasse" gedemütigt, mussten sie doch jetzt offensichtlich den Weisungen dieser „Wilden"¹⁴ folgen.

Diese Rahmenbedingungen hatten zur Folge, dass die Einwohnerzahl nach 1918 eher zurückging und insgesamt in den folgenden 20 Jahren nur noch geringfügig wuchs. Infolge des Krieges hatte sich die Bevölkerung bereits um etwa 3000 Personen verringert, und in den Jahren nach 1918 blieb die Zahl der Geburten auf einem niedrigen Niveau. Bei den wenigen Zuzüglern handelte es sich zumeist um ehemals ansässige Saarbrücker, die nach dem Krieg in ihre Heimat zurückkehrten. So sank im Jahr 1922 die Einwohnerzahl um 1350 Personen im Vergleich zum Vorjahr, und auch in der Zeit von 1927 bis 1935 gab es nur ein Bevölkerungswachstum um 4000 Einwohner, obwohl der Geburtenüberschuss in der gleichen Zeit 6000 Menschen betrug.¹⁵

Zuwanderungen waren auch dadurch erschwert, dass es in den beiden Jahrzehnten zwischen den Weltkriegen nicht gelang, den massiven Mangel an Wohnraum zu beseitigen. So waren im Jahr 1927 5945 Familien als wohnungssuchend gemeldet, immer wieder gab es mehr als 40 obdachlose Familien, die z. T. in Ställen, Scheunen oder auch im Wald nächtigten.¹⁶ Ein ganzes Bündel von Ursachen war also ausschlaggebend dafür, dass die bis 1914 sehr massive Zuwanderung sich erheblich reduzierte bzw. ganz ausblieb. Hätte die Wachstumsdynamik aus der Zeit von 1910–1914 angehalten, hätte Saarbrücken schon um 1935 eine Einwohnerzahl von nahezu 200 000 erreicht.¹⁷

Die für 1935 vorgesehene Volksabstimmung im Saargebiet als weiteres politisches Schlüsselereignis führte schon im Vorfeld zu einer massiven, aber zeitlich sehr begrenzten Migration. Zwischen März 1933 und Dezember 1934 kamen über 30.000 Reichsdeutsche als Emigranten ins Saargebiet, da sie nach der „Machtergreifung" Hitlers um ihr Leben fürchteten. 8000 von ihnen stellten auch einen Asylantrag. In Saarbrücken wurden diese Emigranten zumeist in Notunterkünften der „Roten Hilfe" oder anderer sozialer Träger untergebracht. Die Einwohnerzahl in Saarbrücken stieg dadurch im Januar 1935 kurzfristig auf 131 770 Personen an. Wochenlang wurde Saarbrücken zum Schauplatz einer erbitterten (national-)politischen Auseinandersetzung, die von der internationalen Öffentlichkeit mit großer Aufmerksamkeit verfolgt wurde, prallten hier doch zwei feindliche ideologische Lager mit voller Wucht aufeinander. Das eindeutige Abstimmungsergebnis zugunsten einer Rückgliederung

[13] Dill 1934, 127.
[14] Dill 1934, 127.
[15] Burgard, Linsmayer 1999, 179.
[16] Stadtarchiv Saarbrücken, Best. Großstadt 1485, Bericht des Städt. Wohnungsamts vom 10. April 1928.
[17] Burgard, Linsmayer 1999.

nach Deutschland zwang die Gegner schon bald zu einer massiven Abwanderung bzw. Flucht über die französische Grenze. 2383 Saarbrücker verließen ihre Heimat, weil sie um Leib und Leben fürchteten. Auch die ins Saargebiet geflohenen Reichsdeutschen mussten nach ihrer Zwischenstation im Saargebiet Deutschland verlassen, wenn sie der Verfolgung durch die Nationalsozialisten entgehen wollten. So sank die Bevölkerungszahl im Mai 1935 wieder auf 128 615. Hinter diesen Zahlen verbargen sich viele Schicksale größter menschlicher Not und Verzweiflung. Zu den Abwanderern gehörten auch zahlreiche französische Staatsbürger, die nun ihre Stellungen in der Zoll- und Grubenverwaltung sowie im gesamten Dienstleistungsbereich verloren.

In der Zeit von 1927–1935 blieb der Bevölkerungsanstieg in Saarbrücken mit etwas mehr als drei Prozent gering. Auch nach der Rückgliederung übertraf der Wanderungsverlust den Geburtenüberschuss, weil zahlreiche Saarbrücker im übrigen Deutschland eine Arbeit fanden.

Hinzu kam, dass aufgrund der Ideologie der „Volksgemeinschaft" nun verschiedene Minderheiten wegen ihrer religiösen oder ethnischen Zugehörigkeit verfolgt wurden. Das traf neben den sogenannten „Fremdvölkischen" und „Zigeunern" vor allem die „Juden". Im Jahr 1933 hatten 2083 Juden in Saarbrücken gewohnt. Sie verließen nach 1935 in ihrer Mehrzahl das Saarland. Fast alle Saarbrücker jüdischen Glaubens, die nicht emigrierten, wurden Opfer des nationalsozialistischen Rassenwahns. Auch die in Saarbrücken ansässigen Zigeuner wurden vertrieben und verfolgt, so dass es vor Ausbruch des Krieges 1939 keine „fremdvölkischen" Minderheiten mehr gab.

Abb. 5: Die Entwicklung der Einwohnerzahl der Stadt Saarbrücken[18]

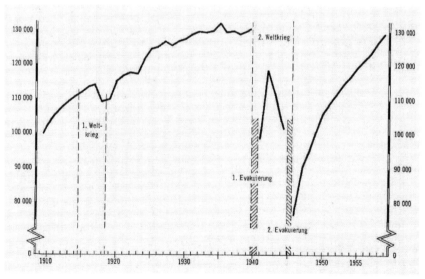

[18] Köster 1959, 69.

Nun entsprach Saarbrücken zwar dem nationalsozialistischen Ideal einer Bevölkerung, die frei von „fremdvölkischen Elementen" war. Aber gerade für diese nun in der Stadt verbliebene homogene „Volksgemeinschaft" brachte der Zweite Weltkrieg eine tiefe Zäsur, die in ihren Auswirkungen bestenfalls mit den Zerstörungen und Katastrophen des 30jährigen Krieges im 17. Jahrhundert vergleichbar war. Innerhalb weniger Stunden mussten im September 1939 alle Bürger die sogenannte „Rote Zone" verlassen, weil man befürchtete, dass dieser Grenzraum zum militärischen Kampfgebiet werden könnte. Diese Evakuierung war als Geheimsache schon Monate vorher detailliert geplant worden, und insgesamt gelang der Massentransport aller Saarbrücker in die „Bergungsgebiete" in Mitteldeutschland, Thüringen und Hessen. Aber für die Betroffenen brachte dieser Exodus einer ganzen Stadtbevölkerung doch viele Entbehrungen, Sorgen und Probleme. Nun mussten alle Saarbrücker – obwohl sie keine Bittsteller waren – wie Fremde um Aufnahme und Hilfe bitten, und dabei mussten sie auch erfahren, dass sie keineswegs überall freundliche Aufnahme fanden. Es ist schwer abzuschätzen, ob dieser etwa zehn Monate dauernde Zwangsaufenthalt in einer fremden Umgebung die kollektiven Fremdheitserfahrungen der Saarbrücker nachhaltig veränderten. Möglicherweise blieb die Evakuierung auch eine kurze, eher folgenlose Episode, die schnell von der Hoffnung überlagert wurde, dass auf die bisherigen Blitzsiege ein baldiges siegreiches Ende des Krieges folgen würde.

Schon bald brachte der Krieg eine weitere massive Welle unfreiwilliger Zuwanderung nach Saarbrücken, die es bisher noch nie in der Geschichte der Stadt gegeben hatte. Nach den Siegen der Wehrmacht wurden nun in großer Zahl „Fremdvölkische" als Arbeitskräfte auch in Saarbrücker Betrieben eingesetzt. Es handelte sich dabei zumeist um Kriegsgefangene oder gewaltsam rekrutierte Zivilisten, häufig aus der Sowjetunion und anderen Teilen Osteuropas sowie aus Frankreich und Italien. Unter ihnen waren sowohl Männer wie Frauen. Ihre Zahl wuchs 1942/43 stark an und lag nach Recherchen von Fabian Lemmes bei mehr als 20 000 Personen.[19] Allein in der Burbacher Hütte arbeiteten 1943 2665 Zivilarbeiter und 706 Kriegsgefangene. In Saarbrücken zählte man 55 Lager, zumeist handelte es sich dabei um Baracken auf dem Areal der Unternehmen sowie um Turnhallen und Schulgebäude.[20] In der offiziellen Propaganda wurde die Saarbrücker Bevölkerung aufgefordert, gegenüber diesen „Fremdvölkischen" kein Mitleid zu zeigen. Private Kontakte jeder Art waren streng verboten, Misstrauen und strikte Distanzierung dagegen wurde von allen Bürgern verlangt, ja man stellte jede Art von „Fraternisierung" unter Strafe. Die Zahl der Kriegsopfer unter diesen Zwangsarbeitern war besonders hoch, litten sie doch besonders unter den Hungerrationen und den Luftangriffen, denen sie zumeist schutzlos ausgesetzt waren. Hass und Diskriminierung ausländischer Arbeiter und Bewohner war nun zur offiziellen Staats-

---

19 Lemmes 2004.
20 Herrmann 1999a, 243-338.

maxime geworden. Allerdings bekam ab 1942 die gesamte nach Saarbrücken zurückgekehrte Zivilbevölkerung die verheerenden Folgen des totalen Krieges zu spüren. Die Fliegerangriffe forderten immer mehr Opfer, ganze Straßenzüge lagen in Schutt und Asche, und letztlich litten – wenn auch in unterschiedlichem Maß – alle Einwohner unter dem Leben in der Stadt, das geprägt war von Hunger, Sorge um Angehörige und um das eigene Leben.

Da mag die zweite Zwangsevakuierung am 30. November 1944 für die wenigen verbliebenen Bewohner auch als lang ersehnte Möglichkeit betrachtet worden sein, den Kriegswirren, die die Stadt völlig zu vernichten drohten, doch noch zu entkommen. Man hat ausgerechnet, dass mehr als 70 Prozent der Stadt am Ende des Krieges in Schutt und Asche lag und dass 5500 bis 6000 Saarbrücker Opfer des Krieges wurden. Eine solche Katastrophe war einmalig in der Geschichte der Stadt. Manche Überlebende sprachen von einer „Stunde Null".

Strategien und Tendenzen der Zuwanderung von 1945–1974

Die Bevölkerungsentwicklung wurde auch nach dem Zusammenbruch von 1945 von politischen Zielvorgaben gesteuert, die allerdings in ihren Auswirkungen sehr viel geringer waren als die massiven Verwerfungen, die es vor 1945 gegeben hatte. Nach Kriegsende hatte Saarbrücken im Vergleich zu anderen Städten in den westalliierten Besatzungszonen einen Sonderstatus, denn die enorme Zahl von Flüchtlingen aus den ehemals deutschen Staatsgebieten östlich von Oder und Neiße gelangte nicht bis in das von Frankreich besetzte Saarland. In den übrigen westlichen Besatzungszonen und vor allem in den Städten gab es einen massiven Zustrom von Flüchtlingen, der die Verwaltungen vor große Herausforderungen stellte und auch nicht ohne erhebliche Einschränkungen und Probleme für die ansässige Bevölkerung verlief. Neben den geforderten Transferzahlungen in Form von Wiedergutmachungen litt die einheimische Bevölkerung in den Städten Westdeutschlands vor allem in den ersten Nachkriegsjahren unter der großen Wohnungsnot und der Lebensmittelknappheit. Aber insgesamt gelang die Integration dieser Zuwanderer in verhältnismäßig kurzer Zeit. Schon bald zeigte sich, dass sich auf diese Weise eine neue Dynamik für die demographische Entwicklung ergab und auch ein Arbeitskräftepotential vorhanden war. Dies bildete eine wichtige Voraussetzung für das später einsetzende „Wirtschaftswunder".

Es waren politische Vorgaben, die in Saarbrücken ganz andere Prioritäten setzten. Ziel der französischen Saarpolitik war es, die Bevölkerungsteile an der Saar zu stärken, die eine wie auch immer geartete enge Zusammenarbeit mit Frankreich unterstützten. Deshalb hatte man kein Interesse an einer Zuwanderung aus den ehemals preußischen und deutschen Herrschaftsgebieten. Diese antipreußische Komponente war auch ein wichtiges Motiv für die von Frankreich 1946/47 veranlasste Ausweisung von insgesamt 1820 Personen aus dem

Saarland.[21] Auch die 1947 gebildete Saar-Regierung unterstützte diese Politik, indem sie oppositionelle prodeutsche Wortführer ausschaltete und des Landes verwies. Das im Jahr 1948 erlassene Staatsangehörigkeitsgesetz des Saarlandes schuf dann auch ein Zweiklassensystem: Saarländer, d.h. Alteingesessene, erhielten ein volles Bürgerrecht und einen roten Pass, der auch zur Einreise nach Frankreich berechtigte. Alle anderen Bewohner, die nicht die strengen Kriterien der saarländischen Staatsbürgerschaft erfüllten, wurden zu „Ausländern" erklärt. Es war leicht möglich, ihr Aufenthaltsrecht aufzuheben und sie erhielten als Bürger 2. Klasse einen grauen Pass, der nicht zur Einreise nach Frankreich berechtigte.[22] Für die Bevölkerung in Saarbrücken gehörten damit ca. 6-7 Prozent, d. h. etwa 9000 Menschen zu dieser Minderheit mit reduzierten Bürgerrechten.

Damit verfügte die Regierung über ein Instrumentarium, das es ermöglichte, oppositionelle prodeutsche Kräfte auszuschalten bzw. schon im Vorfeld an einer Zuwanderung zu hindern. Ohne Zweifel wurde damit den Bedürfnissen des lokalen Arbeitsmarkts nicht Rechnung getragen, denn durchgehend gab es in den Jahren 1947–54 eine sehr geringe Zahl von Arbeitslosen (Männer 0,8-1,8 Prozent, Frauen 3,5-66 Prozent), und großzügigere Zuzugsregelungen hätten vermutlich das regionale Wirtschaftswachstum erheblich begünstigt. So lassen sich drei Phasen in der Bevölkerungsentwicklung unterscheiden:

1. In den Jahren 1945–1949 stieg die Einwohnerzahl sprunghaft an, da viele Menschen aus der Evakuierung und Kriegsgefangenschaft zurückkehrten, Es war jedoch nicht möglich, für alle Rückkehrer in Saarbrücken eine Unterkunft zu finden, da rund 75 Prozent der Wohnungen zerstört bzw. teilweise beschädigt waren. Das hatte auch zur Folge, dass manche Zuwanderer zunächst im Umland von Saarbrücken angesiedelt wurden. Dabei galt bei der Zuteilung von Wohnungen das Prinzip, dass „die Gegner des Nationalsozialismus" besser zu behandeln waren als Belastete.[23]
2. Das Wachstum in den Jahren 1950–1961 ergab sich aus steigenden Geburtenzahlen sowie aus Wanderungsgewinnen. Dabei blieb auch nach der Eingliederung in die Bundesrepublik 1957 der Zustrom aus den anderen westlichen Bundesländern eher moderat, u.a. auch deshalb, weil die am Ende des Krieges massenhaft nach dorthin geflüchteten Menschen sich dort bereits eine neue Existenz aufgebaut hatten.
3. In der Zeit von 1962–1974 gab es Wanderungsverluste, die allerdings z. T. durch Geburtenüberschüsse kompensiert wurden. Nun führte die beginnende Strukturkrise der Montanwirtschaft zu einem erheblichen Anstieg der Arbeitslosigkeit und zu hohen Arbeitsplatzverlusten. 1966 erreichte die

---

21 Ursprünglich plante die französische Regierung die Ausweisung von bis zu 150.000 Personen; Möhler 1997, 379-380.
22 Möhler 1997, 385-387.
23 Stadtarchiv Saarbrücken, Best. Großstadt 10, Nr. 77, Bericht des Wohnungsamts vom 3. April 1946.

Einwohnerzahl mit 134 649 Personen ihren höchsten Stand vor der großen Gebietsreform.

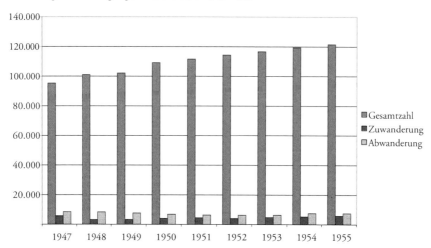

Abb. 6: Migrationsbewegungen in Saarbrücken 1946–1955[24]

Auch in der Nachkriegszeit war die Stadt keineswegs ein homogenes sozialräumliches Gebilde, vielmehr entwickelten sich die einzelnen Stadtteile auf der Grundlage der vor dem Krieg entstandenen sozialen Ausprägungen fort. Dabei profilierte sich das traditionell bürgerlich geprägte Alt-Saarbrücken durch den Bau der Hochhäuser auf der Folsterhöhe als ein „Stadtteil voller Gegensätze"[25]. Malstatt und Burbach blieben typische Industriestandorte, in denen zumeist Arbeiter, z. T. aber auch kleinbürgerliche Schichten lebten. St. Johann konnte seine Funktion als Sitz zentraler Verwaltungen ausbauen, blieb aber auch das Zentrum für den Einzelhandel und für die freien Berufe im Dienstleistungsbereich. Der verstärkt nach 1960 einsetzende Trend, sich in den weniger besiedelten Umlandgemeinden „den Traum vom Eigenheim im Grünen"[26] zu erfüllen, führte zu einer erheblichen Abwanderung aus der zunehmend verkehrsbelasteten Innenstadt. Dadurch kam es dann dort im Gefolge einer massiven Zuwanderung von Ausländern zu einer erheblichen Überformung der sozialräumlichen Strukturen.

Abbildung 7 zeigt, dass sich der Anteil der Bürger mit einem ausländischen Pass in der Zeit von 1946–1973 von 1,59 Prozent auf 7,92 Prozent erhöhte. Dabei gab es allerdings erhebliche Verschiebungen innerhalb der jeweils dominierenden Herkunftsnationen. Bis 1955 stammte mehr als die Hälfte aller Ausländer aus Frankreich. Als Angehörige der Militärregierung, Angestellte der Grubenverwaltung oder bei französischen Banken und Versicherungen gehör-

[24] Leroy 1980, 42.
[25] Herrmann 1999b, 367.
[26] Herrmann 1999b, 369-370.

ten sie eher zur Oberschicht. Zudem wurden sie bei der Wohnungsversorgung und Zuteilung von Lebensmitteln bevorzugt. 1968 stammte das größte Kontingent von Ausländern aus Italien. Von den 5334 Ausländern kamen 2417 Personen aus Italien, während die Zahl der französischen Einwohner auf 1814 Personen gesunken war. Hans-Christian Herrmann bemerkt dazu, dass die offiziell genannte Zahl der Zuwanderer aus Italien wohl wenig realistisch ist, da viele Ausländer sich illegal in Saarbrücken aufhielten.[27] Er vermutet, dass es bereits 1958 vermutlich 6000 Italiener in Saarbrücken gab, die sich hier als „Gastarbeiter" verdingten. Es handelte sich zumeist um Männer, die im Baugewerbe

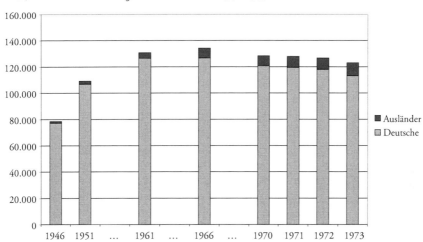

Abb. 7: Die Zusammensetzung der Einwohnerschaft 1946–1973[28]

arbeiteten.[29] Vielfach lebten sie in provisorischen Unterkünften, die hygienischen Umstände waren katastrophal, pro Arbeiter gab es manchmal nur eine Grundfläche von vier Quadratmetern. Don Ascanio, der Leiter des 1963 gegründeten „Centro Italiano" schrieb dazu: „Einige dieser langgestreckten schmalen Baracken waren so überfüllt, dass die Betten mehrstöckig übereinander standen, und zwar so dicht nebeneinander, dass der Arbeiter von der schmalen Seite einsteigen musste, weil an der Längsseite kein Platz war. Andere waren in Kellern eingepfercht, die nur kleine Luken hatten, um Luft und Licht einzulassen. Oft waren die Wände richtiggehend schwarz vor Feuchtigkeit".[30]

Ihre Arbeitserlaubnis konnte auch widerrufen werden, wenn es auf dem Arbeitsmarkt keinen ausreichenden Bedarf gab. Schon Ende der 1950er Jahre gab es eine Italienische Katholische Mission in Saarbrücken, die sich auch erfolgreich um eine Verbesserung der Lebensbedingungen dieser Arbeiter

27 Herrmann 1999b, 371.
28 Leroy 1980, 45.
29 Eine sehr anschauliche Darstellung der Lebensbedingungen der italienischen Zuwanderer ins Saarland seit den 50er-Jahren findet sich in Nacci, Roth 1994, 60-67.
30 Nacci, Roth 1994, 61.

bemühte. Zu den frühen Förderern einer aktiven Integrationspolitik für die Italiener gehörten auch saarländische Politiker wie der spätere Ministerpräsident Röder und Führer der Gewerkschaftsbewegung[31]. Die Frage einer Integration stellte sich in dieser Zeit nicht, war doch allen Beteiligten klar, dass diese Zuwanderer nur als Saisonarbeiter kamen, als mobile Einsatzreserve zur Stützung des deutschen Wirtschaftswunders.

Grundlinien der Migrationsbewegungen in Saarbrücken seit 1974

Die Stadt-Land-Wanderung seit den 1960er Jahren in die Umlandgemeinden Saarbrückens, später auch in das benachbarte Frankreich, brachte ohne Zweifel für die Großstadt enorme Probleme hinsichtlich der Finanzierung der ständig wachsenden kommunalen Aufgaben, waren es doch vor allem eher finanzkräftige Steuerzahler, die abwanderten. Deshalb war die ab 1974 wirksam werdende Gebietsreform eine notwendige Folge, um die Fortführung der kommunalen Leistungsverwaltung zu sichern und die Voraussetzung für eine die gesamte Agglomerationszone erfassende Stadtentwicklung zu schaffen. Durch die Eingemeindung von zwölf bisher selbstständigen Umlandgemeinden wuchs die Bevölkerung um 70 Prozent. Statt 123 500 Einwohnern gab es jetzt 209 000 Menschen in Saarbrücken, was dem Rang einer Landeshauptstadt auch eher angemessen war.

Nach 1974 allerdings ist die Bevölkerungszahl – wie in fast allen westdeutschen Großstädten kontinuierlich gesunken. So verlor Saarbrücken in der Zeit von 1974–1997 ca. 21 800 Einwohner. Entscheidend dafür war der Rückgang der deutschen Bevölkerung um ca. 32 000 Personen. Diese Verminderung wurde vor allem verursacht durch die Tatsache, dass schon seit Jahrzehnten

Abb. 8: Die Herkunft der größten Ausländerkontingente in Saarbrücken 1975

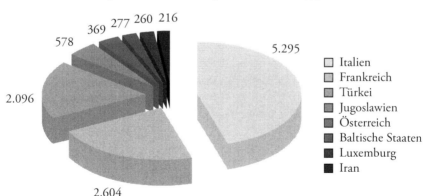

[31] Herrmann 1999b, 372-373.

in Saarbrücken jedes Jahr zu wenige Kinder geboren wurden, um die Zahl der Todesfälle auszugleichen.[32] Dieser Bevölkerungsrückgang wurde in der Zeit von 1974–1997 dadurch gemindert, dass im gleichen Zeitraum der ausländische Bevölkerungsanteil um ca. 10 000 Personen anwuchs. Karl Simons hat für das Jahr 1979 sowohl die Altersverteilung des ausländischen Bevölkerungsteils analysiert als auch ihre sozialräumliche Verteilung im vergrößerten Stadtgebiet. Dabei konnte er nachweisen, dass die ausländische Einwohnerschaft im Durchschnitt deutlich jünger ist als die übrigen Saarbrücker.[33] Außerdem ist er zu dem Ergebnis gekommen, dass sich die Ausländer in dieser Zeit zwar

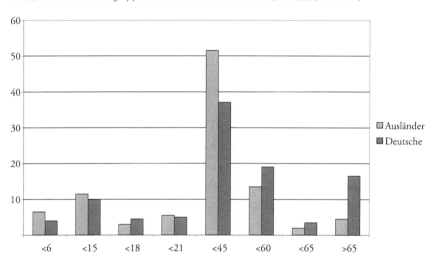

Abb. 9: Anteile der Altersgruppen in der Stadt Saarbrücken am 31.12.1979 (in Prozent)[34]

vorzugsweise in bestimmten Stadtteilen niedergelassen haben, allerdings kam es dabei nicht zur Herausbildung eindeutig abgegrenzter, kulturell segregierter Nationalitätenviertel. Vielmehr gab es tendenziell eher eine Durchmischung, wobei z. B. in Brebach und Malstatt die Italiener überwogen, während es in Burbach eine gleich große Zahl von Türken und Italienern gab.

In der Zeit von 1974–1996 blieb die Zahl der in Saarbrücken lebenden Italiener, Franzosen und Türken relativ konstant. Da aber in dieser Zeit insgesamt der Anteil der Personen mit ausländischem Pass um ca. 8600 Personen wuchs – der Anteil an der Gesamtbevölkerung stieg von 8 Prozent auf 12,3 Prozent – kamen die Zuwanderer jetzt vor allem aus anderen Herkunfts-

---

32   Karl Simons errechnete 1999, dass der Bevölkerungsverlust seit 1974 „zu ca. 81 Prozent auf das negative Ergebnis bei der ‚natürlichen' Entwicklung zurückgeht"; Simons 1999, 510.
33   Simons 1999, 507.
34   Simons 1999, 507. Auch 1997 war das Durchschnittsalter der Ausländer in Saarbrücken deutlich niedriger als das der deutschen Einwohner.

ländern. Besonders stieg die Zahl der Zuwanderer aus dem ehemaligen Jugoslawien, wo ein blutiger Bürgerkrieg tobte.³⁵

Abb. 10: Die Herkunft der größten Ausländerkontingente in Saarbrücken am 31.12.1996³⁶

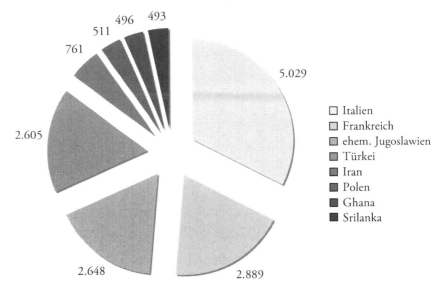

Die so diversifizierte Zuwanderung führte auch zu weiteren Veränderungen des sozialräumlichen Gefüges der Stadt, wobei die eher gleichförmige Verteilung der insgesamt 8600 ausländischen Zuwanderer auf alle Stadtteile ein Indiz dafür wäre, dass sich diese Zuwanderer um eine Integration bemühten bzw. die Chancen für eine Integration relativ hoch waren. Die Zahlen verdeutlichen allerdings, dass sich die neuen Bewohner auf einige wenige Stadtteile konzentrierten, wobei natürlich die Höhe der Mietpreise sowie die Nähe zu den Arbeitsplätzen eine wichtige Rolle spielten. Besonders hoch war der Anteil der Ausländer in Brebach, denn hier bildeten sie mit 55,9 Prozent die Mehrheit und hier kamen zwei Drittel aller Kinder bis zum Alter von 15 Jahren aus Ausländerfamilien. In anderen Stadtbezirken hingegen war der Anteil der Ausländer vergleichsweise gering. Die Zuwanderer siedelten sich vor allem in industrienahen sowie in einigen innerstädtischen Bezirken an, wo es ältere Häuserbestände gab und die Mieten entsprechend gering waren.

In den entfernteren Randlagen Saarbrückens ohne entsprechende Wohnungsangebote war dagegen die Zuwanderung von Ausländern gering. Auch nach 1974 kam es in den von Ausländern bevorzugten Stadtbezirken nicht zu einer massiven Konzentration jeweils einer nationalen Herkunftsgruppe,

---

35   Simons 1999, 512. Diese Diversifizierung hat sich nach der Jahrtausendwende noch weiter verstärkt, wobei dieser Prozess dadurch gekennzeichnet ist, dass die Zuwanderer aus der Ukraine und Russland nun ebenfalls sehr große Kontingente bilden.
36   Simons 1999, 511.

Abb. 11: Ausgewählte Stadtbezirke mit niedrigen bzw. hohen Ausländeranteilen[37]

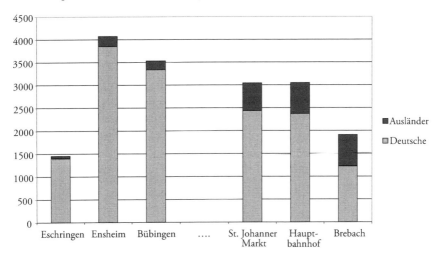

die dann Segregationsprozesse hätte fördern können. In keinem Fall stellte eine Nationalitätengruppe mehr als 35 Prozent aller ausländischen Bewohner, so dass man eher von einer multikulturellen Durchmischung sprechen kann. Indes muss die Frage offen bleiben, ob dieses Nebeneinander verschiedener Nationalitäten tatsächlich ein integrationsfördernder Faktor war, denn es ist überhaupt nicht auszuschließen, dass Angehörige unterschiedlicher Ausländerkontingente gegenüber Zuwanderern anderer Herkunft mindestens genauso viele Vorbehalte hatten wie eine große Zahl der schon seit langem ansässigen deutschen Bewohner.

Die Reaktionen der Saarbrücker auf die schnell wachsende Zahl der ausländischen Zuwanderer waren im Übrigen sehr unterschiedlich, wobei der Bildungsstand und die soziale Zugehörigkeit von erheblicher Bedeutung waren. Ohne Zweifel mochten manche Arbeiterfamilien in den Zuwanderern eine unliebsame Konkurrenz um die sich immer wieder verringernde Zahl der Arbeitsplätze sehen. Anders motiviert waren hingegen die Vorbehalte bürgerlicher Familien, denn sie fürchteten eher, dass ihre eigenen Kinder in der Schule weniger gefördert würden, wenn der Anteil der Ausländerkinder zu hoch wurde. Eine weitere Sorge wurde hingegen von vielen Bewohnern geteilt, sorgten sie sich doch unter dem Schlagwort „Einwanderung in die Sozialsysteme" besonders um die Zukunft des Wohlfahrtsstaats und die Tragfähigkeit des sozialen Netzes in Anbetracht einer wachsenden Zahl von Asylbewerbern und Arbeitsuchenden nichteuropäischer Herkunft. So kam es auch in Saarbrücken vereinzelt zu Akten von Fremdenfeindlichkeit. Allerdings blieb Saarbrücken von spektakulären Akten mit Todesfolgen wie in Solingen oder den neuen Bundesländern verschont. Allerdings erregten 1991 zwei Anschläge auf Asylantenunter-

37 Simons 1999, 515.

künfte im Kreis Saarlouis, bei dem Samuel Yeboah, ein 27-jähriger Flüchtling aus Ghana, ums Leben kam, auch die Menschen in Saarbrücken.[38]

Dass insgesamt jedoch die Bemühungen um eine Integration der zugezogenen Ausländer keineswegs erfolglos waren, mag ein Blick auf die Entwicklung der Eheschließungen zwischen deutschen und ausländischen Partnern zeigen. Gab es 1974 in etwa 10 Prozent aller Heiraten in Saarbrücken eine binationale Eheschließung, so stieg dieser Anteil im Jahr 1997 auf ca. 25 Prozent. Auch wenn man dabei in Rechnung stellt, dass etwa ein Drittel dieser Ehen zwischen Deutschen und Franzosen geschlossen wurde, ist das doch ein bemerkenswerter Hinweis darauf, dass es zwischen den verschiedenen nationalen Gruppen in Saarbrücken doch auch besonders intensive Formen sozialer Anerkennung und Wertschätzung gegeben hat.[39]

Ergebnisse

Saarbrücken hat schon im ersten nachchristlichen Jahrtausend seit der Entstehung eines römischen *vicus* Momente totaler Zerstörung wie auch Phasen eines zumeist verhaltenen Wiederaufbaus erlebt. Aufgrund seiner Lage am Fluss und am Kreuzungspunkt von zwei Handelswegen gab es aber auf dem Gebiet der heutigen Stadt eine kontinuierliche Besiedlung. Zu Anfang des zweiten nachchristlichen Jahrtausends erlebte Saarbrücken einen eher bescheidenen Aufstieg, da hier die Grafen von Saarbrücken ihre Burg zum Zentrum ihres Herrschaftsgebietes machten. Auch hinsichtlich der Migrationsgeschichte unterschied sich Saarbrücken nicht wesentlich von anderen mittelalterlichen Kleinstädten. Erst ab dem 17. Jahrhundert zeigte sich, dass die Lage der Stadt an der Nahtstelle zwischen einem großen, aber zunehmend überdehnten Heiligen Römischen Reich deutscher Nation im Osten und dem aufstrebenden Königreich Frankreich im Westen einen enormen Nachteil für eine kontinuierliche Stadtentwicklung darstellte. Im 17. Jahrhundert geriet die Stadt gleich zweimal in das Räderwerk kriegerischer Großmachtpolitik mit enormen Verlusten für die Menschen in der Stadt. Auch in den folgenden zwei Jahrhunderten führte die ungünstige geo-strategische Lage dazu, dass Phasen städtischer Aufbauarbeit und Blüte von Phasen der Eroberung und Zerstörung abgelöst wurden. Im 19. Jahrhundert schien dann während des Industriezeitalters definitiv der Aufstieg zum Zentrum eines bedeutenden Montanreviers zu gelingen. Der Zustrom von immer mehr Zuwanderern zeigte, dass Saarbrücken auf dem besten Weg war, eine große Metropole im Südwesten Deutschlands zu werden.

Dann aber brachte die erste Hälfte des letzten Jahrhunderts zwei verheerende Kriege und die darauffolgenden Phasen trafen Saarbrücken härter als die meisten anderen Städte Deutschlands. Infolge des mehrfachen Wechsels der politischen Zugehörigkeit wurde Saarbrücken zum Spielball der europäischen Großmächte. Das führte dazu, dass es mehrfach massive Bevölkerungsbewe-

---

38 Vgl. die Berichterstattung in der Saarbrücker Zeitung v. 20. Sept. bis 4. Okt. 1991.
39 Simons 1999, 517.

gungen gab, die auch die ansässige Bevölkerung in die Migrationsströme einbezog. Nun konnten auch die seit langem ansässigen Saarbrücker am eigenen Leib erfahren, was es heißt, ein Fremder zu sein bzw. seine Heimat auf der Suche nach einer neuen Bleibe zu verlassen. In jedem Fall bleibt festzustellen, dass die Bevölkerungszahl Saarbrückens durch diese von der großen Politik veranlassten Zäsuren immer wieder erheblich reduziert wurde. Natürlich könnte man jetzt mit Hilfe von spekulativen Hochrechnungen ermitteln, wie viele Einwohner Saarbrücken heute hätte, wenn es diese drei Katastrophenjahrzehnte von 1914–1944 nicht gegeben hätte. Aber das sind letztlich hypothetische Gedanken- und Zahlenspiele, die nicht weiter führen.

Von größerem Interesse ist da sicher die Frage, ob die Menschen in Saarbrücken aufgrund ihrer eigenen wechselvollen Migrationserfahrungen besondere Einstellungs- und Verhaltensmuster im Umgang mit den Fremden entwickelt haben. Ist es denkbar, dass Menschen, die selbst oder zumindest deren Eltern sich persönlich ungewollt in der Rolle des Fremden befanden, eine besondere Empathie aufbauen, die dauerhaft ihre Einstellung zu anderer Zuwanderern steuert? Eine Antwort fällt hier schwer, denn einerseits sind seit den eigenen Migrationserfahrungen dieser Menschen vielfach schon mehrere Jahrzehnte vergangen, so dass entsprechende Erfahrungen inzwischen vielfach durch spätere Erlebnisse überlagert wurden. Außerdem ist in Rechnung zu stellen, dass inzwischen zwei andere Generationen in Saarbrücken groß geworden sind, die vermutlich ganz andere kollektive Mentalitäten in der Frage des Umgangs mit Fremden entwickelt haben. Des Weiteren wissen wir, dass nicht nur das historische Gedächtnis persönliche Einstellungen steuert, sondern dass die Einschätzung der eigenen sozialen und wirtschaftlichen Lage sowie die Wahrnehmung der großen Herausforderungen unserer gesellschaftlichen Zukunft ebenso wichtige Faktoren sind, die unser Verhältnis zu den anderen (fremden) Menschen in unserer Stadt prägen. Wenn wir tatsächlich wissen wollen, wie es wirklich um das Verhältnis von „Hiesigen und Hergeloffenen" in Saarbrücken bestellt ist, sollten wir vielleicht doch unser Augenmerk vor allem auf die Entwicklung der (binationalen) Eheschließungen in unserer Stadt richten.

Die Bemühungen der Verwaltung und die Anstrengungen bei der Suche nach einer Steuerung der Wanderung in einer Weise, die für alle Beteiligten von Nutzen ist – das sind Aufgaben, die nicht auf kommunaler Ebene zu lösen sind. In den vergangenen 50 Jahren gab es eine enorme Zahl von guten Initiativen, die Integrationschancen zu verbessern. Das erfordert Anpassungswillen über mehrere Generationen hinweg von allen Seiten und ist keine Einbahnstraße.

Bibliographie

Behringer, Berger, Oberhauser 1998 = Klaus Behringer/Marcella Berger/Fred Oberhauser (Hg.), Kähne, Kohle, Kußverwandtschaft. Ein Saarbrücker Lesebuch, Saarbrücken 1998.

Burg 1999 = Peter Burg, Saarbrücken im Aufstieg zum Zentrum einer preußischen Industrieregion (1815–60), in: Rolf Wittenbrock (Hg.), Geschichte der Stadt Saarbrücken, Band 1, Saarbrücken 1999, 519-616 u. 690-698.

Burgard, Linsmayer 1999 = Paul Burgard/Ludwig Linsmayer, Von der Vereinigung der Saarstädte zum Abstimmungskampf (1909–35), in: Rolf Wittenbrock (Hg.), Geschichte der Stadt Saarbrücken, Band 2, Saarbrücken 1999, 131-242.

Dill 1934 = Liesbet Dill, Wir von der Saar, Stuttgart 1934.

Herrmann 1999a = Hans-Walter Herrmann, Saarbrücken unter der NS-Herrschaft, in: Wittenbrock, Rolf (Hg.), Geschichte der Stadt Saarbrücken, Band 2, Saarbrücken 1999, 243-338.

Herrmann 1999b = Hans-Christian Herrmann, Vom Wiederaufbau zur Landeshauptstadt, Europastadt und Grenzmetropole (1945–74), in: Wittenbrock, Rolf (Hg.), Geschichte der Stadt Saarbrücken, Band 2, Saarbrücken 1999, 339-452.

Kloevekorn 1960 = Fritz Kloevekorn, Saarbrücken. Werden, Vergehen, Wiederauferstehen einer deutschen Grenzstadt, Saarbrücken 1960.

Köster 1959 = Dr. [NN] Köster, Geschichtlicher Abriss der Bevölkerungsentwicklung im Saarbrücker Siedlungsraum, in: Saarbrücken – 50 Jahre Großstadt, Saarbrücken 1959, 66-71.

Leiner 1994 = Stefan Leiner, Migration und Urbanisierung. Binnenwanderungsbewegungen, räumlicher und sozialer Wandel in den Industriestädten des Saar-Lor-Lux Raumes 1856–1910, Saarbrücken 1994.

Lemmes 2004 = Fabian Lemmes, Zwangsarbeit in Saarbrücken, Ausländische Zivilarbeiter und Kriegsgefangene 1940–1945, St. Ingbert 2004.

Leroy 1980 = Albert Leroy, Sarrebruck. L'exemple d'une métropole frontalière (=Mosella: revue publ. par le Département de géographie et al., Band 10, 3-4), Metz 1980.

Möhler 1997 = Rainer Möhler, Bevölkerungspolitik und Ausweisungen nach 1945 an der Saar, in: Rainer Hudemann/Burkhard Jellonnek/Bernd Rauls (Hg.), Grenz-Fall. Das Saarland zwischen Frankreich und Deutschland 1945–1960, St. Ingbert 1997, 379-400.

Nacci, Roth 1994 = Marilia Nacci/Volker Roth, Wenn aus Gastarbeitern Nachbarn werden. Die Italiener im Saarland, in: Saarbrücker Hefte 71-72 (Sept.) 1994, 60-67.

Ostmann 2008 = Benedict Ostmann, Bürgeraufnahmen von Saarbrücken und St. Johann 1593–1798, Saarbrücken 2008.

Simons 1999 = Karl Simons, Bevölkerung und soziale Problemfelder seit 1974, in: Rolf Wittenbrock (Hg.), Geschichte der Stadt Saarbrücken, Band 2, Saarbrücken 1999, 498-515.

Wittenbrock 1999 = Rolf Wittenbrock (Hg. unter Mitarbeit von Marcus Hahn), Geschichte der Stadt Saarbrücken, Band 1-2, Saarbrücken 1999.

Jean-Marie Yante

À propos de la population de quatre villes luxembourgeoises de 1444 à 1560
Luxembourg – Grevenmacher – Remich – Diekirch

La démographie est assurément la parente pauvre de l'historiographie luxembourgeoise pour la fin du Moyen Âge et l'aube des Temps Modernes. Les sources à disposition des chercheurs expliquent cette situation. De méritoires éditions de dénombrements de feux s'inscrivent à l'actif de l'abbé Jacques Grob, pionnier dans le secteur, et de Jules Vannérus pour les années 1473 à 1537[1] et, tout récemment, de Roger Petit pour les années 1541 à 1561.[2] Ce type de sources a malheureusement ses limites. Alors qu'à l'origine il y a feu ou ménage «où la fumée monte / *wo Rauch aufgeht*», avec exception pour les veuves dépourvues d'assistance ne payant que demi-feu et pour les pauvres vivant de l'aumône et exempts de tout droit, le mot «feu» acquiert avec le temps, notamment dans la première moitié du XVIe siècle, le sens d'unité d'imposition. Le nombre de feux ne correspond alors aucunement au nombre de chefs de famille d'une localité.[3] La signification du terme «feu» et son équivalence avec des termes que les relevés de feux lui donnent comme synonymes (foyer, maison, ménage, chef de famille …) ont nourri de longues discussions.[4] Par ailleurs, les exemptions varient fortement au fil du temps et échappent largement aux investigations.

Une autre source est constituée par l'enregistrement comptable annuel ou semestriel du denier des feux ou droit de bourgeoisie dans les localités soumises à cette redevance et ayant conservé une documentation archivistique satisfaisante. Mise en œuvre pour Arlon dans la longue durée, du milieu du XVe siècle à la fin de l'Ancien Régime,[5] cette source n'échappe pas non plus à toute critique, du fait notamment des mutations monétaires et éventuellement de la non-adaptation des tarifs à celles-ci, des modalités variables de perception (collecte directe ou affermage) et de l'étendue parfois mouvante des exemptions.

Le présent propos est, pour quatre villes du quartier allemand du duché, relevant de la recette domaniale de Luxembourg, de collecter les données relatives au denier des feux, de les analyser et, autant que faire se peut, de dégager leur apport à une approche de la population. L'enquête est menée de la mise

---

1   Grob/Vannérus 1921; Vannérus 1941, 293-314.
2   Petit 2013.
3   Grob 1907, 253-255.
4   Arnould 1976, 17-19.
5   Dorban 1977–1978, 3-58.

en place de l'administration bourguignonne fin 1443 à l'année 1560 chronologiquement proche d'un tournant dans l'évolution économique régionale.⁶

Franchises et denier des feux

Les localités retenues, en l'occurrence la capitale ainsi que Grevenmacher, Remich et Diekirch, ont toutes quatre été affranchies au XIIIᵉ siècle ou, au plus tard, au début du XIVᵉ. La comtesse Ermesinde a octroyé à Luxembourg, en août 1244, une charte fixant l'assise annuelle à 14 deniers par bourgeois.⁷ C'est à son fils, Henri V le Blondel, que Grevenmacher doit son affranchissement huit ans plus tard. Y est instauré un droit de 14 d. de Luxembourg par maison, payable par moitié à la Sainte-Walburge (1ᵉʳ mai) et à la Saint-Remy (1ᵉʳ octobre), à quoi s'ajoute un chapon à livrer à Noël.⁸ On suppose que Remich a été affranchie avant 1312 au droit de Grevenmacher⁹ et que Diekirch a reçu des privilèges de Jean l'Aveugle entre cette date et 1316.¹⁰

Au seuil de la période bourguignonne et tout au long des décennies présentement étudiées, la rente des bourgeois s'élève dans la capitale à 4 gros par maison où l'on fait feu, payables par moitié le 1ᵉʳ mai et à la Saint-Remy.¹¹ Des termes mêmes des registres comptables en sont exempts les gens d'Église, les nobles et les officiers. À Grevenmacher, le droit des bourgeois est de 7 deniers par maison le 1ᵉʳ mai ainsi qu'à la Saint-Remy. En sus, un chapon doit être livré à Noël. On exige à Remich, comme droit des feux, un gros de Luxembourg à la Saint-Jean et pareil montant à Noël, ainsi que trois gelines à la Saint-Remy. Enfin, à Diekirch, le droit est d'un gros et deux gelines à chacun des termes Chandeleur et Saint-Jean-Baptiste (24 juin). Les échevins et les arbalétriers en sont exempts.

Perception et comptabilisation du denier des feux

Les comptabilités domaniales consignent annuellement les revenus du denier ou droit des feux (ou encore droit/rentes des bourgeois). À Luxembourg, le clerc-juré atteste l'exactitude des montants perçus à chaque terme.¹² Suite à des demandes répétées de la Chambre des Comptes de Bruxelles, le receveur précise à chaque échéance, de 1522–1523 à 1530–1531, le nombre de maisons ou ménages, une ambiguïté terminologique sur laquelle on reviendra. À Grevenmacher, jusqu'en 1458, le revenu en chapons est mentionné séparé-

---

6   Yante 1996, 9.
7   En dernier lieu: Margue/Pauly 1994, 41-58; Pauly 1994, 235-253.
8   Wampach 1939, 132-134, n° 130; sur cette charte: Joset 1940, 120-124; Majerus 1949, 159-160; Majerus 1952, 51-58; Thirot 1952, 59-77 (spécialement 71-74); Kayser 1993, 25-29.
9   Joset 1940, 92; Margue, Yegles-Becker 1993, 115.
10 Joset 1940, 90; à propos des dates proposées pour l'affranchissement: Herr 1960, 11-19; Pauly 2011, 334-338.
11 Ce taux a été fixé par le roi Sigismond le 9 avril 1431; Würth-Paquet/van Werveke 1881, 81, n° 33. On notera toutefois que l'acte précise le droit par bourgeois (*burger*)!
12 À propos de ces agents: Yante 2014.

ment du droit en numéraire. À partir de 1460, le denier des feux fait l'objet de baux de trois ans. Cette pratique introduit forcément un facteur de biaisage. Certains adjudicataires détiennent le droit pendant plusieurs années, tels Diedrich Metzeler, fermier de 1511–1512 à 1522–1523, et Gerart Portier intervenant pareillement pendant douze ans (de 1532–1533 à 1543–1544). À côté de fermiers locaux, un habitant de la capitale, Peter van Ychtzich, est renseigné de 1469–1470 à 1471–1472. À Remich, jusqu'en 1463, la valeur des gelines s'ajoute au droit en numéraire. L'affermage y est attesté à partir de 1464–1465. À dater de 1468–1469, les baux ont une durée de trois ans et, ici aussi, certains adjudicataires se signalent par la durée de leur présence: Claus an den Lynden intervient durant neuf ans (de 1529–1530 à 1531–1532 et de 1535–1536 à 1540–1541), tandis que Hans Weber, de Kleinmacher, apparaît de 1553–1554 à 1560–1561. La pratique de l'affermage est encore attestée à Diekirch, sans que les registres ne précisent toujours si c'est le cas, pas davantage la durée des baux. Au XVIe siècle, d'aucuns couvrent trois exercices.

Évolution des revenus du denier ou droit des feux (1444–1560)

Sur base des chartes de franchises, quand elles ont survécu, des données de la Vaillissance de la conteit de Luccemburch de 1311[13] et des rares comptes domaniaux conservés pour la fin du XIVe siècle ou la première moitié du XVe, diverses estimations de la population ont été tentées. Ainsi le chiffre de 914 ou 915 feux a-t-il été avancé pour la capitale en 1311, de 994 ou 995 feux en 1380–1381, de 1382 en 1430–1431 et de 1409 en 1434.[14] Dans l'ignorance de la permanence du taux, compte tenu aussi des mutations monétaires, ces montants doivent être reçus avec circonspection. D'autre part, pour passer à l'effectif de la population, le coefficient à appliquer (généralement 4 ou 5) se révèle pareillement matière à discussion.

Dès l'installation de l'administration bourguignonne, le domaine de Luxembourg est pourvu d'une série ininterrompue de comptes annuels, présentement mise en œuvre jusqu'en 1560.[15] À l'analyse des courbes relatives au denier ou droit des feux à Luxembourg, Grevenmacher, Remich et Diekirch succédera une tentative de mise en parallèle des évolutions.

---

[13] Grob/Vannérus 1921, 491-498.
[14] van Werveke 1885, 344, note 7; van Werveke 1924, 24; Margue 1963, 96; Margue/Pauly 1990, 40; Margue 1991, 433; Pauly 1992a, 43; Pauly 1992b, 124, note 16.
[15] Bruxelles, Archives générales du Royaume, *Chambres des Comptes,* reg. 6299-6331. Les données relatives aux différentes localités sont reprises dans les tableaux 2 à 5.

Luxembourg

Dans la capitale,[16] les revenus afférents aux termes 1er mai et Saint-Remy des rentes des bourgeois, certifiés par le clerc-juré local, n'accusent normalement que des variations de faible amplitude au sein d'un même exercice comptable (graphique 1). Dans 69 % des cas, l'écart se situe dans une fourchette de 10 % vers le bas ou le haut. La perte atteint toutefois 60,4 % à la Saint-Remy 1452 par rapport au 1er mai précédent,[17] et 52,1 % entre pareils termes 1551 dans un contexte de guerres. Les moments d'occupation militaire entraînent forcément l'effondrement du denier des feux: aucun revenu n'est comptabilisé à la Saint-Remy 1543 et en mai suivant dans une ville alors aux mains des Français. Une fois la situation redevenue plus ou moins normale, de spectaculaires redressements s'observent: + 227,1 % à la Saint-Remy 1552 et + 225 % six ans plus tard.

Graphique 1: Revenu des rentes des bourgeois à Luxembourg (1444–1560)
Termes 1er mai et Saint-Remy [en gros de Luxembourg]

Succédant à une progression notoire dans les toutes premières années de l'administration bourguignonne (1056 gr. en 1444 et 1428 gr. sept ans plus tard), les revenus cumulés des deux termes (graphique 2) stagnent pendant un quart de siècle (moyenne annuelle de 1239 gr. de 1451 à 1478) puis chutent lourdement (807 gr. en 1479) dans le contexte des suites plus ou moins immédiates des hostilités burgondo-lorraines et de la difficile succession de Charles le Hardi. L'étiage est atteint en 1483 (583 gr.). Une tendance à la reprise est ensuite patente (avec un maximum de 923 gr. en 1502), avant que la courbe ne s'inverse à nou-

---

16   Concernant la population de la capitale, on ajoutera aux travaux déjà mentionnés: Vannérus 1937, 39-51.
17   Exercice de mortalité spectaculaire, cf. Dorban 1977–1978, 28.

veau (moyenne de 684 gr. en 1532–1541). Les tensions entre Charles Quint et François Ier provoquent bientôt un effondrement radical (minimum de 96 gr. en 1544).[18] Un redressement ne s'esquisse réellement qu'en 1556 (492 gr.) mais, dans un contexte qui reste troublé, s'avère encore bien fragile (272 gr. seulement en 1558).

Graphique 2: Revenu des rentes des bourgeois à Luxembourg (1444–1560)
Chiffres annuels [en gros de Luxembourg]

Cette évolution de la population imposable dans la capitale mérite d'être rapprochée de celle de deux indicateurs économiques, à savoir le revenu du tonlieu et celui des étaux de la *Schobermesse*. Imposition sur les transactions aux marchés hebdomadaires, le tonlieu est assorti de larges exemptions qui en réduisent malheureusement la signification. Après un redressement patent à dater de 1470–1471 et culminant en 1479–1482, ce revenu accuse un déclin inexorable jusqu'en 1560.[19] Quant à la foire de la fin août, la *Schobermesse*, elle attire au XVIe siècle un grand nombre d'acheteurs et de vendeurs originaires de la principauté mais aussi de Lorraine, de Metz et du pays de Trèves. L'insécurité politique préjudicie toutefois ce rendez-vous. Le revenu moyen des années 1483–1541 est inférieur d'un tiers à celui de la période 1453–1476. La foire est absente du calendrier régional en 1542 (siège de la ville), 1543 et 1552, mais une prompte reprise s'observe en 1556 et 1557.[20] Satisfaisant des besoins distincts et s'adressant à des clientèles partiellement différentes, les deux assises commerciales n'évoluent nullement en parfaite synchronie.[21] Quoi qu'il en soit, le déclin de ces deux fiscalités à la fin du XVe siècle et dans la première moitié du

---

18   On sait par ailleurs qu'un incendie ravagea presque toute la ville haute en juin 1554; Yante 1996, 265.
19   Yante 1996, 335-336.
20   Yante 1996, 370-371.
21   Sur l'évolution des deux fiscalités de 1550 à 1650: Yante 2010, 225-227.

XVIᵉ est à mettre en rapport avec la perte de dynamisme de la ville et le recul des rentes des bourgeois.

Grevenmacher

Dotée d'un marché par Wenceslas Iᵉʳ en 1358, Grevenmacher est le centre d'un important vignoble et le siège d'un péage princier sur le trafic mosellan.[22] Le maintien d'une vocation commerciale au XVIᵉ siècle est attesté par l'existence d'une halle qui, en 1552, échappe à l'incendie de la bourgade par les troupes d'Albert de Brandebourg.[23]

Graphique 3: Revenu du droit des bourgeois à Grevenmacher (1444–1560) [en gros de Luxembourg]

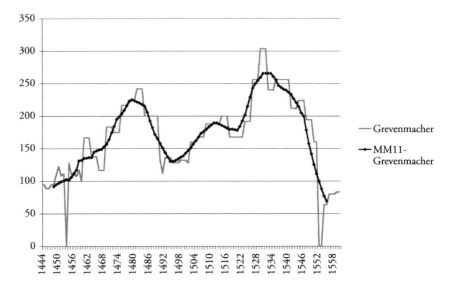

La courbe du droit des bourgeois (graphique 3) marque des points, sans véritable discontinuité, de 1444 (95 gr.) à 1483–1484 (242 gr.). Suivent une décennie de recul (étiage à 112 gr. en 1491–1492), puis une reprise culminant en 1529–1532 (304 gr.), avec un palier aux alentours de 1510. L'effondrement est ensuite inexorable et amplifié par les opérations militaires des décennies 1540 et 1550. Mention est faite de maisons incendiées en août 1552. Aucun revenu n'est comptabilisé en 1552–1553 et 1553–1554 et, pendant deux ans, faute d'amateur, la perception du droit est laissée au clerc-juré.

[22] Yante 1985, 284-294; Yante 1996, 150, 285-288.
[23] Thiel 1952, 164-166.

Remich

Étape fluviale sur la Moselle et lieu de franchissement de celle-ci par un itinéraire entre l'Alsace et le cœur des Pays-Bas, Remich est également le centre d'un vignoble apprécié. L'existence, bon an mal an, d'un surplus commercialisable y engendra-t-elle, plus ou moins tôt, l'apparition d'une infrastructure d'échanges? En dépit du silence des textes, il n'est pas exclu qu'un marché s'y tenait déjà à la fin du IXe siècle dans les possessions de l'abbaye de Prüm.[24] L'emploi d'un étalon local pour le vin en 1346 et, un siècle plus tard, la mention d'un marché au sens topographique du terme pourraient confirmer cette hypothèse. Quoi qu'il en soit, répondant à la requête de ses sujets de la cour et mairie de Remich, Charles Quint leur concède en 1531 un marché hebdomadaire. Les habitants jugeant une clause fiscale attentatoire à leurs anciens privilèges, un nouveau diplôme, plus libéral, leur est octroyé six ans plus tard. Dès 1546, une halle, dont l'initiative émane de la communauté locale, est attestée dans le bourg.[25]

Graphique 4: Revenu du droit des feux à Remich (1444–1560) [en gros de Luxembourg]

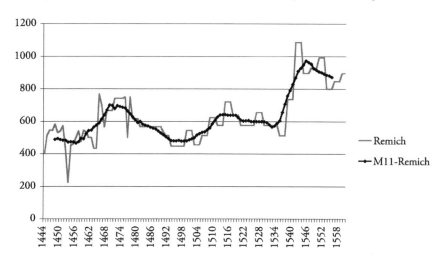

Le revenu du droit des feux fluctue entre 400 et 800 gr. jusqu'en 1540–1541, avec un temps de croissance culminant dans la décennie 1465–1475 (moyenne annuelle de 700 gr.), un repli jusqu'à l'extrême fin du XVe siècle (minimum de 448 gr. en 1493–1499)[26] et un redressement jusqu'en 1516–1517 (720 gr.), suivi d'un relatif tassement. La progression particulièrement accusée qui intervient

---

[24] Margue Yegles-Becker 1993, 114.
[25] Yante 1984, 391-414; Yante 1996, 289-291; sur le vignoble local et l'évolution de sa production: Yante 1985, 284-294.
[26] Incendie de toute la ville en 1476: Grob/Vannérus 1921, 714.

en 1541–1544 (1088 gr.) résiste assez bien aux soubresauts politico-militaires de cette décennie et de la suivante (moyenne de 893 gr. pour les années 1544–1561).

Diekirch

À la retombée du massif ardennais, Diekirch est pareillement le centre d'un petit vignoble. Des étaux sont mentionnés depuis 1380 et, peut-être dès cette époque, sont achalandés par des bouchers. Si un marché s'y est tenu, il a disparu à la fin du XVe siècle. Le commerce boude alors la localité[27] et l'insécurité pousse les habitants à quitter une place mal protégée par des murailles en ruine.[28] Sur leur requête, Philippe le Beau leur accorde en 1501 une assise sur le vin, dont le revenu est à affecter aux ouvrages de fortification, deux nouvelles foires, en plus de celle de la Sainte-Gertrude, et un marché hebdomadaire.[29] La mention d'un métier des cordonniers et corroyeurs en 1560 et d'un autre des merciers, avant 1564, semble traduire une réanimation économique dans la première moitié ou au milieu du XVIe siècle.[30]

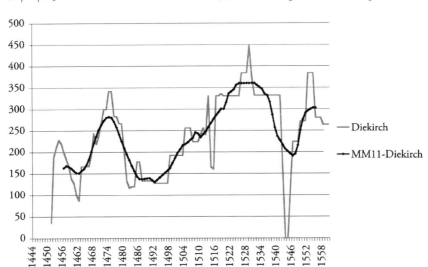

Graphique 5: Revenu du denier des feux à Diekirch (1451–1560) [en gros de Luxembourg]

Dans cette localité, où les chiffres pour le denier des feux font défaut jusqu'à la Saint-Jean 1451,[31] un mouvement de croissance culmine en 1474 et 1475 (342 gr.) et est suivi d'une décennie de recul (minimum de 117 gr. en 1482), puis d'une reprise virtuellement continue jusqu'au maximum absolu de 1529 (448 gr.). Pendant onze ans (1531–1541), le revenu plafonne à 332 gr. avant d'être réduit à néant du fait des dommages occasionnés par le passage des troupes du

[27] Pas de marché depuis 1320 contrairement à l'affirmation de Bis-Worch 1993, 88, note. 2.
[28] Yante 1996, 63-64, 292-294; Pauly 2011.
[29] Würth-Paquet 1885, 136-137, n° 411.
[30] Yante 1994, 396, note 71, 397, note 84.
[31] Revenus antérieurement perçus par Bernard de Bourscheid.

gouverneur Martin van Rossem et de l'incendie de la localité par les Français en septembre 1543. Le redressement ne tarde toutefois pas à se manifester: revenu annuel moyen de 285 gr. de 1546 à 1560.

Graphique 6: Revenus du denier ou droit des feux (ou droit/rentes des bourgeois) à Luxembourg, Grevenmacher, Remich et Diekirch (1444–1560) moyennes mobiles de 11 ans
[en gros de Luxembourg]

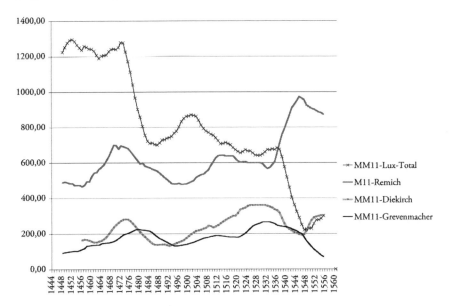

Convergences et divergences

Il s'en faut que les deniers ou droits des feux (ou droit/rentes des bourgeois) de la capitale et des trois autres villes présentement étudiées évoluent en parfaite synchronie. La confrontation des quatre courbes (graphique 6) pâtit dans sa lisibilité de l'ampleur fort inégale des recettes. Il n'en demeure pas moins que des convergences se dégagent. Aux divers endroits, un mouvement de hausse s'essouffle dans la seconde moitié de la décennie 1470 ou dans les années immédiatement postérieures. On a déjà évoqué les hostilités burgondo-lorraines et leurs suites pour le gouvernement des Pays-Bas. Plus ou moins tôt et durablement selon les endroits, une reprise se manifeste à la fin du XVe siècle ou dans la première décennie, voire le premier quart ou le premier tiers du XVIe. Le contexte politique difficile des décennies 1540 et 1550 assène des coups particulièrement durs à la capitale ainsi qu'à Grevenmacher. Toutes deux accusent alors un dépeuplement ou, tout au moins, un appauvrissement notoires. Remich et Diekirch sont pareillement touchées, mais résistent mieux ou se relèvent promptement. En dépit de leur taille réduite, ces deux centres régionaux développent alors un réel potentiel économique.³²

Confrontation avec les données des dénombrements de feux

Il n'est assurément pas sans intérêt de confronter les chiffres fournis par les dénombrements de feux des XVᵉ et XVIᵉ siècles (tableau 6) et ceux pouvant être déduits du revenu du denier ou droit des feux. L'exercice est difficilement réalisable pour Grevenmacher, Remich et Diekirch du fait de la perception dans ces trois localités, à côté des droits en numéraire, de redevances en nature (chapons ou gelines). Quand la ventilation des recettes est connue, à Grevenmacher de 1444 à 1458 (tableau 3) et à Remich de 1444 à 1463 (tableau 4), la valeur des gallinacés peut s'avérer égale, voire supérieure au montant acquitté en deniers. Par ailleurs, à ces trois endroits, la pratique répandue de l'affermage introduit un autre facteur de biaisage. La comparaison s'avère par contre possible dans la capitale. Les dénombrements livrent des chiffres nettement supérieurs – du double au triple, voire davantage – à ceux calculables à partir des comptabilités domaniales (tableau 1). Le fait a déjà été relevé par Michel Pauly.³³ L'explication résiderait-elle dans l'imposition semestrielle par maison, pouvant abriter plusieurs ménages, dans le cas des rentes des bourgeois et dans la taxation par feu pour les dénombrements? La Chambre des Comptes de Bruxelles a convié le receveur à maintes reprises à indiquer le nombre de maisons – le fait a déjà été évoqué – mais, quand il répond à cette demande, de 1522–1523 à 1530–1531, le receveur mentionne tantôt des maisons, tantôt des ménages, tantôt encore des maisons ou ménages. Cette ambiguïté terminologique, résultant peut-être d'un problème de traduction, complique singulièrement la tâche de l'historien, même si l'on sait qu'à Arlon, à cette époque, le *Feuergeld* ou *Feuerrecht* est levé par maison.³⁴ On s'autorise difficilement à supposer des appréciations différentes de la richesse ou de la solvabilité des contribuables, ou encore des systèmes d'exemption différemment définis et/ou appliqués lors de la perception annuelle des rentes des bourgeois, d'une part, et lors de la répartition des aides, d'autre part. S'il s'agit bien, dans le premier cas, de la prise en considération du nombre de maisons et non de feux, on aimerait connaître les critères en vigueur pour déterminer si un immeuble est ou non redevable du droit. À aucun moment, mention n'est faite d'une fraction de l'imposition acquittée pour une maison où résident à la fois un contribuable solvable et un autre

---

32 L'étude du cas arlonais offre d'intéressants termes de comparaison. On notera qu'on y atteint aux environs de 1566 le niveau le plus bas de tout l'Ancien Régime et que «cinq coups de boutoir suivis chaque fois d'un essai de récupération (…) donnent à la courbe un aspect caractéristique de marées». Dorban 1977–1978, 28-36; un rapprochement s'avère pareillement instructif avec les réalités économiques dans le Luxembourg mosellan à la même époque; cf. Yante 1996, 437-439.

33 Pauly 1992a, 44, note 21; Pauly 1994a, 75.

34 Dorban 1977–1978, 9.

échappant à la taxation. Par ailleurs, dans l'état actuel du dossier, on se gardera bien de proposer un nombre moyen de feux ou ménages par maison et, à ce propos, de dégager des évolutions.

Tableau 1: Comparaison du nombre de feux renseigné dans les dénombrements et du nombre de maisons déduit des rentes des bourgeois à Luxembourg (1473–1561)

dates	dénombrements (nombre de feux)	rentes des bourgeois (nombre de maisons)
1473	500	332
1474–1476	508	316
1482–1483	472	309
1495	461	204
1501	470	221
1526	400	168
1528	399	178
1531	369	128
1537	369	203
1541	369	152
1552–1553	389	60
1561	397,5	109 (ex. 1560)

En guise de conclusions

Même quand ils sont entièrement acquittés en numéraire, de préférence en collecte directe, les revenus semestriels ou annuels du denier ou droit des feux (ou encore droit/rentes des bourgeois) ne permettent pas de déterminer un effectif de population, mais bien de suivre avec une certaine régularité (non sans risque d'erreurs) la situation financière ou matérielle, la relative aisance ou pauvreté des contribuables. Ces chiffres livrent de la sorte un indicateur particulièrement bienvenu des dynamismes locaux, des sensibilités et de la résistance aux aléas de la politique, aux caprices du climat et aux assauts des épidémies. Le dossier mis en œuvre a révélé, par-delà d'évidentes convergences, les évolutions divergentes de la capitale et de Grevenmacher d'une part, incontestablement en perte de vitesse, et, d'autre part, des bourgades de Remich et de Diekirch nettement plus à l'aise dans la conjoncture souvent difficile du premier XVIe siècle.

La présente contribution invite aussi à déjouer certains pièges, tel un rapprochement trop facile avec les données fournies par les dénombrements de feux. Les bases d'imposition semblent radicalement différentes, à Luxembourg tout au moins (à partir d'un certain moment): la maison dans le cas des rentes des bourgeois et l'unité fiscale communément dénommée «feu» susceptible d'appréciations et d'évolutions multiples, pour les dénombrements.

Tableau 2: Revenu des rentes des bourgeois à Luxembourg (1444–1560) [en gros de Luxembourg]

année	terme 1er mai	terme Saint-Remy	total
1444	554	502	1056
1445	502	524	1026
1446	572	584	1156
1447	626	546	1172
1448	680	710	1390
1449	678	700	1378
1450	712	716	1428
1451	700	720	1420
1452	676	268	944
1453	650	616	1266
1454	662	676	1338
1455	648	620	1268
1456	628	670,67	1298,67
1457	612	606	1218
1458	648	637,33	1285,33
1459	562	612	1174
1460	626	646	1272
1461	646	648	1294
1462	575	586,67	1161,67
1463	603,33	608,33	1211,67
1464	616,67	625	1241,67
1465	610	645	1255
1466	614	575	1189
1467	503,33[1]	486,67	990
1468	510	583,33	1093,33
1469	675	636,67	1311,67
1470	658,33	648,33	1306,67
1471	705	613,33	1318,33
1472	650	708,33	1358,33
1473	705	623,33	1328,33
1474	683,33	590	1273,33
1475	605	616,67	1221,67
1476	636,67	660,5	1297,17
1477	655	608,33	1263,33
1478	583,33	500	1083,33
1479	400	406,67	806,67
1480	383,33	375	758,33
1481	340	383,33	723,33
1482	360	293,33	653,33
1483	300	283,33	583,33
1484	340	278,33	618,33
1485	416,67	373,33	790
1486	416,67	350	766,67
1487	416,67	350	766,67
1488	366,67	383,33	750
1489	333,33	353,33	686,67

À propos de la population de quatre villes luxembourgeoises 117

année	terme 1er mai	terme Saint-Remy	total
1490	376,67	400	776,67
1491	333,33	308,5	641,83
1492	304	318	622
1493	314	387,5	701,5
1494	386,5	391	777,5
1495	401	416	817
1496	418	416	834
1497	418	387,5	805,5
1498	401,5	421	822,5
1499	456	416	872
1500	456	420	876
1501	465	420	885
1502	465	458	923
1503	464	420	884
1504	456	432	888
1505	438	408	846
1506	448	448	896
1507	384	388	772
1508	392	384	776
1509	384	269	653
1510	324	269	593
1511	326	360	686
1512	394	390,67	784,67
1513	428	384	812
1514	362,67	424	786,67
1515	397	388	785
1516	365,33	390	755,33
1517	356	256	612
1518	298,67	293,33	592
1519	341,33	333	674,33
1520	336,67	312	648,67
1521	336,67	288	624,67
1522	368	352	720
1523	331	324	655
1524	325	344	669
1525	348	336	684
1526	334	340	674
1527	342	336	678
1528	336	368	704
1529	340	263	603
1530	322	326	648
1531	256[2]	256	512
1532	276	320	596
1533	320	328	648
1534	329	338	667
1535	375	383	758
1536	388	404	792
1537	406	404,33	810,33

année	terme 1er mai	terme Saint-Remy	total
1538	372,33	320	692,33
1539	342	312,17	654,17
1540	317,17	298,5	615,67
1541	298,5	309	607,5
1542	288	[224][3]	512
1543	[224][3]	0[4]	224
1544	0[4]	96	96
1545	98	78	176
1546	102	112	214
1547	136	112	248
1548	136	138	274
1549	138	138	276
1550	134	141	275
1551	146	70	216
1552	48	157	205
1553	160,33	116	276,33
1554	64	66	130
1555	67	112	179
1556	250	242	492
1557	229	224	453
1558	64[5]	208	272
1559	160	192	352
1560	243	192	435

[1] à cause de la mortalité
[2] à cause de la peste
[3] revenu de 448 gr. pour les termes Saint-Remy 1542 et mai 1543
[4] occupation de la ville par les Français
[5] contexte de guerre

Tableau 3: Revenu du droit des bourgeois à Grevenmacher (1444–1560/61) [en gros de Luxembourg]

a. exercices 1444–1458

exercice	terme 1er mai	terme St-Remy	chapons (nombre)	chapons (valeur)	total
1444	18,5	18,5	26	58,5	95,5
1445	18,5	18,5	26	52	89
1446	18,5	18,5	26	52	89
1447	19,33	19,67	28	56	95
1448	19,67	19,67	28	56	95,33
1449	33	33	26	43,33	109,33
1450	28	28	40	66,67	122,67
1451	24	28	34	56,67	108,67
1452	30	28	32	53,33	111,33
1453	0	0	0	0	0
1454	36	32	36	60	128
1455	64[1]	[2]	28	46,67	110,67
1456	72[1]	[2]		40	112
1457	66[1]	[2]		41,33	107,33
1458	35	34		48	117

[1] revenu pour les termes 1er mai et Saint-Remy
[2] revenu unique pour les termes 1er mai et Saint-Remy

b. exercices 1459–1560/61

exercice	revenu	exercice	revenu	exercice	revenu
1459	100	1493–94	136	1527–28	256
1460	166,67[1]	1494–95	136	1528–29	256
1461	166,67	1495–96	128	1529–30	304
1462	166,67	1496–97	128	1530–31	304
1463	137,33	1497–98	128	1531–32	304
1464–65	137,33	1498–99	132	1532–33	240
1465–66	137,33	1499–1500	132	1533–34	240
1466–67	116,67	1500–01	132	1534–35	240
1467–68	116,67	1501–02	128[2]	1535–36	256
1468–69	116,67	1502–03	160	1536–37	256
1469–70	183,33	1503–04	160	1537–38	256
1470–71	183,33	1504–05	160	1538–39	256
1471–72	183,33	1505–06	168	1539–40	256
1472–73	175	1506–07	168	1540–41	256
1473–74	175	1507–08	168	1541–42	211,83
1474–75	175	1508–09	188	1542–43	211,83
1475–76	216,67	1509–10	188	1543–44	211
1476–77	216,67	1510–11	188	1544–45	224
1477–78	216,67	1511–12	188	1545–46	224
1478–79	225	1512–13	188	1546–47	224
1479–80	225	1513–14	188	1547–48	194,33
1480–81	225	1514–15	200	1548–49	194,33
1481–82	241,67	1515–16	200	1549–50	194,33
1482–83	241,67	1516–17	200	1550–51	160,29
1483–84	241,67	1517–18	168	1551–52	160,29
1484–85	200	1518–19	168	1552–53	0[3]
1485–86	200	1519–20	168	1553–54	0
1486–87	200	1520–21	168	1554–55	64[4]
1487–88	200	1521–22	168	1555–56	64[4]
1488–89	200	1522–23	168	1556–57	80
1489–90	200	1523–24	192	1557–58	80
1490–91	133,33	1524–25	192	1558–59	80
1491–92	112	1525–26	192	1559–60	83,5
1492–93	136	1526–27	256	1560–61	83,5

[1] La ferme inclut la perception d'un droit sur les pêcheries levé au cours des semaines des Quatre-Temps.
[2] Faute d'amateur, le droit a été levé par le *Stromeyer*.
[3] Les maisons ont été incendiées par les troupes ennemies en août 1552.
[4] Faute d'amateur, le droit a été laissé au clerc-juré.

À propos de la population de quatre villes luxembourgeoises

Tableau 4: Revenu du droit des feux à Remich (1444–1560/61) [en gros de Luxembourg]

a. exercices 1444–1463

exercice	terme Saint-Jean	terme Noël	gelines (valeur)	total
1444	114	117	176	407
1445	112	114	288	514
1446	114	112	320	546
1447	108	116	320	544
1448	114	116	352	582
1449	194[1]	[2]	336	530
1450	220[1]	[2]	320	540
1451	205[1]	[2]	368	573
1452	136[1]	[2]	288	424
1453				224[3]
1454	196[1]	[2]	256	452
1455	99	106	256	461
1456	100	100	300	500
1457	100	108	333,33	541,33
1458	68,67	72,67	333,33	474,67
1459	86,67	90,67	366,67	544
1460	100	433,33[4]	[5]	533,33
1461	100	400[4]	[5]	500
1462	100	400[4]	[5]	500
1463	100	333,33[4]	[5]	433,33

[1] revenu pour les termes Saint-Remy et Noël
[2] revenu unique pour les termes Saint-Remy et Noël
[3] peu de population au cours de l'exercice; montant unique
[4] y inclus le revenu des gelines
[5] revenu des gelines avec celui du terme Noël

b. exercices 1464/65–1560/61

exercice	revenu	exercice	revenu	exercice	revenu
1464–65	433,33	1497–98	448	1530–31	576
1465–66	766,67	1498–99	448	1531–32	576
1466–67	700	1499–1500	544	1532–33	576
1467–68	566,67	1500–01	544	1533–34	576
1468–69	666,67	1501–02	544	1534–35	576
1469–70	666,67	1502–03	456	1535–36	512
1470–71	666,67	1503–04	456	1536–37	512
1471–72	741,67	1504–05	456	1537–38	512
1472–73	741,67	1505–06	512	1538–39	736
1473–74	741,67	1506–07	512	1539–40	736
1474–75	741,67	1507–08	512	1540–41	736
1475–76	750	1508–09	624	1541–42	1088
1476–77	500[1]	1509–10	624	1542–43	1088
1477–78	750	1510–11	624	1543–44	1088
1478–79	616,67	1511–12	576	1544–45	896
1479–80	616,67	1512–13	576	1545–46	896
1480–81	616,67	1513–14	576	1546–47	896
1481–82	566,67	1514–15	720	1547–48	928
1482–83	566,67	1515–16	720	1548–49	928
1483–84	566,67	1516–17	720	1549–50	928
1484–85	566,67	1517–18	640	1550–51	992
1485–86	566,67	1518–19	640	1551–52	992
1486–87	566,67	1519–20	640	1552–53	992
1487–88	566,67	1520–21	576	1553–54	800
1488–89	566,67	1521–22	576	1554–55	800
1489–90	566,67	1522–23	576	1555–56	800
1490–91	533,33	1523–24	576	1556–57	848
1491–92	512	1524–25	576	1557–58	848
1492–93	512	1525–26	576	1558–59	848
1493–94	448	1526–27	656	1559–60	896
1494–95	448	1527–28	656	1560–61	896
1495–96	448	1528–29	656		
1496–97	448	1529–30	576		

[1] réduction du montant du bail suite à l'incendie de plusieurs maisons à Remich, Bech, Wellenstein et Wintrange

Tableau 5: Revenu du denier des feux à Diekich (1451–1560) [en gros de Luxembourg]

exercice	revenu	exercice	revenu	exercice	revenu
1451	36[1]	1488	133,33	1525	330,67
1452	188,33[2]	1489	133,33	1526	384
1453	210[3]	1490	133,33	1527	384
1454	228[4]	1491	133,33	1528	384
1455	220[5]	1492	128	1529	448
1456	200	1493	128	1530	373,33[8]
1457	183,33	1494	128	1531	332
1458	166,67	1495	128	1532	332
1459	137,33	1496	128	1533	332
1460	128	1497	128	1534	332
1461	100	1498	192	1535	332
1462	86,67	1499	192	1536	332
1463	166,67	1500	192	1537	332
1464	166,67	1501	192	1538	332
1465	166,67	1502	192	1539	332
1466	166,67	1503	192	1540	332
1467	192[6]	1504	256	1541	332
1468	243,33[7]	1505	256	1542	168
1469	218,33[7]	1506	256	1543	0[9]
1470	237,17[7]	1507	224	1544	0
1471	266,67	1508	224	1545	112[10]
1472	300	1509	224	1546	224
1473	300	1510	240	1547	224
1474	341,67	1511	256	1548	224
1475	341,67	1512	240	1549	272
1476	283,33	1513	330,67	1550	272
1477	283,33	1514	165,33	1551	272
1478	266,67	1515	160	1552	384
1479	266,67	1516	330,67	1553	384
1480	200	1517	330,67	1554	384
1481	133,33	1518	335,67	1555	280
1482	116,67	1519	330,67	1556	280
1483	120	1520	330,67	1557	280
1484	120	1521	330,67	1558	264
1485	177,33	1522	330,67	1559	264
1486	177,33	1523	330,67	1560	264
1487	133,33	1524	330,67		

[1] revenu du terme Saint-Jean 1451; le revenu du terme précédent (Chandeleur 1451) est inclus dans le poste «menues rentes» — [2] dont 108,33 gr. provenant de 130 gelines — [3] dont 136 gr. provenant des gelines — [4] dont 160 gr. provenant des gelines — [5] dont 144 gr. provenant des gelines — [6] revenu levé par les *Stromeyer* de Luxembourg — [7] revenu levé — [8] terme Chandeleur: 149,33 gr.; terme Saint-Jean: 224 gr. — [9] dommages dus au passage des troupes de Martin van Rossem et incendie total de la localité par les Français en septembre 1543 — [10] terme Saint-Jean

Tableau 6: Nombre de feux dans les dénombrements (1473—1561)

a. Dénombrements de 1473 à 1537

dénombrements	Luxembourg	Grevenmacher	Remich	Diekirch
1473[a]	500 feux	113 feux	61 feux	98 feux
1474—1476[b]	508 feux	115 feux	67 feux	100 feux
1482—1483[c]	472 ménages[d]			
1495[e]	461 ménages[f]	97 ménages[f]	40 ménages	75 ménages
1501[g]	470 ménages[f]	97 ménages[f]	45 ménages	83 ménages[f]
1526[h]	400 ménages[f]	104½ ménages[f]	46½ ménages	95 ménages[f]
1528[i]	[399][j] ménages	101 ménages	48 ménages	88½ ménages
1531/1537[k]	369 feux	93½ feux	38 feux	80½ feux

[a] Grob/Vannérus 1921, 13, 18 et 20.
[b] Ibid., 708, 713, 714 et 718.
[c] Vannérus 1941, 295.
[d] chiffre corrigé par Pauly 1992a, (t. 1) 457.
[e] Grob/Vannérus 1921, 56, 58, 68 et 73.
[f] *en mesnaiges contribuables et non exempt.*
[g] Grob/Vannérus 1921, 106, 126, 129 et 133.
[h] Ibid., 195, 208, 210 et 214.
[i] Ibid., 245, 253-255, 327 et 346-352.
[j] montant initial corrigé: 400.
[k] dénombrement également utilisé en 1537: Grob/Vannérus 1921, 395, 401, 439, 445, 460 et 462.

b. Dénombrements de 1541 à 1561

dénombrements	Luxembourg	Grevenmacher	Remich	Diekirch
1541[a]		[1]		
— ménages contrib. (pour 1 feu)	200	89	46	81
— veuves (½ feu)	222	3	6	8
— pauvres	146	15	5	23
— affranchis	28	8	5	3
— total des ménages	596	115	62	115
— feux imposés	311 > 369[2]	90½	49	85
1552–1553[b]				
— ménages contrib. (pour 1 feu)	374	89	67	81
— veuves (½ feu)	21	5	—	21[3]
— pauvres	25	7	4	—
— affranchis	43	9	6	7
— total des ménages	463[4]	110	77	109
— feux imposés	384,5 > 389[2]	91½	67	91 > 92[2]
1561[c]				
— ménages contrib. (pour 1 feu)	392	73	54	95
— veuves (½ feu)	13	4	2	8
— pauvres	93	24	10	20
— pâtres	3	5	1	5
— affranchis	102[5]	5	5	7
— total des ménages	603[5]	111	72	135
— feux imposés	398,5 > 397,5[2]	75	55	99

[a] Petit 2013, (t. 3) 967–969, 986–987, 1012, 1024 et 1026.
[b] Ibid., (t. 3) 1103–1104, 1125, 1127, 1132 et 1134.
[c] Ibid., (t. 3) 1166, 1168, 1208–1209, 1219, 1222, 1226 et 1227.
[1] inclus Münschecker, Wecker et la cense de l'Hôpital.
[2] montant fixé.
[3] en fait 19 veuves payant ½ feu et 2 veuves taxées à ¼ feu.
[4] non compris les membres du Conseil de Luxembourg.
[5] effectifs des couvents non détaillés.

Bibliographie

Arnould 1976 = Maurice-Aurélien Arnould, Les relevés de feux (Typologie des sources du Moyen Âge occidental, t. 18), Turnhout 1976.

Bis-Worch 1993 = Christiane Bis-Worch, Neue mittelalterliche Befunde im Zentrum von Diekirch, dans: Hémecht 45 (1993), 87-95.

Dorban 1977–1978 = Michel Dorban, La population d'Arlon. Évolution de son effectif de 1443 à 1785, dans: Annales de l'Institut archéologique du Luxembourg 108-109 (1977–1978), 3-58.

Grob 1907 = Jacques Grob, Le droit d'imposition dans l'ancien Duché de Luxembourg. De la signification en terminologie fiscale des mots feu, Herd, Feuerstätte, ménage, Haus, dans Paul Bergmans (éd.), Fédération archéologique et historique de Belgique. Annales du XXe Congrès (Gand 1907), t. 2: Rapports et mémoires, Gand 1907, 239-258.

Grob/Vannérus 1921 = Jacques Grob/Jules Vannérus, Dénombrements des feux des duché de Luxembourg et comté de Chiny, t. 1: Documents fiscaux de 1306 à 1537 (Commission royale d'Histoire, sér. in-4°), Bruxelles 1921.

Herr 1960 = Joseph Herr, Freiheit und Verfassung der befestigten Stadt Diekirch, dans: Livre du 7ième centenaire de l'affranchissement de la ville de Diekirch, Diekirch 1960, 11-19.

Joset 1940 = Camille-Jean Joset, Les villes au pays de Luxembourg (1196–1383) (Université de Louvain. Recueil de travaux d'histoire et de philologie, 3e sér., t. 5), Bruxelles 1940.

Kayser 1993 = Édouard-M. Kayser, De la «curtis Machera» à la ville-marché de Grevenmacher. Un exemple particulier de développement urbain dans le Luxembourg médiéval (XIIe– XIVe siècles), dans: Hémecht 45 (1993), 5-30.

Majerus 1949 = Nicolas Majerus, Histoire du droit dans le Grand-Duché de Luxembourg, t. 1, Luxembourg 1949.

Majerus 1952 = Nicolas Majerus, Die Freiheitsurkunde von Grevenmacher, dans: Grevenmacher 1252–1952. La bonne ville. Festschrift zur 700 Jahrfeier des Freiheitsbriefes, Grevenmacher 1952, 51-58.

Margue 1963 = Paul Margue, Die Bevölkerung der Stadt Luxemburg von den Anfängen bis in die Zeit Johanns des Blinden, dans: T' Hémecht 15 (1963), 71-116.

Margue 1991 = Michel Margue, Rayonnement urbain et initiative comtale: l'exemple des chefs-lieux du comté de Luxembourg, dans: Jean-Marie Duvosquel/Alain Dierkens (éd.), Villes et campagnes au Moyen Âge. Mélanges Georges Despy, Liège 1991, 429-464.

Margue/Pauly 1990 = Michel Margue/Michel Pauly, Vom Altmarkt zur Schobermesse. Stadtgeschichtliche Voraussetzungen einer Jahrmarktgründung, dans: Michel Pauly (éd.), Schueberfouer 1340–1990. Untersuchungen zu Markt, Gewerbe und Stadt in Mittelalter und Neuzeit, Luxembourg 1990, 9-40.

Margue/Pauly 1994 = Michel Margue/Michel Pauly, 'Privilegium libertatis'. Die Freiheitsurkunde der Gräfin Ermesinde für die Stadt Luxemburg (1244). Kommentierte Neuedition, dans: Michel Margue (éd.), Ermesinde et l'affranchissement de la ville de Luxembourg. Études sur la femme, le pouvoir et la ville au XIIIe siècle (Publications du Musée d'Histoire de la Ville de Luxembourg; Publications du CLUDEM, t. 7), Luxembourg 1994, 41-58.

Margue/Yegles-Becker 1993 = Michel Margue (avec la coll. de Isabelle Yegles-Becker), Prümer Klosterbesitz und die Grafen von Luxemburg: Bastogne in den Ardennen und Remich an der Mosel, dans: Das Prümer Urbar als Geschichtsquelle und seine Bedeutung für das Bitburger und Luxemburger Land (Beiträge zur Geschichte des Bitburger Landes, t. 11-12), Bitburg 1993, 103-130.

Pauly 1992a = Michel Pauly, Luxemburg im späten Mittelalter. t. 1: Verfassung und politische Führungsschicht der Stadt Luxemburg im 13.-15. Jahrhundert (PSHIL, t. 107; Publications du CLUDEM, t. 3), Luxembourg 1992.

Pauly 1992b = Michel Pauly, Die luxemburgischen Städte in zentralörtlicher Perspektive, dans: Les petites villes en Lotharingie. Die kleinen Städte in Lotharingien. Actes des 6es Journées Lotharingiennes (PSHIL, t. 108; Publications du CLUDEM, t. 4), Luxembourg 1992, 117-162.

Pauly 1994a = Michel Pauly, Le bas Moyen Âge. Chances et handicaps d'une ville et de ses habitants, dans: Gilbert Trausch (éd.), La Ville de Luxembourg. Du château des comptes à la métropole européenne, Luxembourg 1994, 61-79.

Pauly 1994b = Michel Pauly, Der Freiheitsbrief der Stadt Luxemburg: herrschaftlicher Machtanspruch oder bürgerliches Emanzipationsstreben?, dans: Michel Margue (éd.), Ermesinde et l'affranchissement de la ville de Luxembourg. Études sur la femme, le pouvoir et la ville au XIIIe siècle (Publications du Musée d'Histoire de la Ville de Luxembourg; Publications du CLUDEM, t. 7), Luxembourg 1994, 235-253.

Pauly 2011 = Michel Pauly, Diekirch – eine lange Siedlungskontinuität und späte Stadtwerdung, dans: Hémecht 63 (2011), 329-349.

Petit 2013 = Roger Petit, Les aides et subsides dans le Luxembourg de 1360 à 1565. Contribution à l'étude du développement de la fiscalité dans une principauté territoriale, t. 3: Dénombrements de feux (de 1541 à 1561) (Commission royale d'Histoire, sér. in-4°), Bruxelles 2013.

Thiel 1952 = B.-J., Thiel, Zerstörung Grevenmachers im Jahre 1552, dans: Grevenmacher 1252–1952. La bonne ville. Festschrift zur 700 Jahrfeier des Freiheitsbriefes, Grevenmacher 1952, 163-172.

Thirot 1952 = Léon Thirot, Beaumont, Echternach, Diedenhofen, Grevenmacher, dans: Grevenmacher 1252–1952. La bonne ville. Festschrift zur 700 Jahrfeier des Freiheitsbriefes, Grevenmacher 1952, 59-77.

Vannérus 1937 = Jules Vannérus, La population et les quartiers de Luxembourg de 1473 à 1562, dans: Annuaire 1937 de la Société des Amis des Musées dans le Grand-Duché de Luxembourg, Luxembourg 1937, 39-51.

Vannérus 1941 = Jules Vannérus, Dénombrements luxembourgeois du quinzième siècle (1472–1482) dans: Bulletin de la Commission royale d'Histoire 106 (1941), 237-314.

van Werveke 1885 = Nicolas van Werveke, Urbar der Grafschaft Luxemburg aus den Jahren 1306–1317, dans: Karl Lamprecht, Deutsches Wirtschaftsleben im Mittelalter, t. 3, Leipzig 1885, 342-405.

van Werveke 1924 = Nicolas van Werveke, Kulturgeschichte des Luxemburger Landes, t. 2, Luxembourg 1924.

Wampach 1939 = Camille Wampach, Urkunden- und Quellenbuch zur Geschichte der altluxemburgischen Territorien bis zur burgundischen Zeit, t. 3, Luxembourg 1939.

Würth-Paquet 1885 = François-Xavier Würth-Paquet, Table chronologique des chartes et diplômes relatifs à l'histoire de l'ancien pays de Luxembourg, dans: PSHIL, t. 37, 1885, 1-205.

Würth-Paquet/van Werveke 1881 = François-Xavier Würth-Paquet/Nicolas van Werveke, Cartulaire ou recueil des documents politiques et administratifs de la ville de Luxembourg de 1244 à 1795, dans: PSHIL, t. 35/1, Luxembourg 1881.

Yante 1984 = Jean-Marie Yante, La fonction commerciale de Remich (XIVe–XVIe siècles), dans: Hémecht 36 (1984), 391-414.

Yante 1985 = Jean-Marie Yante, Grains et vins des terroirs mosellans de Remich et Grevenmacher (XVe–XVIIIe siècles), dans: Revue belge de philologie et d'histoire 63 (1985), 273-309.

Yante 1994 = Jean-Marie Yante, Les métiers dans le pays de Luxembourg-Chiny (XIVe–XVIe siècles), dans: Pascale Lambrechts/Jean-Pierre Sosson (éd.), Les métiers au moyen âge. Aspects économiques et sociaux. Actes du Colloque international de Louvain-la-

Neuve, 7-9 octobre 1993 (Université catholique de Louvain. Publications de l'Institut d'Études médiévales. Textes, Études, Congrès, t. 15), Louvain-la-Neuve 1994, 379-423.

Yante 1996 = Jean-Marie Yante, Le Luxembourg mosellan. Productions et échanges commerciaux. 1200–1560 (Académie royale de Belgique. Mémoire de la Classe des Lettres, coll. in-8°, 3e sér., t. 13), Bruxelles 1996.

Yante 2010 = Jean-Marie Yante, Conjoncture industrielle et commerciale des Trente Glorieuses. Le cas du pays de Luxembourg-Chiny, dans: Claude Bruneel/Jean-Marie Duvosquel/Philippe Guignet/René Vermeir (éd.), Les «Trente Glorieuses» (circa 1600 – circa 1630). Pays-Bas méridionaux et France septentrionale. Aspects économiques, sociaux et religieux au temps des Archiducs Albert et Isabelle. Actes des colloques tenus à l'Université Charles-de-Gaulle – Lille III les 22-23 mars et le 5 octobre 2007 (Archives et Bibliothèques de Belgique. Numéro spécial t. 84), Bruxelles 2010, 217-234.

Yante 2014 = Jean-Marie Yante, Authentification des écritures et contrôle comptable. Les clercs-jurés dans le Luxembourg aux XVe et XVIe siècles, dans: Bulletin de la Commission royale d'histoire 180 (2014), 49-68.

Guy Thewes

Errance à l'«âge d'or»
*La répression de la mendicité et du vagabondage au Luxembourg
sous le régime autrichien*

L'Ancien Régime nous apparaît généralement comme une société figée dans laquelle les hommes bougent très peu.[1] À la campagne, les paysans sont attachés à leur terre qu'ils cultivent et dont ils tirent leur subsistance. En tant que manants ils sont liés à leur seigneur. En tant que fidèles ils dépendent d'une paroisse. L'horizon de leur vie quotidienne est bien limité et ne dépasse guère le ban du village. Pour preuve l'extraordinaire endogamie. Trois quarts des époux sont nés dans le même village et les autres n'ont généralement franchi que quelques lieues pour se marier.[2] Dans les villes, la société est toute aussi fermée. Les artisans sont sous la coupe des corporations et chaque nouveau venu, avant de pouvoir s'établir, doit d'abord acquérir le droit de bourgeoisie. Il n'est donc certes pas faux, de considérer la sédentarité et l'immobilité comme deux caractéristiques fondamentales de l'Ancien Régime. L'enracinement et la stabilité sont la norme. La mobilité, même sous la forme du service militaire ou des migrations professionnelles, suscite la méfiance.[3]

Le monde des errants

Pourtant à côté du monde majoritaire des sédentaires, il existe aussi un autre monde, celui des errants. En effet, dans cette société d'Ancien Régime, certaines populations se déplacent constamment d'un lieu à l'autre, oscillent entre ville et campagne, errent sans avoir de résidence fixe. Les textes qualifient ces gens de «sans aveu». Ce sont des hommes sans feu ni lieu que personne ne reconnaît et qui ne peuvent donc invoquer aucune protection. La législation les désigne sous des noms qui font référence à l'inactivité, à la mendicité,

---

[1] Dans sa grande fresque de la société de l'Ancien Régime, l'historien français Pierre Goubert souligne que «ce ne sont pas les agitations, les brassages, les migrations d'hommes qui caractérisent l'ancienne France, mais bien la sédentarité», Goubert 1969, 40.

[2] Goubert 1969, Note 1, 40-41. À titre d'exemple, à Echternach au XVIIIe siècle, deux tiers des conjoints sont originaires de la même paroisse, seulement 3 % viennent de très loin, Metzler-Zens 1977, 123-132, 129.

[3] Le profond enracinement du monde paysan et son hostilité à toute forme d'aventure explique peut-être les difficultés de recrutement que rencontre l'armée autrichienne aux Pays-Bas et notamment au Luxembourg, Thewes 2012, 129-134.

au nomadisme ou encore à la race. On y trouve les termes de «fainéants», de «brimbeurs» ou «mendiants», de «vagabonds» et d'«Égyptiens».[4]

La misère est généralement à l'origine de cette mobilité forcée. Ceux qui sont rejetés sur les routes n'ont ni lopin de terre ni toit. Dépourvus d'attaches, ils se tiennent à l'écart des villages et trouvent souvent refuge dans les forêts où ils construisent des logements de fortune. Les vastes étendues boisées du duché de Luxembourg offrent un repaire idéal à ces marginaux qui font peur. En 1757 les habitants d'Echternach et de Beaufort signalent au procureur général du Conseil provincial «que dans le Mullerthal […] il y aurait des cabanes et habitations construites par toutes sortes de gens, errants, vagabons, et sans aveu, qui auraient fait leur retraite dans lesdits endroits et formé leurs habitations dans les rochers, dans les bois, et autres endroits non seulement hors de la vue, mais aussi bien éloignés des villages, ce qui formerait des coupes-gorges et des passages très dangereux aux sujets de cette province, aux commerçants et aux voyageurs […]».[5] Dans cette population vivant en marge de la société on trouve tous les déclassés, les invalides, les estropiés. Il y a tous ceux qui fuient la justice. Il y a aussi les déserteurs et les soldats démobilisés qui ne parviennent plus à s'intégrer dans les cadres sociaux. Le nombre des premiers gonfle pendant les conflits alors que le second groupe s'accroît brusquement quand la paix est signée et que les armées sont licenciées. À ce monde de l'errance appartient aussi le groupe humain que les textes de l'époque appellent «les Égyptiens», à savoir les Tsiganes. Les errants ont tous en commun de survivre d'expédients. Certains exercent des petits métiers qui nécessitent les déplacements. Ils sont rémouleurs, chiffonniers, colporteurs, bateleurs, charbonniers. D'autres mendient. D'autres encore volent par nécessité.[6]

Les errants sont difficiles à saisir car situés hors des encadrements traditionnels de la paroisse et de la seigneurie. Sans attaches ni biens, cette population «flottante» n'a pas laissé de traces dans les registres paroissiaux, les rôles d'impôts ou encore les archives de notaires. Elle a probablement aussi échappé à toutes les tentatives de recensement. Lorsqu'en 1766 les autorités autrichiennes effectuent un dénombrement de la population du duché de Luxembourg, elles ne comptent que 818 pauvres sur un total de 72.611 hommes âgés de plus de seize ans.[7] Le nombre dérisoire des démunis surprend à première vue. Mais il ne s'agit là que des pauvres «officiels», c'est-à-dire ceux qui sont reconnus comme infirmes et qui sont pris en charge par des organismes charitables.[8]

---

4   Pour l'évolution de la terminologie qui reflète la détérioration de l'image du mendiant voir Depauw 1974, 401-418.
5   Cité dans Trausch 1977, 105.
6   Pour approcher l'univers des errants voir Goubert 1976, 265-278, ainsi que l'étude classique de Gutton 1997, 55-59; sur les métiers ambulants au Luxembourg voir aussi Reuter 1997, 55-59.
7   Kayser 1984, 79-93, 82-83; voir aussi Bonenfant 1934, 20-21.
8   Sur l'assistance aux pauvres reconnus et leur contrôle voir Franz/Kugener 2000, 269-316.

Ces pauvres étaient domiciliés dans une paroisse et se distinguaient de l'univers des vagabonds. Le recensement de 1766 ne considère pas les miséreux qui n'ont ni résidence ni profession. Nous n'avons donc aucune source qui permet véritablement d'évaluer l'ampleur du phénomène. Néanmoins il faut convenir avec Pierre Goubert qui juge que «si l'on prend soin de compter approximativement tous ces errants difficilement repérés, on s'aperçoit que leur nombre dut être tel qu'ils méritent de sortir de l'anecdote et du romanesque dans lesquels on les a souvent confinés».[9] Aujourd'hui l'importance du vagabondage comme «trait de structure de la société ancienne» est reconnue même s'il reste difficile à quantifier.[10]

La législation contre les mendiants et les vagabonds

Le nombre de lois qui ont été édictées tout au long des XVIe, XVIIe et XVIIIe siècles dans le but d'organiser la répression de la mendicité et du vagabondage, offre un premier indice du poids numérique des marginaux. Les textes se répètent, la répétitivité traduisant l'impuissance des autorités face au problème. Toutes ces ordonnances visent d'abord à réprimer les symptômes sans jamais toucher les véritables causes de la misère.

Déjà en 1459 un placard de Philippe le Bon interdit la mendicité au Brabant.[11] À l'échelle des Pays-Bas, l'ordonnance de Charles Quint du 7 octobre 1531 devient le modèle pour tous les règlements édictés par la suite. Elle décrète l'interdiction de mendier et l'obligation de travailler pour tous les pauvres valides, tout en préconisant la centralisation des fonds d'aide.[12] Au XVIIIe siècle, sous les Habsbourg d'Autriche, les édits se suivent à un rythme tout aussi soutenu. Dès 1713 – le régime autrichien n'est pas encore en place – Charles VI sévit déjà contre mendiants et vagabonds. Le 21 juin 1713 une ordonnance prescrit des mesures pour remédier aux désordres commis par des voleurs, vagabonds et gens sans aveu. La mesure principale consiste à organiser des patrouilles villageoises chargées de combattre les bandes armées qui courent le plat pays «[…] volant et rançonnant les passagers, pillant les maisons dans les bourgs et villages, commettant d'autres violences à charge des bons sujets de Sa Majesté et empêchant l'entrecours du commerce, si nécessaire dans tout État bien policé […]».[13] Le 23 octobre 1713 une ordonnance de Charles VI somme tous les «brimbeurs, fainéants et vagabonds étrangers» de quitter les Pays-Bas dans les huit jours de la publication de l'édit sous peine «d'être fouettés de par la justice du lieu où ils seront trouvés, pour la première fois, et autre arbitraire

---

9   Goubert 1969, 89.
10 Gutton 2003, 815-816.
11 Misérables 2011, 19.
12 Recueil des ordonnances des Pays-Bas, 2e série, III, 1530-1536, p. 265-273.
13 ROPBA2 1867, 469-470, p. 469-470. Cette ordonnance reprend presque mot pour mot une ordonnance de Maximilien-Emmanuel de Bavière du 12 juin 1713. Voir ROPBA2 1867, 466-467.

pour la seconde».[14] Ceux qui sont nés dans le pays doivent cesser d'errer et retourner au lieu de leur naissance ou de leur ancienne résidence. Là ils devront se remettre au travail et pourvoir à leur propre subsistance. Si au terme d'un mois ils ne peuvent pas faire preuve d'une occupation leur permettant de subsister, ils seront «appréhendés et emprisonnés à pain et à eau le temps de six semaines». Une fois libérés de la prison, si au bout d'un mois ils ne travaillent toujours pas, ils «seront bannis hors de tous les pays de notre obéissance par la justice du lieu où ils seront attrapés, à peine de fustigation pour la première fois, la marque pour la seconde, et de mort pour la troisième».

L'ordonnance de 1713 défend expressément de faire l'aumône aux mendiants sous peine d'une amende de six florins. Pourtant les Pays-Bas sont une société profondément catholique et la charité est une valeur chrétienne essentielle. La miséricorde et la compassion seraient-elles interdites? Non, la loi fait simplement une différence entre «bons» et «mauvais» pauvres. Le législateur définit la catégorie des «bons» pauvres qui peuvent toujours recevoir des dons contrairement aux «mauvais» pauvres qui sont des fainéants. Parmi ceux qui ont droit à l'assistance on trouve les pèlerins et tous ceux qui voudraient travailler mais qui ne peuvent pas à cause d'une infirmité ou de leur vieillesse. Les assistés reçoivent de la justice du village où ils sont nés une «marque» c.-à-d. une attestation qui les autorise à recevoir l'aumône.[15] Les causes conjoncturelles de la pauvreté ne sont pas du tout reconnues. La notion de chômage pour des raisons économiques n'existe pas. Ceux qui chôment sont considérés comme des fainéants. Que des personnes valides ne puissent pas travailler parce que l'économie en crise ne fournit pas assez d'emplois, échappe encore à la compréhension des contemporains.

Aussi ne faut-il pas s'étonner que la situation ne s'améliore pas. L'ordonnance générale de Charles VI pour la répression de la mendicité dans les Pays-Bas du 12 janvier 1734 part sur un constat d'échec. La mendicité s'est «infiniment accrue dans ces pays par la grande quantité de vagabonds de l'un et de l'autre sexe qui s'y sont répandus, dont le nombre augmente tous les jours, malgré les précautions qui ont été prises par les ordonnances antérieures».[16] À travers le préambule de l'ordonnance transparaît l'inquiétude des autorités devant la masse des marginaux. «L'oisiveté et la fainéantise» sont particulièrement fustigées comme étant la source de désordres et de crimes. Suspectés de vols et de toutes sortes d'activités délinquantes, vagabonds et mendiants se voient également reprocher leurs mauvaises mœurs. Ainsi leur libertinage et leur irrespect de la religion risqueraient d'attirer la malédiction divine sur le pays.[17]

14 ROPBA2 1867, 480-481.
15 Voir aussi Franz/Kugener 2000, 284-288.
16 ROPBA4 1877, 537-539.
17 L'accusation retient que «plusieurs d'entre eux de l'un et de l'autre sexe habitent ensemble sans mariage, qu'ils vivent presque tous dans l'ignorance de la religion et le mépris des saints sacrements, dont l'impunité et la plus longue continuation pourroient attirer la malédiction de Dieu sur ces pays». ROPBA4 1877, 537-539.

L'ordonnance de 1734 maintient les mêmes peines à l'égard des mendiants que celle du 23 octobre 1713 tout en la complétant sur deux points: la prise en charge des «bons» pauvres et la mise en œuvre de la répression. Le législateur impose à chaque communauté d'entretenir ses pauvres invalides, incapables de travailler. Les pauvres sont renvoyés dans leur communauté d'origine qui les prend en charge. D'autre part les baillis, mayeurs et autres officiers locaux sont tenus d'organiser des patrouilles pour arrêter les vagabonds. Les articles de la loi décrivent comment cela doit se passer dans les faits. Quand des vagabonds sont signalés à proximité du village, le mayeur fait sonner le tocsin pour assembler les villageois avec leurs armes. La patrouille ainsi formée part ensuite à la chasse des vagabonds. Afin de motiver les manants, une récompense de 12 florins est prévue pour chaque mendiant et vagabond étranger arrêté.

En 1765 un édit de Marie-Thérèse reprend pratiquement article pour article et mot pour mot l'ordonnance de 1734. En fait il s'agit d'une republication de la même loi. Le préambule constate d'ailleurs que «la mendicité étant infiniment accrue dans ces pays [...] ce qui ne peut être attribué qu'à l'oubli et à l'inexécution de l'édit du 12 janvier 1734».[18]

Une loi spéciale contre les Tsiganes

Les ordonnances émanées par le gouvernement autrichien confondent vagabonds, mendiants et pauvres. Cette confusion se justifie sans doute dans une société rurale où beaucoup de pauvres sont des errants et où la plupart des errants vivent de la quête. Néanmoins les autorités autrichiennes distinguent parmi ces populations instables les «Égyptiens», c'est-à-dire les Gitans ou Tsiganes. Ces derniers sont considérés comme un groupe à part, plus dangereux encore que les autres errants, et font l'objet d'une législation particulière.[19] Le 29 décembre 1725 Charles VI promulgue une ordonnance qui vise spécialement «les Égyptiens ou se disant tels».[20] L'exposé des motifs constate que leur nombre s'accroît de jour en jour. Les Tsiganes sont accusés de commettre «larcins, vols d'église et autres brigandages». On leur reproche leur «vie débordée et lubrique» qui risque d'attirer «le fléau du ciel». Cependant ce qui d'après cette ordonnance rend les «Égyptiens» plus menaçants que les autres vagabonds, c'est le fait qu'ils se regroupent en bandes. «Tout ce qu'il y a de bandits, vagabonds et autres mauvais garnements se tiennent ensemble sous ledit nom d'Égyptiens, et se rendent si hardis et redoutables que personne n'est en sûreté, et ce d'autant plus qu'ils viennent armés et en si grandes bandes que les gardes et patrouilles que nous avons ordonnées être faites par nos règlements antérieurs au plat pays et sur les grands chemins n'osent les attaquer».[21] Les pouvoirs en place craignent visiblement les attroupements de marginaux. Aussi la répression contre les «Égypti-

---

18   Ordonnance du 21 décembre 1765; ROPBA9 1897, 243-245.
19   Sur le traitement des Tsiganes en France et dans l'Empire allemand voir Asseo 1974; Vaux de Foletier 1961; Fricke 1996.
20   ROPBA3 1873, 535-536.
21   ROPBA3 1873, 535.

ens» s'avère-t-elle nettement plus féroce et plus expéditive. Après la publication de l'ordonnance, les Égyptiens ont quatre jours pour quitter avec leur famille les terres sous domination autrichienne. Ce délai passé, ceux qui sont attrapés, sont d'abord fouettés puis marqués au fer rouge et ensuite bannis à perpétuité. L'édit précise que cette peine s'applique «sans autrement avoir méfait», c'est-à-dire sans avoir commis d'autre délit. Si les tsiganes sont arrêtés une seconde fois et que les juges constatent qu'ils portent déjà une flétrissure, ils subissent la peine de la hart. Ils sont donc pendus. La marque représentant une potence est appliquée soit à l'épaule soit au dos du condamné et sert à repérer le récidiviste.

Bien que le traitement infligé aux tsiganes soit des plus sévères, des voix s'élèvent pour réclamer une aggravation des dispositions. En 1736 les États du duché de Luxembourg soumettent un projet de règlement à la gouvernante générale Marie-Élisabeth, dans lequel ils proposent de remplacer la marque au fer rouge par une mutilation. Au lieu d'une flétrissure, les «Égyptiens et vagabonds» aurait «le bout d'une oreille coupé de la largeur d'un doigt».[22] Ainsi il serait plus aisé de reconnaître les récidivistes. Les députés argumentent que d'aucuns réussissent à effacer la marque de manière à échapper à la peine de mort par pendaison. Cependant à Bruxelles, le Conseil privé rejette un renforcement des peines. «Il vaut mieux qu'ils soient de nouveau flétris que de leur ôter tout espoir d'amendement puisqu'en coupant un bout de l'oreille, ils entraînent continuellement avec eux leur ignominie: ce qu'étant visible, ils seront partout méprisés et chassés».[23] La position plus humaine du gouvernement peut surprendre car elle suggère que les personnes condamnées pour vagabondage auraient une chance de s'intégrer à nouveau dans la société, alors que le bannissement prévu par la loi n'autorise en principe aucun retour au pays.

Comment interpréter la loi?

L'ordonnance de 1725 a-t-elle été appliquée dans toute sa rigueur par les juridictions? Dans les faits, la pratique judiciaire pouvait parfois fortement différer des textes normatifs. On peut donc s'interroger si l'interprétation des articles de la loi laissait une certaine latitude à la clémence des juges. Certains documents retrouvés dans les archives du Conseil privé semblent indiquer que les justices subalternes ont hésité à décréter les supplices prévus par l'ordonnance.

En 1734 le bourgmestre et les échevins du Franc de Bruges adressent une requête à la gouvernante générale pour demander des éclaircissements quant à l'application du placard émané par Charles VI le 29 décembre 1725.[24] Début février leurs gardes ont arrêté deux femmes de «race égyptienne». La sentence est immédiatement rendue et exécutée le 6 février: les deux femmes sont fouettées

22   ROPBA5 1882, 149.
23   ROPBA5 1882, 149, note 1.
24   Le Franc de Bruges est une châtellenie qui s'étend autour de Bruges.

et marquées au fer rouge. Ensuite elles sont bannies. Mais le 26 février les deux vagabondes sont à nouveau capturées par les agents du Franc de Bruges. Maintenant si les juges se tiennent à la loi, ils devraient prononcer la peine de mort. Mais le bourgmestre et les échevins reculent devant cette extrémité. Ils écrivent une requête à la gouvernante générale Marie-Elisabeth et expliquent qu'«ils n'avoient oséz mettre en execution cette rigoureuse peine sans preallablement en donner part a Votre Altesse Serenissime». Peut-être les magistrats craignent d'avoir des remords. Aucune plainte ne leur a été faite de la part des manants. Les deux femmes «quoi que reputées pour Egiptienes sont natives de la province de Flandres». Elles ne sont «coupables d'aucun crime sauf leur vie vagabonde». Elles ne faisaient pas partie d'une bande et n'étaient pas accompagnées d'hommes.[25]

Sollicité à rendre son avis sur cette requête, le Conseil privé rejette les arguments avancés par les autorités du Franc de Bruges pour justifier une modération de la sanction. Selon les juristes de l'instance bruxelloise il faut appliquer la loi à la lettre pour qu'elle garde sa force dissuasive. Cependant la gouvernante générale ne suit pas l'avis du Conseil privé et déclare qu'elle préfère «grâce à la rigueur de justice».[26] Les deux femmes ne seront pas pendues mais fustigées une seconde fois et bannies à perpétuité. Or, au lieu de se plier à la volonté de la gouvernante générale, le Conseil privé envoie une nouvelle consulte.[27] L'entorse que cette mesure de clémence ferait subir à la loi serait trop flagrante. Les conseillers suggèrent à Marie-Elisabeth une autre façon de procéder: les juges du Franc de Bruges prononceront la peine capitale stipulée par l'ordonnance. Ensuite les condamnées seront conduites au gibet où elles seront informées que Son Altesse Sérénissime les a graciées sous condition d'observer leur ban pendant toute leur vie.

L'application du placard de 1725 a manifestement posé problème aux justices locales. Non seulement certaines d'entre elles rebutent devant la sévérité des peines qui semble exagérée tellement il s'agit de pauvres misérables n'ayant souvent même pas commis de larcin. Mais en plus les juges éprouvent des difficultés à distinguer les «Égyptiens» des simples vagabonds. Quelle loi faut-il dès lors appliquer, l'ordonnance de 1725 ou celle plus modérée de 1734?

En 1737, le gouvernement de Bruxelles envoie au Conseil provincial de Luxembourg une dépêche avec la demande de l'informer sur la façon dont le dispositif du placard de 1725 a été jusqu'à présent interprété et exécuté dans la province de Luxembourg.[28] La dépêche gouvernementale est accompagnée d'un dossier qui fait état des problèmes que les autorités judiciaires du duché de Brabant ont rencontrés dans les poursuites contre les Tsiganes. La diffi-

---

[25] Archives générales du Royaume [AGR], Conseil privé, N° 371, Consulte du 13 mars 1734.
[26] AGR, Conseil privé, N° 371, Décision couchée sur la consulte du 13 mars 1734.
[27] AGR, Conseil privé, N° 371, Consulte du 26 mars 1734.
[28] Archives nationales du Luxembourg [ANLux], A XXII-1, dépêche envoyée au Conseil provincial, 28 septembre 1737.

culté majeure consiste à faire une différence entre les «Égyptiens» et les vagabonds ordinaires. Le drossard de Brabant, c'est-à-dire le chef de la maréchaussée du Brabant, a essayé de résoudre la question en donnant un signalement des «Égyptiens». D'après sa description, ces derniers sont «connus sous le nom de Taeters, Praguenaers ou Heÿdensche mennans une vie de feneants, errans ça et là, sans residence fixe et sans s'arrêter lontems dans un même endroit, brimbans et vivans a la charge des inhabitans du plat paÿs, desquels ils enlevent des poulets, dindons et generalement tout ce qui se presente a leur portée, etans d'ailleurs fort differens des autres vagabonds par raport a leur bisare ajustement, bagage et langage et particulierement leur teint noir et fort basanné, parlant entre eux un jargon inconnu, ignorans la plus part le lieu de leur naissance et leur âge, s'atroupant comunement sous la conduite d'un de leur race qu'ils nomment capitaine, cela separement et en diverses bandes, qu'ils savent distinguer par la couleur des plumets».[29]

Cependant malgré cette tentative d'établir un signalement, dans la pratique les choses s'avèrent plus compliquées. En effet les pourchassés savent que les peines sont moins lourdes pour les vagabonds ordinaires. Quand ils sont arrêtés ils contestent ardemment appartenir à la race des «Égyptiens». Jacques Corneille de Bosschaert, conseiller-assesseur pour les affaires criminelles au duché de Brabant, raconte comment les interrogatoires se passent d'habitude. Les arrêtés «nient absolument qu'ils soient de race d'Egÿptiens, Bohemiens pretendus ou autrement, qu'ils font profession de la religion catholique apostolique et romaine, qu'ils ne suivent aucune bande excepté le marÿ sa femme, la femme le marÿ et leurs enfans, et qu'ils ne connoissent ce que c'est ni de capitaine ni de plumet, a quoÿ ils ajoutent ordinairement qu'ils font profession de travailler aux poldres et ailleurs et que ne leur étant possible de se tenir dans un même endroit au dela de la saison, ils sont obligés de recourir ailleurs. Si on leur objecte la noirceur de leur tein et le language extraordinaire qu'ils jargonnent entre eux ils repondent que ce tein leur vient de nature, que le jargon leur a été enseigné d'enfance».[30]

Quand les juges maintiennent l'accusation, le désespoir de ces parias de la société d'Ancien Régime éclate dans toute sa véhémence. Bosschaert décrit des scènes désolantes. «Aucuns d'eux reprennent plus aigrement que s'il eut dependu d'eux de naître en ce monde, qu'ils auroient pu choisir de rester dans le neant mais puisque Dieu les a fait naître des Parens malheureux qu'ils nacquirent hommes comme les autres, que la nudité et la faim les oblige a chercher de quoÿ trainer leur malheureuse vie, qui ne se trouve personne qui les veuille prendre a son service par la repugnance qu'un chacun sent contre des gens que l'on croit d'une race si odieuse, enfin si on les menace de la hart au cas qu'ils

---

[29] ANLux, A-XXII-1, requête du comte Van der Steghen, drossard de Brabant, à l'empereur, copie s.d.
[30] ANLux, A-XXII-1, réponse du conseiller-assesseur Bosschaert, copie, 11 septembre 1737.

retournent au Païs quelqu'uns en font peu de cas, ils repondent seulement que cela ne fera qu'abreger les malheurs de leur triste vie».[31]

Le conseiller-assesseur Bosschaert conclut qu'il est très difficile de juger d'après la couleur de la peau ou de l'accoutrement si un individu est égyptien ou non. L'aspect physique d'une personne ou son accent ne donnent aucune certitude au juge. Aussi ce juriste expérimenté propose la solution suivante: ni les affirmations de l'accusé ni sa physionomie ne doivent déterminer le jugement mais les circonstances de l'arrestation. Or trois faits sont déterminants et donnent lieu à l'application de l'ordonnance de 1725. Au moment de sa capture, le vagabond n'était pas seul mais faisait partie d'une bande. Ce groupe de personne se tenait ensemble sous le nom d'«Égyptiens», de «Bohémiens» ou semblable synonyme. Les membres de la bande parlent un langage inconnu et vivent «d'une façon extraordinaire».[32] Outre un mode de vie non conventionnel, c'est l'attroupement qui constitue le fait aggravant.

Les obstacles à la répression

Malgré une législation sévère, il semble que dans un premier temps les procès contre des vagabonds ou des Gitans soient peu fréquents. Le délit de vagabondage reste apparemment largement impuni. La raison de ce laisser-aller est à chercher dans le système judiciaire même.[33] Sous l'Ancien Régime les compétences sont émiettées entre une multitude de juridictions villageoises, urbaines et provinciales. Dans les villes et bourgs les magistrats rendent justice, dans les campagnes les tribunaux seigneuriaux. Le seigneur haut-justicier qui possède les droits de justice, nomme le mayeur et les échevins. Ces échevinages investis de la haute justice décident alors en dernier ressort des crimes entraînant le bannissement, la fustigation, la mutilation voire la mise à mort. Les coûts du procès et de l'exécution de la sentence sont supportés par le seigneur haut-justicier. Ce dernier paie les vacations du tribunal, la nourriture des prisonniers et le bourreau, en se remboursant sur les biens confisqués du condamné. Or si l'inculpé ne possède rien comme c'est généralement le cas des mendiants et vagabonds, le seigneur ne rentre pas dans ses frais. La situation matérielle du délinquant incite donc la justice à l'inaction.

Or la passivité des juges est tenue pour responsable de l'accroissement réel ou ressenti du nombre de vagabonds. En 1732 les députés des États du duché de Luxembourg se plaignent auprès de la gouvernante générale que «cette province est depuis quelque tems tellement inondée de cette vermine qu'elle n'en pourra plus en être déchassée».[34] Dans leur pétition, ils donnent la faute aux officiers de justice et aux prévôts qui ne veulent pas poursuivre les errants car ils

---

31 ANLux, A-XXII-1, réponse du conseiller-assesseur Bosschaert, copie, 11 septembre 1737.
32 ANLux, A-XXII-1, réponse du conseiller-assesseur Bosschaert, copie, 11 septembre 1737.
33 Pour une description de la justice d'Ancien Régime au Luxembourg: Thewes 1992, 523-541, voir 523-525.
34 ANLux, A-XXII-1, requête des députés des États à la gouvernante générale, 23 octobre 1732.

craignent les dépenses occasionnées par les procès et les exécutions. Les représentants de la province proposent dès lors que les États prennent en charge les frais des poursuites. Les justices subalternes seraient remboursées des deniers de la caisse provinciale. Le gouvernement central acceptera effectivement cette proposition. En 1736 un décret autorise les juridictions à solliciter le remboursement des coûts qui résultent de la répression de la mendicité et du vagabondage.[35] Les États ajoutent la somme à l'impôt de l'«excressence» destiné aux besoins de leur administration et la répartissent ainsi sur l'ensemble des contribuables de la province.[36]

Cependant un autre obstacle se dresse contre une répression efficace: l'absence de moyens de coercition. Sous l'Ancien Régime, il n'existe pas de véritables forces de police, ou du moins celles-ci sont très faibles et se limitent généralement dans les villes à quelques sergents de ville et gardes bourgeoises.[37] L'État central dispose de l'armée mais celle-ci constitue avant tout un outil pour faire la guerre et défendre le territoire contre des agressions externes. L'armée est peu utilisée dans le maintien de l'ordre à l'intérieur des frontières sauf de manière exceptionnelle en cas de rébellion ou de révolte. Alors qui se charge de faire observer les ordonnances, de chasser les malfaiteurs, de capturer les délinquants et de les traduire en justice?

À défaut d'un quadrillage policier du pays, la tâche difficile de la surveillance incombe aux seigneurs justiciers et à leurs représentants, les baillis, mayeurs et autres officiers de loi. La législation compte pour se faire respecter sur l'auto-police des populations.[38] Lorsque des vagabonds sont aperçus à proximité du village, le mayeur fait sonner le tocsin et rassemble les manants en armes. Cette troupe paysanne part ensuite à la recherche des «canailles» pour les arrêter et les mener devant les juges. Les sources gardent parfois la trace de tels épisodes. Ainsi, pendant la nuit du mercredi au jeudi saint de l'année 1774, un vol avec effraction a lieu à Verlaine-sur-Ourthe, hameau situé à proximité de Durbuy, dans la province de Luxembourg. Les cambrioleurs pénètrent dans la maison seigneuriale et volent une grande quantité de linge ainsi que quelques autres effets. Averti du larcin, le mayeur du lieu réunit sans tarder plusieurs paysans et commence à ratisser les alentours. La chasse est couronnée de succès. La nuit du vendredi saint, la troupe paysanne tombe sur un groupe composé de deux hommes, deux femmes, deux filles et plusieurs enfants qui se sont réfugiés dans une grange. Ils ont auprès d'eux de gros paquets. Effectivement il s'agit du butin fait au château de Verlaine. Les deux filles parviennent à s'échapper mais les autres sont conduits à la prison seigneuriale. Une semaine après, l'affaire connaît un nouveau rebondissement. Les deux hommes réussissent à «briser

---

35   ROPBA5 1882, 148-150.
36   Sur l'impôt de l'«excressence» voir Thewes Bruxelles 1994, 47-71.
37   Il faudrait certes nuancer cette affirmation et préciser comment la sécurité était assurée dans les bourgades de l'ancien duché. Voir à titre de comparaison l'étude de Denys 2002.
38   ROPBA2 1867, 486.

leurs fers» et s'enfuient «à la faveur des ténèbres». Cette fuite est caractéristique de la garde des prisonniers sous l'Ancien Régime, dans des lieux souvent mal adaptés, peu sûrs, surveillés par des geôliers improvisés. Quelques jours plus tard les fugitifs sont repris en compagnie des deux filles sur territoire namurois et enfermés à Namur dans un cachot qu'on espère plus étanche.39

Dans le cas de Verlaine-sur-Ourthe, le spolié est le seigneur de l'endroit. La qualité de la victime explique sans doute pourquoi le mayeur et les sujets ont été plus empressés que d'habitude à retrouver les coupables du cambriolage. Généralement les villageois essaient de se soustraire aux rondes et expéditions organisées pour traquer les vagabonds. Le fréquent rappel des ordonnances imposant l'obligation de patrouiller montre à quel point cette corvée était impopulaire parmi les communautés rurales.40 En 1741, dans une remontrance à la souveraine, les États du duché de Luxembourg justifient l'opposition que rencontrent les patrouilles rurales. «Ce dit Païs est d'une trop vaste étendue entrecoupé des bois et montagnes que les villages et hameaux sont tellement dispersés et si peu peuplés que le nombre de leurs habitants ne peut suffir à fournir les gardes et patrouilles ordonnées».41 La police rurale est une lourde charge pour les paysans obligés de délaisser leurs champs pendant une journée voire plusieurs. Les patrouilles dérèglent le travail agricole. Le procureur général convient également que les habitants des campagnes refusent de risquer leur vie à pourchasser les vagabonds: «Forcés à cette garde [les paysans] se contentent le plus souvent de se rendre au lieu où ils doivent faire la garde et d'y rester tout le tems les bras croisés».42 Les autorités sont d'accord pour constater l'inefficacité de la répression.

La création de la maréchaussée

Afin de mieux assurer la sécurité dans les campagnes et alléger la charge des gardes rurales, les États du duché de Luxembourg proposent la création d'une maréchaussée provinciale au gouvernement en 1732.43 Bruxelles acquiesce.44 Dès mars 1733 Laurent Wageman prête serment entre les mains des députés en tant que capitaine de la maréchaussée.45 Il est chargé de lever une troupe de

---

39   AGR, Conseil privé, N° 678 B, Requête du conseiller Ghaye, seigneur de Verlaine-sur-Ourthe, 7 mai 1774.
40   Voir Coutiez 1993, 374-375.
41   ANLux, A XXII-1, Remontrance des députés des États, 26 juin 1741.
42   ANLux, A XXII-1, Avis du procureur général, s.d. [vers 1757].
43   ANLux, A XXII-1, Requête des députés des États, 23 octobre 1732.
44   ROPBA4 1877, 493-495, Décret de l'archiduchesse Marie-Élisabeth instituant une maréchaussée, 3 février 1733.
45   Autres graphies trouvées dans les sources: Lorent Wangeman, Lorent Vangement, Wanguemann. Laurent Wageman cumulait cette fonction avec celle de commandant de la maréchaussée de l'Électorat de Trèves, bel exemple de coopération transfrontalière à l'époque moderne.

seize hommes y compris un lieutenant, un sergent et un caporal.[46] L'ensemble des gages payés par la caisse de l'«excressence», s'élève à 2.352 florins par an.[47] Les États fournissent à chaque soldat «fusil, bayonnette, cartouche et une custode de cuir pour garantir les armes pendant les temps de pluies» ainsi que «tous les ans un sarrau de grosse toile».[48] La troupe est casernée à Arlon, le capitaine et le lieutenant y logent chez l'habitant. À partir de là les hommes de la maréchaussée ratissent le pays «pour purger la province de tous vagabonds et rendre la sûreté des chemins aux habitants, voyageurs et commerçants».[49] La mesure semble porter des fruits car d'après les dires des députés «cette province qui fourmilloit d'Egiptiens, vagabonds et voleurs en a été purgée en peu de tems».[50]

Cependant quand la guerre de la Succession de Pologne éclate en octobre 1733, les États du duché doivent faire face à d'autres priorités et ne parviennent plus à subvenir aux dépenses de la maréchaussée. La petite troupe est congédiée. Une fois la paix revenue, les députés relancent l'institution d'un corps de police. Un nouveau décret de l'archiduchesse Marie-Élisabeth du 9 novembre 1736 rétablit la maréchaussée et règle mieux la procédure judiciaire à suivre.[51] Les frais de justice sont remboursés aux seigneurs hauts justiciers par les États du Luxembourg.

La création d'un instrument répressif plus efficace, la maréchaussée, de même que le remboursement des frais de procès vont déclencher une vague de répression contre les errants. En 1737 huit vagabonds dont six femmes et deux hommes sont traduits en justice.[52] En 1741 leur nombre monte à 33 personnes condamnées par différents tribunaux.[53] Le sieur Hettinger, officier de justice à Bollendorf, reçoit alors 418 florins pour couvrir les dépenses d'un procès criminel intenté à vingt «Égyptiens». Le procureur d'office de Beaufort, Nicolas Promenschenckel, qui fait condamner neuf voleurs, touche une indemnisation non négligeable de 1.169 florins. La chasse aux malandrins est ouverte. Les mentions qu'on trouve dans les comptes de l'«excressence» des États n'indiquent pas toujours le châtiment encouru par ceux et celles qui tombent dans les filets de la maréchaussée et de la justice. Sans doute, quand il n'y pas de précision, la sentence se limite à la fustigation et au bannissement. Cependant dans de nombreux cas les tribunaux prononcent la peine capitale. Le libellé de la dépense inscrite dans les comptes de l'«excressence» signale alors que le pré-

---

46 À titre de comparaison, au comté de Hainaut la maréchaussée a un effectif de quinze hommes. Là aussi les États provinciaux fournissent le financement. Voir Coutiez 1993, 388.
47 ANLux, A IV-117, Compte de l'excressence pour l'année 1733.
48 ROPBA4 1877, 494.
49 ROPBA4 1877, 495.
50 ANLux, A XXII-1, Remontrance des députés des États, 30 juillet 1736.
51 ROPBA5 1882, 148-150.
52 ANLux, A IV-117, Compte de l'excressence pour l'année 1737.
53 ANLux, A IV-118, Compte de l'excressence pour l'année 1741.

venu a été «condamné à mort et exécuté» ou encore qu'il a été «pendu ensuite de la sentence de la justice de ladite seigneurie». Entre 1739 et 1749 au moins six vagabonds sont ainsi exécutés.[54] Les édits de 1733 et 1736, promulgués sur initiative des États, inaugurent incontestablement une nouvelle politique de la sévérité à l'égard des marginaux et des déviants au duché de Luxembourg.[55]

La peur de l'étranger

Les peines se font généralement plus sévères quand il s'agit d'un vagabond non natif de la province. La répression du vagabondage et de la mendicité nomade est étroitement liée au statut de l'étranger dans la société d'Ancien Régime. La peur de l'errant est aussi une peur de l'étranger.

Déplorant que «toutes sortes d'étrangers inconnus ÿ viennent indifféremment prendre leurs habitations», les représentants du duché réclament un contrôle plus rigoureux.[56] L'immigration devrait être soumise à des conditions très strictes. Le Conseil provincial partage l'inquiétude des députés des États. Le procureur général affirme lui aussi qu'«il est notoire que cette province se remplit insensiblement de toutes sortes de garnemens etrangers qui pervertissent et corrompent les anciennes mœurs des habitans naturels et l'experience fait voir que la plus part des criminels sont ou etrangers ou issus de familles mellées de sang etranger, ou enfin gatés et enhardis au crime par quelque residence anterieure soit dans les troupes et garnisons soit ailleurs en autre profession chez les etrangers».[57]

Sur les réclamations répétées des États, le gouvernement central émet finalement en 1765 une ordonnance qui règle l'établissement des étrangers dans le duché de Luxembourg.[58] Ceux qui veulent choisir domicile dans une localité de la province doivent présenter à la justice du lieu un certificat qui atteste leurs bonnes vie et mœurs ainsi que l'exercice d'une profession pendant les trois dernières années. L'attestation est signée par l'officier de justice et le curé du précédent lieu de résidence. Les étrangers qui souhaitent s'établir doivent déposer une caution, prouvant ainsi qu'ils sont capables de subsister sans être à charge de la communauté. Celle-ci s'élève à deux cents florins lorsque le nouvel arrivant est déjà sujet de l'impératrice. La somme requise est de trois cents florins pour quelqu'un qui vient d'un autre pays sous domination étrangère. Cette garantie représente un montant important qui équivaut à un voire deux salaires annuels d'un ouvrier peu qualifié.

Qu'une caution soit exigée montre que le rejet de l'étranger n'est pas une simple réaction de xénophobie comme l'avis du procureur général aurait pu le faire croire. Les communautés tendent à se refermer sur eux-mêmes pour des

---

54 ANLux, A IV-117-118.
55 Le dépouillement exhaustif des comptes de l'«excressence» sera présenté dans une étude ultérieure.
56 ANLux, A XXII-1, Requête des députés des États, 23 août 1737.
57 ANLux, A XXII-1, Avis du Procureur Général, s.d. [vers 1737].
58 ANLux, A XXII-1, Dépêche avec projet d'ordonnance à publier, 18 mai 1765.

raisons de protectionnisme. D'après le Conseil provincial, les nouveaux habitants ne sont nulle part les bienvenus. «Quelque sujet qui se présente (même natif de ce même paÿs) pour être admis dans une communauté il a mille difficultés a essuÿer de la part de cette même communauté, surtout quand elle est bien en bois et en aisances communales, auxquels elle a intérêt que ne participent qu'un nombre médiocre de sujets».[59] Les ressources économiques dans cette société agraire sont rares. Le terroir d'un village – les champs mais aussi les terres communes – suffisent à peine pour nourrir toute la communauté des habitants. On comprend donc facilement que les communautés villageoises – mais ceci vaut également pour les communautés urbaines – se replient sur eux-mêmes et refusent de partager des ressources limitées avec des nouveaux venus. Le cercle se referme donc: tous ceux qui ne sont pas liés à une terre ou à quelqu'un qui possède une terre, sont renvoyés sur les chemins de l'errance. Ils gonflent les rangs des vagabonds, mendiants, Égyptiens qui peuplent les forêts encore denses à cette époque, se cachant dans les cavernes ou sous les rochers, traînant d'un lieu à l'autre, parcourant parfois des distances étonnantes.

Conclusion

Vagabondage et mendicité sont des indicateurs de crise sous l'Ancien Régime. Les crises peuvent être de nature conjoncturelle lorsque par exemple les armées démobilisent en temps de paix ou qu'une mauvaise récolte fait flamber les prix céréaliers. Le nombre des errants monte alors en pic. Mais le profond déséquilibre est avant tout structurel. Il renvoie à l'incapacité d'une société agraire à assurer le plein emploi et la subsistance de toute la population. Sans terre et sans travail, les misérables sont repoussés dans la marginalité et l'errance.

Sous le régime autrichien, la situation du duché de Luxembourg s'est sans doute améliorée dans de nombreux domaines par rapport au XVIIe siècle. Ainsi le recul des épidémies et des famines, l'introduction de nouvelles cultures, l'abolition du servage et des privilèges fiscaux, le développement de l'industrie textile, l'apparition timide des premières manufactures ou encore les avancées de l'alphabétisation constituent d'indéniables progrès. Néanmoins le XVIIIe siècle n'a pas été un «âge d'or».[60] Trop d'inégalités sociales subsistent. L'économie reste fragile. En particulier la législation concernant la mendicité et le vagabondage nous rappelle qu'une partie toujours importante de la population vit dans des conditions précaires et peut basculer à tout moment dans la misère et l'errance.

La multiplication des édits et le durcissement de la répression ne signifient pas pour autant que le nombre des errants se soit nécessairement accru

---

59 ANLux, A XXII-1, Avis du Procureur Général, s.d. [vers 1737].
60 Jean-Paul Lehners a réfuté magistralement l'idée reçue d'un âge d'or au XVIIIe siècle, évoquant d'ailleurs aussi les édits de Charles VI contre la mendicité et le vagabondage comme argument contre la thèse d'une «période heureuse» de «grande aisance». Lehners 1995, 29-37, 36.

par rapport aux époques précédentes. Il se peut que les autorités soient simplement devenues plus sensibles au problème du vagabondage. Au cours du XVIIIe siècle, l'État accentue sa volonté d'encadrer la population. Au duché de Luxembourg, l'introduction du cadastre et la multiplication des recensements sont ainsi des mesures qui vont dans le sens d'un renforcement des mécanismes de contrôle et de régulation. Le fait de n'avoir pas de domicile fixe devient intolérable, car contraire à la «bonne police». Les vagabonds dérangent et sont dès lors criminalisés.

La répression s'intensifie à partir du deuxième tiers du XVIIIe siècle. Cependant le gouvernement central et les autorités provinciales divergent parfois dans l'application des mesures répressives. Dans le cas du duché de Luxembourg, le Conseil provincial et les États semblent plus intransigeants que les instances bruxelloises. En préconisant la création d'une maréchaussée, les députés de l'assemblée provinciale deviennent les principaux acteurs de la «chasse aux vagabonds». La nouvelle sévérité leur profite. La mise en place d'un embryon de force publique augmente leur pouvoir de contrôle sur les sujets de la province. Les États se posent désormais en garants de l'ordre public.

Ailleurs les pratiques pénales vont évoluer tandis que le Luxembourg vit encore à l'heure des peines afflictives. En 1772 sera construite à Gand la première «maison de correction» des Pays-Bas. Elle a pour mission de transformer les vagabonds et les mendiants en une main-d'œuvre utile. Les considérations économiques l'emportent sur la volonté de punir.

Bibliographie

Asseo 1974 = Henriette Asseo, Problèmes socioculturels en France au XVIIe siècle. Marginalité et exclusion. Le traitement administratif des Bohémiens, Paris 1974.

Bonenfant 1934 = Paul Bonenfant, Le problème du paupérisme en Belgique à la fin de l'Ancien Régime, Bruxelles 1934.

Coutiez 1993 = Yannick Coutiez, Le gouvernement central et les communautés rurales hainuyères (1714–1794), Mouscron 1993.

Denys 2002 = Catherine Denys, Police et sécurité au XVIIIe siècle dans les villes de la frontière franco-belge, Paris 2002.

Depauw 1974 = Jacques Depauw, Pauvres, pauvres mendiants, mendiants valides ou vagabonds? Les hésitations de la législation royale, dans: Revue d'histoire moderne et contemporaine 21, juillet-septembre (1974), 401-418.

Franz/Kugener 2000 = Norbert Franz/Henri Kugener, Öffentliche Sozialfürsorge und Armenpflege in der Stadt Luxemburg unter dem Ancien Régime, dans: Hémecht 52, 3 (2000), 269-316.

Fricke 1996 = Thomas Fricke, Zigeuner im Zeitalter des Absolutismus. Bilanz einer einseitigen Überlieferung, Pfaffenweiler 1996.

Goubert 1969 = Pierre Goubert, L'ancien régime, t. 1 La société, Paris 1969.

Goubert 1976 = Pierre Goubert, Le monde des errants, mendiants et vagabonds à Paris et autour de Paris au XVIIIe siècle, dans: Clio parmi les hommes, La Haye/Paris 1976.

Gutton 1997 = Jean-Pierre Gutton, La Société et les Pauvres en Europe. XVIe–XVIIIe siècle, Paris 1974.

Gutton 2003 = Jean-Pierre Gutton, Mendiants et vagabonds, dans: Lucien Bély (édit.), Dictionnaire de l'Ancien Régime, Paris 2003², 815-816.

Kayser 1984 = Edouard M. Kayser, Le dénombrement général de 1784 dans les Pays-Bas autrichiens et l'état de la population luxembourgeoise à la fin de l'Ancien Régime (1766–1784), dans: Hémecht 36, 1 (1984), 79-93, 82-83.

Lehners 1995 = Jean-Paul Lehners, Le XVIIIe siècle: un âge d'or? Aspects démographiques, économiques et sociaux, dans: Piété baroque en Luxembourg, Bastogne 1995, 29-37.

Metzler-Zens 1977 = Nicole Metzler-Zens, Démographie de la paroisse d'Echternach au 18e siècle, dans: Echternach notre ville. Le livre d'or du centenaire de la société d'embellissement et de tourisme, Echternach 1977, 223-132.

Misérable 2011 = Misérable? Regards sur la pauvreté, 13e-18e siècles. Catalogue de l'exposition aux Archives Générales du Royaume à Bruxelles 1er mai 2011 au 10 septembre 2011, Bruxelles 2011.

Reuter 1997 = Antoinette Reuter, De village en village, de maison en maison. Marchands et artisans ambulants en Luxembourg (XVIIe – XXe siècle), dans: L'almanach des vieux Ardennais. Traditions et saints de l'automne, Bastogne 1997.

ROPBA2 1867 = Recueil des ordonnances des Pays-Bas autrichiens, Troisième série, t. 2, Bruxelles 1867.

ROPBA3 1873 = Recueil des ordonnances des Pays-Bas autrichiens, Troisième série, t. 3, Bruxelles 1873.

ROPBA4 1877 = Recueil des ordonnances des Pays-Bas autrichiens, Troisième série, t. 4, Bruxelles 1877.

ROPBA5 1882 = Recueil des ordonnances des Pays-Bas autrichiens, Troisième série, t. 5, Bruxelles 1882.

ROPBA9 1897= Recueil des ordonnances des Pays-Bas autrichiens, Troisième série, t. 9, Bruxelles 1897.

Thewes 1992 = Guy Thewes, La justice des Lumières au duché de Luxembourg. La réforme judiciaire de Joseph II, dans: Hémecht 44, 4 (1992), 523-541.

Thewes 2012 = Guy Thewes, Stände, Staat und Militär. Versorgung und Finanzierung der Armee in den Österreichischen Niederlanden 1715–1795, Wien-Köln-Weimar 2012.

Thewes ordre chronologique des publications: 1992, 1994 2012 = Guy Thewes, Route et administration provinciale au siècle des Lumières: l'exemple des États du duché de Luxembourg (1748–1795), Bruxelles 1994.

Trausch 1977 = Gilbert Trausch, Le Luxembourg sous l'Ancien Régime (17e, 18e siècles et débuts du 19e siècle), Luxembourg 1977.

Vaux de Foletier 1996 = François Vaux de Foletier, Les Tsiganes dans l'ancienne France, Paris 1961.

Fabian Trinkaus

Ausgebliebene Proletarisierung?
Die Arbeiterwohnungsfrage im Saar-Lor-Lux-Raum während der Industrialisierung

Einleitung

Zu den Gründungsmythen der luxemburgischen Industriegesellschaft zählt zweifelsohne die These, wonach eine Proletarisierung der wachsenden Industriearbeiterschaft, wie sie etwa im benachbarten Deutschland oder in England festzustellen war, ausgeblieben sei: Die luxemburgischen Industriearbeiter blieben, so der Gedankengang, eng ‚mit der Scholle verbunden' und im traditionell bäuerlichen System, das ganz wesentlich mit dem Erwerb von Eigenbesitz einherging, verankert. Außerdem habe die vielerorts engagiert vorangetriebene betriebliche Sozialpolitik den Arbeitern einen ordentlichen Lebensstandard gesichert.[1] Ganz ähnlich fallen Beschreibungen des ehemaligen Saarreviers in direkter Nachbarschaft aus. Auch hier wurde der Industriearbeiter nicht selten mit dem Sozialtypus des ‚Arbeiterbauern' identifiziert, der nach der Schicht sein Feld bestellte und folglich sozial abgesichert war. So heißt es in einer neueren, wenngleich überaus defizitären Studie unter Berufung auf ältere Darstellungen, die landwirtschaftliche Nebenbeschäftigung der Saararbeiter hätte dazu beigetragen, „dass eine schnelle ‚Verproletarisierung' verhindert" wurde. Auch der unternehmerischen Sozial- oder Wohlfahrtspolitik wurde in diesem Zusammenhang eine die sozialen Verwerfungen abfedernde oder gar blockierende Wirkung attestiert.[2]

Im Anschluss an einen Beitrag von Jean-Paul Lehners aus dem Jahre 1991[3] sollen die im Vorigen eingeführten Interpretationsschemata wenn nicht revidiert, so doch stark relativiert und modifiziert werden. Von einer „ausgebliebenen Proletarisierung", so die Hypothese, kann weder im Saarrevier noch im Großherzogtum Luxemburg die Rede sein. Vielmehr zeigten sich in beiden benachbarten Revieren die für das Industrialisierungszeitalter so typischen sozialen Schieflagen. Formuliert man solche sozialhistorischen Großbefunde, müssen passende und valide Indikatoren ausgewählt werden, um sie letztlich zu bestätigen, ansonsten droht eine ebenso pauschale wie moralisierende Diskussion um Ausbeutung und Ungerechtigkeit. Im Gegensatz etwa zu den Löh-

---

[1] Vgl. dazu Lehners 1991, 35-36.
[2] Zitat bei Gergen 2000, 70. Der Autor verweist auf ältere, ähnlich argumentierende Studien wie etwa Schorr 1931.
[3] Lehners 1991.

nen, die für den Historiker meistens nur sehr schwierig und fragmentarisch zu rekonstruieren sind und außerdem stets mit den sich wandelnden Preisen abzugleichen sind,[4] scheint die Wohnsituation ein geeigneter Lackmustest für die soziale Situation der Industriearbeiterschaft: Anhand der Größe der Wohnungen, der Dichte und Frequenz ihrer Belegung sowie der allgemeinen Ausstattung wird die Lebenssituation der industriell Beschäftigten plastisch greifbar.[5] Die ältere These einer ausgebliebenen Proletarisierung soll also im folgenden Beitrag mithilfe der Wohnraumproblematik kritisch hinterfragt werden.

Zurecht wurde die betriebliche Wohnraumpolitik immer wieder als ein wichtiger Faktor innerhalb der Wohnraumfrage identifiziert, betrieben doch viele Firmen gerade in der Schwerindustrie eine sehr ambitionierte Wohnraumförderung. Daher setzt die Darstellung mit einer Untersuchung der unternehmerischen Aktivitäten ein. Im Rahmen der leitenden Hypothese muss das Augenmerk auf qualitative und nicht zuletzt quantitative Aspekte gelegt werden: Wie gestalteten sich die von den Fabrikherren bereitgestellten Wohnungen und wer profitierte davon? Oder, anders gefragt, wie viele Beschäftigte kamen überhaupt in den Genuss betrieblicher Wohnraumförderung? In einem zweiten Schritt wird der Fokus auf diejenigen Teile der Belegschaft gelenkt, die keine Wohnraumförderung von Seiten des Betriebs erhielten. Hier lautet die These, dass diese Teile der Belegschaft besonders gefährdet waren. Wie sich diese Gefährdungen und sozialen Pressionen konkret ausnahmen, soll im zweiten Teil des Beitrags diskutiert werden. Der dritte und letzte Schritt knüpft daran an und beleuchtet Handlungsstrategien der von der betrieblichen Sozialpolitik partiell exkludierten Segmente der Belegschaft. Dabei werden die Industriearbeiter als (selbst)bewusst handelnde Akteure konzipiert, die sich zwar innerhalb der durch die industrielle Welt vorgeprägten Strukturen bewegten, zugleich aber diese Strukturen durch ihr eigenes Handeln mitgestalteten und modifizierten.[6] Konkret heißt das im hier eröffneten Zusammenhang, dass man nicht restlos abhängig war von betrieblicher Wohlfahrt, sondern eigene Strategien entwickelten, um etwa drohender Verarmung zu entgehen. Wie diese Strategien aussehen konnten, soll im dritten Teil des Beitrags gezeigt werden.

Gegenstand der Betrachtung sind, wie angedeutet, das Minetterevier im Süden beziehungsweise Südwesten des Großherzogtums Luxemburg sowie das benachbarte Saarrevier. Um die aufgeworfenen Fragen gezielter und pointierter diskutieren zu können und zugleich dem Verdacht beliebiger Auswahl punktuell verstreuter Beispiele zu entgehen, wurden für die Betrachtung zwei exponierte Industriestandorte beiderseits der Grenze ausgesucht. Für das Großherzogtum

---

[4] Zu dieser Problematik allgemein vgl. Schröder 1978, 209-212.
[5] Entsprechend intensiv wurde die Arbeiterwohnungsfrage in der historischen Forschung schon diskutiert. Grundlegend hinsichtlich zentraler Fragestellungen und Quellenprobleme ist etwa Brüggemeier, Niethammer 1976, 61-134.
[6] Zu dem theoretisch-methodologischen Gebäude, das hinter diesen Überlegungen steht, vgl. Welskopp 2001, 99-119.

fiel die Auswahl auf Düdelingen, wo die Untersuchung an die Vorarbeiten von Jean-Paul Lehners anknüpfen kann. Die Düdelinger Hütte entwickelte sich als erstes luxemburgisches Unternehmen zum voll integrierten Eisen- und Stahlbetrieb, zudem stand an der Spitze des Werks mit Emile Mayrisch die wohl am intensivsten rezipierte Unternehmerfigur Luxemburgs.[7] Ganz ähnliche Feststellungen lassen sich mit Blick aus das saarländische Neunkirchen treffen: Die dortige Hütte hatte durch die frühe Implementierung technischer Neuerungen immer wieder eine Pionierstellung in ihrem Revier inne, zudem leitete mit Carl Ferdinand Stumm eine der am kontroversesten diskutierten Unternehmerfiguren lange Zeit die Geschicke der Firma.[8] Die folgende Untersuchung gestaltet sich also als Vergleich zwischen den Hüttenstädten Düdelingen (Luxemburg) und Neunkirchen (Saar). Der Untersuchungszeitraum erstreckt sich vom letzten Viertel des 19. Jahrhunderts bis in die Dreißiger Jahre.

1. Die betriebliche Wohnraumpolitik in Düdelingen und Neunkirchen: Formen – Funktionen – Adressaten

Die Leistungen der betrieblichen Wohnraumpolitik im Zeitalter der Industrialisierung manifestierten sich am deutlichsten in einzelnen Vierteln oder Straßenzügen, welche von den Unternehmen entweder entscheidend geprägt oder gar vollkommen neu errichtet wurden. Solche Verdichtungen unternehmerischer Siedlungspolitik fanden sich in beiden untersuchten Gemeinden gleich mehrfach. Stil und Charakter des unternehmerischen Wohnungsbaus offenbarten sich im Düdelinger Fall am signifikantesten im Viertel *Brill*. Bis zum Ersten Weltkrieg entstanden in dem 1898 initiierten Viertel nicht weniger als 126 Wohnungen für Arbeiter, darunter Zweifamilien- und Vierfamilienhäuser, in den Zwanzigerjahren kamen insgesamt weitere 101 neue Häuser hinzu. Im Gegensatz zu älteren von der Hütte gestellten Wohnungsensembles wie etwa in der *rue de Zouffigen* folgten die Wohnungen und Häuser im Brill-Viertel dem Cottage-Stil: Es handelte sich um Bauten im Sinne des Pavillon-Stils, mit ausreichend Raum und Luft zwischen den einzelnen Gebäuden, nicht um klassische Kasernenanordnungen. Auch die einzelnen Häuser waren streng auf Wohnlichkeit ausgerichtet, gehörte doch zu jeder Wohnung ein Garten und besonders die Küche als Mittelpunkt des Arbeiterfamilienlebens war großzügig eingerichtet. Jede Wohnung, auch in den Mehrfamilienhäusern, verfügte über einen separaten Eingang. Die Wohnungen in den Vierfamilienhäusern maßen im Erdgeschoss zwischen 40 und 50 Quadratmeter, in den Dachgeschosswohnungen kam noch eine Mansarde von 24-26 Quadratmeter hinzu.[9] Insgesamt

---

[7] Zur Pionierrolle Düdelingens vgl. Maas 2009, 133-169, bes. 141 und 156-157; zur Person Emile Mayrischs vgl. Barthel 2008, 97-102.

[8] Zur technischen Vorreiterrolle der Neunkircher Hütte vgl. Gillenberg 2005, 127-146; unter den zahlreichen lokal- und regionalhistorischen Arbeiten zu Carl Ferdinand Stumm vgl. Jacob 1993, 13-38.

[9] Grundlegende Arbeiten zur betrieblichen Sozialpolitik im luxemburgischen Industrierevier und insbesondere zur Wohnraumförderung legte Antoinette Lorang vor. Zur

lässt sich konstatieren, dass, gemessen an den Wohnverhältnissen der Zeit, die Wohnungen im Viertel Brill großzügig ausgestattet waren und für die Werksbeschäftigten allemal einen Anreiz setzten, ebenfalls in den Genuss der betrieblichen Wohnraumförderung zu gelangen.

Gleiches lässt sich für einzelne von der Hütte geförderte Wohngebiete in Neunkirchen festhalten, allen voran für die Saarbrücker Straße, welche sich in direkter Nachbarschaft zum Werksgelände befand und das Hüttenareal gleichsam durchschnitt. Die Saarbrücker Straße zählte 1910 immerhin schon 100 Hausnummern, 1931 waren es 183. Sämtliche Häuser wurde von Hüttenbeschäftigten bewohnt.[10] Die einzelnen Gebäude waren durchaus unterschiedlich gestaltet, neben einstöckigen Doppelhausanordnungen traten auch zweistöckige Häuser für insgesamt vier Familien auf. Zu sämtlichen Gebäuden gehörten Gärten und Nutzräume, etwa Stallungen für Vieh oder Geräteschuppen. Die Wohnungen eines Vierfamilienhauses in der Saarbrücker Straße maßen zwischen 44 und 46 Quadratmeter, umfassten neben zwei Zimmern eine Küche und verfügten zudem im Keller über Stauraum, was zur Entlastung der Wohnkapazitäten eine nicht unbeträchtliche Rolle spielte. Größer als die normalen Arbeiterwohnungen fielen die Meisterhäuser am Schlackenplatz aus, sodass sich die betriebliche Hierarchie auch im Stadtbild deutlich niederschlug.[11] Entscheidend für das Funktionieren betrieblicher Wohnungspolitik war an beiden Orten, dass die zur Verfügung gestellten Häuser und Appartements sowohl größer als auch günstiger waren als auf dem freien Wohnungsmarkt.

In Neunkirchen bediente sich die Unternehmensleitung schon frühzeitig weiterer Mittel der Wohnraumpolitik neben der Vergabe von Mietwohnungen. Gemäß einigen ideellen Erwägungen von Carl Ferdinand Stumm, wonach „das Bewußtsein des freien Eigenthums" gefördert werden und die Agglomeration großer Arbeitermassen auf begrenztem Gebiet verhindert werden sollte,[12] förderte die Hütte den Bau von Eigenheimen innerhalb, aber auch außerhalb der Stadtgrenzen durch die Vergabe von Baukrediten. Des Weiteren fand sich in Neunkirchen eine auch im Reichsmaßstab erstaunliche Anzahl von Schlafsälen und Schlafhäusern, eine Folgeerscheinung des hier quantitativ bedeutsamen Wochenpendlertums. Viele Arbeiter kamen aus der ländlichen Saarregion nach Neunkirchen zur Arbeit, konnten aufgrund der Distanzen und lange Zeit insuffizienten Verkehrsanbindung aber

---

Wohnraumversorgung in Düdelingen und speziell zum Viertel Brill vgl. Lorang 1995, 145-148; Lorang 1994, hier bes. 220-221, 229-232 und 259-262.

10   Zur Saarbrücker Straße im Kontext des Neunkircher Stadtbilds vgl. Schlicker 2009, 397-398.

11   Zur Gestalt der einzelnen Häuser in der Saarbrücker Straße sowie der Meisterhäuser am Schlackenplatz vgl. Gillenberg, Birtel, Meiser 1986.

12   Stumm erläuterte in einem an einen Pfarrer adressierten Brief seine wohnungsbaupolitischen Konzeptionen. Dieser Brief findet sich im Stadtarchiv der Kreisstadt Neunkirchen unter der Signatur StA Nk, Dep. Saarstahl AG, 695-1-4-1885-40. Zitat ebd.

Ausgebliebene Proletarisierung?

nicht täglich in ihr Heimatdorf zurückkehren und quartierten sich somit für wenig Geld unter der Woche in den werkseigenen Schlafhäusern ein.[13] In Düdelingen wurde der Eigenheimbau erst in der Zwischenkriegszeit in nennenswertem Umfang gefördert. So entstanden im gesamten luxemburgischen Industrierevier zwischen 1926 und 1931 insgesamt 815 vom ARBED-Konzern, zu dem die Düdelinger Hütte zählte, finanzierte Eigenheime.[14] Außerdem stellte das Werk Baugrund zur Verfügung.[15] 1925 existierten im gesamten Minetterevier lediglich sieben Schlafsäle für Arbeiter, das heißt, das Schlafhauswesen spielte in Düdelingen keine große Rolle.[16]

An dieser Stelle lässt sich festhalten, dass beide Werke eine ambitionierte Wohnraumpolitik betrieben, die mehrere Funktionen bedienen sollte. Gerade in der Frühphase der Industrialisierung erfüllte die betriebliche Wohnraumpolitik eine ausgesprochene Rekrutierungsfunktion: Arbeitskräfte sollten über das Versprechen günstigen und qualitativ ordentlichen Wohnraums für das expandierende Unternehmen angeworben werden. Später erfüllte die Wohnraumversorgung entsprechend eine Bindungsfunktion, sollten die Arbeitskräfte doch langfristig an den Betrieb gebunden werden. Ebenso sollten die Werkswohnungen einen disziplinierenden Effekt ausüben. Dies geschah nicht zuletzt dadurch, dass die Mietverträge in der Regel an die Arbeitsverträge gekoppelt wurden: Verlor ein Arbeiter seinen Arbeitsplatz, so ging er zugleich seiner Wohnung verlustig und stand beruflich wie privat vor massiven Problemen. Umgekehrt zogen Verstöße gegen die Mietordnung den Verlust des Arbeitsplatzes nach sich. Indem die Hütte zugleich Arbeitgeber und Vermieter war, verschränkten sich berufliche und private Sphäre und dem Arbeitgeber war es möglich, umfassende soziale Kontrolle auszuüben.[17]

Neben den genannten Funktionen hatte die betriebliche Wohnraumversorgung nicht zuletzt die Funktion, Motivation und Anreize zu setzen. Durch disziplinierte und produktive Arbeit sollte das Privileg erworben werden, eine im Vergleich zum freien Wohnungsmarkt günstige und gut ausgestattete Wohnung zu erwerben. Dies hatte zur Folge, dass die Arbeiterwohnungen, bei allen auch großflächigen Projekten wie im Viertel Brill oder in der Saarbrücker Straße, durchaus einen gewissen Seltenheitswert bewahren mussten. In der Konsequenz war die betriebliche Wohnraumpolitik kein Instrument,

---

13 Zum in der Saarregion weit verbreiteten Pendlerwesen und den Folgen etwa für die Wohnkultur vgl. Frühauf 2004, 307-309. Zwar hat dieser wie die meisten anderen regionalgeschichtlich orientierten Autoren vornehmlich die Bergarbeiter im Blick, aber seine Befunde lassen sich ohne weiteres auch auf die Hüttenleute übertragen.
14 Zum Eigenheimbau der ARBED vgl. Lorang 1994, 286-287.
15 Hierüber informiert z.B. eine im Nationalarchiv Luxemburg, Bestand ARBED, überlieferte Akte unter der Signatur AnLux, ADU-U1-94.
16 Zum Bau von Schlafsälen in Düdelingen vgl. Schmitz 1989, 52, 75.
17 Zur Funktionalität betrieblicher Sozialpolitik im Allgemeinen wie zum Werkwohnungsbau im Besonderen vgl. Schulz 1991, 137-176; Schulz 1985, 373-389; Welskopp 1994, 333-374; Hilger 1996.

mit dem die sozialen Probleme des Industrialisierungszeitalters umfassend hätten gelöst werden können, dies hätte der Intention einer gewissen Exklusivität sogar widersprochen.

Dass die betriebliche Wohnraumversorgung nicht flächendeckend griff, belegen die Zahlen an beiden Orten sehr deutlich. Zur Jahrhundertwende lebten 178 Neunkircher Hüttenarbeiter, das waren gerade mal fünf Prozent der Gesamtbelegschaft, in einer Werkwohnung, weitere 342 (9 Prozent) im Schlafhaus. Die Zahl der Eigenheimbesitzer war mit 1661 (45 Prozent) den ideologischen Erwägungen Stumms entsprechend groß, allerdings wurde hier wohl nur ein kleiner Anteil von der Hütte finanziert. Bei den Eigenheimbesitzern dürfte es sich größtenteils um Nahpendler handeln, die aus ihrem Herkunftsdorf, bisweilen auch aus dem (ererbten) Elternhaus, täglich nach Neunkirchen zur Arbeit kamen. 1537 Neunkircher Hüttenarbeiter wohnten zur Miete auf dem freien Wohnungsmarkt, das heißt, 41 Prozent der Neunkircher Hüttenbeschäftigten mussten sich um 1900 trotz der engagierten betrieblichen Wohnraumpolitik anderweitig nach einer Wohnung umsehen.[18] Für Düdelingen liegen aggregierte Daten aus dem Jahr 1913 vor. Wie in einer werksinternen Statistik festgehalten wurde, besaßen 282 Hüttenbeschäftigte, das waren 12,2 Prozent der Gesamtbelegschaft, ein Eigenheim. Keines dieser Häuser wurde mithilfe der Hütte errichtet, setzte die betriebliche Eigenheimförderung doch erst in der Zwischenkriegszeit ein. 625 Arbeiter (27,2 Prozent) wohnten bei den Eltern, während der Löwenanteil von 1210 Beschäftigten (52,7 Prozent), wie es in der Statistik heißt, „sonst zur Miete" wohnte. Nur eine Minderheit von 151 Beschäftigten, also 6,9 Prozent der Gesamtbelegschaft, bewohnte im Jahre 1913 eine Werkswohnung.[19] Trotz der sich im Brill-Viertel verdichtenden baupolitischen Ambitionen der Hütte war es letztlich nur ein relativ kleiner Teil der Belegschaft, der in den Genuss einer Werkswohnung kam. Ihr Empfang sollte eine gewisse Exklusivität bewahren und damit Anreize zu kontinuierlicher, guter und produktiver Leistung setzen.

Letztlich waren es die für die Werksleitung besonders wertvollen Belegschaftssegmente, die über die Ausstattung mit Wohnraum an den Betrieb gebunden wurden, nämlich die gelernten Facharbeiter oder die besser angelernten Arbeitskräfte, die nur schwer zu ersetzen waren und damit eine starke Position auf dem Wohnungsmarkt innehatten.[20] Im Umkehrschluss heißt dies, dass weite Teile der Hüttenbelegschaften von der Wohnraumpolitik exkludiert blieben. Die betriebliche Wohnraumpolitik hatte weder die Intention noch folglich die Wirkung, flächendeckend die Wohnraumproblematik zu lösen. Daher bestanden auch für Industriegemeinden, wo sozialpolitisch ambitionierte Unternehmer aktiv waren, die zeittypischen Wohnraumprobleme. Dies gilt es im Folgenden für Düdelingen wie für Neunkirchen zu zeigen.

18   Angaben zu Neunkirchen siehe Jacob 1993, 128.
19   Angaben zu Düdelingen siehe AnLux, ADU-U1-93.
20   Für den Luxemburger Fall stellt dies Denis Scuto fest. Vgl. Scuto 1992, 54.

2. „Es herrscht hier wirklich Mangel an Arbeiterwohnungen". Arbeiterwohnen jenseits der betrieblichen Sozialpolitik

Die zum Teil prekäre Wohnsituation in beiden untersuchten Gemeinden spiegelt sich in zahlreichen zeitgenössischen Berichten, vor allem in behördlichen Wohnungsenqueten, Polizeiberichten oder anderen amtlichen Dokumenten. So heißt es in einer Neunkircher Wohnungsenquete aus dem Jahre 1902: „Die Erhebungen erstreckten sich auf drei Arbeiterviertel des Ortes [...]. Es wurden 127 Wohnungen in ebensoviel Häusern untersucht. Die Wohnungen bestanden zusammen aus 377 Räumen und waren von 709 Personen bewohnt, so daß auf 1 Wohnung 2,9 Räume und 5,58 Personen kommen. Es wohnten in 2 Räumen 78, in 3 Räumen 39, in 4 Räumen 8 und in 6 Räumen 2 Familien. Durchschnittlich entfällt auf die Wohnung 81,45 cbm Luftraum, und 14,59 cbm/Person. Betten wurden 347 gezählt, so daß durchschnittlich 2 Personen auf 1 Bett angewiesen sind. In den kontrollierten Häusern waren 153 Aborte, auf einen Abort [kamen] 14 Personen [...]".[21]

Einige der virulentesten Probleme, die mit der partiell insuffizienten Wohnraumsituation zusammenhingen, deuten sich hier an. Die Wohnungen für Arbeiter, die nicht mit betrieblichen Appartements versorgt wurden, waren oft zu klein und überfrequentiert. Betten und Toilettenanlagen mussten nicht selten für mehrere Personen oder gar Familien herhalten, was einerseits hygienisch bedenklich war, andererseits jegliche Intimität und Privatsphäre unmöglich machte. Hinzu kam, dass die Lage auf dem freien Wohnungsmarkt aufgrund der schnell emporwachsenden lokalen Industrie und der daraus resultierenden hohen Nachfrage nach Wohnraum sehr angespannt war und die Preise entsprechend in die Höhe schnellten.[22] Am 13. März 1897 meldete die Düdelinger Gendarmerie in diesem Sinne an den Bürgermeister der Stadt: „Es herrscht hier wirklich Mangel an Arbeiterwohnungen, obgleich zwei Drittel der Arbeiter unverheiratet sind oder keine Familie bei sich haben; jedes Stübchen, ja selbst jede Dachluke oder Kellerraum ist bewohnt und zwar zu Preisen, welche fast alle um die Hälfte zu hoch gegriffen sind".[23] Für nur notdürftig bewohnbar gemachte Räumlichkeiten mussten horrende Mieten bezahlt werden. Der Vergleich zwischen betrieblichen Mietwohnungen und denjenigen auf dem freien Arbeitsmarkt erschließt sich aus der bereits aufgeführten Werksstatistik des Düdelinger Hüttenwerks aus dem Jahre 1913. Hieraus geht hervor, dass eine Werkswohnung mit durchschnittlich 3,9 Zimmern 14,25 Mark pro Monat kostete, eine Wohnung auf dem freien Markt hingegen nur 3,0 Zimmer im Durchschnitt zählte, dafür aber 16,67 Mark monatlich verschlang.[24] Die von den Werken zur Verfügung gestellten Wohnungen waren geräumiger, preisgüns-

---

21 Zitiert nach Jacob 1993, 129.
22 Zu den mit der Wohnsituation zusammenhängenden Problemen in einer allgemeinen, von den hier untersuchten konkreten Fallbeispielen losgelösten Perspektive vgl. Brüggemeier, Niethammer 1978, bes. 135-141.
23 Zitiert nach Conrady, Krantz 1991, 83.
24 Siehe AnLux, ADU-U1-93.

tiger, besser ausgestattet und in der Regel, wie im Viertel Brill in Düdelingen, auch besser gelegen.

Die Inneneinrichtung der meisten Wohnungen auf dem freien Wohnungsmarkt war erbärmlich, wie sich einem Polizeibericht aus Düdelingen entnehmen lässt. Als „möbliert" gekennzeichnete Zimmer hätten lediglich „ein aus vier rauhen Brettern zusammengeschlagenes Bett, welches mit Strohsack und notdürftiger Decke belegt ist, einen alten Tisch, ein[en] Stuhl und eine alte Kochmaschine [...]". Ein Miethaus, das exemplarisch herausgegriffen und geschildert wird, sei „in einem derart schlechten Zustand, daß es fast nicht zu bewohnen ist; kein Abort, kein Keller befindet sich bei demselben".[25] Das Fehlen eines Kellers führte dazu, dass die Wohnräumlichkeiten zugleich als Stauraum dienen mussten und dass ferner dort im Winter die Wäsche getrocknet werde musste. Weitere ähnliche Einschätzungen ließen sich hinzufügen, doch wird schon aus den aufgeführten Stellungnahmen deutlich, wie prekär die Lage auch in Industriegemeinden war, wo die Unternehmer vergleichsweise viel in die Wohnraumpolitik investierten.

Viele Arbeiter litten unter den prekären Verhältnissen. Versucht man meine ‚Soziologie der Wohnungsnot' innerhalb der hier untersuchten Arbeiterpopulationen zu erstellen, so richtet sich der Blick im Wesentlichen auf drei Gruppen. Zum einen war an beiden Orten die große Masse der ungelernten oder, wie sie aufgrund ihrer hohen Fluktuation und ihrer nur geringen Integration in die betrieblichen Sozialsysteme genannt wurden, unständigen Arbeiter. Sie waren, wenn überhaupt, nur sehr gering qualifiziert, hatten keine speziellen Arbeitsfertigkeiten und damit eine schwache Stellung auf dem Arbeitsmarkt. Im Zuge der zyklisch wiederkehrenden konjunkturellen Krisen und damit einhergehenden Produktionsstockungen waren die ungelernten Massenarbeiter als erste von Entlassungen betroffen, sie verloren ihre Arbeit und konnten sich ihre Wohnungen nicht mehr leisten. Doch auch wenn sie in Lohn und Brot standen, verdienten sie wesentlich weniger als die gelernten Facharbeiter oder die angelernten Spezialarbeiter. Auch in diesem Fall konnte man sich oftmals lediglich eine Behelfsunterkunft leisten.[26] Die zweite Gruppe, die von der Wohnungsnot in besonderem Maße betroffen war, rekrutierte sich aus alten oder sonst nicht mehr voll arbeitsfähigen Personen. Altersarmut war während der Industrialisierung aufgrund der insuffizienten Sicherungssysteme ein ständiges Problem. Man wurde letztlich abhängig von Verwandten, da nicht nur das Einkommen, sondern oft auch die frühere Wohnung wegfiel.[27] So mussten in den Ruhestand versetzte Arbeiter in Düdelingen ihre Werkswohnungen räumen.[28] Ein ähnliches Schicksal wie den Alten drohte den Invaliden, die infolge

---

25   Polizeibericht zitiert nach Conrady, Krantz 1991, 83.
26   Zu den ungelernten Arbeitskräften, ihren Arbeits- und Lebensumständen vgl. grundlegend Stearns 1976, 249-282.
27   Zu den Gefährdungen, die für Industriearbeiter mit dem Alter einhergingen, vgl. den instruktiven Aufsatz von Reif 1982, 1-94.
28   Vgl. Lorang 1994, 274 und 281f.

Ausgebliebene Proletarisierung?

von Krankheit oder Unfall nicht mehr arbeitsfähig waren. Zwar erhielten sie bisweilen eine Invalidenrente oder bei Unfällen eine Entschädigungszahlung vom Werk, dies reichte aber nicht aus, um den Lebensunterhalt angemessen zu bestreiten.

Tauchten die zuvor als besonders gefährdet gekennzeichneten Gruppen an beiden hier untersuchten Orten auf, so ist für den Düdelinger Fall noch die große Gruppe der Immigranten zu nennen, die ebenfalls voll mit den sozialen Pressionen des Industrialisierungszeitalters konfrontiert war. Die weitaus größte Fernmigrantengruppe in Düdelingen stellten die Italiener, die massenhaft innerhalb relativ kurzer Zeit seit den frühen 1890er-Jahren angeworben wurden.[29] Den Betrieben ging es im Zuge des konjunkturellen Aufschwungs zunächst um die schnelle Verfügbarkeit von Arbeitskräften, über deren Unterbringung oder angemessene Versorgung wurde am Anfang nur wenig reflektiert. So entstand etwa das italienische Wohnviertel in Düdelingen in unmittelbarer Nachbarschaft zum Werksgelände und wurde gleichsam aus dem Boden gestampft. Es existierten weder für die einzelnen Häuser, die zum Teil Baracken glichen, noch für die Gesamtanlage irgendwelche Pläne, sodass das Quartier stets Züge einer großen Improvisation trug.[30]

Für die Italiener in Düdelingen traf in besonderem Maße zu, was oben für die ungelernten und ‚unständigen' Arbeiter konstatiert wurde: Sie besaßen eine sehr schwache Position auf dem Arbeitsmarkt, verdienten zumeist weniger als ihre autochthonen oder deutschen Kollegen und waren in wirtschaftlichen Krisensituationen zuerst von Entlassungen betroffen.[31] So mag es kaum verwundern, dass sich die Wohnraumproblematik in ihren Vierteln und Straßenzügen am negativsten gestaltete. Jean-Paul Lehners wies diesen Umstand auf der Basis einer zeitgenössischen Wohnungsenquete aus dem Jahre 1906[32] nach, in der es prägnant hieß: „Die ungemein rasche Entwicklung, wir möchten sagen das plötzliche Emporschießen der Großindustrie hat inbetreff der Wohnverhältnisse unverkennbar etwas beklemmendes an sich: aus allen Himmelsgegenden wird die Bevölkerung durch den gebotenen Erwerb herbeigelockt, doch denkt niemand, vordran (sic!) dieser neuen Bevölkerung auch nur ein einigermaßen genügendes, menschenwürdiges Obdach zu sichern und so

---

29 Zur überaus bedeutsamen italienischen Immigration ins Großherzogtum vgl. Trausch 1981, 443-471.

30 Der Düdelinger Historiker Marcel Lorenzini fasst mit Blick auf das Quartier Italien zusammen: „Ces maisons se construisent ‚sur le tas', sans plan". Siehe Lorenzini 2007, 71.

31 Luxemburgische Historiker bedienten in diesem Zusammenhang häufig die Metapher eines ‚Sicherheitsventils' (soupape de sûreté): Man habe in Krisensituationen zuerst die Italiener entlassen, um Spannungen von der autochthonen Bevölkerung fern zu halten und somit den sozialen Frieden zu wahren. Vgl. etwa Trausch 1981, 445.

32 Häuser- und Wohnungsuntersuchung in den Gemeinden Differdingen, Düdelingen, Esch a.d. Alzette, Hollerich, Arsdorf, Mertert, Rodenburg und Klerf. Publikationen der ständigen Kommission für Statistik. Heft XVI. Erster Teil. Häuserstatistik, Luxemburg 1908; Heft XVIII. Zweiter Teil. Wohnungsstatistik, Luxemburg 1909.

kommt es denn, daß Viehställe primitivster Bauart zu Menschenwohnungen benutzt werden müssen. Die Benutzung dumpfer, ungesunder Kellerwohnungen gehört dann nicht mehr zu den Ausnahmen. Erst nachdem die Großindustrie eine Zeit lang festen Fuß gefaßt, denkt man allmählich auch an das Erstellen von Arbeiterwohnungen".33

Die Häuser und Wohnungen im Viertel Italien waren in ihrer Bausubstanz, in ihrer inneren wie äußeren Ausstattung sowie ihren hygienischen Bedingungen noch nachteiliger als die übrigen Arbeiterwohnungen auf dem freien Wohnungsmarkt. „Im Quartier Italien war die Lage viel schlechter", fasst Jean-Paul Lehners vergleichend zusammen.34

Insgesamt kommt Lehners zu dem Urteil, dass „zumindest auf dem Gebiet des Wohnens, kaum von einer ausbleibenden Proletarisierung die Rede sein" kann.35 Die voranstehenden Ausführungen untermauern diesen Befund rückhaltlos, sodass die im Titel formulierte Leitfrage im Grunde schon beantwortet werden kann: Eine Proletarisierung blieb weder in Düdelingen noch in Neunkirchen aus; anhand der Wohnraumfrage wird klar, wie auch die dortigen Arbeiter trotz der ambitionierten Sozialpolitik der lokalen Unternehmen von den sozialen Verwerfungen des Industrialisierungszeitalters betroffen waren. Doch steht die Untersuchung damit noch nicht an ihrem Ende, wurde doch in der Einleitung der Anspruch formuliert, die Hüttenarbeiter von Neunkirchen und Düdelingen als selbstbewusst handelnde Akteure zu profilieren, die eben nicht passive Opfer der sie umgebenden Strukturen sind, sondern gegebenenfalls diese Strukturen durch ihr Handeln mitgestalten und modifizieren.36 Folgerichtig wird im dritten Teil dieses Beitrags die Frage diskutiert, welche Strategien gerade die gefährdeten Arbeiter entwickeln, um ihren Alltag trotz aller Pressionen erfolgreich zu gestalten.

3. Ambivalenzen der Arbeiterexistenz: Lebensformen zwischen Prekarität und Bewältigung

In einer ohnehin zu kleinen Wohnung, wo Eltern, Kinder und womöglich noch die Generation der Großeltern in bedrängten Verhältnissen zusammenleben, muss überdies noch ein familienfremder Mitbewohner aufgenommen werden, sodass nicht nur der Wohnraum zusätzlich beengt, sondern auch die Privatheit und Intimität des Familienlebens vollkommen zerstört werden: Wie in einem Brennspiegel verdichten sich, so möchte man meinen, die zeittypischen sozialen Probleme im Arbeitermilieu. Doch ist dies nur eine mögliche Lesart des Phänomens, das von der sozialhistorischen Forschung in der Regel mit den Schlagworten des Schlafgänger-, Kostgänger- oder Einliegerwesens belegt wird. Ebenso möglich ist es, diese Form des Zusammenwoh-

33 Zitiert nach Lehners 1991, 42.
34 Ebd., 47.
35 Ebd., 54.
36 Erinnert sei nochmal an den theoretisch-methodologischen Entwurf bei Welskopp 2001.

nens und Zusammenlebens als effiziente Lebensbewältigungsstrategie angesichts latenter Prekarität und Gefährdung zu interpretieren. Das Arrangement zwischen Schlafgänger auf der einen und der aufnehmenden Familie auf der anderen Seite lief darauf hinaus, dass der Untermieter gegen ein festes Entgelt Kost und Logis erhalten konnte. Dies bedeutete für die aufnehmende Familie einen familienfremden Mitbewohner und unter Umständen eine Störung der familiären Intimität, vor allem für die Frau aber ein beträchtliches Quantum an Mehrarbeit hinsichtlich Waschen, Putzen und Kochen. Demgegenüber spülte der Kost- und Schlafgänger ein zusätzliches Einkommen in die Familienkasse, das gerade in Krisenzeiten gut zu gebrauchen war. Die ganze Ambivalenz des Phänomens offenbart sich auch aus der Perspektive der Schlafgänger: Sie mussten sich den Regeln einer ihnen fremden Familie unterwerfen, fanden womöglich aber fern der Heimat, zumindest, wenn die Atmosphäre zwischen den Parteien stimmte, eine Art Familienersatz. Ferner konnten sich Ehen zwischen Haustöchtern und jüngeren Einliegern anbahnen.[37]

Man sieht also, dass das Schlaf- und Einliegerwesen nicht nur als Indikator der latenten Wohnungsnot und damit der sozialen Probleme, sondern auch als Lebensbewältigungsstrategie gelesen werden kann. Diese Lebens- und Wohnform spielte auch in den beiden hier verhandelten Industriegemeinden eine wichtige Rolle, wie sich etwa zeitgenössischen Polizeiberichten entnehmen lässt. In Düdelingen meldeten die Behörden: „[...] diejenigen, welche drei oder mehr Zimmer haben, halten Kostgänger, so daß alles, vom Keller bis zum Dachstübchen, überfüllt ist".[38] Freilich spiegelt dieses Exzerpt deutlich die Negativseiten des Phänomens, weist zugleich aber auf dessen umfassende Bedeutung hin. In Neunkirchen sorgte man sich aus behördlicher Perspektive wie andernorts vor allem um Moral und Sitten der Arbeiterschaft. So hieß es in der bereits zitierten Wohnungsenquete: „Die ziemliche Trennung in den Schlafstellen der Personen verschiedenen Geschlechts konnte im allgemeinen als genügend bezeichnet werden. Verstöße gegen die Bestimmung betr. das Schlafgängerwesen wurden nur vereinzelt vorgenommen".[39] Der behördliche Aufwand in der Kontrolle des Schlafgängerwesens belegt dessen große Bedeutung, wenngleich Quantifizierungen nur sehr schwierig und lediglich punktuell aufzustellen sind. In Düdelingen lebten kurz vor Ausbruch des Ersten Weltkriegs 659 Hüttenbeschäftigte, 28,7 Prozent der Gesamtbelegschaft, wie eine Statistik zeigt, zur Miete bei dritten Personen.[40] Es ist davon auszugehen, dass ein beträchtlicher Teil davon Schlaf- und Kostgänger waren. Folgt man der 1908/09 veröffentlichten Wohnungsenquete, welche ihre Daten im Jahre 1906 sammelte, so beherbergten in ganz Düdelingen immerhin 32,1 Prozent der

---

37 Das im Industrialisierungszeitalter weit verbreitete Phänomen wurde in der sozialhistorischen Forschung entsprechend ausgiebig diskutiert. Vgl. u.a. Brüggemeier, Niethammer 1978, 151-158; Brüggemeier 1988, 243-245.
38 Zitiert nach Conrardy, Krantz 1991, 83.
39 Zitiert nach Jacob 1993, 129.
40 Siehe AnLux, ADU-U1-93.

Haushaltungen Fremde, also fast ein Drittel.⁴¹ Auch in Neunkirchen lebten zur Jahrhundertwende immerhin 41 Prozent zur Miete auf dem freien Wohnungsmarkt, davon sicherlich ein Teil als Kost- und Schlafgänger.⁴²

Eine ähnlich ambivalente Rezeption und Interpretation kann einem weiteren sozialen Phänomen des Industriezeitalters entgegengebracht werden: der zeitweise gleichsam ubiquitären Mobilität und Fluktuation.⁴³ Wie Stichproben aus den Düdelinger Arbeiterstammrollen sehr deutlich zeigen, nahm die Mobilität bis zum Ersten Weltkrieg zwar kontinuierlich ab, blieb aber auf recht hohem Niveau. Noch am Vorabend des Krieges blieben, glaubt man einer Zählung im Werksarchiv, deutlich mehr als die Hälfte der Arbeiter weniger als ein Jahr auf ihrem Posten im Betrieb. In der Zwischenkriegszeit nahm die Fluktuation aufgrund veränderter Arbeitsmarktstrukturen zwar spürbar ab, blieb aber weiterhin von Bedeutung.⁴⁴ Hoch war auch die Umzugsmobilität, wie Stichproben aus den Neunkircher Fremdenbüchern, wo die (wechselnden) Adressen der flottierenden Arbeiter festgehalten wurden, belegen. Folgt man exemplarisch und repräsentativ ausgewählten Fremdenbüchern, so kamen auf 2090 erfasste Arbeiter immerhin 869 Wohnungswechsel. Mehrfachumzügen waren keine Seltenheit: Sechs Arbeiter brachten es auf fünf Umzüge und sechzehn auf immerhin noch vier. Gerade bei den Fremdenbüchern fällt auf, dass häufiger Aufzeichnungslücken entstanden, das heißt, die Zahl der tatsächlichen Wohnungswechsel innerhalb der ausgewählten Stichprobe dürfte angesichts umfangreicher Dunkelziffern noch beträchtlich größer gewesen sein.⁴⁵ In der Bewertung der hohen Mobilitäts- und Fluktuationsraten sind ähnlich ambivalente Schlüsse wie hinsichtlich des Schlaf und Kostgängerwesens zu ziehen: Die permanente Instabilität war sicherlich ein Indikator sozialer Notstände, zugleich aber ein Zeichen für den flexiblen Umgang mit widrigen Arbeits- und

---

41 Siehe Häuser- und Wohnungsuntersuchung in den Gemeinden Differdingen, Düdelingen, Esch a.d. Alzette, Hollerich, Arsdorf, Mertert, Rodenburg und Klerf. Publikationen der ständigen Kommission für Statistik. Heft XVIII. Zweiter Teil. Wohnungsstatistik, Luxemburg 1909, 110.
42 Sieh Jacob 1993, 128.
43 Zur in der Industriearbeiterschaft gerade vor dem Ersten Weltkrieg weit verbreiteten Fluktuation vgl. grundlegend Schäfer 1979, 262-282.
44 Im Werksarchiv der Düdelinger Hütte, das im Nationalarchiv Luxemburg als Teil des ARBE-Bestandes deponiert ist, finden sich diese Arbeiterstammrollen in einer erstaunlichen und auch im internationalen Maßstab außergewöhnlichen Dichte und Kontinuität. Das Fluktuationsverhalten wurde im Rahmen meiner vor der Publikation stehenden Dissertation anhand ausgewählter Jahrgänge und Buchstaben untersucht, wobei die ausgewählten Bände folgende Signaturen tragen: AnLux, ADU-U1-110, AnLux, ADU-U1-113, AnLux, ADU-U1-117 (Jahrgänge vor 1914), AnLux, ADU-U1-130, AnLux, ADU-U1-135, AnLux, ADU-U1-138 (Zwischenkriegszeit).
45 Auch bei den Neunkircher Fremdenbüchern handelt es sich um serielle Massenquellen, die im Rahmen meiner Dissertation stichprobenartig entlang gezielter Fragestellungen ausgewertet wurden. Die Bände sind nach Buchstaben gegliedert und finden sich im Stadtarchiv der Kreisstadt Neunkirchen.

Ausgebliebene Proletarisierung?

Lebensbedingungen, denen man durch Wohnungs- und Arbeitsplatzwechsel entgehen konnte.

Ruft man sich die Ausführungen über die Wohnverhältnisse in der italienischen community in Düdelingen in Erinnerung, so mag es kaum verwundern, dass hier das Schlafgängerwesen sowie die Mobilität eine noch größere Rolle als andernorts spielten. Zum einen waren die Italiener als häufig ungelernte Arbeitskräfte in Krisenzeiten eher von Entlassungen betroffen und mussten daher zwangsläufig Werk und Ort wechseln. Zum anderen aber strebten zahlreiche italienische Migranten auch keine langfristige Beschäftigung an, nicht zuletzt, um turnusmäßig in die Heimat zurückkehren zu können. Mobilität wurde hier ein Stück weit zur Lebensform.[46] Auch das Schlafgängerwesen war unter den Italienern weiter verbreitet als innerhalb der autochthonen Gemeinschaft: Im Viertel „*Italien*" beherbergten 1905/06 79 von 159 Haushaltungen Fremde, das war fast die Hälfte. Im übrigen Düdelingen waren es 156 von 486 Haushaltungen, also ‚nur' 32,1 Prozent.[47] War dies ein Indikator größerer sozialer Missstände, so trug das dichte Zusammenwohnen auf der anderen Seite aber auch zur Festigung der *community* bei. Fern der Heimat fand man Unterschlupf bei Menschen aus der gleichen Region, konnte seine eigene Sprache sprechen und seine eigenen Sitten pflegen. Das Schlafgängerwesen trug sicherlich zur Festigung der *community* bei und schottete ihre Mitglieder vor den Pressionen der Außenwelt, vor Feindseligkeit, Xenophobie und Exklusionstendenzen ab. Dass innerhalb der italienischen Gemeinde eine sozial und landsmannschaftlich fundierte Solidarität entstand, beweisen vor allem die sich herausbildende Infrastruktur aus italienischen Cafés und Geschäften sowie nicht zuletzt das sich entfaltende Vereinswesen.[48] So entstand in Düdelingen neben zahlreichen italienischen Sport- und Musikvereinen im Jahre 1899 eine eigene Mutualitätskasse, die „società italiana di mutuo soccorso".[49] Hier konnten die Mitglieder gegen einen regelmäßigen Obolus Unterstützung in Notfällen, bei Krankheit, Invalidität oder bei Sterbefällen beanspruchen. In Zeiten defizitärer sozialer Sicherungssysteme bot die Mutualitätskasse wenigstens ein Mindestmaß an Sekurität. Überdies entwickelte sich die Kasse zum Kristallisationspunkt italienischen Lebens in Düdelingens, gingen aus ihr doch weitere Vereinsgründungen im musischen, kulturellen und sportlichen Bereich her-

---

46   Scuto 1995, 184-190.
47   Siehe Häuser- und Wohnungsuntersuchung in den Gemeinden Differdingen, Düdelingen, Esch a.d. Alzette, Hollerich, Arsdorf, Mertert, Rodenburg und Klerf. Publikationen der ständigen Kommission für Statistik. Heft XVIII. Zweiter Teil. Wohnungsstatistik, Luxemburg 1909, 110.
48   Vgl. dazu Gallo 1987, 112-132, 392-396.
49   Zur Gründung und Entwicklung der italienischen Mutualitätskasse in Düdelingen vgl. Caldognetto 2009, bes. 32-34.

vor. Die Mutualitätskasse war damit bald „il segno di un'indubbia vitalità della ‚colonia'".[50]

Generell lässt sich festhalten, dass sich zwischen sozialen Pressionen und Existenzgefährdungen auf der einen und spezifischen Bewältigungsstrategien auf der anderen Seite ein gleichsam dialektisches Verhältnis entwickelte. Wohl waren die Industriearbeiter schweren Belastungen ausgesetzt; sie beugten sich diesen aber nicht tatenlos, waren keine lethargische und abgestumpfte Masse, wie dies auch von zeitgenössischen Gewerkschaftern angesichts der eigenen Misserfolge häufig dargestellt wurde,[51] sondern suchten aktiv ihre Lebenssituation, freilich im Rahmen der übergeordneten Strukturen, zu verbessern. Zwischen Lebensbewältigungsstrategie und sozialer Gefährdung bestand dabei ein schmaler, nicht immer einwandfrei bestimmbarer Grat.

Fazit

Beide hier untersuchten Hüttenunternehmen, das Neunkircher Eisenwerk und die ARBED-Hütte Düdelingen, entwickelten ein elaboriertes sozialpolitisches System und forcierten insbesondere die Wohnraumpolitik ganz beträchtlich. Dennoch kam es an beiden Orten zu den für das Industrialisierungszeitalter typischen sozialen Verwerfungen im Wohnbereich, zumal die betriebliche Wohnraumpolitik per definitionem gar nicht darauf abzielte, die Probleme flächendeckend zu lösen. Lebten die von der Wohnraumversorgung begünstigten Facharbeiter und besser angelernten Spezialarbeiter, etwa die Schlosser, Dreher, Schmelzer oder Puddler, in recht großzügig gestalteten und ausgestatteten Werkswohnungen, so traten auf dem freien Wohnungsmarkt räumliche, hygienische und bautechnische Probleme allerersten Ranges auf. Von einer „ausgebliebenen Proletarisierung" kann insgesamt keine Rede sein. Überdies waren die Wohnungen auf dem stark angespannten freien Wohnungsmarkt nicht selten übertreuert. Zahlreiche ungelernte oder nur wenig angelernte Arbeitskräfte mussten mit diesen Problemen fertig werden und entwickelten zu diesem Zweck bestimmte, freilich aus der Not geborene und mit zusätzlichen Belastungen verbundene Strategien. So kann das an beiden Orten zu konstatierende Schlafgängerwesen als Indikator schwerer sozialer Probleme, zugleich aber als praktikable Lebensbewältigungsstrategie interpretiert werden.

An beiden untersuchten Orten griffen sehr ähnliche Mechanismen, allerdings sind auch spürbare Unterschiede zu identifizieren, welche vor allem als Resultat divergierender Personalpolitik von Seiten der Unternehmen anzusehen sind. Die Neunkircher Hütte rekrutierte ihre Arbeitskräfte fast ausschließlich aus dem näheren Umland und der engeren Region, was zu einem höheren Anteil an Nahpendlern führte und auch zu einem größeren Anteil an Eigenheimbesitz, der zudem vom Unternehmen stärker gefördert wurde. Die luxem-

---

50 Zur Bedeutung der italienische Mutualitätskasse vgl. Caldognetto 2009, 107-119, Zitat 108. Zum Forschungsstand vgl. Lucania 2009, 187-190.
51 Vgl. dazu etwa Moore 1982, 347-348.

burgische Industrie war aufgrund demographischer Voraussetzungen stärker auf Fernmigration angewiesen. So fanden sich in Düdelingen wie andernorts im Minetterevier zahlreiche italienische Arbeitsmigranten, die besonders drastisch mit den sozialen Verwerfungen des Industrialisierungszeitalters konfrontiert waren, zugleich aber in signifikanter Weise die sozialen Pressionen durch stärkere Prozesse der Gruppeninklusion ausglichen.

Bibliographie

Barthel 2008 = Charles Barthel, Emile Mayrisch, in: Sonja Kmec/Benôit Majerus/Michel Margue, u. a. (Hg.), Erinnerungsorte in Luxemburg. Umgang mit der Vergangenheit und Konstruktion der Nation, Luxemburg 2008, 97-102.

Brüggemeier 1988 = Franz-Josef Brüggemeier, Leben in Bewegung. Zur Kultur unständiger Arbeiter im Kaiserreich, in: Richard van Dülmen (Hg.), Armut, Liebe, Ehre. Studien zur historischen Kulturforschung (Studien zur Kulturforschung, Bd. 1), Frankfurt am Main 1988, 225-257.

Brüggemeier, Niethammer 1976 = Franz-Josef Brüggemeier/Lutz Niethammer, Wie wohnten Arbeiter im Kaiserreich?, in: Archiv für Sozialgeschichte 16 (1976), 61-134.

Brüggemeier, Niethammer 1978 = Franz-Josef Brüggemeier/Lutz Niethammer, Schlafgänger, Schnapskasinos und schwerindustrielle Kolonie. Aspekte der Arbeiterwohnungsfrage im Ruhrgebiet vor dem Ersten Weltkrieg, in: Jürgen Reulecke/Wolfhard Weber (Hg.), Fabrik, Familie, Feierabend. Beiträge zur Sozialgeschichte des Alltags im Industriezeitalter, Wuppertal 1978, 135-176 u. 151-158.

Caldognetto 2009 = Maria Luisa Caldognetto, Per una storia del Mutuo Soccorso italiano in Lussemburgo, in: Maria Luisa Caldognetto/Bianca Gera (Hg.), L'histoire c'est aussi nous. Actes des Journées internationales d'études Dudelange (Luxembourg) 20 octobre 2007 et 11 octobre 2008, Turin 2009, 25-56.

Conrady, Krantz 1991 = Jean-Pierre Conrardy/Robert Krantz, Dudelange. Passé et présent d'une ville industrielle. Tome I: Bourg agricole – Ville moderne, Luxembourg 1991.

Frühauf 2004 = Helmut Frühauf, Die Bergarbeiterpendelwanderung zu den preußischen Steinkohlengruben an der Saar: 1875–1910, in: Jahrbuch für westdeutsche Landesgeschichte 30 (2004), 273-347.

Gallo 1987 = Benito Gallo, Les Italiens au Grand-Duché de Luxembourg. Un siècle d'histoires et de chroniques sur l'immigration italienne, Luxemburg 1987.

Gergen 2000 = Dietmar Gergen, Vom „Arbeiterbauern" zum „Hüttenmann". Industriesoziologische und berufspädagogische Aspekte der industriellen Modernisierung im Saarrevier von 1828 bis 1928, Saarbrücken 2000.

Gillenberg 2005 = Heinz Gillenberg, Technikgeschichte der Neunkircher Eisenhütte, in: Rainer Knauf/Christof Trepesch (Hg.), Neunkircher Stadtbuch, Neunkirchen 2005, 127-146.

Gillenberg, Birtel, Meiser 1986 = Heinz Gillenberg/Rudolf Birtel/Gerd Meiser, Neunkircher Hüttenhäuser (Neunkircher Hefte, Bd. 8), Neunkirchen 1986.

Hilger 1996 = Susanne Hilger, Sozialpolitik und Organisation. Formen betrieblicher Sozialpolitik in der rheinisch-westfälischen Eisen- und Stahlindustrie seit der Mitte des 19. Jahrhunderts bis 1933 (Zeitschrift für Unternehmensgeschichte, Beiheft 94), Stuttgart 1996.

Jacob 1993 = Joachim Jacob, Carl Ferdinand Stumm. Hüttenbesitzer und Politiker, in: Richard van Dülmen/Joachim Jacob, (Hg.), Stumm in Neunkirchen. Unternehmerherrschaft und Arbeiterleben im 19. Jahrhundert. Bilder und Skizzen aus einer Industriegemeinde (Saarland-Bibliothek, Bd. 5), St. Ingbert 1993, 115-137.

Lehners 1991 = Jean-Paul Lehners, Wohnen in Düdelingen zu Beginn des 20. Jahrhunderts, in: Rainer Hudemann/Rolf Wittenbrock (Hg.), Stadtentwicklung im deutsch-französisch-luxemburgischen Grenzraum (19. und 20. Jh.) (Veröffentlichungen der Kommission für Saarländische Landesgeschichte und Volksforschung, Bd. 21), Saarbrücken 1991, 35-58.

Lorang 1994 = Antoinette Lorang, Luxemburgs Arbeiterkolonien und billige Wohnungen, 1860–1940, Luxemburg 1994.

Lorang 1995 = Antoinette Lorang, „Licht, Luft und Ordnung". Arbeitersiedlung „im Brill", Düdelingen, in: Antoinette Lorang/Denis Scuto (Hg.), La maison d'en face. Das Haus gegenüber, Esch-sur-Alzette 1995, 145-148.

Lorenzini 2007 = Marcel Lorenzini, Renaissance d'un quartier, in: Ville de Dudelange (Hg.), Centenaire Diddeleng 1907–2007, Düdelingen 2007, 68-77.

Lucania 2009 = Francesco Lucania, Il Mutuo Soccorso ha i titoli. Una bibliografia per lo studio delle Società Operaie italiane, in: Maria Luisa Caldognetto/Bianca Gera (Hg.), L'histoire c'est aussi nous. Actes des Journées internationales d'études Dudelange (Luxembourg) 20 octobre 2007 et 11 octobre 2008, Turin 2009, 187-190.

Maas 2009 = Jacques Maas, Zwischen Kooperation und Konfrontation: Deutsche und luxemburgische Hüttenunternehmen und die Einführung des Thomas-Verfahrens in der luxemburgischen Eisenindustrie, in: Manfred Rasch/Jacques Maas, Das Thomas-Verfahren in Europa. Entstehung – Entwicklung – Ende, Essen 2009, 133-169.

Moore 1982 = Barrington Moore, Ungerechtigkeit. Die sozialen Ursprünge von Unterordnung und Widerstand, Frankfurt am Main 1982.

Reif 1982 = Heinz Reif, Soziale Lage und Erfahrungen des alternden Fabrikarbeiters in der Schwerindustrie des westlichen Ruhrgebiets während der Hochindustrialisierung, in: Archiv für Sozialgeschichte 22 (1982), 1-94.

Schäfer 1979 = Hermann Schäfer, Probleme der Arbeiterfluktuation während der Industrialisierung. Das Beispiel der Maschinenfabrik André Koechlin & Cie, Mülhausen/Elsaß (1827–1874), in: Werner Conze/Ulrich Engelhardt (Hg.), Arbeiter im Industrialisierungsprozeß. Herkunft, Lage und Verhalten (Industrielle Welt, Bd. 28), Stuttgart 1979, 262-282.

Schlicker 2009 = Armin Schlicker, Straßenlexikon Neunkirchen. Straßen, Plätze und Brücken in Vergangenheit und Gegenwart, Neunkirchen 2009.

Schmitz 1989 = Nadine Schmitz, Le Paternalisme social d'Emile Mayrisch (unveröffentlichte Examensarbeit), Paris 1989.

Schorr 1931 = Albert Schorr, Zur Soziologie des Industriearbeiters an der Saar, Völklingen 1931.

Schröder 1978 = Wilhelm Heinz Schröder, Arbeitergeschichte und Arbeiterbewegung. Industriearbeit und Organisationsverhalten im 19. und frühen 20. Jahrhundert, Frankfurt am Main 1978.

Schulz 1985 = Günther Schulz, Der Wohnungsbau industrieller Arbeitgeber in Deutschland bis 1945, in: Hans-Jürgen Teuteberg (Hg.), Homo habitans. Zur Sozialgeschichte des ländlichen und städtischen Wohnens in der Neuzeit (Studien zur Geschichte des Alltags, Bd. 4), Münster 1985, 373-389.

Schulz 1991 = Günther Schulz, Betriebliche Sozialpolitik in Deutschland seit 1850, in: Hans Pohl (Hg.), Staatliche, städtische, betriebliche und kirchliche Sozialpolitik vom Mittelalter bis zur Gegenwart (Vierteljahrschrift für Sozial- und Wirtschaftsgeschichte, Bd. 95), Stuttgart 1991, 137-176.

Scuto 1992 = Denis Scuto, L'ouvrier d'usine au travail (1870–1914), in: Marc Lentz et al. (Hg.), 75 Joër fräi Gewerkschaften. Contributions à l'histoire du mouvement syndical luxembourgeois. Beiträge zur Geschichte der luxemburgischen Gewerkschaftsbewegung, Esch-sur-Alzette 1992, 45-79.

Scuto 1995 = Denis Scuto, „Les hommes seuls avaient toujours la bougeotte". La mobilité ouvrière analysée à travers le parcours d'immigrés italiens (1870–1914), in: Antoinette Reuter/Denis Scuto (Hg.), Itinéraires croisés. Luxembourgeois à l'étranger, étrangers au Luxembourg, Esch-sur-Alzette 1995, 184-190.

Stearns 1976 = Peter N. Stearns, The Unskilled and Industrialization. A Transformation of Consciousness, in: Archiv für Sozialgeschichte 16 (1976) 249-282.

Trausch 1981 = Gilbert Trausch, L'immigration italienne au Luxembourg des origines (1890) à la grande crise de 1929, in: Hémecht 33 (1981) 443-471.

Welskopp 2001 = Thomas Welskopp, Die Dualität von Struktur und Handeln. Anthony Giddens' Strukturierungstheorie als „praxeologischer" Ansatz in der Geschichtswissenschaft, in: Andreas Suter/Manfred Hettling (Hg.), Struktur und Ereignis (Geschichte und Gesellschaft, Sonderheft 19), Göttingen 2001, 99-119.

Welskopp 1994 = Thomas Welskopp, Betriebliche Sozialpolitik im 19. und frühen 20. Jahrhundert. Eine Diskussion neuerer Forschungen und Konzepte und eine Branchenanalyse der deutschen und amerikanischen Eisen- und Stahlindustrie von den 1870er bis zu den 1930er Jahren, in: Archiv für Sozialgeschichte 34 (1994), 333-374.

Zweiter Teil:
Menschenrechte und Globalgeschichte

Hans-Heinrich Nolte

Migrating in Tundra and Taiga
Russian Cossacks and Traders in Siberia and Alaska

24 January 1783. The Spanish frigate *Princessa* under the command of Captain Martinez together with the packet-boat *San Carlos* under the command of Corporal Aro (he generally is called "pilot") left the harbour of San Blas in Mexico to go North. The small squadron viewed the first Russian settlement at the harbour, Prens-Gij, and sent a boat; the Russians welcomed the Spanish, they exchanged gifts, and the Russians gave them a map of Russian settlements in Northern America. According to this map and further information at this time there were eight such settlements between 48° and 49°, in each settlement there lived 16 to 20 Russian families making alltogether 462 people plus 600 "savages, who had been taught their customs and habits, and they collect from them dues for the Empress". The Spanish squadron continued north until it reached 62° and met some further Russian settlements.[1]

The Spanish and Russian Empires finally had met.[2] Since the world is a globe, the Spaniards were going west and the Russians were going east, this meeting had to happen at some point, but it may still be surprising that, following this report, it happened in what today might be the State of Washington. Also, in contrast to a fairly common view in Russian history,[3] the Spaniards did not meet any imperial outpost showing the colours or at least greeting the newcomers by cannonboom, but they met families, who hunted and traded with the Indians – selling shirts, cloth, and vodka for furs and Mocassins. The Russians also told that they were collecting dues in the name of the empress in Saint Petersburg, although it was clear that the Russian settlers lived on the forested coasts in what today would be the USA or Canada, following dynamics of their own.

These dynamics were typical for the Russian borderlands to the north, but cannot be explained without a look to the south. On the southern borders of Russia, continuous fighting between the overlords of agrarian and stock-raising societies had been part and parcel of Russian history until the 18th century. Fundamentally, in these fights the borders between the two ways of making a living from nature were decided upon – they were difficult to combine, since

[1] Bolkhovitinov 1991, 180-181.
[2] For the international and in fact global contexts of this meeting see Black 2004, 79-100. The book is not only very well reaearched, but also richly illustrated and provides vivid insights into how Russians made their livings (and their profits) in Northwest-America.
[3] For my own see: Nolte 2012. For the multiethnic character of Russia see: Kappeler 2001.

cattle or horses will take wheat or barley on fields as welcome pastures.[4] But the fighting also was about the wealth originating from international trade and slavehunting.[5] The peasants were better able to defend themselves in the woods of the north than in open country, but then conditions for agrarian societies in the north were less advantageous – not only because periods of growth were quite limited, but also because the soils of this landscape formed by the ice age were mostly poor. But living in the northern woods was safer and the danger of being enslaved more limited.

The Russians moving north intermingled with the finnougric peoples living in the woods, trading with them, learning from them, and of course also teaching them. The Russians did not eradicate them, but found some way to live together, and today there are still ethnic groups like the Mordwinian or the Komi, whose languages are related to Finnish and Hungarian. This northern way of living in the woods has been identified with the Pomore,[6] the region bordering the White Sea and the Barents Sea. The Tatars of this region differed from the Russians more by their Muslim religion than by the way they lived in the woods.[7]

Living in the woods required a couple of special competences. The Russians were peasants,[8] who toiled fields, cleared by slash and burn. But these fields could only be in use for few years and following these they fell fallow. Bush and finally wood would cover the place, until maybe some twenty years later it might be cleared again. But it was not possible to turn every patch of land into such a field, and you had to look for a patch of wood on relatively rich soil – the moraines themselves are rocky and unsuitable for farming, there are big stretches of sandy soil, and of course there are big fens, marshes, and swamps. This was challenging in the centre of Russia and yet more so in the Pomore. It follows, that there were big distances between the villages and the fields, because you had to clear your fields where the soil is promising. Of course also you could also move your village into the neighborhood of the new fields, but then after a few years you would have to move again. Both approaches were common: long distances between fields and village and moving the village. The agrarian societies in the northern Eurasian forests may

---

4   One either labours on fields or drives one's cattle, sheep, and horses about. Of course one can have stokades or even walls around one's fields, as Tatar peasants were used to – but as we know from the problems between the Spanish Mesta and Spanish peasants, that is costly, and in a semiarid steppe it hardly pays.
5   Witzenrath 2015.
6   "Pomore" means a region near to the Sea, quite similar to Pomerania. See, despite some romantic tendencies, Belov 2000.
7   For Tatar history see Zakiev 2008; for new historiography Nolte 2013, 255-263.
8   Compare Nolte 2014, 63-98.

haven been on the move no less than the stockraising societies in the steppes of central Eurasia.9

From the very beginning these peasants did not live on agriculture alone. The forests were rich in deer, and there was no nobleman around who tried to enforce a monopoly of hunting big animals. The rivers were full of fish, which could be caught even during the many months these rivers were frozen – you simply chop a hole into the ice and catch your fish anyway. There were wild bees; honey was an important part of the diet and wax could be sold at a high price, especially to the Church.

Winter was long, and it would have been impossible to make a living for the families without special labour in the six, seven, or even more months when agriculture was impossible.[10] Of course the women produced homespun linnen (from homegrown flax). The men did logging, made charcoal, and smelted iron, using the many deposits of turf-iron especially near swamps. They competed with powerful monasteries like Soloveckij in boiling salt,[11] wherever they lived close to the northern seas or to a salty spring. They were looking for other possibilities too earn something. And of course they went hunting in the woods for predators in winterpelts: blue foxes, white wolves, martens, and most of all sable.

In winter, the pelts were of better quality. There was yet another reason for hunting in wintertime: the taiga in summer is near to impassable except along the rivers. But the streams of Eurasia go from north to south as the Wolga or from south to north as the Ob or the Lena, meaning that their direction does not suit west-east trade and that the cossacks had to pull the boats upstream on the rivers on the sides, cross over land at the watersheds and then go down the next river, until they reached the next stream. In winter they could go much faster, using the boats as sleighs. And of course in wintertime there are no mosquitos. The tundra on the other hand is open to traffic all year, in case you know how to cope with the cold, and since the Russian traffic went west-east, the northernmost routes through the tundra or along the Polar Sea were used early.

Furs from northern Eurasia have been sold to Mesopotamia, Turkestan, and China for millenia. In the 15th and 16th centuries western Europeans linked to that trade paid high prices. That made it possible for Russian peasants to become *pribylshchiky*, profitmakers, or *promyshlenniki*, people with some business, which mostly was hunting. 'Peasant' (*krestjanin*) in Russian actually meant less a profession than a kind of a legal status, with an own chapter in der fundamental law, the Ulozhenie of 1649. Peasants in the centre either had to pay

---

9   For introductions to the "World-region" see Fragner/Kappeler 2006; compare Nolte 2014, 127-151.
10 Vlasova 1984.
11 Nolte 2008, 65-70.

obrok to their lords or work for them on their fields (*barshchina*), while most peasants in the peripheries remained 'black', i.e. they were free of the nobility.

But Russian peasantry tended to be not only quite enterprising, but also, as noted, on the move all the time. That constituted a problem for a society, where a growing nobility was trying to concentrate on military technology and force the peasants into funding this specialisation, or, to put it the other way round, state and nobility increased the burden of taxes and fees continuously. Since costs of control were high though, and in many cases control was de facto impossible, this was an uphill struggle. At the centre, the Russian state developed the social institution of enserfing the peasants by binding them to the soil. That institution changed the west and the centre of Russia, where the population was relatively dense, but it was difficult to enforce in the north and east. In fact, there was a constant stream of peasants running away from their lords, together with their families of course. The famous Troice-Sergievskaja Lavra north of Moscow kept its own list of runaway peasants and yet the Russian population of Sibiria to a considerable degree was made up by these runaway peasants.[12]

But while in the middle regions of Russia it was difficult to enforce serfdom, on the peripheries it was more or less impossible. Forested peripheries resisted penetration, and the peasant households moved across many kilometres even in their usual economy. They did not find any difficulties in running away to another landlord or yet further into uncharted woodlands. In consequence the peasants of northern Russia were personally free, or more precisely, they belonged to the 'black people' without feudal overlords and paid *obrok* to the grandprince (respectively to the tsar after 1547). But accepting that it was de facto impossible to enserf the peasants of the woodlands did not solve the problem of defence. If a military man had no one to feed him, he would have to live as a peasant, even if by family-tradition he was a warrior. For the lower nobility the borders between the peasantry and the nobility were blurred.

Nobility in Russia was structured differently to that in the west. Fundamentally, its job up to the 18th century was 'to serve', mostly as warriors that is. Since only a small part of the nobility could make a living from the peasants and the central government in Moscow did not have the means to pay cash to many soldiers on its northern and eastern borders, only few men were 'serving' there. Following independence from the Mongol Empire in 1480, the dangers to the borders and the people of Muscovy did not decrease. In the 15th century there were the four Khanates of the Golden Horde, the westernmost part of the Mongol Empire: Kasan, Astrachan, Krim, and Sibir. The majority here consisted not of Mongolians but of Tatars; Tatar belongs to the Turkish family of languages. Militarily they had the same problems as the Russians: how to put enough military men into the field, when means were limited? Their solution were free and armed peasants (*kazaki*), who had the duty to serve in time of war.

---

[12] Excerpt in German translation: Nolte/Schalhorn/Bowetsch 2014; Mamsik 1978.

The Christian powers, Poland and Russia, adopted this institution and let their own *kosaki*, their own cossacks, come into existence.[13] In northern Asia, Russian 'peasants' went east through taiga and tundra, while the southern flank of this movement was covered by Russian cossacks against 'free' Tatars, Kasakhs, Kalmyks, and – in the Far East – the Manjus.

The Russian and Polish cossacks[14] in early-modern times were boat people. They controlled the rivers and streams of the steppe, where the Tatar horsemen, supreme on the flat planes, had difficulties. The cossacks for centuries helped to defend Poland and Russia against the slavehunters, while engaging in some slavehunting themselves. The cossacks assisted in the conquest of Kasan and Astrakhan in the 16th century; in fact they were an integral part of Russias expansion into the steppe.[15] They manned the 'lines' by which the empire safeguarded Russian, Mordwinian, Tschuwash and – in the 18th century also – German settlers on former grazing-grounds of the Hordes.[16] The cossacks also formed 'armies' to the south of these lines to force back the Crimean Tatars and the Ottoman Empire in the direction of the Black Sea. But the cossacks were also raiders, raiding towns in Anatolia as well as Persia and robbing merchants trading on the great waterways and caravanroads.

Therefore, when the merchant Stroganov in 1582 commissioned a band of cossacks to cross the Urals and these conquered the Tatar Khanate Sibir under the leadership of Jermak,[17] the Russian side was happy: the Russian tsar could add another *carstvo* to his list of acquired territories, the cossacks formed new communities of free warriors serving him, Russian 'profitmakers' started buying or hunting the sable in northern Asia, and Russian peasants went east, hoping for a better living than at home. At the beginning of the 18th century, 2,400 'serving people' lived east of the Baikal, their numbers growing fast. Cossacks from Jaik and Volga migrated there following the defeat of Pugachev, and endigenous people were established as cossacks as well.[18]

The tsar established a monopoly on sable and in some periods as much as 10 % of the imperial budget came from this monopoly. In addition, tsar and Church established their bureaucracies in Siberia. In the 1740s the Kamtschatka-Mission was established, until the population of the peninsula was almost wiped out by smallpox.[19] The Russians roamed the country and had their centres in wooden forts called *ostrogy*. Militarily they were superior,

---

[13] Nolte 2007, 105-130.
[14] For an uptodate overview see: Witzenrath 2007; compare Longworth 1969.
[15] Khodarkovsky 2002.
[16] Kirgiz in 1774 enslaved 1.573 German settlers on the Volga and sold them in Central-Asia. Only about half of them could be bought back by government-agents: Stricker 1997, 58.
[17] For the history of Siberia see Dahlmann 2009; Stolberg 2009.
[18] Sergeev 1983, 32 – 42.
[19] Kopylov 1974, 59.

because they had better guns than the Tatars and had the backing of government-institutions. Immediately following the conquest, the Russians started some agriculture, at least for growing onions, garlic, and cabbage. They also tried to grow corn, but never harvested enough to feed the whole community. Corn always had to be 'imported' from the other side of the Urals.

Those Tatars which crossed the line and entered the service of the tsar were exempt from taxes and formed a special military unit. Most indigenous people had to pay *jasak* in furs; *jasak*, by the way, as a word for collectively paid dues, stemmed from Mongol times in the Russian language. Nobody had to change his religion, but conversions to the Russian Orthodox Church were privileged by tax-reductions.[20] The Church looked to it that cossacks who bought or robbed indigenous women married them, at least as soon as children appeared.

For many of the ethnic groups of the region, not so much may have changed at first compared to the times of Tatar overlordship. One thing that changed in trade though was the direction of the exports: under Tatar rule Sibir mainly had exported to the south – Buchara, Samarkand, China etc. – but under Russian rule exports were increasingly directed to the west. Moreover the Russian system exploited the natural ressources much more rigidly than the old Tatar system. After merely a generation, the hunters – Russian, Tatars, and indigenous people – started complaining that sable and marten 'had left'.[21] That of course was the moment, when the cossacks started to move on, further to the east. In 1648 they founded the first fort on the Pacific Ocean and soon discovered that Asia ended there. Between 1728 and 1741, Vitus Bering, a Dane in the service of Russia, charted the eastern coast of Siberia and in 1741 set foot to America, following one of his captains, who in an earlier voyage had 'discovered' America in 1732.

Officially the first Russian settlement in America was founded by the merchant G. N. Shelikhov in 1784 on Kodiak Island.[22] For Russian scholarship this remains the starting point of 'Russian America'.[23] But we do think it very unlikely that two officers of a Royal Navy should have taken wrong measurements to such a degree. If we follow the Spanish report cited in the beginning, Russian settlers had been living in the region of today's Seattle for some years by 1783. Russian research argues that this Spanish note must be false.[24] But we

20   Nolte 1969, 20-35, 76-81.
21   Many Christian nations in early-modern times considered 'Mother Nature' as plentiful, and Christian hunters did not really think that they might extinguish whole species. Therefore they saw no arguments to limit their catches. Rather, many thought that the hunted animal 'fled' the areas of intense hunting. Of course this was not the way, Schamanism – the main religion of Northern Eurasia at the time – saw it, see Nolte 2009, 261-276.
22   Aleshich 1961.
23   Grinëv 2012, 108-124, here 109.
24   Bolkhovitinov 1991, 181 argues, that the Spaniards miscalculated the location by ten degrees, which hardly is believable for officers of an official European navy at the end of the 18th century, who did manage to delineate the new Russian settlements at Kodiak

think that this argument is overrating the official documents. We see the 'discovering' of America by Bering and his fleet just as such offical data; he neither had asked the Inuit about the connection between Asia and America nor did he know about the Cossak Semen Ivanovich Dezhnëv, who in 1648 shipped around cape Tschukotka hunting walrus for ivory. Dezhnëv reported on the end of the continent to Moscow, where the information was put into the large Moscow Archive and forgotten. And no succesfull hunter coming from the Russian forts Anadyrsk, Nizhne Kolymsk, or Okhotsk on the Pacific would without need tell about the rich huntinggrounds he might have found in the Aleute-islands or further down the coast. Therefore we think it might also have been the case that Russian 'peasants' had crossed to America and gone down the coast all the way to (today's) Seattle, before merchants like Shelikhov established an official settlement for the purpose of founding an official monopolycompany. As a matter of fact, even then Catherine II did not agree to the plan.

Who were the Russians whom the Spaniards met 1783? Of course, the short note is raising the question without answering it. The Russians said that they were collecting dues for the empress, but then it was important for their standing in the face of two Spanish ships far superior to their military means – we hear nothing of these from the Russian side – while Spain would be careful not to estrange the powerful Catherine II. The Russians traded homeproducts with the Indians: linnen and wodka. Later they probably left the site, possibly afraid of official control as soon as knowledge of their settlements spread. They may have been *raskolniki*, 'oldbelievers', a schismatic group of the Russian Orthodox Church, which was persecuted.[25] There is a long tradition of *raskolniki* fleeing to the woods and across Russian borders.[26] The settlements may also have been destroyed by Indians, or the settlers might have died by some desease.

That the first period of Russian history in North America, shaped by hunters, traders, and (maybe) runaway peasants, was coming to an end became obvious though in that plan of Shelikhov to found a company. Paul I in 1799 agreed to Shelikhov's plan and founded the Russian-American Company (RAC),[27] which received a monopoly for the Russian possessions in America. It started with the stock of 724,000 roubles at 1,000 a piece, with two of She-

---

quite correctly. Also that argument does not explain the numbers of Russian settlers and the year, since the settlement of the RAC on Kodiak was founded in 1784. The Juan de Fuca Street was named that way in 1788 (Wikipedia, retrieved 18.12.2011).

25 Nolte 1969, 122-143.
26 Nolte 1969, 141-143, 149, 153-154, 174-177. During the religious persecution of 1928, *raskolniki* in Siberia fled to the woods and were discovered only by chance in the 60s, when the Soviet Union was systematically photographed from the air, from where their small slash and burn fields were seen. Most of these *raskolniki* died when brought into contact with the Soviet society, since they had lost their immunity to several types of germs.
27 Especially to this period Black 2004 (note 2), 101-103; Bolkhovitinov 1991, 174-228. For a contemporary description of Russian trade to China, for instance see Pallas 1967, 136-153, cit. 137.

likhov's sons in law as the first directors. The main trade of the Company was in beaver-fur, but of course sable, ivory (from walrus), etc. also was sold. The main markets were Japan and China; in the latter market the Russians directly competed with the elder Tungusian furtrade from Siberia und profited from the official treaties between the two empires. Between 1797 and 1821 two million roubles in taxes were paid to the tsar's customs, and since the dues were one tenth, the declared trade was (at least!) worth 20 million roubles. The capital of the RAC rose to 4.6 million roubles in that period.

The first representative of the RAC in Alaska was A. A. Baranov. The Russian settlement on the island of Sitka had been destroyed in 1802 by Tlingits, an Indian tribe; Baranov recaptured the island and built a fortress there with the name Novo-Arkhangelsk, which became the capital of Russian America. The ice- and waterways of the Russian north started in Arkhangelsk on the White Sea in Europe and crossed the whole north of Asia and the Bering-street to lead to Novo-Arkhangelsk in North America – connecting three continents.[28] The Russian Orthodox Church was established when in 1794 Arkhimandrit Joasaf was sent to Kodiak for Christian care of the Russians and to missionarise the non-Christians. A priest wrote an alphabet for the Aleutian language and translated the catechism, a short pious history and Matthew. In 1817 the Church reported on 27,000 christened indigenous people, but the statistics of 1860 only give the number 11,233.[29] The report may have been wrong in the beginning, but most probably many newly baptised people returned to their old creeds as soon as they realised that Christ did not magically support them in their daily ills and troubles. And then 1837 to 1849 many Aleutes died of smallpox, causing their number to decrease in that period from 6,990 to 4,041.

In 1822 the population of the colony counted 8,286 inhabitants, of which 448 were Russians and 553 creoles – the Russian statistic uses the Spanish word – the rest belonged to three Indian tribes. The population increased till 1860 to 10,540 people, of which 1,892 were creoles. The population of Alaska in 1855 is estimated at 40,000 to 60,000, meaning that about one fifth had accepted Russian rule, while Tlingit, Athapaskes, and Inuit stayed independent.

The main economic problem for all Siberia was, as stated, provision with corn. To that end, the company founded in 1812 Fort Ross in northern California. Actually the colony only rarely fulfilled its aims, and of course it led to some diplomatic exachanges (but no military action) between Russia, Spain, and later the Mexican Republic. When in 1839 the Russian-America Company concluded a deal with the Hudson-Bay Company, by which the former lended their southernmost part on the North-American coast to the latter for the promise of regular provisions, the RAC evacuated Fort Ross in 1841.

From the beginning of the 19th century foreign ships, mainly from the US, had intruded into the whaling and hunting grounds of Alaska, and the RAC

---

[28] For a map see: Jaeger 2010, 471-472.
[29] Bolkhovitinov 1991, 211-212.

had not been able to defend the stretched coasts effectively. In 1857 the brother of Tsar Alexander II, Konstantin envisaged that the ascent of the US could lead to attacks and advised to sell Alaska to Washington. In 1867 the tsar did actually sell Alaska for 7.2 million dollars to the US. Those inhabitants of the colony (but not the members of the "wild tribes") automatically became citizens of the US, except when they returned to Russia within three years. The Orthodox Church of Alaska remained a member of the Russian Orthodox Church, the first of its kind beyond the borders of the Russian Empire.[30]

Summary

Russian peasants and cossacks, living on slash and burn agriculture in the short summers and on hunting, logging, ironmaking, and trading in the long winters, constituted very mobile communities. Following the defeats of the Tatar Khanates (Kasan, Astrakhan, and Sibir) these 'northern' Russians migrated in boats from the Russian Pomore to the east into territories settled by hunters and gatherers speaking Finnougric, Turkish, Palaeoasiatic, and Indian languages. The Russian state and the Russian Orthodox Church followed. All profited from high demand for fine furs in Western Europe and in China.

Abstract

Living by slash and burn and by many of the products of forests, rivers, and the Arctic Ocean, the peasantry of Northern Eurasia was used to moving around almost as widely as the hunters and reindeer-herdsmen of that region. The Russian Empire learned from the Tatar-Khanates the social form of free, armed peasants (cossacks), which allowed Russians to take part in such movements of people. Its institutionalising as an Estate of its own (in the face of a growing enserfment of peasants in the Russian centre) also opened the possibility to control these people (sometimes). In taiga and tundra (as well as on the southern borders up to the 18th century) the cossacks were moving by boat, up and down the rivers of the Ural-mountains, the streams of Sibiria, and the Arctic ocean. They wrote to Moscow about the end of Asia almost a century before Captain Bering did, and they crossed the street (named after the Dane, not the Russians who 'discovered' it; of course the Inuit knew about it much earlier) in almost the same boats to settle in North-America. Of course the cossacks were competing with other hunters (as the Inuit or the Northwestern Indians), but they may have been slightly superior due to the fact that they farmed on the side (to the extent that the climate allowed it), that they had easier access to guns, that the Russian state and of course the Orthodox Church followed 'its' cossacks, and that the empire protected Russian traders and their routes to sell the furs and hides on Western and Chinese markets.

---

[30] The treaty in German translation in Nolte 2006, 115-116; Nolte, Schalhorn, Bowetsch 2014, 4.3.2.

For a map on the routes between Arkhangel'sk in Northern Europe and Novo-Arkhangel'sk in Northern America see: K. F. Jaeger (ed.), Enzyklopädie der Neuzeit, Lemma Russländisches Reich, vol. 11, Stuttgart 2010 (col. 471f.).

Bibliography

Aleshich 1961 = A. I. Aleshich, Aljaska, in: Sovetskaja Istoricheskaja Ënciklopedija 1, Moskva 1961.

Belov 2000 = Vasilij Belov, Povsednevnaja zhizn' Russkogo severa, Moskva 2000.

Black 2004 = Lydia T. Black, Russians in Alaska 1732–1867, Fairbanks 2004.

Bolkhovitinov 1991 = N. N. Bolkhovitinov, Rossija otkryvaet Ameriku (Russia discovers America, Translation to German in: Hans-Heinrich Nolte (ed.), Geschichte der USA I, Schwalbach 2006, 109-110.), Moskva 1991.

Dahlmann 2009 = Dittmar Dahlmann, Sibirien. Vom 16. Jahrhundert bis zur Gegenwart, Paderborn 2009.

Fragner/Kappeler 2006 = Bert Fragner/Andreas Kappeler (ed.), Zentralasien. 13. bis 20. Jahrhundert, Wien 2006.

Grinëv 2012 = A. V. Grinëv, Vneshnjaja ugroza Russkoj Amerike: mif ili real'nost', in: Novaja i Novejshaja Istorija 55, 3 (2012), 108-124.

Jaeger 2010 = K. F. Jaeger (ed.), Enzyklopädie der Neuzeit, Lemma Russländisches Reich, Vol. 11, Stuttgart 2010, columne 471 f.

Kappeler 2001 = Andreas Kappeler, The Russian Empire. A Multi-Ethnic History, London 2001 (German 1992).

Khodarkovsky 2002 = Michael Khodarkovsky, Russia's Steppe Frontier: The Making of a Colonial Empire 1500–1800, Bloomington/Indiana 2002.

Kopylov 1974 = A. N. Kopylov, Ocherki kul'turnoj zhizni Sibiri XVII – nachala XIX v., Novosibirsk 1974.

Longworth 1969 = Philipp Longworth, The Cossacks, New York 1969.

Mamsik 1978 = T. S. Mamsik, Pobegi kak social'noe javlenie. Pripisnaja derevnja Zapadnoj Sibiri v 4=-9=gg. XVIII v., Novosibirsk 1978.

Nolte 1969 = Hans-Heinrich Nolte, Religiöse Toleranz in Russland, Göttingen 1969.

Nolte 2006 = Hans-Heinrich Nolte (ed.), Geschichte der USA I, Schwalbach 2006.

Nolte 2007 = Hans-Heinrich Nolte Nolte, Neuzeitlicher Kulturtransfer zwischen Islam und Christenheit: Politik, Militär, Religion, in: Zeitschrift für Weltgeschichte (ZWG) 8, 1 (2007), 105-130.

Nolte 2008 = Hans-Heinrich Nolte: Solovecki, in: Martin Stöber/Karl H. Schneider/Olaf Grohmann (ed.), Insel-Reflexionen, Carl-Hans Hauptmeyer zum 60. Geburtstag, Hannover 2008, 65-70.

Nolte/Schalhorn/Bowetsch 2014 = Hans-HeinrichNolte/Bernhard Schalhorn/Bernd Bowetsch, Quellen zur russischen Geschichte (reclam 19269, No. 2.24), Stuttgart 2014.

Nolte 2009 = Hans-Heinrich Nolte, Weltgeschichte des 20. Jahrhunderts, Wien 2009.

Nolte 2012 = Hans-Heinrich Nolte, Geschichte Russlands, ³Stuttgart 2012.

Nolte 2013 = Hans-Heinrich Nolte, Islam and Christianity in Eastern Europe. New Russian language literature from and on Tatarstan, in: Entelequia. Revista Interdisciplinar, 15 April 2013, 255-263. http://www.eumed.net/entelequia

Nolte 2014 = Hans-Heinrich Nolte, Eurasisches Europa, in: Thomas Ertl et al. (ed.), Europa als Weltregion, Wien 2014, 127-151.

Nolte 2014 = Hans-Heinrich Nolte, Russische Bauern zwischen Waldeinsamkeit, Kommune und Kapitalismus, in: Florian Grumblies/Anton Weise (ed.), Unterdrückung und Fortschritt in der Weltgeschichte, Hannover 2014, 63-98.

Pallas 1967 = Peter Simon Pallas, Reise durch verschiedene Provinzen des Russischen Reichs, Bd. 3, deutsch SPg 1776 (Nachdruck Graz 1967).
Sergeev 1983 = O. I. Sergeev, Kazachetsvo na russkom dal'nem vostoke, Moskva 1983.
Stolberg 2009 = Eva-Maria Stolberg, Sibirien: Russlands wilder Osten, Stuttgart 2009.
Stricker 1997 = Gerd Stricker, Russland (Deutsche Geschichte im Osten Europas), Berlin 1997.
Vlasova 1984 = I. V. Vlasova, Tradicii krest'janskogo zemlepol'zovanija v Pomore i Zapadnoj Sibiri v XVII–XVIII vv., Moskva 1984.
Witzenrath 2007 = Christoph Witzenrath, Cossacks and the Russian Empire, 1598–1725, New York 2007.
Witzenrath 2015 = Christoph Witzenrath (ed.), Eurasian Slavery, Ransom and Abolition in World History 1500–1860, to be published London 2015 with Ashgate.
Zakiev 2008 = M. Z. Zakiev, Istorija tatarskogo naroda, Kazan 2008.

Régis Moes
Biographies globales et vies transnationales
Les Luxembourgeois dans la mondialisation au XIXe et au XXe siècle

«Nous étions réunis autour d'une table hospitalière où chaque année s'évoquent les souvenirs communs. […] Ce soir-là, quelqu'un narra une histoire qui nous fit rêver.
C'était à Diekirch, en l'an 189*, le 1er août. Avant de se séparer et de se disperser aux quatre vents de la vie, les élèves de Ire, attablés à une terrasse de café, buvaient le coup de l'étrier. […]
Le petit N. prononça le discours d'adieu. Il parla éloquemment du passé commun et de l'avenir incertain. […] Puis, se tournant vers un des camarades, grand gaillard de taille énorme qui se destinait aux Pères Blancs d'Afrique, il prononça d'une voix forte et les yeux étincelants: ‹Quant à toi, je te souhaite de trouver là-bas un beau martyre !› […]
Tous sentirent passer le frisson des émotions tragiques. Quelques instants après, ils se séparèrent. –
Nous regardions le narrateur. Il demeura silencieux un moment, ralluma son cigare et ajouta: ‹Vous savez que le grand H. fut déchiré par un tigre en Afrique centrale›.»

Le Passant
Escher Tageblatt, 21 Novembre 1919

Cette histoire relatant la séparation d'anciens élèves du Gymnase de Diekirch à la fin du XIXe siècle, montre que dès cette époque le choix de la carrière professionnelle – ici celle de missionnaire catholique – pouvait mener un jeune Luxembourgeois à travers le monde. Le choix que fit le «grand H.» de devenir Père blanc, nous amène à poser la question de l'émigration de Grand-Ducaux vers l'Outremer, un voyage qui était synonyme d'aventure. Pourtant, le choix du jeune H. de devenir Père blanc paraît logique si on se rappelle que les Pères blancs avaient établi en 1880 un noviciat au Luxembourg, plus précisément au Marienthal. Le futur missionnaire connaissait sans doute la congrégation par sa présence dans la région: la dynamique qui l'amena en Afrique trouve une explication à une échelle tout-à-fait régionale, voire locale, au Grand-Duché de Luxembourg même. Ces quelques lignes nous disent certes beaucoup sur la mobilité d'un jeune issu de la bourgeoisie rurale du Luxembourg à la fin du XIXe siècle, mais laissent bien des choses dans l'ombre. Elles révèlent d'ailleurs moins sur le parcours personnel du «grand H.» que sur les représentations exotiques des Luxembourgeois sur l'Afrique – il est en effet peu probable que le jeune H. soit réellement mort lors d'une attaque d'un tigre qui est un animal asiatique et non africain.

L'Europe et l'Outremer entre 1850 et 1950: une relation de domination coloniale

Afin d'écrire l'histoire du Grand-Duché de Luxembourg[1] dans la mondialisation au XIXe et au XXe siècle, il est nécessaire de recourir à des études de cas comme celle du Père blanc H. Cette approche de l'histoire globale est dans la continuité des travaux de Jean-Paul Lehners, dont l'intérêt pour les processus de mondialisation ne s'est jamais démenti. L'implantation du courant de l'histoire globale au Luxembourg lui doit beaucoup, tout comme les études sur le colonialisme, puisque ses premières publications dans les années 1970 portent déjà sur le Tiers Monde et son histoire.[2] Plus récemment, les recherches de J.-P. Lehners se sont inscrites dans le courant de l'histoire globale qui tente de comprendre les processus de mondialisation à travers l'ensemble de l'histoire humaine. Lehners a notamment codirigé une monumentale histoire globale de l'an mil jusqu'à l'an 2000 en huit volumes.[3] C'est d'ailleurs J.-P. Lehners qui a rendu attentif l'auteur du présent article au concept de *biographie globale*, de *globale Lebensläufe* pour reprendre le titre d'un des ouvrages en langue allemande.[4] Faire de l'histoire globale implique de s'intéresser aux hommes qui ont émigré vers des destinations ultramarines et aux raisons, buts et conséquences de ces mouvements migratoires.[5] L'analyse reste pourtant à faire de ces migrations vers des destinations ultramarines marquées par le système colonial au XIXe et au XXe siècle. Le concept de «biographies globales» permettra peut-être de donner un cadre explicatif qui intègre les acquis d'une historiographie récente insistant sur les mouvements transnationaux et globaux. Il s'agit en effet de tenter de se défaire d'une vision centrée sur une nation en particulier et de se démarquer du nationalisme méthodologique souvent imposé à l'historien par l'état des sources – regroupées dans des centres d'Archives nationales ou issues de la presse nationale.

Les tentatives visant à appréhender la mondialisation à travers les récits de vie connaissent depuis quelques années un réel essor parallèle à la réhabilitation de la biographie comme moyen de connaissance, alors que ce genre fut pendant longtemps décrié parmi les scientifiques.[6] Des ouvrages collectifs de biographies d'acteurs ayant eu des parcours de vie sur différents continents,

---

[1] Nous analyserons dans cet article uniquement des cas issus du territoire luxembourgeois après 1839, soit dans les frontières territoriales actuelles de l'État luxembourgeois.
[2] Lehners 1973, 68-71; Lehners, Bergmüller, Feldbauer 1977–1978.
[3] Feldbauer, Hausberger, Lehners 2008–2011.
[4] Hausberger 2006.
[5] Voir également: Lehners 1995, 15-19, article repris et mis à jour dans Lehners 2007, 20-22.
[6] Pour une introduction à l'historiographie de la biographie dans le monde académique francophone, voir Dosse 2011.

dépassant des frontières nationales, sociales ou professionnelles, ont ainsi vu le jour au cours des dernières années, et on peut retrouver un début de théorisation de ces «biographies globales» ou «vies transnationales» auprès de divers auteurs.[7] L'approche par les biographies globales permet également d'éviter un certain nombre d'écueils qui sont souvent reprochés aux études d'histoire globale, parfois présentée comme éloignée des sources et poursuivant des perspectives téléologiques. Les grandes fresques d'histoire globale sont souvent l'œuvre d'historiens ayant synthétisé la littérature secondaire et dont la plupart auraient tendance à perpétuer une vision très européocentrique.[8] Or, des études de ce genre cachent parfois des réalités qui sont plus complexes, et adopter un niveau d'analyse différent révèle souvent des contradictions avec le métarécit de l'évolution vers un monde globalisé de plus en plus interconnecté qui sous-tend la plupart des analyses d'histoire globale. L'approche biographique quant à elle doit nécessairement prendre en compte différentes échelles d'analyse, puisque des décisions individuelles s'insèrent toujours dans un contexte plus global. Comme le souligne Bernd Hausberger, «l'histoire globale ne doit pas être une *Big History* de la réussite de l'humanité, de l'Occident ou du monde moderne. On peut aussi la voir […] comme l'histoire de relations dépassant des frontières existantes, d'interactions et de transferts. De tels phénomènes – aussi bien synchroniques que diachroniques – ne peuvent qu'être analysés de façon concrète et proche des sources. Les méthodes microhistoriques et l'histoire globale sont ainsi plus proches qu'on ne le croit».[9] De même, comme le rappellent les historiens australiens Desley Deacon, Penny Russel et Angela Woollacott «la vie esquive les frontières nationales» et les «frontières définissant la citoyenneté et l'identité ont été dessinées et redessinées à travers les vies des gens et les territoires». Dans ce sens, l'approche des biographies permet de relever «le potentiel de récits de vie individuels à expliquer radicalement le monde dans

---

[7] Pour les récents recueils de parcours personnels d'acteurs voir notamment: Lambert, Lester 2006 ; Ballantyne, Burton 2009 ; Deacon, Russell, Woollacott 2010; Weger 2009. Pour des tentatives de théorisation des parcours de vie globaux comme source de savoir historique voir: Deacon, Russell, Woollacott 2010a, 1-11; Hausberger 2006, 9-24; Sluga, Horne 2010, 369-373; Herren 2005, 1-18. Pour une approche critique, mais apportant aussi de nouvelles réflexions, voir les comptes-rendus de lecture suivants: Schweiger 2012, Löhr 2012.

[8] Voir notamment les critiques acerbes de l'histoire globale de Reinhard 2012, 427-438, et Pernau 2012. Comme exemple de fresques d'histoires globales, on pourra citer: Bayly 2004 et Osterhammel 2011.

[9] «Globalgeschichte muss keine Big History vom Aufstieg der Menschheit, des Westens oder der modernen Welt sein. Man kann sie auch – und wie ich meine genauso sinnvoll – als Geschichte weitreichender, existierende Grenzen überschreitender Beziehungen, Interaktionen und Transfers begreifen. Solche – diachron wie synchron zu beobachtenden – Phänomene können nur konkret und quellennah untersucht werden. Mikrohistorische Methoden und Globalgeschichte stehen damit näher als man glaubt», Hausberger 2006, 10.

lequel ils ont été vécus».¹⁰ Il s'agit de montrer les relations entre le global et l'intime et de relever les potentialités permises dans une perspective globale. Comme le souligne Bernd Hausberger, une vie globale est une vie qui «parcourt de longues distances, traverse des océans et dépasse des frontières politiques, culturelles et religieuses».¹¹ L'acteur de cette vie se caractérise aussi par la conscience du caractère global ou transnational de sa vie. Cette conscience n'implique en rien de nier les rapports de dominations et les relations de pouvoir existant dans le cadre colonial caractéristiques des territoires d'outremer dans la période qui nous intéresse (ca.1850–1950): «Les hiérarchies raciales ont été centrales pour la modernité, même si les identités raciales et ethniques évoluent sans cesse».¹² Il ne s'agit donc nullement de nier ici le caractère inégal des migrations globales au XIXᵉ et au XXᵉ siècle, mais de montrer les stratégies sociales utilisées par les acteurs pour se réaliser.

Dans la continuité de la *New Imperial History*, l'analyse des relations de l'État luxembourgeois et de ses habitants avec les empires coloniaux européens mérite d'être posée. Les études récentes sur les empires coloniaux insistent ainsi de plus en plus sur les interconnexions, les réseaux et les circulations de personnes, de biens et d'idées à travers le monde en dépassant les frontières des différents empires coloniaux qui ne sont pas renfermés sur eux-mêmes. L'historiographie coloniale s'est ainsi largement renouvelée et veut montrer d'une part la diversité des sociétés coloniales dans les formes de gouvernement et dans la démographie aussi bien du point de vue des colonisés que de celui des colonisateurs.¹³ Dans la suite des apports épistémologiques des *subaltern studies* et en se référant notamment à l'article fondateur de Georges Balandier qui dès 1951 avait soulevé la forte hiérarchisation sociale des sociétés coloniales,¹⁴ l'histoire des empires coloniaux tend aujourd'hui à montrer que le colonialisme a été un projet européen qui a été mené par des hommes et des femmes issus de l'ensemble des pays d'Europe occidentale.¹⁵ D'ailleurs, dans les colonies, des

---

10 «Lives elude national boundaries [...] They [the biographies] suggest ways of seeing how boundaries defining citizenship and identity were drawn and redrawn across people's lives and territories [...]. Taken together, these chapters make clear the potential of individual life stories to radically explicate the worlds in which they were lives». Deacon, Russell, Woollacott 2010, 4-5.

11 «Der globale Mensch ist ein Mensch in Bewegung, geprägt von grenzüberschreitender Mobilität [...] wenn jemand im Laufe seines Daseins große Strecken zurücklegt, Ozeane überquert und dabei auch noch politische, kulturelle oder religiöse Grenzen überwindet», Hausberger 2006, 13.

12 «Racial hierarchies have been central to modernity, even while ethnic and racial identities constantly evolve». Deacon/Russell/Woollacott 2010, 8.

13 Voir l'ouvrage fondateur de la *New Imperial History*: Cooper/Stoler 1997. Dans un même souci comparatif on pourra consulter le récent ouvrage Burbank, Cooper 2010. Cooper 2007. Voir aussi Howe 2010.

14 Balandier 1951, 44-79.

15 Voir notamment Eckert 2008, 31-38, en particulier 38. Voir aussi Albertini 1985 et Eckert 2006.

Européens issus de différents États se côtoyaient souvent alors que les contacts avec les colonisés autochtones étaient extrêmement réduits. Les métropoles coloniales auraient d'ailleurs été dans l'impossibilité de réaliser le projet impérial en recourant uniquement à leurs nationaux, dont très peu pouvaient être persuadés de partir s'installer dans des régions souvent insalubres en Afrique et en Asie – les gouvernements impériaux restèrent toujours dépendants de l'apport d'étrangers qu'il fallait tenter d'intégrer dans la société des colonisateurs.[16] Le meilleur exemple est l'Algérie, où les autorités françaises ont vu affluer de nombreux Italiens, Espagnols et Maltais. En 1886 on comptait ainsi, parmi la population «européenne» de l'Algérie, 211 000 étrangers pour 219 000 Français. Afin de remédier à cette situation, les autorités imposent en 1889 la naturalisation automatique à tous les étrangers européens nés en Algérie.[17] La société des colonisateurs était donc issue de multiples origines, et ce y compris de pays n'ayant pas eu de colonies. Depuis quelques années, on note par exemple que l'historiographie suisse s'intéresse aussi au passé colonial des cantons helvétiques, allant jusqu'à parler d'un «colonialisme sans colonies» puisque la Suisse n'a jamais possédé de colonie.[18] Si la question d'un «colonialisme sans colonies» peut être posée pour la Suisse, l'étude de la participation des Luxembourgeois au système colonial européen n'en apparaît que plus pertinente.

Dans les pages qui suivent, nous tenterons de montrer le potentiel que recèle l'étude de la mondialisation à travers les biographies d'acteurs, même si des limites et des écueils existent. Il s'agira de montrer l'apport que les concepts de «biographie globale» et de «vie transnationale» peuvent apporter à la compréhension des phénomènes migratoires ultramarins. L'approche par les biographies globales permet aussi de suppléer à des sources lacunaires. Durant la période que nous considérons dans cet article – environ de 1840 à 1950 – les migrations d'Européens vers d'autres régions du globe s'inscrivent dans des systèmes politiques de domination, dans ce que l'historiographie francophone récente appelle les «sociétés coloniales» caractérisées par la domination politique, économique et sociale d'un groupe humain non-autochtone – le plus souvent d'origine européenne – sur une population autochtone souvent assujettie – un concept qui s'applique aussi bien aux nouveaux empires coloniaux mis en place en Asie et en Afrique à la fin du XIXe siècle qu'aux pays d'Amérique du Sud et du Nord, certes devenus indépendants de leur métropole européenne à la fin du XVIIIe siècle, mais où les descendants des colonisateurs européens continuent à exercer leur hégémonies sur les populations autochtones.[19]

---

16 Etemad 2007, 13-32.
17 Excepté si l'étranger né en Algérie revendiquait la nationalité de son père à sa majorité. Stora 2004, 28.
18 Purtschert, Lüthi, Falk 2012. Voir également Zangger 2011; Perrenoud 2011; Perrenoud 2010, 81-98; Kaufmann 1994, 43-94; Minder 2011; Lenzin 2002, 299-366.
19 Sur la théorisation et l'historiographie des «sociétés coloniales», on pourra se référer au nombreux manuels parus en France dans le cadre de la mise au programme des concours de recrutements des enseignants du secondaire (Agrégation et CAPES) en 2012

Pour aborder l'histoire de l'émigration extra-européenne des Luxembourgeois, il faut, ne serait-ce que pour suppléer aux lacunes des sources statistiques, avoir recours à des études prosopographiques, c'est-à-dire à des études de biographies collectives. Pour le XIXe siècle notamment, si nous savons, comme le remarque justement Denis Scuto, qu'une «émigration massive de Luxembourgeois vers les pays voisins et, de plus en plus, vers les États d'outremer, accompagne [...] les débuts du Grand-Duché» et que «au XIXe siècle, le Luxembourg est avant tout un pays d'émigrants», les chiffres résumant ces migrations sont à considérer avec précaution[20]. Les *Statistiques historiques* publiées par le STATEC en 1989 ne relèvent que trois émigrants luxembourgeois pour le Congo belge entre 1923 et 1953,[21] alors qu'il est bien établi que le Congo belge attira un grand nombre de Grand-Ducaux dans le cadre du système colonial avant 1960.[22] Ces mêmes *Statistiques historiques* révèlent pourtant des chiffres intéressants pour les pays de naissance d'une partie de la population du Luxembourg: ainsi, en 1947, 89 personnes résidentes était nées en Afrique (soit 3 pour 1000 Luxembourgeois) et 32 en Asie (soit 1 pour 1000). En 1960, ces chiffres ont largement évolué: 366 personnes résidentes était nées en Afrique (soit 8 pour 1000 Luxembourgeois) et 79 en Asie (soit 2 pour 1000).[23] Or, en 1960, à une époque marquée par la décolonisation, ces chiffres ne peuvent pas encore s'expliquer par un afflux d'immigrants issus de ces continents, mais apparaissent comme le résultat de migrations d'Européens ayant passé une partie de leur vie en Outremer.

Comme le suggéra J.-P. Lehners lors des 3e Assises de l'historiographie en 2009, une des méthodes pour contourner ces lacunes documentaires, pourrait consister à traiter de l'histoire globale en recourant aux sources locales et aux méthodes de la microhistoire.[24] Or, pour analyser les migrations des Luxembourgeois, l'approche par des sources locales peut également être, du moins au vu de l'état actuel de la recherche, assez difficile. Voyons notamment la liste dressée par Änder Hatz des émigrants et *rémigrants luxembourgeois entre 1876–1900* sur base des déclarations faites dans leur commune de départ par les Luxembourgeois ayant émigré, alors que de nombreux émigrants ne remplissaient pas de déclaration avant de partir. La liste est donc largement incomplète.[25] D'ailleurs, encore au début des années 1960, le gouvernement

---

portant sur «les sociétés coloniales à l'âge des empires. 1850–1950» ainsi qu'aux bibliographies y afférentes: Barthélémy 2012, 133-173; Dumasy 2012; Klein, Laux 2012; Surun 2012 et Barjot 2012.

20 Scuto 1995, 24-28, 24.
21 STATEC 1989, 67-68.
22 Moes 2012.
23 Les auteurs du recueil de statistique indiquent d'ailleurs eux-mêmes qu'il «n'existe pas de source absolument sûre fournissant des données sur le nombre de Luxembourgeois émigrés vers les pays d'outremer», STATEC, Statistiques historiques. 1839–1989, 35.
24 Lehners 2011, 163–172.
25 Hatz 1994.

luxembourgeois ignorait combien de ses ressortissants se trouvaient dans de nombreux pays d'outremer et dut tenter de les faire recenser par les consulats belges et néerlandais.[26] De plus, la plupart des annuaires statistiques étrangers, notamment dans les pays vers lesquels des Luxembourgeois ont émigré, classent les immigrants du Grand-Duché soit dans une catégorie commune avec les Belges, soit sous les «autres nationalités». Les effectifs luxembourgeois dans les pays de réception étant peu élevés, ils n'apparaissent que rarement comme groupe distinct.

Les biographies d'acteurs pour comprendre la diversité des migrations ultramarines

Une approche plus prometteuse pourrait donc être celle des «biographies globales» qui tente de retracer les parcours de vie d'individus ayant effectué de multiples migrations et ayant à cette occasion traversé à plusieurs reprises des frontières politiques, économiques et/ou sociales. Ce *pari biographique*[27] est peut-être l'unique voie possible pour approcher l'émigration luxembourgeoise vers les pays d'outremer. Il est ainsi bien établi qu'au XIXe siècle, le parcours de vie de beaucoup de gens ne se laissait pas fixer dans un carcan national: traverser des frontières pour réaliser sa carrière professionnelle, partir à l'aventure ou vivre ailleurs était alors bien plus répandu qu'on ne le pense communément. Pour le Luxembourg, avec un territoire assez petit, cette affirmation est d'autant plus vraie. L'historiographie récente a ainsi montré que les phénomènes migratoires ultramarins ont touché toutes les couches sociales au Grand-Duché: des pauvres paysans des régions rurales voulant partir au Brésil, au Guatemala ou en Argentine[28] aux ingénieurs issus de la bourgeoisie urbaine partant en Russie ou en Chine[29] en passant par les employés et artisans de classe moyenne s'installant aux États-Unis.[30] Ces individus ont vu dans l'émigration des chances de réalisation personnelle et sociale et ont adapté leurs stratégies bien au-delà des frontières nationales.[31]

[26] Voir diverses correspondances dans le dossier AE 14102 aux Archives nationales du Luxembourg (ANLux), où on retrouve des demandes envoyées entre 1960 et 1962 aux consuls néerlandais et belges dans les pays suivants: Israël, République arabe unie (Egypte et Syrie), Thaïlande, Maroc, Congo-Léopoldville, Malaisie, Singapour, Sénégal, Afrique du Sud, Tunisie, Nigéria, Soudan, Inde, Kenya, Ceylan, Philippines, Irak, Iran, Ghana, Ethiopie et Liban. Les réponses des consuls étaient la plupart du temps évasives.

[27] Dosse 2011.

[28] Reuter 2002; Wey 2010, 269-290 et Stols 2001, 121-164.

[29] Phillipart 1987, Maas 1995.

[30] En renfort des paysans s'installant dans ce pays. Nicolas Gonner, historiographe de ce mouvement, ancien commis aux Ponts-et-Chaussées à Remich puis journaliste à Dubuque en est un bon exemple, Gonner 1985–1986.

[31] «Individuals have always looked beyond the imagined communities and patrolled borders that seek to define their experience, and have found energy, inspiration and attachment in a wider world». Deacon/Russell/Woollacott 2010, 2.

Or, il faut rester conscient des limites de l'approche biographique. Nous connaissons uniquement des détails de la vie des gens qui ont eu la possibilité de laisser de nombreuses traces dans les sources. Bien entendu, les récits de voyage de l'ingénieur Eugène Ruppert vers la Chine, du missionnaire Ed. Bellwald vers l'Océanie ou du journaliste Prosper Müllendorff en Afrique allemande et la multitude d'autres récits de Luxembourgeois ayant manié la plume restent des sources incomparables.[32] Par contre, rares sont les sources qui nous permettent d'aborder les émigrants et expatriés du Luxembourg vers les territoires d'outremer qui n'ont pas eux-mêmes laissé de traces écrites. Par exemple, entre 1865 et 1899, 143 Luxembourgeois furent naturalisés dans l'Algérie française – sans que nous sachions grand-chose à leur propos.[33] Pourtant, quelques indices permettent de penser que l'émigration vers l'outremer a aussi touché des familles de statut social moins élevé, à l'exemple du parcours de vie relaté par Heinrich Schliep en 1866 d'une femme originaire de Schengen: celle-ci était partie comme domestique à Paris et avait suivi ses patrons sur la Côte d'Azur, puis était partie avec de nouveaux patrons à Athènes, puis Alexandrie où elle rencontra son futur mari qui était Français et travaillait sur le chantier du canal de Suez. Le couple s'installa alors à Ismaïla, toujours en Egypte, avant d'ouvrir un hôtel à Aden au Yémen, où Schliep la rencontra.[34]

Les bribes de biographies que nous livrent les sources, à l'exemple du parcours de cette femme de Schengen, pourraient servir à constituer une base pour une étude prosopographique ultérieure.[35] La collection de biographies individuelles peut cependant servir à clarifier les motivations des émigrants, leurs parcours, la présence ou l'absence d'ascension sociale suite à leurs migrations ou encore l'accueil qui leur fut réservé dans les territoires ultramarins. La question, déjà posée par de nombreux historiens, est de savoir si le séjour dans un contexte ultramarin – qui est souvent colonial avant 1945 – a été pour les personnes en question «un accélérateur de carrière ou, au contraire, s'agit-il d'une impasse de laquelle beaucoup ne sont jamais sortis quand ils ne sont tout sim-

---

32 Ruppert 1903; Bellwald 1900; Müllendorff 1910. Pour un aperçu général de ces sources littéraires, on pourra se référer aux deux anthologies: Marson 2011 et Klein 1995.

33 Même si un certain nombre d'anciens de la Légion étrangère devait se trouver parmi eux. Exposé de la situation générale de l'Algérie présenté par Revoil 1901.

34 Le parcours de Heinrich Schliep (Cologne 1834 – Luxembourg 1911) peut également être considéré comme une «biographie globale», puisqu'après avoir fréquenté le Gymnasium (lycée) à Trèves il partit dans l'Armée coloniale des Indes, revint en Europe pour se marier à Luxembourg en 1864–66 puis repartit comme directeur du cadastre en Indonésie. Il rentra en Europe en 1877, s'établit successivement dans diverses grandes villes et rentra définitivement au Luxembourg en 1892. Il fut un des membres fondateurs du Verein für Luxemburger Geschichte, Literatur und Kunst qui eut un rôle considérable dans la formation des symboles nationaux du Luxembourg. Sur Schliep voir: Schliep 2011.

35 La prospographie peut servir «à définir l'identité d'une population spécifique au travers des individus qui la composent», selon Anceau 2005, 23-37, 23.

plement pas morts ?».³⁶ Il ne faut pas oublier que malgré les récits sur ceux qui ont réussi, de très nombreux échecs ont sans aucun doute marqué les émigrations et expatriations. Il faut donc éviter de suivre la propagande coloniale qui au Luxembourg aussi présentait l'émigration dans les colonies comme l'assurance d'une augmentation du prestige social – à l'exemple de Nicolas Cito, grand colonial Luxembourgeois, qui présentait en 1938 ainsi les carrières coloniales au Congo belge dans le journal illustré *A-Z* comme menant nécessairement à une hausse du niveau de vie.³⁷ Or justement les cas d'échecs ne sont que rarement accessibles par les sources dont nous disposons. Que nous n'ayons la plupart du temps accès uniquement à des bribes, à des parties de biographies, ne doit pas nous décourager. Au contraire, le caractère éclaté des sources permet sans doute, comme l'évoque notamment Arlette Farge, de préserver aussi dans notre récit les errements des vies des gens qui n'ont pas laissé de nombreuses traces dans les archives – et les parcours de vie des biographies globales étant souvent sinueux, ces errements sont d'autant plus réels.³⁸ Les blancs laissés dans les récits sont eux aussi révélateurs et, dans le cas précis des biographies globales et transnationales, soulignent l'incertitude et les étapes parfois aventureuses des voyageurs au long cours.

Comment alors construire un récit historique cohérent et explicatif avec des sources très lacunaires ? Comment comprendre la vie de ces centaines de jeunes Luxembourgeois partis sans l'accord de leurs parents s'enrôler dans la Légion étrangère, dont nous connaissons uniquement l'existence par les lettres désespérées que leurs parents envoyaient au gouvernement luxembourgeois ?³⁹ Au contraire des Luxembourgeois partis dans l'Armée néerlandaise des Indes entre 1810 et 1913 qui ont fait l'objet d'une étude prosopographique quantitative d'Yvan Staus,⁴⁰ l'histoire des Légionnaires luxembourgeois nous est encore largement inconnue et nécessiterait des études poussées.⁴¹ De même, nous ne savons pas vraiment grand-chose sur les personnalités des Luxembourgeois partis en Argentine ou au Brésil, destinations pour lesquelles cependant des études

---

36   Laux, Ruggiu, Singaravélou 2009, 22.
37   Interview Nicolas Cito, A-Z Luxemburger illustrierte Wochenschrift, 6e année, n°14, 3 avril 1938, pp.4-5, cité in: Moes 2012, 154.
38   Farge 1989, 145-148. Voir aussi Dosse 2011, 72-74.
39   Voir notamment, et de façon non exhaustive, aux ANLux les dossiers AE-AP-404; AE 13285; AE 12057; AE 2262; AE 2267; AE 2270; AE 3466.
40   Staus 2009, 467-493. Notamment sur base du dictionnaire biographique dressé par Troes 1913–1917, 1922–1923, 1931.
41   Il faut cependant être prudent avec les chiffres sur les Luxembourgeois dans la Légion étrangère. Comme le remarque l'historien Douglas Porch, de nombreux Allemands indiquaient être Belges ou Luxembourgeois lors de leur engagement, de même que certains Français qui contournaient ainsi l'interdiction qui leur était faite de s'enrôler dans la Légion. Il est probable p.ex. que les statistiques données pour l'années 1897 qui parlent de 106 Luxembourgeois membres de la Légion étrangère soient exagérées, Porch 2010, en particulier 182-184.

traitant de l'ensemble du groupe existent.[42] Il existe assez peu d'études biographiques contemporaines des migrations, telle que celle réalisée par Nicolas Gonner dans son livre sur les Luxembourgeois partis aux États-Unis[43] ou le véritable dictionnaire biographique des Luxembourgeois engagés dans l'armée néerlandaise des Indes de Jean-Pierre Troes paru dans la Revue *Ons Hémecht* entre 1913 et 1931.[44]

Un des dangers de l'approche biographique réside justement dans ces lacunes dans les sources qui laissent souvent assez d'espace pour aboutir à des surinterprétations des parcours de vie. Les biographies se plaisent souvent à présenter une vie comme un parcours, un chemin poursuivant un but, perpétuant ainsi en quelque sorte une tradition historiographique téléologique. Pour reprendre les mots de Pierre Bourdieu qui dénonçait en 1986 «l'illusion biographique», les biographes risquent de reprendre ce sous-entendu que le sens populaire, le langage ordinaire donne à la *Vie*. «Produire une histoire de vie, traiter la vie comme une histoire, c'est-à-dire comme le récit cohérent d'une séquence signifiante et orientée d'événements, c'est peut-être sacrifier à une illusion rhétorique, à une représentation commune de l'existence, que toute une tradition littéraire n'a cessé et ne cesse de renforcer».[45] Or, comme nous le rappelle notamment l'histoire évoquée ci-dessus de l'hôtelière de Schengen qu'Henri Schliep rencontra à Aden en 1866, un parcours de vie est plus souvent le résultat du hasard et de choix successifs dans la vie que d'un plan préétabli.

Trois exemples de «Luxembourgeois d'Outremer», de leurs identités multiples et de leur relations complexes avec leur pays d'origine

Les parcours de vie transnationaux et globaux dont nous parlons ici ont formé des identités personnelles complexes, certes restant liées à des cadres nationaux – ne serait-ce que les contacts que certains de ces acteurs continuaient à entretenir avec le Luxembourg ou par la récupération dont certains furent l'objet dans la littérature luxembourgeoise – mais qui permettent aussi une certaine remise en question du *master narrative* sur la construction du sentiment national luxembourgeois. Comment en effet classer un personnage comme Guillaume Capus (1857–1931), né à Esch/Alzette et qui obtint, après avoir fréquenté l'Athénée de Luxembourg, un doctorat en biologie à la Sorbonne. En 1880 et 1887, Capus entreprit deux voyages d'exploration en Asie centrale. Dans un contexte où les connaissances géographiques devaient pouvoir servir à asseoir plus tard d'éventuelles revendications politiques, ces voyages dans les montagnes himalayennes, en passant par l'Iran, la Russie, le Turkestan et l'Afghanistan actuels, firent l'objet de récits de voyage détaillés publiés

42   Stols 2001, 121-164; Wey 2000; Wey 2007 et Wey 2010.
43   Gonner 1985–1986. Voir en particulier le chapitre IV du premier volume «Biographische Notizen», aux pages 441 à 518.
44   Cf. note 40.
45   Bourdieu 1986, 66-72, 70.

à Paris.⁴⁶ En 1892, Capus participa à la mise en place du premier observatoire du Mont Blanc avant d'être envoyé en voyage d'exploration en Bosnie-Herzégovine, voyage dont il tira à nouveau un ouvrage.⁴⁷ De 1897 à 1907, Guillaume Capus fut Directeur de l'Agriculture et du Commerce en Indochine, avant de rentrer à Paris où il fut chargé de la gestion des collections scientifiques sur l'Indochine de l'Office colonial. Parallèlement, il enseigna à l'Ecole coloniale et continua à de publier des ouvrages sur les produits coloniaux.⁴⁸ Il est décédé en 1931 à Boulogne-Billancourt.

La figure de Guillaume Capus a été appropriée par certains auteurs luxembourgeois afin de le présenter comme un des principaux Grand-Ducaux ayant réussi à l'étranger. Ainsi, lors d'une visite que Capus effectua à Luxembourg après son premier voyage en Asie centrale, le poète Michel Lentz lui consacra un poème, intitulé «Gilli Capus (Èng Rês an den Orient)», qui fut présenté à un banquet organisé en l'honneur de l'explorateur prodige revenu au pays.⁴⁹ Capus lui-même cependant semble avoir eu une relation plus complexe avec son pays d'origine, puisque d'une part, du moins au début de sa carrière d'explorateur, il acceptait que les lettres qu'il envoyait à sa famille et à ses amis soient publiées dans la presse – comme en témoigne notamment une lettre envoyée depuis Samarcande, dans l'Ouzbékistan actuel, reproduite dans le *Luxemburger Wort* en 1887. Capus bien qu'il indique avoir un peu perdu sa capacité à écrire en allemand puisqu'il est confronté depuis des mois à un ensemble de langues différentes, utilise pourtant la langue de Goethe pour s'adresser à ses amis.⁵⁰ En 1884 et 1885, Capus avait déjà donné des conférences à Luxembourg afin de relater ses expéditions dans les montagnes himalayennes.⁵¹ Il était donc considéré comme un notable au Grand-Duché – où il séjourna d'ailleurs souvent, puisqu'il avait de la famille à Wiltz.⁵² Pourtant, Capus s'était fait naturaliser français dès 1887 et il n'hésitait pas à mettre en avant cette qualité de français dans ses publications: ainsi, dans le récit de son voyage d'exploration en Bosnie-Herzégovine paru en 1896, Guillaume Capus estime que l'étude du système politique mis en place par l'Empire austro-hongrois dans les Balkans – qu'il désigne du terme de «colonie» – «sollicite des études comparatives avec des colonies similaires, dans un certain sens, telles que l'Algérie et la Tunisie. […] Nous pouvons, nous devons tirer profit des expériences,

---

46   Capus 1890; Capus 1892.
47   Capus 1896.
48   Notamment Capus, Leuillot, Foëx 1929; Capus 1930. Pour une bio-bibliographie plus complète de G. Capus voir: Marson 2014. Voir également: Pierret 1932, 165-172; Reuter, Thoma 2003, 18.
49   On retrouve ce poème notamment dans l'anthologie de Marson: Marson 2011, 365-369.
50   «Der Asienreisende W. Capus», Luxemburger Wort, 25.02.1887, p.2.
51   «Inland. Luxemburg», Luxemburger Wort, 18.08.1885, p.3.
52   Du moins si on peut croire un article de l'hebdomadaire illustré Revue de 1967 qui hélas n'indique pas sa source. «Der Botaniker und Weltreisende Guillaume Capus aus Esch», dans: Revue. Letzeburger Illustre'ert, 19 août 1967.

bonnes ou mauvaises, faites par autrui, et j'espère, pour ma part, apporter à ceux qui ne dédaignent pas ce profit, de nombreux éléments d'appréciation».[53] Le «nous» dont parle ici Capus désigne bien entendu les Français. Le botaniste-explorateur se compte ainsi totalement dans ce courant scientifique qui, dans la seconde moitié du XIXe et au début du XXe siècle, voyait dans l'étude des sociétés non européennes aussi un moyen de connaissance nécessaire à la mise en œuvre d'un projet colonial et impérial.[54] Le cas de Capus montre bien qu'il est nécessaire, afin de rendre intelligible la complexité de la réalité, de dépasser le cadre national et de prendre en compte qu'un individu peut avoir de multiples appartenances et faire l'objet de constructions identitaires multiples. En appréhendant ainsi l'histoire des migrations ultramarines du point de vue du Luxembourg à travers les récits de vie, il doit être possible de ne pas retomber dans les travers des anciennes formes de biographies visant à créer des héros nationaux qui, pour une partie des émigrés du moins, se refusaient eux-mêmes à ce rôle.

Capus est clairement issu de l'élite bourgeoise du Grand-Duché, mais des parcours similaires, difficilement classables dans une perspective nationale, sont également connus pour des personnes de statut social plus humble. Le cas du typographe François Martin (1848–1937), analysé par Henri Wehenkel, est révélateur des changements d'identité et de hausse et de baisse de prestige social que pouvaient entraîner des migrations lointaines.[55] François Martin, dont nous connaissons l'histoire grâce à ses volumineux mémoires manuscrites, «a passé toute sa vie active à l'étranger, a parcouru la moitié du monde, mais ne s'est fixé nulle part».[56] Martin partit en effet du Luxembourg en 1867, à l'âge de 19 ans afin d'effectuer son «tour de France» comme artisan. En 1868, il participa à l'impression de tracts révolutionnaires à Paris, ce qui ne l'empêcha pas de s'engager dans les zouaves pour défendre la «patrie» française lors de la guerre franco-prussienne: il débarqua ainsi pour un séjour militaire en Algérie. Il passa ensuite par l'Alsace-Lorraine annexée par l'Allemagne et participa à des troubles à l'Université de Strasbourg et à Nancy. En 1886, on le retrouve à Bruxelles où il édite un journal de gauche (*La Guerre sociale*), mais il est reconduit rapidement à la frontière suite à une grève à laquelle il aurait participé. Il s'exila alors en Suisse et entra dans un réseau de distribution de la presse clandestine social-démocrate en Allemagne. Marié et père de deux enfants, il rentra au Luxembourg où il travailla aux chemins de fer puis à l'Administration du Cadastre. Il repartit cependant rapidement et traversa l'Atlantique afin de s'établir à Chicago et où il organisa le premier *Congrès des Luxembourgeois* et devint imprimeur et éditeur. Il participa de même comme orateur à diverses campagnes électorales, aussi bien du parti démocrate que du parti républicain.

53 Capus 1896, I-II.
54 Pour la France, voir: Singaravélou 2011. Capus est cité aux pages 161 et 275.
55 Wehenkel 2001 et Wehenkel 2007, 34–37.
56 Wehenkel 2007, 34. On trouvera un exemplaire des Mémoires – en langue allemande – de Martin aux ANLux, sous la cote FD-009 (1 à 3), constitué de 9 volumes d'environ 220 pages chacun.

Séjournant environ tous les cinq ans au Luxembourg où il gardait des contacts, il rentra sans ses enfants au Grand-Duché en 1909. En 1914, il fut surpris par la guerre lors d'un voyage en Suisse et devint passeur entre la frontière française et luxembourgeoise. Il rentra définitivement au Luxembourg en 1919 où il décéda en 1937, seul et oublié de tous. Tout au long de sa vie, Martin exprima cependant son sentiment d'appartenance au Luxembourg, que ce soit par ses retours fréquents au pays et surtout par son activité éditoriale et associative aux États-Unis. Malgré l'éloignement géographique, contrairement à Capus, même à la fin de sa vie, Martin se disait lui-même ainsi attaché au Luxembourg – ce qui bien entendu ne l'empêchait pas d'avoir sans doute une perception multiple de son identité, comme en témoigne notamment son engagement politique aux États-Unis.

Un parcours tout aussi sinueux est celui d'Auguste Hames, présenté en 1995 par Antoinette Reuter. Hames était né en 1880 à Dalheim où il passait dès sa jeunesse pour un original, un marginal qui ne voulait pas s'intégrer à la société villageoise. En 1900, il fut pour un court moment soldat dans la Compagnie luxembourgeoise des volontaires d'où il fut cependant renvoyé. Il partit alors à Paris avant d'être engagé aux chemins de fer du Congo belge, sans doute grâce à ses relations avec Nicolas Cito qui en était alors le directeur.[57] Rentré en Europe, il travailla à l'aciérie de Dudelange, avant de partir en Australie peu avant la Première Guerre mondiale. Il y exerça différents métiers, dont celui de planteur d'ananas. Il ne rentra cependant plus jamais au Luxembourg, bien qu'il fît partie du corps expéditionnaire australien qui combattit en France durant la Première Guerre mondiale. Vers la fin de sa vie, après de longues années sans nouvelles, sa famille reçut cependant de nouveau des lettres, dans lesquelles Hames montrait son vif intérêt pour ce qui se passait au Luxembourg et surtout sa passion de collectionneur de timbres-poste luxembourgeois. Il est décédé en 1951. Hames après un long périple à travers le monde, gardait d'une certaine manière un point de vue ambigu par rapport à son pays d'origine, dont il ne comprenait certes plus grand-chose, mais auquel il continua de montrer un intérêt certain dans sa correspondance avec ses proches. Mais le choix de l'Australie comme destination finale de son émigration était un choix qui impliquait qu'il n'allait plus revenir, vu la distance et le coût du transport. Contrairement à de nombreux émigrants vers les États-Unis qui voulaient rentrer en Europe une fois leur fortune faite, Hames voulait bien échapper à une société luxembourgeoise qu'il trouvait pesante.[58]

Les parcours de vie de ces trois personnages montrent donc que l'émigration ou l'expatriation vers des territoires d'outremer peut entraîner des comportements très différents par rapport au pays d'origine. Pourtant, au-delà de cet aspect des représentations identitaires sur le Luxembourg, une analyse plus

---

57 Sur Nicolas Cito, dont le récit de vie peut également constituer un exemple de «biographie globale», voir Moes 2012, 299-308.
58 Reuter 1995, 137-139.

Les «jeux d'échelles» inhérents au genre biographique

fine de ces parcours de vie globaux permet aussi d'affiner le regard sur les processus menant à l'émigration ou l'expatriation.

Les parcours de vie de ces personnages permettent en effet des analyses à de multiples niveaux: à la fois au niveau macro, puisque toutes ces migrations s'inscrivent dans des mouvements plus vastes – que ce soit celui de la colonisation scientifique pour Capus, de l'expatriation professionnelle vers les États-Unis pour Martin ou de l'émigration à l'aventure vers l'Australie qui attirait les marginaux pour Hames.[59] Pourtant, dans de nombreux cas, ces choix – ou ces hasards – des parcours de vie peuvent s'expliquer bien plus facilement par le recours à un niveau d'analyse microhistorique. Il ne faut en effet pas perdre de vue que les méthodes de la microhistoire ne visent pas uniquement à connaître la vie d'un individu seul, mais recourent, comme le rappelle Jacques Revel, à «l'individualisme méthodologique» afin «d'enrichir l'analyse sociale en rendant les variables plus nombreuses, plus complexes, plus mobiles aussi».[60] Il s'agit de rendre compte de la «structure feuilletée du social», en multipliant les niveaux d'analyse, «non pour céder à nouveau au vertige de l'individuel, voire de l'exceptionnel, mais avec la conviction que ces vies minuscules participent elles aussi, à leur place, de la 'grande' histoire dont elles livrent une version différente, discrète, complexe. Le problème n'est pas tant ici d'opposer un haut et un bas, les grands et les petits, que de reconnaître qu'une réalité sociale n'est pas la même selon le niveau d'analyse».[61]

Afin de comprendre cette «structure feuilletée du social», les analyses multi-scalaires sont plus que nécessaires, en intégrant les contextes régionaux, nationaux et globaux dans l'analyse de d'actions individuelles. Ainsi, dans le cas d'Auguste Hames, nous avons vu qu'il partit au Congo belge grâce à l'appui de l'ingénieur et directeur du Chemin de Fer Nicolas Cito avec qui il avait des liens de parenté. Cito fut d'ailleurs un des principaux pourvoyeurs d'emploi pour des Luxembourgeois partant au Congo dès les années 1890 et ce jusqu'à la Seconde Guerre mondiale.[62] Pourtant, lui-même avait déjà réussi à se faire engager aux Chemins de fer du Congo grâce à l'appui de Gustave de Schaefer qui était comme lui originaire de Pétange. De Schaefer était le neveu d'Alphonse Nothomb (1817–1898), homme politique belge qui était administrateur de la Société des Chemins de Fer du Congo. La famille Nothomb avait jusqu'en 1906 une résidence secondaire à Pétange, malgré sa forte implantation dans le monde belge puisqu'elle fournit plusieurs ministres au royaume au XIXe siècle. Ainsi, qu'on retrouve de manière significative des habitants de Pétange et du

---

59 Voir la définition que donne D. Scuto de l'émigration à l'aventure: Scuto 1995, 24-28, 27.
60 Revel se réfère notamment à l'analyse pionnière du meunier Menocchio par Carlo Ginzburg: Revel 1996, 15-36, 22; Ginzburg 1980.
61 Revel 1996, 7-14, 12-13. Voir également Levi 1989, 1325-1336, 1329.
62 Moes 2012, 299-308.

village voisin de Bascharage parmi les Luxembourgeois partis au Congo belge avant 1910 peut s'expliquer assez facilement en ayant recours à l'histoire locale, puisque c'est sans conteste grâce aux réseaux de la famille notable locale des Nothomb que les habitants de Pétange ont pu trouver des emplois dans des entreprises belges actives en Outremer. En effet, d'autres habitants partirent également vers la Chine grâce à des entreprises belges. L'exemple des frères Beissel est ici révélateur, puisque Camille Beissel fut ingénieur aux aciéries de Hanyang en Chine où une douzaine de Luxembourgeois travaillaient pour le compte d'une filiale de la Société générale de Belgique de 1894 à 1911[63] et François Beissel ingénieur de chemin de fer puis directeur d'une puissante firme exportatrice d'huile de palme (Huileries du Congo belge) au Congo belge de 1896 à 1928.[64]

L'attrait des missionnaires pour l'Outremer et les colonies peut également être le résultat de réseaux locaux et familiaux, comme le montrent les exemples d'une poignée de jésuites de la Moselle luxembourgeoise. Ainsi, dans le village d'Ahn, Joseph Fell (1881–1958) – dont le grand-père maternel avait été soldat au Mexique – s'engagea en 1903 auprès des Jésuites et devint missionnaire en Inde. Il suivit l'exemple d'autres Ahnois devenus Jésuites, tel Jean Apel (1861–1926) qui était parti en mission en Afrique du Sud quelques années auparavant, ou de Mathias Apel (1859–1926) parti en Inde. Joseph Dühr (1885–1961), un autre missionnaire jésuite luxembourgeois en Inde, raconta dans une série d'articles écrite en guise de nécrologie sur son cousin Joseph Fell, comment à la fois l'ambiance villageoise (la sœur de Jean Apel était institutrice au village) et familiale avait influencé les choix des futurs missionnaires: une autre cousine, Mélanie Dühr, en religion Sœur Huberta-Maria, était déjà religieuse à Bandra en Inde au moment où Fell et Dühr choisirent les missions jésuites.[65] Il est d'ailleurs significatif de voir le nombre de jeunes hommes de la Moselle luxembourgeoise qui s'engagèrent dans les missions jésuites entre 1875 et 1905: sur base de la liste dressée par Jean-Marie Kreins et Josy Birsens en 2007, on dénombre six missionnaires jésuites rien que pour le village d'Ahn[66] auxquels il faut ajouter également onze missionnaires jésuites d'autres villages de la Moselle, dont une partie avaient des liens de parenté.[67]

63 Phillipart 1995, 166-171 et Phillipart 2009.
64 Moes 2012, 125-126.
65 Dühr 1958. Merci à Josy Birsens SJ de m'avoir donné accès aux Archives de la Compagnie de Jésus à Luxembourg, dans lesquelles j'ai pu retrouver cette brochure.
66 Jean Apel (1861–1926), Mathias Apel (1859–1926), Joseph Fell (1881–1958), déjà cités, mais aussi Jean-Baptiste Cigrang (1875–1929), Alphonse Duhr (1885–1966); Léon Fischer (1890–1970). Kreins, Birsens 2007, 111-130, tableau aux pages 127-130.
67 Joseph Dühr de Wormeldange (1885–1961), déjà cité; mais aussi Jean Schumacher (1892–1939), Mathias Schmit (1848–1894), Nicolas Schneider (1884–1961), les frères Jean (1886–1966) et Pierre Dühr (1888–1925) tous les cinq de Wormeldange, Emile Gales (1917–) de Bech-Kleinmacher; Pierre Schill (1890–1966) de Machtum, Pierre Donven (1885–1956) et Guillaume Paulus (1868–1945) de Mertert ainsi que Jean Frieden (1844–1911) d'Ehnen. Kreins, Birsens 2007.

Pourtant, ces liens de parenté à eux seuls n'expliquent pas tout, puisque tous les membres d'une famille ne partaient pas pour la même destination: les frères Jean et Pierre Dühr de Wormeldange furent missionnaires à Shanghai, alors que leurs cousins Joseph, également de Wormeldange, et Alphonse, natif d'Ahn, partirent eux en Inde. En effet, le choix des destinations de mission au sein de la Compagnie de Jésus se faisait aussi par le choix de la province d'engagement. Les missions jésuites étant en effet confiées à des provinces occidentales spécifiques, le choix des provinces dans lesquelles les novices s'enrôlaient équivalait aussi à un choix de destination de mission: la province belge francophone – dont fait partie le Luxembourg – envoyant ses missionnaires en Inde, la province belge néerlandophone au Congo belge, la province anglaise en Afrique du Sud, etc. Ainsi, pour partir en Afrique du Sud, Mathias Apel d'Ahn, Jacques Nesser (1858–1936) de Gostingen et Henri Toussaint (1871–1921) de Machtum s'engagèrent dans les Jésuites britanniques.[68]

Même dans le cadre des organisations missionnaires, pourtant bien connues comme des cadres de circulations transnationales et globales, a fortiori pour une congrégation papale ne relevant pas des évêchés comme les Jésuites, la dimension locale voire familiale joue un rôle, du moins dans le recrutement. L'analyse multi-scalaire – au niveau global, national, régional et local à la fois – est ici nécessaire afin de pouvoir donner sens à une réalité multiforme.

Quelle pertinence pour parler de biographies globales du point de vue du Luxembourg ?

On pourra cependant se demander, à la vue de ces parcours de vie variés quelle est la pertinence de les évoquer dans le cadre national luxembourgeois? Combien de ces personnes pensaient vraiment le monde dans un cadre national ? La plupart ont passé une part importante de leur vie, du moins au début ou à la fin, au Grand-Duché, mais est-ce suffisant pour tenter de les faire rentrer dans un carcan national? Leur parcours de vie sinueux a entraîné pendant longtemps leur oubli des historiens dont l'intérêt est souvent axé sur la détection de biographies exemplaires dans le cadre national – puisque les instruments de recherche, archives et bibliothèques ont été organisés, au Luxembourg aussi, selon des frontières et des marqueurs nationaux.

On pourra se poser la question pourquoi l'historiographie luxembourgeoise ne s'est que peu approprié des personnages comme Ernst Koch, né en Hesse en 1808 et qui après l'échec de sa carrière de juriste dans l'administration s'engagea dans la Légion étrangère française en 1834. Après avoir combattu en Espagne où il se convertit du protestantisme au catholicisme, il fut libéré en 1837 et rentra en Hesse où il ne put pas se réengager dans la Fonction publique. Il fut alors appelé dans l'administration gouvernementale luxembourgeoise dirigée alors par son compatriote hessois Hassenpflug. Naturalisé luxembourgeois en 1841 – comme beaucoup de fonctionnaires allemands appelés par

---

[68] Kreins, Birsens 2007.

le Roi-Grand-Duc Guillaume II afin de briser l'influence belge francophone au Luxembourg – il devint finalement professeur d'allemand à l'Athénée de Luxembourg en 1853. Il est décédé à Luxembourg en 1858.[69]

De même, dans les années 1930 le personnage de Gennaro Solofrizzo (1898–1963), né en Italie, était connu auprès des Italiens du Luxembourg, notamment grâce aux conférences radiodiffusées en italien sur Radio Luxembourg sur ses expériences professionnelles en Afrique. Fondateur des Amitiés italo-luxembourgeoises de Luxembourg-Ville en 1932, il était en effet parti au Congo belge, sans que nous sachions vraiment ce qu'il y faisait. En 1937, il était à Djibouti, puis fut directeur d'une exploitation cotonnière en Éthiopie en 1938. Il semble qu'il rentrait au Luxembourg entre ses voyages en Afrique. Pendant la Seconde Guerre mondiale, alors que son épouse continuait de donner des cours d'italien à Esch/Alzette, il participa à la guerre en Afrique dans l'armée italienne. Sa trace se perd après la Seconde Guerre mondiale.[70]

Pour ces deux personnages, pas moins que pour d'autres évoqués dans cet article, le Luxembourg était un point de passage où ils s'établirent pour une bonne partie de leur vie. Pourtant, des parcours comme ceux-ci sont rarement considérés de la même manière que d'autres biographies. Certes, Koch était allemand et souffre sans conteste du désintérêt des historiens pour la présence allemande au Luxembourg. Solofrizzo au contraire a eu une activité politique fasciste ce qui peut également expliquer qu'il n'est jamais évoqué dans le cadre des publications sur les «Luxembourgeois ayant réussi à l'étranger», dont la presse et les publications grand-public raffolent.[71] Pourtant, si nous voulons comprendre la pertinence des «biographies globales», il est nécessaire aussi de prendre en compte les parcours de vie qui se sont croisés au Luxembourg, même si le Grand-Duché n'était pas leur pays de naissance, ni l'endroit où ils sont décédés.

Les biographies globales, dans ce sens, peuvent être un moyen d'écrire une histoire véritablement transnationale et globale du Grand-Duché de Luxembourg. Celui-ci serait alors compris comme un nœud parmi d'autres dans un réseau de connections entre différentes régions du monde. Il faut éviter de tomber dans les travers d'une conception essentialiste du concept de l'analyse biographique du point de vue uniquement national, même si bien entendu, dans une perspective prosopographique, les anciennes biographies nationales restent des sources de choix. En effet, même en consultant les ouvrages de référence de biographies nationales du Luxembourg, on constatera la présence de nombreux émigrants et immigrants depuis ou vers le Luxembourg.[72] Or, une telle approche par les récits de vie est justement intéressante si on

[69] Mannes, Schmitz.
[70] Gallo 1987, 656.
[71] Voir notamment la série télévisée récente sur RTL Luxembourg «D'Lëtzebuerger an der Welt» (retransmise du 22.12.2012 au 05.01.2013) [en ligne], http://tele.rtl.lu/serien/letzebuerger/ [consulté le 4 mars 2013]. Voir aussi Marteling, Müller 2010-2012.
[72] Voir notamment: Neyen 1860–1876; Mersch 1972; Arendt 1910.

considère le Luxembourg comme un tel nœud où se rencontrent et se croisent, de manières fort diverses, de tels parcours biographiques. La mobilité transfrontalière qui en découle notamment de la petite taille du pays a depuis longtemps été établie par l'historiographie. En particulier en ce qui concerne l'émigration, il ne faut pas oublier le solde migratoire négatif de 66 580 personnes relevé par Denis Scuto entre 1840 et 1890, ce qui souligne le caractère massif de l'émigration depuis le Luxembourg à cette époque, alors que globalement, après 1900, le solde migratoire devient positif avec l'arrivée de nouveaux immigrants allemands et italiens attirés par l'essor de l'industrie sidérurgique au Luxembourg.[73] En nous concentrant ainsi sur une aire géographique de passage assez restreinte comme le Grand-Duché, il est possible de prendre en compte des populations d'analyse variées, mais restant finalement d'envergure en nombres. Que le Luxembourg soit, comme le relèvent Antoinette Reuter et Claude Wey, une «société de petite dimension» joue ici en faveur des historiens qui pourraient prendre le cas luxembourgeois comme un exemple-type à étudier.

Cependant, tout comme pour l'ensemble des biographies, la question se pose de savoir si les cas étudiés correspondent à la norme ou au contraire s'y opposent.[74] Les biographies globales rendent compte de la diversité des moyens d'action et d'adaptation des individus afin de se débarrasser ou de contourner les contraintes pesant sur eux. Il ne s'agit donc nullement ici de recourir à des biographies modales qui à travers un exemple-type veulent rendre compte de la réalité d'un groupe social en entier,[75] aussi peu que de montrer uniquement une individualité qui pourrait être comprise comme un cas extrême, non représentatif de la société, tout aussi peu que de tenter de comprendre la société dans son ensemble en s'intéressant aux marginaux, exclus de la norme.[76] Au contraire, il s'agit, dans la question des migrations, de remettre en question ce que certains considèrent encore comme la norme dans l'histoire des migrations du Grand-Duché, en l'occurrence l'importance de certains mouvements migratoires bien spécifiques qui engloberaient l'ensemble des aspects migratoires du pays: que les Luxembourgeois partaient en France et aux États-Unis au XIXe siècle en négligeant d'autres destinations et que l'immigration vers le Luxembourg provient avant tout d'Italie, du Portugal ou d'Ex-Yougoslavie au XXe siècle. Or, l'analyse de cas individuels ayant migré selon des logiques qui sont certes – et aucun doute n'est permis là-dessus – moins lourdes en nombre de personnes concernées, permet cependant aussi de montrer les perspectives et les possibilités de choix qui existaient pour les Luxembourgeois désireux d'émigrer. La pauvreté des fermiers de l'Oesling, le désir d'ascension

---

73 Scuto 1995, 24-28.
74 Levi 1989, 1325.
75 Dosse 2011, 213-249.
76 L'approche des biographies globales que nous proposons ici n'est donc pas dans la continuité de l'étude du cas du meunier Menocchio par Carlo Ginzburg, qui à travers les procès faits à cet homme considéré comme hérétique tente de comprendre la norme sociale, Ginzburg 1980.

sociale de la petite bourgeoisie ou la recherche d'aventure étaient certes des raisons réelles poussant à l'émigration, mais pas dans un mouvement mécaniste entraînant les gens vers des destinations prédéfinies. L'approche biographique permet de réintroduire la part de choix, mais aussi de hasard dans l'écriture de l'histoire des migrations.

Une approche de fait déjà commune dans l'historiographie luxembourgeoise

L'écriture de parcours de vie de migrants, en croisant ceux d'émigrants luxembourgeois et d'immigrants au Luxembourg, est loin d'être nouvelle dans l'historiographie du Luxembourg, puisque de nombreuses biographies d'émigrants luxembourgeois existent dans la littérature. L'approche par les parcours de vie est notamment un des fils rouges du travail de l'équipe de bénévoles, historiens de formation et historiens par passion, qui se sont regroupés au sein du *Centre de documentation sur les migrations humaines* (CDMH) de Dudelange. Depuis la publication en 1995, sous la direction d'Antoinette Reuter et de Denis Scuto, des *Itinéraires croisés. Luxembourgeois à l'étranger, étrangers à Luxembourg*[77] jusqu'à l'organisation de l'exposition *Retour de Babel* en 2007[78] en passant par les nombreuses conférences et expositions organisées au siège de l'association, la méthode biographique est omniprésente dans l'historiographie luxembourgeoise des migrations – notamment à cause de l'absence de sources alternatives de types statistiques.

Les historiens luxembourgeois font-ils donc de l'histoire globale et des biographies globales sans le savoir, comme Monsieur Jourdain fait de la prose ? Certes oui, mais il faut tout de même garder une distance critique par rapport au concept de «biographie globale» qui finalement ne constitue pas un renouvellement méthodologique de la discipline historienne. L'attention portée depuis quelques décennies à l'interconnexion du monde et à l'histoire des migrations ultramarines est tout autant un effet du monde contemporain que ne pouvait l'être l'intérêt historiographie de l'immigration sur laquelle s'est longtemps concentrée l'histoire des migrations: histoire de l'immigration italienne et portugaise au Luxembourg notamment. Or, avec la prise de conscience croissante de la mondialisation économique depuis la chute du Mur de Berlin, l'intérêt des historiens s'est donc de plus en plus porté sur ce qu'on désigne par «histoire globale». Le genre biographique s'en est retrouvé également affecté, notamment dans ses questionnements. Le genre des biographies globales est de fait difficile à synthétiser. Les ouvrages s'en revendiquant formellement se voient ainsi confrontés à des problèmes manifestes de tirer des conclusions générales de cas particuliers dans l'histoire. Il est souvent difficile de trouver un fil rouge qui lie les biographies d'un recueil.[79] Comme nous l'avons vu avec les

---

77 Reuter/Scuto 1995.
78 Reuter/Ruiz 2007.
79 Voir notamment les comptes-rendus suivants: Löhr 2012; Schweiger 2012.

parcours de vie présentés ici, les seuls points communs sont la plupart du temps le lien avec le Luxembourg et l'émigration vers des territoires d'outremer. Est-ce suffisant pour définir un corpus pour une analyse historique valable ? En fait, l'analyse des biographies globales en lien avec le Luxembourg ne peut pas être une problématique de recherche acceptable pour elle-même, mais constitue sans conteste un moyen de connaissance stimulant pour répondre à diverses problématiques d'histoire sociale liées aux migrations.

Les «biographies globales» permettent donc d'analyser à la fois de façon qualitative les réseaux, les motivations, les errements et les hasards de la vie qui ont marqué les migrations ultramarines. Elles remettent également en question l'aspect global de la question des migrations: en effet, les parcours de vie montrent la diversité des parcours et des transgressions de frontières géographiques, professionnelles et sociales effectués par les acteurs historiques. Rares sont en effet les individus ayant été présents sur l'ensemble des continents au cours de leur vie, et l'aspect «global» de ces biographies est donc de fait tout relatif. Le concept de transnationalité est peut-être plus pertinent pour décrire ce genre de parcours de vie. L'approche par les biographies, aussi bien des élites que des subalternes, contribue donc à écrire plus une histoire sociale transnationale qu'une histoire d'une globalité souvent présentée comme uniformisant le monde. Or, les parcours de vie présentent au contraire les ruptures, les changements et les possibilités ouvertes par la migration. Nous l'avons vu, les endroits et le cadre dans lequel ces parcours de vie ont pu se réaliser n'étaient pas indifférents. La plupart de ces personnes n'auraient pas eu les possibilités d'action qu'elles ont eu si elles étaient restées à leur point d'origine, justement parce que ces possibilités n'étaient pas présentes de façon globale et uniforme partout sur le globe terrestre. A la suite de l'historien suisse Albert Wirz (1944–2003), nous pensons donc que cette «histoire sociale transnationale» (*transnationale Gesellschaftsgeschichte*) peut être certes un instrument de remise en cause du «nationalisme méthodologique» qui continue à caractériser l'historiographie, mais aussi de l'histoire de la globalisation habituellement vue uniquement par le prisme de l'histoire économique. Au contraire, une approche d'histoire sociale intégrant les paradigmes transnationaux, en s'intéressant à des individus qui n'ont cessé de traverser les frontières (politiques, sociales, économiques, etc.) – bien plus nombreux que nous le fait croire l'historiographie se concentrant sur l'histoire nationale – permet de montrer la diversité des parcours et les différences, même dans un monde globalement de plus en plus interconnecté économiquement. Certes, les époques étudiées ici (ca. 1850–1950) sont aussi celles de l'âge d'or de l'État-nation à travers le monde. Il est donc d'autant plus important d'étudier les biographies de ceux qui n'ont pas pu ou pas voulu rester fixés dans le cadre de cet État national, ou pour qui ce cadre de vie n'était tout simplement pas pertinent et avec lequel ils ne pouvaient pas s'identifier. Il s'agit là aussi d'un moyen de montrer l'État national comme une construction historique: il faut tenter de dépasser le territoire national comme unique cadre d'action des individus dans l'histoire.[80]

Pourtant, approcher l'histoire par les biographies peut être frustrant et peu accommodant. Une documentation éclatée sur des individus ayant laissé des traces écrites éparses, mais dont finalement nous savons si peu de choses qu'il en devient impossible d'en tracer un portrait complet, nous oblige, la plupart du temps, de nous contenter de tableaux biographiques impressionnistes laissant des pans entiers de vie dans l'ombre du silence des sources. C'est en systématisant ces bribes, en passant du niveau biographique au niveau prosopographique, soit du niveau de la description d'une vie individuelle à celui de l'analyse méthodique et quantitative d'un corpus de biographies qu'on pourra peut-être apporter des conclusions plus générales novatrices sur l'histoire sociale de l'Europe, mais aussi des mondes extra-européens. Or, pour ce faire, en ce qui concerne le Luxembourg, des études supplémentaires de type biographique sont sans aucun doute encore nécessaires avant de pouvoir passer à cette analyse systématique dont les critères restent à fixer. Un tel répertoire systématique des émigrants luxembourgeois vers l'Outremer devrait être possible, vu la petite taille du pays et le corpus d'individus en question, sans aucun doute plus restreint que pour nos pays voisins.[81] Pour ce faire, il est nécessaire de continuer les recherches déjà entamées au Luxembourg de par le passé. Le concept de «biographie transnationale» peut dans ce sens mener à de nouveaux questionnements sur une pratique déjà usuelle et bien implantée chez nous, à savoir de procéder à l'analyse des phénomènes migratoires par les récits de vie d'acteurs. Plus qu'un apport méthodologique, la réflexion transnationale peut apporter à cette historiographie une prise de conscience de l'inscription du Grand-Duché dans des phénomènes plus vastes qui ont touché l'ensemble des pays européens – à l'exemple du colonialisme auquels participèrent des ressortissants de l'ensemble des pays d'Europe occidentale.

L'approche par les vies transnationales – expression sans doute plus pertinente que celle de biographie globale – est l'unique moyen de faire de l'histoire globale par le bas, en s'intéressant à la vie quotidienne des gens. Cette histoire sociale montre que la perception du monde par les individus est très diversifiée. Certains pouvaient parcourir le monde en long et en large en restant attachés à leur village, leur pays d'origine et ne cessant de s'y référer dans leurs actions, à l'exemple de François Martin. D'autres, sans quitter leur cocon, pouvaient montrer un intérêt sans pareille pour les phénomènes mondiaux et globaux.

---

80   Wirz 2001, 489-498, 492.
81   Un projet de dictionnaire en ligne serait peut-être à envisager afin de constituer une base de données regroupant les nombreuses études biographiques existantes sur des émigrants luxembourgeois vers l'Outremer, dans une bibliographie éclatée dans de multiples ouvrages et articles. Le dictionnaire des auteurs luxembourgeois du Centre national de littérature du Luxembourg (www.autorenlexikon.lu) pourrait servir ici d'exemple (celui-ci contient d'ailleurs aussi de nombreuses notices sur de nombreux «auteurs luxembourgeois» partis à l'étranger.

Cependant, et nous reprenons ici les conclusions de D. Deacon, P. Russel et A. Woollacoot, les parcours de vie transnationaux «montrent que considéré en relation avec la vie humaine, le transnationalisme n'est pas une simple catégorie analytique. C'est définitivement un élément de l'expérience humaine».[82]

[82] «Above all, they [the transnational lives] show that, when considered in relation to human lives, transnationalism is not a mere analytic category. It is unalterably an element of human experience», Deacon/Russell/Woollacott 2010, 10.

Bibliographie

Albertini 1985 = Rudolf von Albertini, Europäische Kolonialherrschaft 1880–1940, Stuttgart 1985.

Anceau 2005 = Eric Anceau, Réflexion sur la prosopographie en général et sur la prosopographie du comtemporain en particulier, dans: Sarah Mohamed-Gaillard/Maira Romo-Navarette (éd.), Des français outre-mer. Une approche prosopographique au service de l'histoire contemporaine, Paris 2005, 23-37.

Arendt 1910 = Jean-Venceslas-Charles Arendt, Porträt-Galerie hervorragender Persönlichkeiten aus der Geschichte des Luxemburger Landes. Neuauflage mit einem Vorwort von Paul Margue [1910], Luxembourg 1972.

Balandier 1951 = Georges Balandier, La situation coloniale: approche théorique, in: Cahiers internationaux de sociologie 11 (1951), 44-79.

Ballantyne/Burton 2009 = Tony Ballantyne/Antoinette M. Burton, Moving subjects. Gender, mobility, and intimacy in an age of global empire, Urbana 2009.

Barjot 2012 = Dominique Barjot/Jacques Frémeaux (éd.), Les sociétés coloniales à l'âge des empires. Des années 1850 aux années 1950, Paris 2012.

Barthélémy et al. 2012 = Pascale Barthélémy/Jean-François Klein/Pierre Vermeren/Sophie Dulucq, Les sociétés coloniales. Afrique, Antilles, Asie (années 1850 – années 1950). Bibliographie, in: Historiens & Géographes 418 (2012), 133-173.

Bayly 2004 = C. A. Bayly, The birth of the modern world, 1780–1914. Global connections and comparisons, Malden (MA) 2004.

Bellwald 1900 = Edouard Bellwald, Von Ettelbrück nach Samoa. Reisebeschreibung des Hochw. Maristenpaters und Missionars Ed. Bellwald aus Ettebrück aus seiner Reise nach Ozeanien. Separatabdruck aus dem „Luxemburger Wort", Luxembourg 1900.

Blum 1913 = Martin Blum, Schliep Heinrich-Gustav-Hermann-Ferdinand, königlich niederländischer Regierungsbeamter außer Dienst. Ein Lebensbild, Luxembourg 1913.

Bourdieu 1986 = Pierre Bourdieu, L'illusion biographique, in: Actes de la recherche en Sciences sociales 62-63 (1986), 66-72.

Burbank/Cooper 2010 = Jane Burbank/Frederick Cooper, Empires in world history. Power and the politics of difference, Princeton (N.J) 2010.

Capus 1890 = Guillaume Capus, Le toit du monde (Pamir), Paris 1890.

Capus 1892 = Guillaume Capus, A travers le Royaume de Tamerlan. Voyage dans la Sibérie occidentale, le Turkestan, la Boukharie, aux bords de l'Amou-Daria, A Khiva et dans l'Ouest-Ourt, Paris 1892.

Capus 1896 = Guillaume Capus, A travers la Bosnie et l'Herzégovine. Etudes et impressions de voyage, Paris 1896.

Capus 1930 = Guillaume Capus, Les produits coloniaux d'origine végétale, Paris 1930.

Capus/Leuillot/Foëx 1929 = Guillaume Capus/Fernand Leuillot/Etienne Foëx, Le Tabac, 3 vol., Paris 1929.

Cooper 2007 = Frederick Cooper, Colonialism in question. Theory, knowledge, history, Berkeley 2007.
Cooper, Stoler 1997 = Frederick Cooper/Ann Laura Stoler (éd.), Tensions of empire. Colonial cultures in a bourgeois world, Berkeley 1997.
Deacon/Russell/Woollacott 2010 = Desley Deacon/Penny Russell/Angela Woollacott (éd.), Transnational lives. Biographies of global modernity, 1700–present, Basingstoke 2010.
Deacon/Russell/Woollacott 2010a = Desley Deacon/Penny Russell/Angela Woollacott, Introduction, dans: Desley Deacon/Penny Russell/Angela Woollacott (éd.), Transnational lives. Biographies of global modernity, 1700–present, Basingstoke, 1-11
Dosse 2011 = François Dosse, Le pari biographique. Écrire une vie, Paris 2011 [2e édition 2005].
Dumasy et al. 2012 = François Dumasy/Odile Goerg/Xavier Huetz de Lemps, Les sociétés coloniales à l'âge des Empires. Afrique, Antilles, Asie (années 1850-années 1950), Paris 2012.
Eckert 2006 = Andreas Eckert, Kolonialismus, Frankfurt am Main 2006.
Eckert 2008 = Andreas Eckert, Der Kolonialismus im europäischen Gedächtnis, dans : Aus Politik und Zeitgeschichte 1-2 (2008), 31-38.
Etemad 2007 = Bouda Etemad, Pour une approche démographique de l'expansion coloniale de l'Europe, dans: Annales de démographie historique 1 (2007), 13-32.
Farge 1989 = Arlette Farge, Le goût de l'archive (Points Histoire), Paris 1989, 145-148.
Feldbauer/Hausberger/Lehners 2008-2011 = Peter Feldbauer/Bernd Hausberger/Jean-Paul Lehners (éd.), Globalgeschichte. Die Welt 1000–2000, 8 vol., Wien 2008–2011.
Gallo 1987 = Benito Gallo, Les Italiens au Grand-Duché de Luxembourg. Un siècle d'histoire et de chroniques sur l'immigration italienne, Luxembourg 1987.
Ginzburg 1980 = Carlo Ginzburg, Le fromage et les vers. L'univers d'un meunier du XVIe siècle, Paris 1980.
Gonner 1985–1986 = Nicolas Gonner, Die Luxemburger in der Neuen Welt. Illustrierte Neuausgabe der Originalausgabe von 1889 in 2 Bänden. Herausgegeben von Jean Ensch, Carlo Hury und Jean-Claude Muller, unter Mitarbeit von Antoine Gonner und Liliane Stemper-Brickler, 2 vol., Esch-sur-Alzette 1985–1986.
Hatz 1994 = Änder Hatz, Émigrants et rémigrants luxembourgeois de 1876 à 1900: États-Unis d'Amérique, Argentine et pays extra-européens: inventaire détaillé des 'Mouvements de la population' par cantons, communes et localités: index de personnes et de lieux (Archives Nationales du Grand-Duché de Luxembourg. Série inventaires), Luxembourg 1994.
Hausberger 2006 = Bernd Hausberger (éd.) Globale Lebensläufe. Menschen als Akteure des weltgeschichtlichen Geschehens (Globalgeschichte und Entwicklungspolitik), Wien 2006.
Hausberger 2006 = Bernd Hausberger, Globalgeschichte als Lebensgeschichte(n), dans: Bernd Hausberger (éd.), Globale Lebensläufe. Menschen als Akteure des weltgeschichtlichen Geschehens (Globalgeschichte und Entwicklungspolitik), Wien 2006, 9-24.
Herren 2005 = Madeleine Herren, Inszenierungen des globalen Subjekts. Vorschläge zur Typologie einer transgressiven Biographie, dans: Historische Anthropologie 13 (2005) 1-18.
Howe 2010 = Stephen Howe, The new imperial histories reader, London/New York 2010.
Kaufmann 1994 = Kaufmann, Lyonel, Guillaume Tell au Congo. L'expansion suisse au Congo belge (1930–1960), dans: Les Annuelles. Histoire et société contemporaines 5 (1994) 43-94.
Klein 1995 = Mars Klein (éd.), Die Luxemburger in der Welt, 1775–1995 – Le tour du monde des Luxembourgeois, 1775–1995. Ein Lesebuch der Luxemburger Reiseliteratur, Luxembourg 1995.

Klein/Laux 2012 = Jean-François Klein/Claire Laux (éd.), Les sociétés coloniales à l'âge des empires. Afrique, Antilles, Asie (années 1850-années 1950): manuel, Paris 2012.

Lambert/Lester 2006 = David Lambert/Alan Lester (éd.), Colonial lives across the British Empire. Imperial careering in the long nineteenth century, Cambridge, UK/Cambridge (NY) 2006.

Laux/Ruggiu/Singaravélou = Claire Laux/François-Joseph Ruggiu/Pierre Singaravélou, Réflexions sur l'historiographie des élites impériales, dans: Claire Laux/François-Joseph Ruggiu/Pierre Singaravélou (éd.), Au sommet de l'Empire. Les élites européennes dans les colonies (XVIe–XXe siècle). At the top of the empire. European Elites in the Colonies (16th-20th Century), Bruxelles 2009, 13-33.

Lehners 1973 = Jean-Paul Lehners, Ein Beitrag zur Theorie der Unterentwicklung: André Gunder Franks Thesen dargestellt am Beispiel Brasilien, dans: Beiträge zur historischen Sozialkunde 3-4 (1973), 68-71.

Lehners 1995 = Jean-Paul Lehners, Quelques réflexions sur les migrations, dans: Antoinette Reuter/Denis Scuto (éd.), Itinéraires croisés. Luxembourgeois à l'étranger, étrangers au Luxembourg. Menschen in Bewegung. Luxemburger im Ausland, Fremde in Luxembourg, Esch-sur-Alzette 1995, 15-19.

Lehners 2007 = Jean-Paul Lehners, Quelques réflexions sur les migrations, dans: Antoinette Reuter/Jean P. Ruiz, (éd.), Retour de Babel: itinéraires, mémoires, citoyenneté. Exposition dans les halls de l'ancienne aciérie de Dudelange, du 28 avril au 27 octobre 2007 (Ed. Retour de Babel, vol.1), Luxembourg-Gasperich 2007, 20-22.

Lehners 2011 = Jean-Paul Lehners, Sources locales, histoire globale. L'exemple de la démographie historique, dans: Hémecht. Zeitschrift für luxemburgische Geschichte / Revue d'histoire luxembourgeoise 63, 2, 2011, 163-172 (= Actes des troisièmes assises de l'historiographie luxembourgeoise: histoire locale: bilan et perspectives: colloque organisé du 20 au 21 novembre 2009 à l'Université du Luxembourg).

Lehners/Bergmüller/Feldbauer 1977–1978 = Jean-Paul Lehners/Alfred Bergmüller/Peter Feldbauer (éd.), Kolonialismus, Imperialismus, Dritte Welt, 2 vol., Salzburg 1977–1978.

Lenzin 2002 = René Lenzin, Schweizer im kolonialen und postkolonialen Afrika: statistische Übersicht und zwei Fallbeispiele, dans: Gérald Arlettaz (éd.), Die Auslandsschweizer im 20. Jahrhundert. Les Suisses de l'étranger au XXème siècle (Reihe Studien und Quellen = Collection Etudes et sources), Bern-Stuttgart-Wien 2002, 299–366.

Levi 1989 = Giovanni Levi, Les usages de la biographie, dans: Annales. Économies, Sociétés, Civilisations 44e années/6 (1989), 1325–1336.

Löhr 2012 = Isabella Löhr, compte-rendu de: Desley Deacon/Penny Russell/Angela Woollacott (édit.), Transnational lives. Biographies of global modernity, 1700-present, Basingstoke 2010, dans: http://hsozkult.geschichte.hu-berlin.de/rezensionen/2012-1-056 [4 mars 2014].

Maas 1995 = Jacques Maas, La participation d'ingénieurs luxembourgeois à l'industrialisation de la Russie tsariste, dans: Tageblatt, 11 novembre 1995.

Mannes/Schmitz 2013 = Gast Mannes/Jeff Schmitz, «Koch, Ernst», dans: http://www.autorenlexikon.lu/page/author/402/4027/DEU/index.html?highlight=koch,ernst,kochen [4 mars 2013].

Marson 2011 = Pierre Marson (édit.), Vun der Sauer bis bei den Nil». Luxemburger Autoren und die islamische Welt: eine Anthologie, Differdange 2011.

Marson 2014 = Pierre Marson, Capus, Guillaume, dans: http://www.autorenlexikon.lu/page/author/100/1001/DEU/index.html?highlight=capus [10 septembre 2012].

Marteling, Müller 2012 = Luc Marteling/Steve Müller, Luxemburg in der Welt, 2 vol, Luxemburg 2010–2012.

Mersch 1972 = Jules Mersch (éd.), 1947–1975, Biographie nationale du pays de Luxembourg depuis ses origines jusqu'à nos jours, Luxembourg: V. Bück, 22 fascicule en 11 vol.

Minder 2011 = Patrick Minder, La Suisse coloniale. Les représentations de l'Afrique et des Africains en Suisse au temps des colonies (1880–1939), Bern 2011.

Moes 2012 = Régis Moes, «Cette colonie qui nous appartient un peu». La communauté luxembourgeoise au Congo belge. 1883–1960 (Fondation Robert-Krieps), Luxembourg 2012.

Müllendorff 1910 = Prosper Müllendorff, Ost-Afrika im Aufstieg, Essen 1910.

Neyen 1860–1876 = Auguste Neyen, Biographie luxembourgeoise. Histoire des hommes distingués originaires de ce pays, considéré à l'époque de sa plus grande étendue, ou qui se sont rendus remarquables pendant le séjour qu'ils y ont fait, 3 vol, Luxembourg 1860–1876.

Osterhammel 2011 = Jürgen Osterhammel, Die Verwandlung der Welt. Eine Geschichte des 19. Jahrhunderts, München 2011.

Pernau 2012 = Margrit Pernau, Global History – Wegbereiter für einen neuen Kolonialismus? dans: http://hsozkult.geschichte.hu-berlin.de/forum/id=572&type=artikel [20 août 2012].

Perrenoud 2010 = Marc Perrenoud, Les relations de la Suisse avec l'Afrique lors de la décolonisation et des débuts de la coopération au développement, in Revue internationale de Politique de Développement 1 (2010), 81-98.

Perrenoud 2011 = Marc Perrenoud, Colonies suisses, dans: Dictionnaire historique de la Suisse (en ligne), http://www.hls-dhs-dss.ch/textes/f/F7989.php [07 mars 2013].

Phillipart 1987 = Robert Phillipart, L'activité industrielle d'Eugène Ruppert en Chine, Luxembourg 1987.

Phillipart 1995 = Robert Phillipart, Ingénieurs du fer en Chine 1894–1912, dans: Antoinette Reuter/Denis Scuto (édit.), Itinéraires croisés. Luxembourgeois à l'étranger, étrangers au Luxembourg. Menschen in Bewegung. Luxemburger im Ausland, Fremde in Luxembourg, Esch-sur-Alzette 1995, 166-171.

Phillipart 2009 = Robert Phillipart, Eugène Ruppert, à l'origine des plus grandes usines de Chine. 'De Chinees' et son oeuvre, dans: Le Jeudi – Supplément spécial «D'Eugène Ruppert à l'Exposition universelle de Shanghai 2010. Un siècle de présence luxembourgeoise en Chine», 31 décembre 2009.

Pierret 1932 = Ed. Pierret, En souvenir de Guillaume Capus, dans: Bulletin de la Société des naturalistes luxembourgeois 42 (1932), 165-172.

Porch 2010 = Douglas Porch, The French Foreign Legion. A complete history of the legendary fighting force, New York 2010.

Purtschert/Lüthi/Falk 2012 = Patricia Purtschert/Barbara Lüthi/Francesca Falk (éd.), Postkoloniale Schweiz. Formen und Folgen eines Kolonialismus ohne Kolonien, Bielefeld: transcript Verlag 2012.

Reinhard 2012 = Wolfgang Reinhard, Neue historische Literatur. Globalgeschichte oder Weltgeschichte? Besprechung von Peter Feldbauer/Bernd Hausberger/Jean-Paul Lehners (éd.), Globalgeschichte. Die Welt 1000–2000. 8 vol, Wien, Mandelbaum 2008–2011, dans: Historische Zeitschrift 294, 2 (2012), 427-438.

Reuter 1995, = Antoinette Reuter, Sweet liberty! Luxemburger in Australien, eine Fallstudie, dans: Antoinette Reuter/Denis Scuto (éd.), Itinéraires croisés. Luxembourgeois à l'étranger, étrangers au Luxembourg. Menschen in Bewegung. Luxemburger im Ausland, Fremde in Luxembourg, Esch-sur-Alzette 1995, 137-139.

Reuter 2002 = Antoinette Reuter (éd.), Luxembourg: histoires croisées des migrations, in: Migrance, 20 (2002) non paginé.

Reuter/Ruiz 2007 = Antoinette Reuter/Jean Philippe Ruiz (éd.), Retour de Babel: itinéraires, mémoires, citoyenneté. Exposition dans les halls de l'ancienne aciérie de Dudelange, du 28 avril au 27 octobre 2007, Luxembourg-Gasperich: Ed. Retour de Babel, 3 volumes [1: Partir; 2: Arriver; 3: Rester] 2007.

Reuter/Scuto 1995 = Antoinette Reuter/Denis Scuto (éd.), Itinéraires croisés. Luxembourgeois à l'étranger, étrangers au Luxembourg. Menschen in Bewegung. Luxemburger im Ausland, Fremde in Luxembourg, Esch-sur-Alzette 1995.

Reuter/Thoma 2003 = Antoinette Reuter/Emile Thoma (éd.), Les bacheliers de l'Athénée de par le monde. L'évasion des talents illustrée à l'échelle d'une école. Exposition organisée par l'Athénée de Luxembourg et la Bibliothèque nationale à l'occasion du 400e anniversaire de l'Athénée, Luxembourg 2003.

Revel 1996 = Jacques Revel, Micro-analyse et construction du social, dans: Jacques Revel (éd.), Jeux d'échelles. La micro-analyse à l'expérience, Paris 1996.

Revel 1996 = Jacques Revel, Présentation, dans: Jacques Revel (éd.), Jeux d'échelles. La micro-analyse à l'expérience, Paris 1996, 7-14.

Revoil 1901 = Paul Revoil, gouverneur général de l'Algérie, Alger-Mustapha, Vve Giralt-Imprimeur du Gouvernement général, 1901, p. 57 [en ligne], www.gallica.fr [22 février 2013].

Ruppert 1903 = Eugène Ruppert, Reise um die Welt mit mehrjährigem Aufenthalt in China und Japan, Luxembourg 1903.

Schliep 2011 = Heinrich Schliep, Luxemburger überall, dans: Pierre Marson (éd.), Vun der Sauer bis op de Nil, Luxemburger Autoren und die islamische Welt – Eine Anthologie, Differdange 2011, 91-98.

Schweiger 2012 = Hannes Schweiger, compte-rendu de: Tobias Weger (éd.), Grenzüberschreitende Biographien zwischen Ost- und Mitteleuropa. Wirkung – Interaktion – Rezeption. Frankfurt am Main 2009, dans: http://hsozkult.geschichte.hu-berlin.de/rezensionen/id=15165 [28 février 2013].

Scuto 1995 = Denis Scuto, Emigration et immigration au Luxembourg aux XIXe et XXe siècles, dans: Antoinette Reuter/Denis Scuto (éd.), Itinéraires croisés. Luxembourgeois à l'étranger, étrangers au Luxembourg. Menschen in Bewegung. Luxemburger im Ausland, Fremde in Luxembourg, Esch-sur-Alzette 1995, 24-28.

Singaravélou 2011 = Pierre Singaravélou, Professer l'Empire. Les «sciences coloniales» en France sous la IIIe République, Paris 2011.

Sluga, Horne 2010 = Glenda Sluga/Julia Horne, Cosmopolitanism: Its Pasts and Practices, dans: Journal of World History 21, 3 (2010), 369-373.

STATEC 1989 = STATEC, Statistiques historiques. 1839–1989, Luxembourg 1989, tableau B.401c Emigrants vers les pays d'outremer, 67-68.

Staus 2009 = Yvan Staus, The Luxembourgers in the Dutch East-Indian Army from 1810 to 1913. A case study of colonial population movements to South East Asia in the 19th century, dans: Hémecht. Zeitschrift für luxemburgische Geschichte / Revue d'histoire luxembourgeoise 61, 4 (2009), 467-493.

Stols 2001 = Eddy Stols, Présences belges et luxembourgeoises dans la modernisation et l'industrialisation du Brésil (1830–1940), dans: Bart de Prins/Eddy Stols/Johan Verberckmoes (éd.), Bresil. Cultures et Economies de Quatre Continents, Leuven 2001, 121-164.

Stora 2004 = Benjamin Stora, Histoire de l'Algérie coloniale. 1830–1954, Paris 2004.

Surun 2012 = Isabelle Surun (éd.), Les sociétés coloniales à l'âge des Empires (Clefs concours – Histoire contemporaine), Neuilly 2012.

Troes 1913–1917, 1922–1923, 1931 = Jean-Pierre Troes, Die Luxemburger in der Niederländisch-Indischen Kolonialarmee von 1852 bis 1912, dans: Ons Hémecht dans les années 1913 à 1917, en 1922 et 1923 ainsi qu'en 1931.

Weger 2009 = Tobias Weger (éd.), Grenzüberschreitende Biographien zwischen Ost- und Mitteleuropa. Wirkung – Interaktion – Rezeption, Frankfurt am Main 2009.

Wehenkel 2001 = Henri Wehenkel, Le tour de France d'un typographe luxembourgeois, dans: Henri Wehenkel (éd.), Luxembourg – Paris – Luxembourg. Migrations au temps de la Commune: études d'histoire économique et sociale accompagnant l'exposition, Luxembourg 2001, 73-96.

Wehenkel 2007 = Henri Wehenkel, François Martin, compagnon du Tour de France, dans: Antoinette Reuter/Jean P. Ruiz (éd.), Retour de Babel: itinéraires, mémoires, citoyenneté. Exposition dans les halls de l'ancienne aciérie de Dudelange, du 28 avril au 27 octobre 2007, Luxembourg 2007.

Wey 2000 = Claude Wey, L'émigration luxembourgeoise vers l'Argentine, dans: Migrance 20 (2000) non paginé.

Wey 2007 = Claude Wey, L'épopée des Argentinienfahrer luxembourgeois et la trajectoire migratoire de la famille Erpelding, dans: Antoinette Reuter/Jean P. Ruiz (éd.), Retour de Babel: itinéraires, mémoires, citoyenneté. Exposition dans les halls de l'ancienne aciérie de Dudelange, du 28 avril au 27 octobre 2007, Luxembourg-Gasperich: Ed. Retour de Babel, vol. 2, 2007, 24–31.

Wey 2010 = Claude Wey, Luxemburg und die luso-brasilianische Welt. Ein typologischer Ansatz zu den Beziehungen Luxemburgs mit Portugal und Brasilien vom 16. Jahrhundert bis 1970, dans: Claude D. Conter/Nicole Sahl (éd.), Aufbrüche und Vermittlungen. Beiträge zur Luxemburger und europäischen Literatur- und Kulturgeschichte = Nouveaux horizons et méditations, Bielefeld 2010, 269-290.

Wirz 2001 = Albert Wirz, Für eine transnationale Gesellschaftsgeschichte, dans: Geschichte und Gesellschaft 27, 3 (2001), 489-498.

Zangger 2011 = Andreas Zangger, Koloniale Schweiz. Ein Stück Globalgeschichte zwischen Europa und Südostasien (1860–1930), Bielefeld 2011.

René Leboutte

Giorgio La Pira

Droits de l'homme, Europe unie et paix mondiale (1928–1977)

Introduction

Célèbre en Italie pour son engagement dans la défense de la démocratie et des droits de l'homme, pour ses initiatives de paix, pour son engagement spirituel aussi, Giorgio La Pira, maire de Florence, demeure trop peu connu dans l'histoire de l'Europe contemporaine et dans l'histoire globale tout court. Il appartient à ce mouvement puissant de la démocratie chrétienne née durant la Seconde Guerre mondiale pour faire bloc contre le fascisme et toute forme de totalitarisme. Le mouvement démocrate-chrétien a eu aussi une grande influence sur les débuts de la construction européenne.

Le présent essai invite à une recherche plus approfondie de la vision humaniste et universaliste de La Pira, la globalisation de l'action pour la paix et les droits de l'homme, à partir des riches archives conservées à Florence.[1]

Après avoir restitué le personnage dans l'histoire italienne et plus particulièrement florentine, nous nous limiterons à trois questions qui découlent des écrits et des actions de Giorgio La Pira. La première question touche directement les droits de l'homme. Suite à l'ouverture des hostilités en 1939, La Pira prend en effet fermement position contre le fascisme (il a condamné le régime bien avant la guerre) et se pose la question de savoir comment définir plus clairement les droits inviolables de l'être humain lorsque le régime s'effondrera. La première question est donc: faut-il que la future constitution italienne soit précédée d'une déclaration solennelle des droits de l'homme? La deuxième question est celle de la paix au niveau mondial dans le contexte de la guerre froide, de la course aux armements nucléaires et des conflits régionaux sans fin. Pour la première fois dans l'Histoire de l'humanité, un dilemme se pose: ou l'on s'engage dans une guerre nucléaire, ce qui signifie la fin de l'Histoire, ou l'on cherche à tout prix la paix par le désarmement et le dialogue entre les peuples? La Pira reprend maintes fois ce vieux thème de la paix perpétuelle qui est l'une des idées fondatrices de l'Union européenne. La troisième interrogation est celle de la vision que La Pira propose pour l'Europe. Quelle Europe?

---

[1] Mes remerciements vont à la Fondazione Giorgio La Pira de Florence pour m'avoir donné accès aux livres et documents de La Pira. Nous n'abordons pas bien d'autres facettes de La Pira à commencer par son engagement spirituel et par son action en faveur de Florence.

L'exercice auquel nous nous risquons s'avère difficile. D'abord, il faut constamment éviter le piège de l'hagiographie, ce qui n'est pas simple du tout. Ensuite, l'activité de Giorgio La Pira touche à plusieurs disciplines: droit constitutionnel, relations internationales, histoire globale, sociologie, religion, politique, etc. Enfin, sur le plan méthodologique, nous optons pour une approche par questionnements afin d'éviter le genre biographique.

Les archives de la Fondation La Pira nous ont entraîné au cœur de grands questionnements (auxquels nous ne prétendons pas répondre): que signifient droits de l'homme? Quelle est leur étendue? D'où vient leur légitimité? Qu'est-ce qu'une constitution? Quel rôle historique la technologie du nucléaire militaire a joué et joue encore depuis 1945? Comment résoudre les conflits régionaux? Que signifie l'Europe?…

La personnalité de Giorgio La Pira (1904–1977)

Ce démocrate-chrétien était à la fois respecté par beaucoup, y compris le grand leader communiste Palmiro Togliatti, et pris pour un «illuminé» par d'autres. Lors de son intervention à l'Assemblée constituante en 1946, des députés racontent qu'il aurait tenu un discours *bizzarrissimo*…[2] Personnalité complexe, La Pira, dont la vie peut être facilement instrumentalisée (*sindaco santo* ou agitateur cryptocommuniste…), est marqué cependant par une unité de pensée et d'action, unité tournée vers la paix et le respect de la personne humaine.

Né à Pozzallo en Sicile en 1904, il étudie à Messine et s'oriente après la *maturità* (1922) vers le Droit et la jurisprudence. Lors des cérémonies de Pâques 1924, il fait une expérience de foi si forte qu'il demande à recevoir, l'année suivante, la consécration de tertiaire dominicain (*terziario Domenicano*). En 1925, il quitte sa Sicile natale pour poursuivre ses études de Droit à l'Université de Florence où il est diplômé en droit romain en juillet 1926. Il obtient la chaire de droit romain à l'Université de Florence en 1933 (*Istituzioni di Diritto Romano*). En 1936, il décide de demeurer dans le couvent dominicain de San Marco tout en insistant sur le fait qu'il reste laïc.

Dès 1928, il s'affirme comme un opposant au régime fasciste. En 1939–1940, il participe aux rencontres clandestines des antifascistes à Milan avec Giuseppe Dossetti (partisan), Giuseppe Lazzati, Amintore Fanfani (historien économiste, plusieurs fois Président du Conseil, il fut président de l'Assemblée générale des Nations-Unies). En 1939, il fonde, à Florence, la revue *Principi* «Rivista antifascista e antirazzista» qui défend la liberté individuelle et la valeur de la personne humaine.[3] Cette initiative lui a valu d'être recherché activement par la police fasciste, tandis que la revue est supprimée l'année suivante. Durant l'hiver 1942, il prend le contrepied de l'idéologie dominante dans une série de cours sur le thème de la personne humaine: «l'Homme n'est pas fait pour l'État,

---

[2] La Pira 1996, 11 en note.
[3] La Pira 1955; La Pira 1996, 18.

mais l'État est une construction juridique, ayant des fondements naturels, faite au service de l'Homme». Selon lui, un régime politique qui viole les exigences fondamentales de la conscience et de la liberté humaine est contrenature et antichrétien.[4] Le 29 septembre 1943, la police fasciste perquisitionne le couvent de San Marco et La Pira, qui échappe de peu à l'arrestation, est obligé de se cacher à Fonterutoli (près de Sienne), puis à Rome en décembre chez Monseigneur Giovanni Battista Montini (futur pape Paul VI). Lors d'un bombardement, il échappe de justesse à la mort.[5]

A cette époque, il poursuit très activement sa réflexion sur la future constitution de son pays et sur l'opportunité de réaffirmer les droits de l'homme après l'expérience de la dictature (ses écrits antifascistes ont été rassemblés dans trois volumes en 1945–1947).[6] La Pira s'interroge sur la responsabilité des intellectuels face à la dictature dans le journal florentin *La Nazione* (*Responsabilità del pensiero*, 8-9 août 1943).[7] Dans la préface de *Il valore della persona umana* (15 août 1943), il dénonce le principe fasciste – tout dans l'État, rien hors de l'État – et lui oppose le principe inviolable de la liberté et de la dignité humaine, précisément face à la violence étatique.[8]

Dans *Premesse della politica e Architettura di uno stato democratico*, ouvrage qui rassemble les notes de cours tenus à Rome au printemps 1944, il se livre à une longue analyse des courants de pensée politique et passe en revue tous les auteurs classiques depuis l'Antiquité jusqu'à Karl Marx en passant par Rousseau, Montesquieu, Kant, Hegel… Il est également fortement influencé par la pensée thomiste de Jacques Maritain (qui a été ambassadeur de France au Vatican de 1945 à 1948). Son souci est de trouver une forme de pouvoir politique qui respecte la dignité et la liberté de l'Homme et aussi celui de la collectivité. En cela, La Pira est le représentant du courant de pensée politique de la démocratie chrétienne de la fin de la guerre: la recherche de la voie entre l'extrême droite fasciste et la droite conservatrice d'une part et le communisme de l'autre. A propos de la nouvelle architecture de l'État, il martèle: *non l'uomo per la società e lo stato ma, ordinatamente, la società e lo stato per l'uomo.*[9]

Alors que le régime fasciste se durcit sentant sa fin proche (1942–1944), La Pira dénonce plus que jamais la perversité du système et la nécessité de rebâtir l'Italie sur des bases démocratiques grâce à une constitution respectu-

---

4   La Pira 1996, 8-24. Note. Nous avons traduit librement les citations des textes de La Pira.
5   De nombreuses notices biographiques existent, mais pas de biographie intellectuelle. Nous nous reportons donc à Fondazione 2008; Meucci/Marchitelli 2012; Onida 2012; Scivoletto 2003; Fondazione 1997; La Pira 1994.
6   La nostra vocazione sociale; Il valore della persona umana; Premesse della politica e Architettura di uno stato democratco. Trois recueils inspirés de la pensée thomiste sur l'Homme, le rôle du pouvoir politique, la dignité de la personne humaine.
7   La Pira 1996, 28-29.
8   La Pira 1955.
9   La Pira 1978.

euse des droits de l'homme. Rentré à Florence à peine libérée en août 1944, il aura rapidement l'occasion de défendre ses convictions puisqu'il est élu député à l'Assemblée constituante, où il joue un rôle important au sein de la Commission des 75 chargée, avec Palmiro Togliatti, Giuseppe Dossetti, Aldo Moro, Calamandrei[10], de formuler des principes fondamentaux des droits de l'homme dans la nouvelle constitution de la République.[11]

En 1948, il devient sous-secrétaire d'État au Travail dans le Ministère d'Alcide de Gasperi (fondateur de la *Democrazia cristiana*) où il s'occupe surtout de soutenir les travailleurs durant les luttes syndicales de l'après-guerre et de trouver réponses aux énormes problèmes de pauvreté et de chômage. Cet engagement social le conduit à fonder avec ses amis politiques, Giuseppe Dossetti, Amintore Fanfani et Giuseppe Lazzati, la revue Chroniques sociales (*Chronache Sociali*), dans laquelle il publie «L'attente des pauvres gens» (*L'attesa della povera gente*), un essai plusieurs fois réédité, où il s'interroge sur le rôle d'un bon gouvernement face à la pauvreté et au chômage. Que signifie la démocratie économique et politique pour les pauvres? Le premier rôle d'un gouvernement n'est-il pas d'assurer le bien-être et de lutter contre le chômage? Il fait longuement référence au *welfare state* de Lord Beveridge (dont il cite l'ouvrage en italien[12]), mais aussi à *European Recovery Program* ou Plan Marshall.[13] En 1950, il quitte le gouvernement et l'année suivante, il est élu *sindaco* (maire) de Florence (1951 à 1958). Il le sera à nouveau de 1961 à 1965. Il décède en novembre 1977.[14]

---

10   Dossetti: résistant (partisan), il faisait partie du Comité de Libération nationale d'Emilie-Romagne. Aldo Moro était alors professeur de droit à l'université de Bari. Piero Calamandrei, antifasciste de la première heure, a été élu avec l'accord des Alliés recteur de l'Université de Florence. Il prit cette charge en septembre 1944 après la libération de la ville par les florentins eux-mêmes le 11 août.
11   Giorgio La Pira, 9 janvier 1904 – 5 novembre 1977, 2008. Notons que cette Assemblée réunit pour la première et dernière fois dans l'histoire politique italienne, démocrates-chrétiens, communistes, socialistes.
12   Beveridge 1948.
13   La Pira 1978.
14   Les principaux textes de La Pira ont été réédités dans Meucci/Marchitelli 2012. Un nuovo edificio costituzionale di tipo pluralista. Intervento di La Pira all'Assemblea costituente in seduta plenaria (11/03/1947); pp. 107-112. Le nostre responsabilità dinanzi alle dure realtà sociali. Intervento di La Pira al terzo Convegno nazionale di studio dell'Unione giuristi cattolici italiani, tenutosi a Roma sul tema «Funzioni e ordinamento dello Stato moderno» (14/11/1951); pp. 113-118. Il valore delle città. Discorso al Comitato Internazionale della Croce Rossa a Ginevra (12/04/1954); pp. 119-123. Non case ma città. Inaugurazione del quartiere satellite dell'Isolotto (06/11/1954); pp. 127-129. La crisi e il ruolo delle città. Discorso all'Assemblea dei Comuni di Europa, Venezia (20/10/1954); pp. 130-134. Il valore della Resistenza. Discorso al Congresso Internazionale contro la riorganizzazione del Fascismo in Europa, Firenze (13/10/1963).

Une constitution pour l'Homme

Élu député de l'Assemblée constituante le 2 juin 1946, Giorgio La Pira a l'occasion de concrétiser ses réflexions mûries durant la période fasciste et publiées l'année précédente.[15] Son principe directeur est que toute constitution doit contenir ou, au moins, être précédée d'une déclaration solennelle des droits de l'homme (*solenne Dichiarazione dei diritti dell'uomo*). Ayant comparé toutes les constitutions qui existaient (y compris la constitution de l'Union soviétique de 1936), il conclut que la plupart omettent d'énumérer *noir sur blanc* les droits de l'homme, considérant ceux-ci comme supposés connus et acceptés, ce qui est loin d'être le cas. En fait, une constitution peut très bien fouler au pied les droits fondamentaux de l'individu, comme ce fut le cas du droit constitutionnel fasciste. Déjà dans son cours de droit de l'année académique 1942–1943, il analyse la crise constitutionnelle du fascisme et conclut que toute constitution doit reposer sur le droit naturel de la personne humaine.[16] L'année suivante, il revient longuement sur cette question dans *I problemi della persona umana*. Il étudie la nature du drame sanglant qui détruit le monde et il arrive à la conclusion que ce drame, la guerre totale, n'est que la résultante d'un drame plus profond encore / «avant que ne cèdent les frontières visibles des nations, ont cédé les solides frontières de la métaphysique humaine que la plus haute sagesse antique et la sagesse chrétienne inspirée avaient construites pour mettre les hommes à l'abri de l'erreur et de la ruine». Lutte entre la métaphysique de la vérité et celle de l'erreur, écrit-il. Il faut en revenir à la première, voilà pourquoi une déclaration solennelle est indispensable comme préambule à la nouvelle constitution italienne.[17]

Dans ses interventions à la tribune de l'Assemblée constituante en septembre 1946 puis en 1947, il défend la nécessité d'une telle déclaration comme prémices à la constitution d'un État démocratique. Pour lui, les droits de l'homme doivent être clairement déclinés, tout particulièrement après l'horreur des régimes nazi et fasciste. Dans ses *Principi relativi ai rapporti civili* (1946),[18] discours à l'Assemblée, il explique que ce drame résulte de la subversion des valeurs humaines: «l'homme pour l'État et non l'État pour l'homme», voilà le fondement pervers de la dictature. Il faut réaffirmer avec force, dans le préambule à la constitution italienne, que l'État est au service de la personne humaine et non l'inverse. Il soumet donc un texte spécialement adapté à la situation politique italienne:

«Le peuple italien, ayant expérimenté, à travers la douloureuse tyrannie de l'État totalitaire fasciste, comment l'oubli et le mépris des droits naturels de l'homme et des communautés fondamentales, soient vraiment les

---

[15] Premesse della politica, Firenze, Libreria Editrice Fiorentina, 1945 et Esame di coscienza di fronte alla Costituente (texte réédité dans La Pira 1996, 109-143).
[16] La Pira G., Il diritto come esigenza sociale, texte réédité dans La Pira 1996, 69-77.
[17] La Pira G., I problemi della persona umana, texte réédité dans La Pira 1996, 79-107.
[18] La Pira G., Principi relativi ai rapporti civili, texte réédité dans La Pira 1996, 145-178. Voir aussi: La Pira 1955.

causes ultimes des malheurs publics, décide d'exposer – comme acte préliminaire de sa nouvelle vie démocratique et républicaine – ces droits sacrés et inaliénables dans une Déclaration solennelle. Conscient des grands problèmes de renouveau qui se posent au temps présent, on vise avec cette Déclaration et avec cette Constitution qui l'accompagne, à créer un ordre social et politique qui soit conforme à la haute dignité de la personne et à la fraternelle solidarité humaine et qui assure donc à chacun une place et une fonction dans la communauté nationale ordonnée. Cette Déclaration [nous] permet de reprendre place dans la civilisation chrétienne».[19]

Suivent une vingtaine d'articles relatifs aux droits fondamentaux de la personne humaine. Ce texte s'inspire directement des déclarations françaises de 1789, 1793 et 1848 (pour ce qui est de la référence à la chrétienté), mais aussi de nombreuses déclarations dont la déclaration d'indépendance des États-Unis de 1776.[20] Ce texte pose aussi la question de la transition du fascisme à la démocratie, c'est pourquoi il a suscité un long débat à la Constituante (9-11 septembre 1946). La Pira a l'occasion de s'expliquer sur la nécessité d'une déclaration des droits de l'homme comme prémisses à la constitution. Il prend comme point de réflexion la Déclaration des droits de l'homme et du citoyen de 1789 (qui fait référence à l'Être Suprême). Le point d'achoppement est évidemment sa référence à la civilisation chrétienne – un élément qui reviendra lors des discussions sur les valeurs européennes à propos du préambule au traité constitutionnel pour l'Europe en 2004 – que les députés communistes estiment inacceptable.[21]

Lors de son intervention à l'Assemblée, le 11 mars 1947,[22] La Pira rappelle son cheminement intellectuel qui l'a amené à cette déclaration d'*una costituzione per l'uomo* faisant référence à l'héritage chrétien. «[J]e me suis dit: la crise constitutionnelle actuelle n'est pas sans relation essentielle avec la crise historique actuelle, crise qui investit tous les rapports humains que ce soit [autant] théorétiques que sociaux». Selon lui, une déclaration des droits de l'homme, *écrite* en prémisses à toute constitution, prévient les citoyens des dérives totalitaires. La dignité de l'homme passe avant toute autre considération relative à l'organisation de l'État. Le droit naturel l'emporte sur toute construction «politicienne».[23] La crise historique dont il fait allusion concerne non seulement

19 Traduction libre du préambule, p. 158.
20 La Pira a compulsé non seulement la déclaration américaine et les déclarations françaises, mais aussi la constitution turque de 1928, celle de Weimar, celle de l'Union soviétique de 1936, et d'autres encore. Il est évidemment influencé par le personnalisme d'Emmanuel Mounier (1905–1950) et de François de Menthon, professeur de droit à Nancy et nommé par le Général de Gaulle procureur au tribunal de Nuremberg. Ce dernier a proposé en juin 1948 un projet de constitution fédérale des États-Unis d'Europe. La Pira est profondément inspiré par Jacques Maritain avec qui il était en contact.
21 La Pira 1996, 179-231.
22 Meucci/Marchitelli 2012, 103-106: Un nuovo edificio costituzionale di tipo pluralista. Intervento di La Pira all'Assemblea costituente in seduta plenaria (11/03/1947).
23 Texte reproduit dans La Pira 1996, 233-266 (citation, p. 233).

la transition du fascisme à un régime démocratique, mais plus encore le fondement même de la démocratie. Qu'entend-t-il par démocratie? Dans les *Premesse alla politica* (1945), La Pira évoque d'abord la «démocratie économique» comme présupposé, comme fondement de la démocratie politique. L'être humain ne peut donc pleinement vivre comme personne, jouir de ses droits naturels, et exercer ses droits politiques que s'il dispose d'abord de la «démocratie économique», c'est-à-dire le droit de vivre décemment, d'avoir un travail. Dans son Examen de conscience (*Esame di coscienza di fronte alla Costituente*, 1945), il explique sa conception de la démocratie économique qui mêle à la fois libéralisme et marxisme: les hommes sont libres, mais il faut limiter l'accaparement de la propriété afin de la répartir entre tous les hommes; les travailleurs doivent participer à la gestion de l'entreprise dans laquelle ils travaillent parce qu'ils contribuent grandement à la bonne marche de celle-ci. Bref, l'économie, au service de l'homme, doit assurer la démocratie politique, c'est-à-dire de permettre à chacun d'appartenir à la société, à des organismes sociaux dans lesquels les hommes sont unis afin de s'épanouir individuellement (syndicalisme). Dans les *Premesse alla politica*, il étudie les relations entre l'individu et l'État et la Loi: «puissance de la Loi – de la Loi juste et non empire des hommes (dictature de personnes) ou [empire] de la collectivité (dictature de race, nation, classes, etc.)». «Droits naturels inviolables de la personne, un État constitué sur des bases sainement démocratiques. Un État subordonné au plus vaste bien de la société internationale». Ces considérations sont évidemment aux antipodes tant du fascisme (dictature d'une personne) que du marxisme (dictature de la collectivité).[24]

Lors de la séance du 22 septembre 1947 de l'Assemblée constituante, La Pira propose un texte plus radicalement en faveur de la dignité de la personne humaine et du caractère sacré de celle-ci. Mais comme son initiative risquait de faire voler en éclats la coalition avec les communistes, il retire sa proposition en ajoutant: «J'ai accompli, suivant ma conscience, le geste que je devais accomplir».[25] Intégrité dans ses convictions, certes, succès dans son action? Finalement, oui. La constitution de la République approuvée par l'Assemblée le 27 décembre 1947 (entrée en vigueur en 1948) ne comporte certes pas en préambule la déclaration solennelle en faveur des droits de l'homme rédigée par La Pira. Cependant, l'article 2 synthétise les efforts du futur maire de Florence en garantissant les droits inviolables de la personne humaine et les devoirs de solidarité politique, économique et sociale. Les articles 3 et 11 sont aussi de son inspiration.[26]

---

24 La Pira 1996, 32-37.
25 Selon lui, la constitution aurait dû s'ouvrir par cette Phrase: «In nome di Dio il popolo italiano si dà la presente costituzione», La Pira 1996, 263.
26 ART. 2
     La République reconnaît et garantit les droits inviolables de l'homme, comme individu et comme membre de formations sociales où s'exerce sa personnalité, et exige

L'ère nucléaire et la paix mondiale:
Le chemin d'Isaïe

Autre chantier, immense, cher au maire de Florence: la paix dans le monde. Hiroshima a, pour lui, ouvert une ère nouvelle dans l'histoire de l'humanité, plus rien ne sera comme avant.[27] Depuis l'usage militaire de l'arme nucléaire, l'humanité est désormais confrontée à un dilemme formidable: ou bien elle s'engage sur la voie de la guerre nucléaire, donc de l'autodestruction planétaire, ou bien elle recherche la paix perpétuelle par le dialogue. La Pira renoue ainsi avec cette vision ancienne de paix perpétuelle en Europe et dans le monde (on se rappelle *Vers la paix perpétuelle*, texte de Kant datant de 1795), vision qui prend un relief particulier en pleine guerre froide. C'est le «chemin d'Isaïe», discours que La Pira prononce à Moscou lors de la table ronde Est-Ouest le 4 décembre 1960.[28] A quel chemin fait-il référence? A celui décrit par le prophète Isaïe (2-4) intitulé précisément la paix perpétuelle: «Ils [les peuples] briseront leurs épées pour en faire des socs et leurs lances pour en faire des serpes. On ne lèvera plus l'épée nation contre nation, on n'apprendra plus à faire la guerre». Pour La Pira, le danger de guerre nucléaire est si effrayant que les pays engagés dans la guerre froide sont condamnés à maintenir la paix, à renoncer à l'usage de l'armement atomique.

Dès qu'il a été élu maire, il lance une grande initiative pacifiste: les conférences internationales pour la paix (*Civiltà e Pace*) qui ont eu lieu à Florence de 1952 à 1956. En tout cinq conférences qui rassemblent des représentants d'un nombre de plus en plus grand de pays (34 en 1952; 61 en 1956).[29]

---

l'accomplissement des devoirs de solidarité politique, économique et sociale auxquels il ne peut être dérogé.
ART. 3
Tous les citoyens ont une même dignité sociale et sont égaux devant la loi, sans distinction de sexe, de race, de langue, de religion, d'opinions politiques, de conditions personnelles et sociales.
Il appartient à la République d'éliminer les obstacles d'ordre économique et social qui, en limitant de fait la liberté et l'égalité des citoyens, entravent le plein développement de la personne humaine et la participation effective de tous les travailleurs à l'organisation politique, économique et sociale du Pays.
ART. 11
L'Italie répudie la guerre en tant qu'instrument d'atteinte à la liberté des autres peuples et comme mode de solution des conflits internationaux; elle consent, dans des conditions de réciprocité avec les autres États, aux limitations de souveraineté nécessaires à un ordre qui assure la paix et la justice entre les Nations; elle aide et favorise les organisations internationales poursuivant ce but.
Source: http://www.senato.it/documenti/repository/istituzione/costituzione_francese.pdf [17.01.13].

27 Profondément marqué par l'ouvrage de Teller/Brown 1965.
28 Le chemin d'Isaïe, discours prononcé par le maire de Florence, le professeur La Pira, à la table ronde Est-Ouest, à Moscou, 4 décembre 1960, Firenze 1964.
29 Ballini 2005, 22-46.

En 1961, deux événements marquent le second mandat de *sindaco* de Florence: la projection, dans cette ville, du film de Claude Autant-Lara *Non uccidere* et le discours d'investiture de John F. Kennedy du 20 janvier, dans lequel le nouveau président américain appelle à la paix tout en affirmant qu'il n'hésitera pas à recourir aux armes si cette paix est menacée.[30] Dans un discours de juillet 1966 à Florence sur l'expérience florentine de résistance au fascisme et de l'objection de conscience,[31] La Pira réaffirme que l'histoire du monde a été bouleversée en été 1945: «La guerre nucléaire n'est pas une guerre 'classique' qui a des vainqueurs et des vaincus, c'est la fin de l'Histoire et c'est, peut-être, la destruction de la planète elle-même». L'humanité avance désormais entre deux frontières: d'un côté la frontière de la destruction du genre humain; de l'autre, celle de la paix. Voilà écrit-il notre «nouvel espace historique». «Tout est prêt pour 'la paix pour toujours' (l'âge final) ou pour la 'guerre pour toujours' (fin des temps)».[32]

Après avoir traversé les ténèbres du nazisme et du fascisme, après l'expérience de la bombe atomique, il revient à l'Europe de redonner une «espérance historique» en s'engageant sur le «sentier d'Isaïe». Il multiple les interventions en faveur de la paix lors des tables rondes Est-Ouest et en d'autres rencontres.[33] Giorgio La Pira reprend ce thème en octobre 1975 à Varsovie à propos de la signature de l'acte final de la conférence d'Helsinki sur la sécurité et la coopération en Europe, acte signé par 35 chefs d'État ou de gouvernement dont ceux des pays communistes. Le titre de son discours en dit long: *L'età di Clausevitz è finito*. Pour lui, *il sogno della pace perpetua* est en train de se réaliser.[34]

Puérilité, naïveté, paroles creuses? Oui, si ces mots ne sont pas suivis par des actes. Or, le maire de Florence passe aux actes. Il sillonne l'Europe et le monde en appelant à la paix. Il exprime son mot d'ordre en 1953: *la nostra divisa è il fare*.[35]

Du Palazzo Vecchio, il lance trois grands chantiers de paix: le dialogue entre les peuples de la Méditerranée; le combat pour la fin de la guerre au Vietnam et le dialogue multilatéral dans le contexte de la guerre froide.

---

30   La Pira 1996a.
31   En 1962-1963, l'Église de Florence a été secouée par l'affaire Don Ernesto Balducci, ce prêtre très proche de La Pira qui collabora aux conférences de la paix. Balducci a soutenu fermement le mouvement pour la liberté de conscience, ce qui lui a valu d'être condamné par le Saint Office. Il conservera cependant l'appui et l'amitié du maire de Florence. Sa conception de «l'homme planétaire» est très proche de celle de La Pira. Voir Balducci 1992, sur la globalisation culturelle et la paix mondiale.
32   La Pira 1996a, 77, 79, 82.
33   La Pira 1960.
34   La Pira 1996a, 303-305.
35   Carli 2012, 58.

Colloqui Mediterrane: Abattre les murs et construire des ponts

Fort préoccupé par le processus de paix en Méditerranée, il organise à Florence plusieurs «colloques méditerranéens» à partir de 1958 et il entretient une abondante correspondance avec les dirigeants politiques de cette région du monde.[36] Florence est pour lui la ville qui doit rassembler comme ce fut le cas en 1439 lors du Concile qui a réuni pour un temps Catholiques et Orthodoxes.[37] Pour La Pira, le monde méditerranéen constitue un tout géographique, politique, culturel, religieux. Le recueil de correspondances *Il grande lago di Tiberiade* prouve que le maire de Florence a déployé des efforts considérables depuis 1954 jusqu'à sa mort afin de réconcilier les enfants d'Abraham.[38] Le chapitre 1 évoque d'ailleurs la triple famille d'Abraham qu'il faut réconcilier (juifs, chrétiens, musulmans). Il écrit à Golda Meir (14-08-1958), à Hussein (30-06-1957) et à Nasser (21-08-1957) à la suite de la crise de Suez et du blocage du processus de paix dans le Proche-Orient. L'Egypte le préoccupe beaucoup à partir de la crise de Suez. Il correspond directement avec Abdel-Nasser (qu'il recevra d'ailleurs à Florence) afin qu'une solution pacifique et juste pour l'Egypte soit trouvée. Il entreprend aussi plusieurs voyages dans cette partie du monde et organise à Florence quatre colloques méditerranéens (1958, 1960, 1961, 1964).[39] En juin 1965, il en appelle au dialogue et à la réconciliation des peuples du Proche et Moyen Orient (*la pace di Gerusalemme*).[40]

Préoccupé du sort de la Palestine, il entretient une correspondance avec le leader de l'Organisation pour la libération de la Palestine, Yasser Arafat (19-11-1970), et le président de la République égyptienne, Mohamed Anwar El Sadat (1971–1974). Dans la presse, il propose la formation d'un État palestinien en Jordanie occupée avec Hébron comme capitale. Il est en contact épistolaire avec les dirigeants israéliens qu'il espère convaincre du bienfait du dialogue: David Ben Gurion, Kevi Eskol, Golda Meir, mais aussi Nahum Goldmann, fondateur et président du Congrès juif mondial et de l'Organisation sioniste. Outré par la «guerre des six jours» de juin 1967, il livre de Florence un discours qui, aujourd'hui plus que jamais, reste d'actualité: *Abbattere i muri e costruire i ponti* (décembre 1967).[41]

L'avenir de l'Algérie l'amène à entretenir une correspondance avec le Général de Gaulle, Ahmed Ben Bella, Boumediene, Bouteflika ainsi qu'avec le Comité d'amitié et d'aide au peuple algérien. Sa préoccupation est l'autodétermination

---

36   Bagnato 2005, 99-134. Entre 1957 et 1970, La Pira entretient une correspondance suivie avec le Général de Gaulle sur le futur du monde méditerranéen, sur l'Algérie surtout: Rognoni 2005, 135-158; Fondazione 2006.
37   La Pira 1961.
38   Fondazione 2006.
39   Fondazione 2006, 13-64, 79-84.
40   La Pira 1996a, 57-62.
41   La Pira 1970; La Pira 1996a, 117-122.

des peuples à disposer d'eux-mêmes et le retour au dialogue entre la France et l'Algérie.[42]

Le Viet Nam

La guerre du Viet Nam est intolérable. Elle viole les accords de la conférence de Genève de 1954 qui devaient mettre fin à la désastreuse guerre d'Indochine. Faisant référence à la Conférence de Bandung de 1955 où le droit des peuples à disposer d'eux-mêmes a été solennellement réaffirmé, La Pira estime que le Viet Nam doit être libre, sans nouvelle ingérence étrangère.[43] Le 4 mars 1965, il adresse un télégramme à tous les ambassadeurs demeurant à Rome, télégramme évoquant la vision de paix d'Isaïe. En avril, il écrit à Ho Chi Minh afin de lui apporter son soutien et lui annoncer la tenue à Florence d'un symposium international sur la paix au Viet Nam. En juin, il s'adresse à Robert Kennedy afin qu'il fasse l'impossible pour que les forces américaines mettent un terme à la guerre. Avec l'étroite collaboration d'Amintore Fanfani, ministre des Affaires étrangères, et avec l'ambassadeur de Pologne, il se rend en 1965 au Parlement de Westminster pour rencontrer les membres du Labour en vue de l'organisation de ce symposium international pour la paix au Viet Nam, qui se tiendra à Florence la même année. L'acte final de cette rencontre internationale demande aux gouvernements impliqués le respect des Accords de Genève (arrêt des hostilités, partition du pays en deux le long du 17ème parallèle et tenue d'élections libres). À cet appel répond positivement Ho Chi Minh, président de la République du Vietnam du Nord. A la suite de ce symposium, La Pira se rend en personne à Hanoi où il rencontre en novembre Ho Chi Minh et le premier ministre Pham Van Dong. Il revient à Florence avec une proposition de paix, acceptée par Ho Chi Minh, qui devait être transmise au Président américain Lyndon B. Johnson via le président de l'Assemblée générale de l'ONU, Amintore Fanfani. Cependant l'opération confidentielle va échouer parce que le document a été intercepté et diffusé dans la presse.[44] Démarche torpillée qui vaudra dix nouvelles années de guerre…

Dialogue multilatéral pour la paix et les désarmement

L'inventaire de sa correspondance donne à voir la richesse des archives de La Pira et montre le caractère universel de cet homme.[45] Il nous est impossible de résumer en quelques pages l'action de La Pira en faveur de la paix, des droits de l'homme, sans compter sur son engagement spirituel. Entre 1949 et 1977, il a entretenu une vaste correspondance regroupée sous la rubrique «peuples et nations» qui concerne presque tous les pays où les droits de l'homme sont menacés, notamment le droit à la liberté religieuse dans les pays communistes.

---

42   Fondazione 2009; Fondazione 2012.
43   Fondazione 2006, 258.
44   La Pira 1996, 25-28; Fondazione 2008.
45   Fondazione 2009; Archivio 2012.

Ainsi il a entretenu une correspondance avec le premier ministre et président d'Albanie, Enver Hoxha, ainsi que les ambassadeurs de ce pays (1952–1976).

Les dossiers «URSS» sont particulièrement riches pour la période 1949–1977. Dans deux lettres de 1953, adressées au chef de gouvernement, G. Maksimilianovic Malenkov, il demande que cesse la persécution religieuse et que l'Union soviétique reconnaisse la liberté de culte. Après la mort de Staline, il voit en Nikita Kruscev un homme nouveau, prêt au dialogue. Le «courant» semble passer entre les deux hommes. En effet, par l'intermédiaire de l'ambassadeur A.E. Bogomolov, Kruscev adresse au maire de Florence le contenu de son célèbre rapport sur les crimes de Staline (9 avril 1956) que La Pira décide de ne pas révéler (busta 13, 2: Rapporto Kruscev) afin, certainement, de ne pas mettre en difficulté le chef du Kremlin. C'est un homme particulièrement préparé qui est reçu à Moscou en août 1959 en tant que maire de Florence certes, mais surtout porteur d'un message de dialogue, de respect des droits de l'homme (de la liberté religieuse entre autres).[46] Il est sans doute le premier homme politique non-communiste d'Europe de l'Ouest à être officiellement reçu à Moscou.

Sa correspondance suit de près la crise cubaine (1962–63). Il tente d'établir des ponts entre les protagonistes en envoyant des messages tant à l'ambassadeur cubain, Luis Amado Blanco-Fernandez qu'à l'ambassadeur soviétique Kozyrev, à l'ambassadeur américain, ainsi que directement à Kennedy et Nikita Kruscev. Il est en contact avec Stéphane Wyszynski, cardinal et archevêque de Varsovie aussi bien qu'avec Edward Gierek, premier secrétaire du PC polonais.

Le drame chilien le préoccupe tout autant. Il soutient Salvador Allende et envoie des télégrammes adressés à Pablo Neruda, à Isabelle Allende et aux responsables de *l'Associazione nazionale Italia-Cile Salvador Allende*.

A travers tous ces chantiers, le thème central est le désarmement général, la dénucléarisation dans le monde. Il en appelle aux chefs d'État, à la jeunesse[47]…

L'Europe vue par Giorgio La Pira

La Pira a été une de ces personnes pour qui il faut abattre les murs et construire des ponts. Outre le Proche Orient et le Viet Nam, il se préoccupe de l'Europe divisée par un rideau de fer bien réel, menacée par une guerre nucléaire. Selon lui, Florence se doit d'être la ville du dialogue. Son approche est très particulière: celle d'une Europe qui serait réunifiée et pacifiée à travers une sorte de fédération des cités, d'un jumelage des villes, foyers de culture et d'échanges interculturels. Participant aux congrès mondiaux des villes jumelées, La Pira développe une vision de la culture urbaine qui favorise la rencontre, la compréhension entre des hommes venus d'horizons divers: «Unir les villes pour unir les nations» (septembre 1967). Il revient continuellement sur la valeur de la cité comme gage d'entente, de paix, de liberté, de culture. Il a été

---

46   Giovannoni 2005, 80-139; Mainardi 2005, 140-165.
47   La Pira 1960; La Pira 1964a; La Pira 1964b.

marqué par le fait que la ville de Florence ait été la première à se libérer elle-même de l'occupant allemand en août 1944 grâce à la création du *Comitato toscano di liberazione nazionale*: *Firenze, città della Resistenza*.⁴⁸

Selon lui, l'Europe signifie d'abord et avant tout surmonter les divisions de la guerre froide. En 1954, La Pira a conçu une Conférence des maires des capitales européennes en partant de l'idée que la culture urbaine porte en elle une possibilité de dialogue, de recherche de la paix entre les hommes. L'année suivante, il accueille au Palazzo Vecchio des représentants des capitales européennes de l'Est comme de l'Ouest, dont Michail Jasnov, président du Soviet de Moscou. Ainsi La Pira entame en pleine guerre froide un dialogue avec le monde communiste et en particulier l'Union soviétique, dialogue qu'il ne cessera jamais d'entretenir car, pour lui, l'Europe allait de l'Atlantique à l'Oural. Moscou, l'Église orthodoxe, la réconciliation entre chrétiens, la paix, tout cela évoquait le fameux Concile de Florence de 1439 qui accueillit les plus éminents représentants du monde orthodoxe.⁴⁹ Sa méthode est particulière: commencer par le jumelage des grandes villes. C'est ainsi qu'il fut élu en 1967 président de la *Fédération mondiale des cités unies*, succédant à Léopold César Sengor.⁵⁰

En 1965, La Pira donne un discours lors de la table ronde Moscou-Florence «pour une Europe dénucléarisée».⁵¹ Sa vision de l'Europe réconciliée avec elle-même passe par un monde lui aussi pacifié comme il l'explique lors de la table ronde de la paix, tenue à Paris en avril 1966: «Paix au Viet Nam, unité en Europe, désarmement dans le monde».⁵² En juillet 1970, à Léningrad, La Pira prend la parole au congrès de la Fédération mondiale des villes jumelées, discours qui dévoile sa vision de l'Europe: non pas seulement la «petite» Europe de l'Ouest (l'Europe de la CECA), mais une Europe de l'Atlantique à l'Oural, débarrassée des deux blocs antagonistes et transformée en terre de paix.⁵³ La Pira renoue en fait avec une vieille conception de l'Europe qui allie la paix perpétuelle et l'Europe chrétienne. On voit là l'influence de Jacques Maritain que La Pira a rencontré à la fin de la guerre et dont il a lu les ouvrages. Il reprend aussi la vision gaullienne de l'Europe de l'Atlantique à l'Oural.⁵⁴

La vision que La Pira avait de l'Europe, c'est aussi l'Europe de la culture et du savoir, d'où son enthousiasme lors de la première étape de la création

---

48 Conticelli 2012, 45. Pour La Pira, la cité est le lieu par excellence pour exercer de manière concrète la politique à travers la construction de maisons, le travail, la lutte contre la pauvreté: construire la démocratie à partir des exigences, des besoins de tous. Bocchini Camaiani 2012, 39-43.
49 A propos de l'intérêt porté par La Pira à la Russie, lire? Garzaniti/Tonini 2005. Cet ouvrage montre à quel point La Pira connaissait «l'âme russe» à travers de nombreuses lectures mais aussi de contacts personnels (Tonini Lucia, «Alle origini di un'idea della Russia? le prime letture di Giorgio La Pira», pp. 61-79).
50 Conticelli 2012, 48-49.
51 La Pira 1996, 63-66.
52 La Pira 1996a, 69-72.
53 La Pira 1996a, 199.
54 Quagliariello 2005, 47-76; Larcan 2005, 77-98.

de l'Université européenne à Florence, une initiative remontant à la relance du processus de construction européenne lors de la conférence de Messine en 1955.[55]

Conclusion: le sentier d'Isaïe existe-t-il?

La Pira a vécu le fascisme, la Seconde Guerre mondiale, la guerre froide, la course à l'armement nucléaire. Un tel contexte, lourd de menaces, l'a amené à conclure qu'il n'y a d'autre alternative que la paix en Europe, dans le Proche-Orient, en Asie, dans le monde et que le respect des droits fondamentaux de la personne humaine est imprescriptible, sacré. En posant la question de fond de la mise par écrit, noir sur blanc, des droits de l'homme comme prémices à toute constitution du pays démocratique, il a accompli un acte fondamental dans l'histoire de l'Europe et du monde. Le temps a passé, un mur a été abattu – celui du rideau de fer – mais d'autres murs ont été érigés au Proche-Orient, en Amérique centrale et ailleurs. La guerre nucléaire totale semble impensable, en quoi La Pira a vu juste, mais qu'en est-il du terrorisme qui rappelle la violence des fascistes? Le sentier d'Isaïe, celui de la paix perpétuelle, existe-t-il? C'est celui que les Européens ont finalement emprunté au lendemain de la Seconde Guerre mondiale.

Un bristol inséré dans *Il Sentiero di Isaia* afin de remercier le donateur porte cette note: «Grazie G. Ormai è soltanto storia ! 99». C'est vrai en 1999 l'Europe s'est réconciliée avec elle-même. Le message fondamental de La Pira est-il passé à l'histoire? Non. L'arsenal nucléaire existe toujours, les guerres continuent, le conflit israélo-palestinien n'en finit pas de part et d'autre d'un mur effrayant, le terrorisme prend des formes nouvelles, la pauvreté et le chômage sévissent, la démocratie reste bien fragile, voire inexistante, dans plusieurs pays européens, le projet Méditerranée est plus que jamais d'actualité, la globalisation sauvage fait des ravages, les rapports annuels sur le respect des droits de l'homme sont toujours aussi accablants (même en Europe)…

Quant à l'histoire de l'intégration européenne, La Pira occupe une place tout à fait particulière. Si proche des idées de paix et de réconciliation, il ne semble pas avoir suivi les traces de Robert Schuman. D'abord, pour La Pira, l'Europe s'inscrit dans le monde globalisé et non comme un morceau de continent divisé. L'Europe va de l'Atlantique à l'Oural. Sa vision européenne est celle de la tradition chrétienne du thomisme. Ensuite, plus surprenant à première vue, est la méthode afin de réunifier et de pacifier: non pas une communauté économique, un marché commun, mais un réseau de villes, réseau basé sur la culture urbaine de la rencontre, de l'échange. Le projet d'Union européenne, voire celui d'une constitution pour celle-ci, coïncident avec la vision universelle du maire de Florence pour qui la dignité de la personne humaine est sacrée.

---

[55] La Pira 1961. Finalement, l'Institut universitaire européen aura son siège à la Badia Fiesolana, donc sur le territoire de la ville de Fiesole, Palayret 1996.

Les archives de la Fondation La Pira, dont nous avons donné un aperçu de leur contenu, renferment des documents qui affrontent les grandes questions de l'homme. La Pira a tenté de donner une réponse. Espérons que les études de ces archives s'intensifient…

Bibliographie

Archivio 2012 = Archivio Giorgio La Pira. Lettere, appunti, discorsi, Firenze 2012.

Bagnato 2005 = Bruna Bagnato, La Pira, de Gaulle e il primo Coloquio mediterraneo di Firenze (octobre 1958), dans: Pier Luigi Ballini (éd.), Giorgio La Pira e la Francia. Temi e percorsi di ricerca. Da Maritain a de Gaulle, Firenze-Milano 2005.

Balducci 1992 = Ernesto Balducci, La terra del tramonto. Saggio sulla transizione, S. Domenico di Fiesole, Edizioni Cultura della Pace 1992.

Ballini 2005 = Pier Luigi Ballini, I Convegni internazionali per la pace e la civiltà cristiana (1952–1956), dans: Pier Luigi Ballini (éd.), Giorgio La Pira e la Francia. Temi e percorsi di ricerca. Da Maritain a de Gaulle, Firenze-Milano 2005, 22-46.

Beveridge 1948 = William Henry Beveridge, Relazione su l'impiego integrale del lavoro in una società libera, Einaudi 1948 (l'ouvrage anglais date de 1944).

Bocchini Camaiani 2012 = Bruna Bocchini Camaiani, Il ruolo di Firenze nella storia del pensiero cattolico, dans: Pietro Meucci/Anna Letizia Marchitelli (éd.), L'Unità d'Italia e le città. Il messaggio di Giorgio La Pira, Firenze 2012, 39-43.

Carli 2012 = Massimo Carli, Le istituzioni sono un mezzo, la persona è la fine, dans: Pietro Meucci/Anna Letizia Marchitelli (éd.), L'Unità d'Italia e le città. Il messaggio di Giorgio La Pira, Firenze 2012, 57-61.

Conticelli 2012 = Conticelli Giulio, La città nel disegno costituzionale, dans: Pietro Meucci/Anna Letizia Marchitelli (éd.), L'Unità d'Italia e le città. Il messaggio di Giorgio La Pira, Firenze 2012, 44-49.

Fondazione 1997 = Fondazione La Pira, Giorgio La Pira, immagini di storia, Firenze 1997.

Fondazione 2006 = Fondazione Giorgio La Pira, Il grande lago di Tiberiade. Lettere di Giorgio La Pira per la pace nel Mediterraneo (1954–1977), (a cure di/éd. Giovannoni Marco Pietro), Firenze 2006.

Fondazione 2008 = Fondazione La Pira (Firenze), Scheda biografica del servo di Dio. Giorgio La Pira, 9 gennaio 1904-5 novembre 1977, Firenze 2008 (non paginé).

Fondazione 2009 = Fondazione Giorgio La Pira, Corrispondenza, Firenze 2009.

Fondazione 2012 = Fondazione Giorgio La Pira, Archivio Giorgio La Pira. Lettere, appunti, discorsi, (a cura di/éd. Armandi beatrice, Cupello Samuela), Firenze 2012.

Garzaniti/Tonini 2005 = Marcello Garzaniti/Lucia Tonini (éd.), Giorgio La Pira e la Russia (avec l'introduction de Giulio Conticelli, «Firenze e Mosca città elette d'Europa, nel pensiero di Giorgio La Pira»), Florence 2005.

Giovannoni 2005 = Pietro Giovannoni, Russia sovietica e «santa Russia». La nascità del progetto del primo viaggio di Giorgio La Pira in URSS (1951–1959), dans: Marcello Garzaniti/Lucia Tonini (éd.), Giorgio La Pira e la Russia, Firenze 2005, 80-139.

La Pira 1955 = Girgio La Pira, Il valore della persona umana, Milano, Istituto di Propaganda Libraria, 1947; Il valore della persona umana, dans XX Secolo, 7, 2e édition, Firenze 1955.

La Pira 1955 = Giorgio La Pira, Principi, a cura di Angelo Scivoletto, Firenze 1955.

La Pira 1960 = Giorgio La Pira, Bâtir la cité de la paix. Message adressé aux chefs de gouvernement lors du V Congrès international pour la paix et la civilisation chrétienne, Firenze 1960.

La Pira 1961= Giorgio La Pira, Firenze e il Concilio ecumenico del 1439, Firenze? Giuntina, 1961.

La Pira 1961= Giorgio La Pira, L'Università europea a Firenze. Discorso in occasione della firma del contratto di acquisto dell'immobile di Marignolle, Palazzo Vecchio, 15-05-1961, Firenze 1961.

La Pira 1964a = Giorgio La Pira, Stratégie du désarmement et géographie de la paix. Discours du maire de Florence à la IIe table ronde Est-Ouest, Firenze 1964.

La Pira 1964b = Giorgio La Pira, Le nuove generazioni e la pace nel mondo. Discorsi del sindaco di Firenze in occasione della conferenza internazionale della gioventù per la pace e il disarmo, Palazzo Vecchio, febbraio 1964, Firenze 1964.

La Pira 1970 = Fondazione La Pira (Firenze), Lettre à Paul VI: abbattere i muri, costruire i ponti, 27 février 1970. En post-scriptum, il annonce son voyage à Moscou et sa volonté de renforcer ses contacts avec l'Europe de l'Est et la Chine. http://www.giorgiolapira. org/?q=it/content/paolo-vi-abbattere-i-muri-costruire-i-ponti [22.09.2015]

La Pira 1978 = Giorgio La Pira, L'attesa della povera gente, Firenze édition de 1978.

La Pira 1978 = Giorgio La Pira, Premesse della politica a Architettura di uno stato democratco, nouvelle édition, Firenze 1945, réédition en 1978.

La Pira 1994 = Giorgio La Pira, La Pira autobiografico: pagine antologiche, Torino 1994.

La Pira 1996 = Giorgio La Pira, La casa comune: una costituzione per l'uomo (a cura di Ugo De Siervo), (première édition 1979), introduction de Ugo De Siervo, Florence, deuxième édition 1996.

La Pira 1996a = Giorgio La Pira, Il sentiero di Isaia. Scritti e discorsi, 1965–1977, prefazione di Mikail Gorbaciov, (a cura di Gianni Giovannoni e Giorgio Giovannoni), troisième édition Florence 1996.

Larcan 2005 = Alain Larcan, De Gaulle, la democrazia cristiana e il cattolicesimo sociale, dans: Pier Luigi Ballini (éd.), Giorgio La Pira e la Francia. Temi e percorsi di ricerca. Da Maritain a de Gaulle, Firenze-Milano 2005, 77-98.

Mainardi 2005 = Adalberto Mainardi, Matirio e profezia. Giorgio La Pira e la Chiesa ortodossa russa nel XX secolo (1917–1988), dans: Marcello Garzaniti/Lucia Tonini (éd.), Giorgio La Pira e la Russia, Firenze 2005, 140-165.

Meucci/Marchitelli 2012 = Pietro Meucci/Anna Letizia Marchitelli (éd.), L'Unità d'Italia e le città. Il messaggio di Giorgio La Pira, Firenze 2012.

Onida 2012 = Onida, Valerio, La personalità di Giorgio La Pira, dans: Pietro Meucci/Anna Letizia Marchitelli (éd.), L'Unità d'Italia e le città. Il messaggio di Giorgio La Pira, Firenze 2012, 16-17.

Palayret 1996 = Jean-Marie Palayret, Une université pour l'Europe. Préhistoire de l'institut universitaire européen, Présidence du Conseil des ministres, Département de l'information et de l'édition 1996.

Quagliariello 2005 = Gaetano Quagliariello, Il de Gaulle secondo La Pira, dans: Pier Luigi Ballini (éd.), Giorgio La Pira e la Francia. Temi e percorsi di ricerca. Da Maritain a de Gaulle, Firenze-Milano 2005, 47-76.

Rognoni 2005 = Maria Stella Rognoni, Opportune, importune: La Pira, de Gaulle e la pace in Algeria, dans: Pier Luigi Ballini (éd.), Giorgio La Pira e la Francia. Temi e percorsi di ricerca. Da Maritain a de Gaulle, Firenze-Milano 2005, 135-158.

Scivoletto 2003 = A. Scivoletto, Giorgio La Pira. La politica come arte della pace (Collana Il pensiero politico e sociale dei cattolici italiani n.28), Roma 2003.

Teller/Brown 1965 = E. Teller/A. Brown, L'eredità di Hiroshima, Milano 1965.

Helmut Reinalter
Menschenrechte aus freimaurerischer Perspektive

I.

Die unveräußerlichen Rechte des Menschen wurden als Grund des Staatsrechtes zuerst 1776 in der von Freimaurern beeinflussten Unabhängigkeitserklärung der Vereinigten Staaten von Nordamerika festgeschrieben: „Wir erachten es als selbstoffenbare Wahrheit, dass alle Menschen gleich geschaffen sind, dass sie von ihrem Schöpfer mit gewissen unveräußerlichen Rechten begabt sind; dass zu diesen Leben, Freiheit und das Streben nach Glück gehöre; dass, diese Rechte zu sichern, Regierungen unter den Menschen eingesetzt sind, welche ihre gerechten Befugnissen von der Einwilligung der Regierten ableiten, dass, so oft eine Regierungsform gegen diese Zeile zerstörend wirkt, es das Recht des Volkes ist, sie zu ändern oder abzuschaffen, eine neue Regierung einzusetzen und sie auf solche Grundsätze zu bauen, ihre Befugnisse solchergestalt einzurichten, als sie ihm am meisten geeignet erscheint, seine Sicherheit und sein Glück zu bewirken".[1]

In der Erklärung der Menschenrechte der Französischen Revolution vom 13. September 1791, auf Initiative des Freimaurers Lafayette angenommen und zuerst in der Loge in Aix-en-Provence konzipiert, heißt es: „Alle Menschen sind von Natur frei und unabhängig. Jede Regierungsgewalt gehört allein dem Volke, die Behörden sind weiter nichts als die Bevollmächtigten und Diener desselben und ihm zu jeder Zeit verantwortlich".[2] In der Revolutions-Parole „Freiheit-Gleichheit-Brüderlichkeit" sind die Menschenrechte und deren Ausprägungen enthalten und besonders stark in der französischen Freimaurerei verankert. Die Großloge von Wien gründete die österreichische Liga für Menschenrechte. Die tschechische Liga für Menschenrechte ist z. T. auch von Freimaurern konstituiert worden. Die Vereinten Nationen haben die Menschenrechte 1948 in ihre Satzungen aufgenommen und am 10. Dezember 1948 die Allgemeine Erklärung der Menschenrechte erlassen.

---

[1] Lennhoff, Posner, Binder 2006, 561.
[2] Zitiert nach: Lennhoff, Posner, Binder 2006, 561.

II.

Aus freimaurerischer Sicht sind die Menschenrechte sehr eng mit Menschenbildern verbunden. Die Freimaurerei hat eine ganz bestimmte spezifische Anthropologie, die die Grundwerte definiert, die den einzelnen Freimaurer bei seiner Arbeit am „rauhen Stein" bestimmen und leiten. Diese Anthropologie ist eine partielle, keine vollständige, weil sie jene Bereiche in den Vordergrund stellt, die mit der ethischen Vervollkommnung zu tun haben. Zum masonischen Menschenbild und -verständnis zählen Freiheit, Toleranz, Humanität und Solidarität. Das religiöse Symbol des „Großen Baumeisters aller Welten" hat eine doppelte Funktion: es rechtfertigt ethische Wertmaßstäbe und verleiht dem menschlichen Dasein einen Sinn und stellt weiters das höchste Ziel dar, dem der Mensch bei der Verwirklichung seiner Ideale entgegengeht. Zur freimaurerischen Anthropologie gehört aber auch das „initiatische Geheimnis" bzw. das fundamentale initiatische Konzept. Dieses zeigt auf, wie der vollständige Gehalt der freimaurerischen Anthropologie durch Initiationsriten erworben werden kann. Die Selbstverwirklichung des Menschen als Freimaurer erfolgt in Form einer permanenten dialektischen Auseinandersetzung zwischen den Prinzipien und dem Individuellem, gesteuert vom freimaurerischen Menschenbild und von der Verhaltensnorm des Religiösen. Die hier erwähnten Grundpfeiler der Freimaurerei sollen verdeutlichen, dass sie kein vollständiges philosophisches System darstellen, sondern eine praktische Philosophie, ein Verhaltensmuster, das der Natur des Menschen entspricht.

Der wesentliche Kern des freimaurerischen Denkens liegt in der spezifischen Anthropologie mit ihrem Schwerpunkt auf der Initiation, auf den Ritualen, die die Freimaurerei verwendet, um den Menschen auf den Weg zur Selbstvervollkommnung zu führen. Dies geschieht über ein ethisches Konzept, das man als „Ästhetik der Existenz" oder auch als „Einübungsethik" bezeichnet. In diesem Zusammenhang ist die Freimaurerei als Lebenskunst angesprochen, bei der es um Dasein, um das Erreichen des Lebens in seiner Präsenz geht.

Ästhetische Werte sind im freimaurerischen Sinne Formung, Gestaltung und Transformation. Ästhetik der Existenz ist Wille zur Form, um aus sich selbst und seinem Leben ein Kunstwerk zu machen. Ästhetik der Existenz bedeutet weiters, sich selbst erfinden, wobei sich Lebenskunst nicht über die Befolgung von Normen, sondern über die Haltung des Individuums konstituiert. Lebenskunst ist kein Selbstkult, keine Selbstversessenheit, sondern Selbstkultur, Erziehung seiner selbst, also Selbstpraktik. Das eigene Leben zu formen und zu führen bedeutet auch Aneignung von bestimmten Techniken: Einübung, Stil, Selbstformung, Kunstfertigkeit und Geschicklichkeit (Michel Foucault). Bei der Lebenskunst geht es um die Erarbeitung eines individuellen Entwurfs, der den Menschen zur Führung seiner selbst und zur Gestaltung des eigenen Lebens befähigt. Insofern ist die Freimaurerei als Lebenskunst ein Formungsversuch, ein Selbstgestaltungsversuch und keine wissenschaftliche Methode.

III.

Die Freimaurerei versteht sich als ethische Gemeinschaft. Der ethische Grundkonsens besteht in der Entwicklung einer ethischen Lebenshaltung, die ohne Vorschriften und Gebote auskommt und bestimmte Vorstellungen von bewährten Verhaltensweisen durch Einübung vermittelt. Dieser wichtige Aspekt kommt besonders in den freimaurerischen Ritualen stark zum Ausdruck. Die universelle Ethik der Freimaurerei baut auf Werten auf, die nicht von religiösen Vorstellungen losgelöst sind. Diese Werte bestimmen auch das Menschenbild, das die Verfolgung einer ethischen Zielsetzung verlangt. Das Menschenbild konzentriert sich vor allem auf jene Aspekte, die in einem engen Zusammenhang zur ethischen Vervollkommnung des Menschen stehen. Dazu gehört auch eine Verantwortungsethik im Hinblick auf die Verwirklichung freimaurerischer Werte in der Gesellschaft: Verantwortung für die Mitwelt, für die Umwelt und die Nachwelt sowie die Aufforderung, in globalen Zusammenhängen zu denken und sozial-humanitär zu handeln. Das freimaurerische Menschenbild hängt mit der Idee der Humanität eng zusammen. Die Freimaurer bauen, wie aus ihrer Ritualistik hervorgeht, den „Tempel der allgemeinen Menschenliebe". Dieser ist kein theoretisches Lehrgebäude und keine festgelegte Morallehre, sondern versteht sich als konkrete Praxis, nämlich als veredelnde menschliche Praxis, die Menschlichkeit, Mitgefühl und Mitleid umfasst. Die Erziehung zum Menschen und zur Humanität erfolgt im freimaurerischen Verständnis nicht durch das Bekenntnis zu einer bestimmten Morallehre, sondern durch die persönliche Erfahrung mit Menschlichem. Der Weg zur Humanität ist ein vielgestaltiger Wandlungsprozess, der dem Freimaurer bei seiner rituellen Arbeit in Symbolen verdeutlicht wird. Dabei kann sich die Freimaurerei auf eine wichtige ideengeschichtliche Tradition berufen. Die Freimaurerei entwickelt den Begriff der Humanität von einer abstrakten Forderung weiter zu einem konkreten Programm, das sich als Resultat der Arbeit von Menschen an Menschen herausgebildet hat. Die Erfüllung dieser Forderung ist aus freimaurerischer Sicht eine unabschließbare Aufgabe.[3]

Im freimaurerischen Denken bilden Ethik und Anthropologie eine Einheit, die nicht dogmatisch fixiert ist. Auf ein einheitliches, verbindliches „Menschenbild" hat die Freimaurerei allerdings von vornherein verzichtet. Das freimaurerische Menschenbild hat darüber hinaus mit innerweltlichen Zielen und Aufgaben des Menschen bezüglich des materiellen und moralischen Fortschritts zu tun, wie die Geschichte des Menschengeschlechts zeigt. Zum Menschenbild der Freimaurerei gehört schließlich auch der Toleranzgedanke, der zum politischen Leitbild geworden ist. Dazu zählt die Glaubens- und Gewissensfreiheit. Zu ihren wesentlichsten Aufgaben gehört daher, in ihren Mitgliedern den Respekt vor den Überzeugungen der Andersdenkenden zu wecken.

---

[3] Reinalter 2010, 37ff. u. 40ff.

IV.

Die Menschenrechte sind heute trotz unterschiedlicher Menschenbilder zur grundlegenden und weltweit gültigen politischen Idee geworden. Sie bieten die Mindeststandards für die rechtliche, politische, soziale und ökonomische Lage von Menschen. Allerdings sind sie nicht überall auf der Welt tatsächlich respektiert bzw. durchgesetzt, aber kaum ein Regierungsvertreter oder Staat wagt es noch, die Menschenrechte prinzipiell in Frage zu stellen. Natürlich gibt es in Bezug auf die Menschenrechte entgegengesetzte Positionen und verschiedene Deutungen der Menschenrechtsidee, wie z. B. eine asiatische „Interpretation" gegenüber der dominierenden westlichen „Deutung", die weniger individualistisch orientiert ist, oder eine islamische „Interpretation", die die Begründung der Menschenrechte in der Scharia für unverzichtbar hält. Trotzdem sind die Auseinandersetzungen für Menschenrechte zu einem global bestimmenden politischen Emanzipationsmodell geworden.

Die Menschenrechte gehen in der Geschichte relativ weit zurück. Sie sind von Philosophen, Juristen und Theologen bereits im 17. Jahrhundert als Kern eines neuzeitlichen Naturrechts bezeichnet und von der Amerikanischen Revolution und den späteren bürgerlichen Revolutionen feierlich proklamiert worden. Die Landesfreiheiten, die in vielen Ländern des Mittelalters gewährt wurden, waren nicht Freiheiten des Menschen, sondern der Stände und der Korporationen. Dies trifft auch auf die Magna Charta von 1215 zu, mit der die Geschichte der englischen Freiheit einsetzt und die ihre Freiheiten nur der ständischen Korporation gab. Sie ist aber eine Basis zur späteren Entwicklung der individuellen Menschenrechte. Zu erwähnen wären hier vor allem die *„Petition of Rights"* von 1628 und die berühmte „Habeas-Corpus-Akte" von 1679. Zehn Jahre später brachte die Glorreiche Revolution in England die *„Bill of Rights"* hervor. Von großer Bedeutung für die weitere Entwicklung der Menschenrechte war zweifelsohne die berühmte Erklärung der Unabhängigkeit von 1776 in den USA, in der ausdrücklich betont wurde, dass die Menschen mit unveräußerlichen Rechten ausgestattet seien. So hat die Kolonie Virginia ihrer Verfassung eine besondere *„Bill of Rights"* vorangestellt, „die vom gleichen Grundgedanken der natürlichen Freiheit und Gleichheit und vom unveräußerlichen Recht des Menschen auf Leben, Freiheit, Eigentum und Glück ausgehend im einzelnen festlegt, auf welche Weise diese Rechte gesichert werden sollen".[4]

Im 19. Jahrhundert werden die Menschenrechte durch die sozialen Grundrechte im Einflussfeld der Industriellen Revolution ergänzt. Im Verlauf dieses Jahrhunderts werden sie in den Verfassungen der europäischen Nationalstaaten zunehmend nationalisiert. Die historische Entwicklung der Menschenrechtsidee erfolgte in drei aufeinanderfolgenden Phasen: die erste Etappe wird markiert durch das bereits erwähnte philosophische Naturrecht des 17. und 18. Jahrhunderts, die zweite Phase setzt ab Mitte des 18. Jahrhunderts ein und ist eng verbunden mit den Menschenrechten der Philosophen und

---

4   Hartung, Commichau, Murphy 1998, 17.

der bürgerlichen Revolutionen und die dritte Etappe beginnt nach dem Zweiten Weltkrieg, womit die Menschenrechte einen grundlegend anderen rechtlichen Status annehmen, in dem sie nach 1945 zum Gegenstand eines international gültigen Rechtssystems werden. Die Grundlage dieses Rechtssystems bildet die „Allgemeine Erklärung der Menschenrechte" von 1948, die zunächst eine zwischenstaatliche Absichtserklärung war, in den folgenden Jahrzehnten eine Serie von völkerrechtlich verbindlichen Pakten bringt. Zusätzlich etablieren sich schrittweise völkerrechtliche Instanzen und Mechanismen oberhalb der einzelnen Staaten, deren Aufgabe es ist, die Menschenrechtslage innerhalb der Staaten zu kontrollieren. Die Standarderzählung der Menschenrechte sieht den Rechtsstaat als neutrales Instrument zur Realisierung menschenrechtlicher Ideen. Heute unterscheidet man traditionell zwischen liberalen und demokratischen Rechten auf der einen Seite und wirtschaftlichen, sozialen und kulturellen Rechten auf der anderen Seite. In diesem Zusammenhang stehen die ersteren für die Freiheit und Autonomie des Bürgers, während die anderen die Ansprüche auf staatliche Unterstützung betonen. Die Allgemeine Erklärung der Menschenrechte enthält beide Kategorien.

V.

Menschenrechte sind heute berechtigte Ansprüche an die öffentliche politische Ordnung. Kern ist die Berechtigung jedes Menschen „in einer politischen Ordnung zu leben, die ihre Mitglieder als Gleiche berücksichtigt und ihnen damit gleichermaßen gewährleistet, dass ihre grundlegenden Ansprüche erfüllt werden".[5] Zwei Konzeptionen sind dabei von Bedeutung, die moralische und die politische. Der Unterschied zwischen diesen beiden Konzeptionen der Menschenrechte bezieht sich auf den Grundbegriff, der die Menschenrechte erklärt, gleiche moralische Achtung oder freie politische Selbstbestimmung. Die traditionellen Begründungsformen für Menschenrechte haben sich heute in drei Modellen verdichtet: das Modell des Gesellschaftsvertrags, das Vernunft- und das soziale Modell. Über die moralischen und politischen Konzeptionen der Menschenrechte gibt es verschiedene Kontroversen, die noch nicht ausgeräumt sind und weiter bestehen.

Unter den Menschenrechten stehen international die Denk-, Gewissens-, Religions- und Weltanschauungsfreiheit (Religionsfreiheit) in der politischen Kontroverse. Ein offenes Verständnis der Religionsfreiheit stößt auf starke Widerstände, wobei sich die Bedenken vor allem auf die Befürchtung beziehen, dass die Religionsfreiheit zum Deckmantel für gefährliche Organisationen dienen könnte oder dass dieses Menschenrecht durch inflationäre Verwendungen Konturen und Sinn verlieren würde. Wenn man von einem Universalismus der Menschenrechte ausgeht, ist es sicher sinnvoll, als Ausgangspunkt die Selbstverständnisse der Menschen in ihrer Vielgestaltigkeit anzunehmen und in Beurteilungsfragen von einem offenen und weiten Verständnis von Religion auszugehen.

---

5   Menke, Pollmann 2007, 42.

Eng mit den Menschenrechten ist auch die Menschenwürde verbunden, die dem ethischen Wert der menschlichen Persönlichkeit entspringt, die jedem Menschen wegen seines Menschentums zukommt. Die Menschenwürde bildet auch die Basis der ethischen Freiheit, die sich darin manifestiert, dass der Mensch keinem anderen Gesetz verpflichtet ist, als seinem eigenen. „Handle so, dass du die Menschheit sowohl in deiner Person als in der Person eines jeden anderen jederzeit zugleich als Zweck, niemals bloß als Mittel brauchst" (Goldene Regel). Dieser Imperativ von Immanuel Kant hat sehr viel mit der Idee der Menschenwürde zu tun. Jeder Mensch ist würdig, als Zweck des moralischen Handelns zu dienen. Zur eigenen Würde zählen Eigenschaften wie die Tugend der Selbsterkenntnis, Selbstbeherrschung und Selbstveredelung – alles auch freimaurerische Tugenden und Verhaltensweisen. Auch die Würde des Mitmenschen, die Tugend der Gerechtigkeit und Liebe zählen wesentlich dazu. Die Freimaurerei achtet die Menschenwürde entsprechend ihres humanen Menschenbildes, die jedem Menschen zukommt, ohne Rücksicht auf seine Weltanschauung und seinen Glauben.

VI.

Systematisch betrachtet, weisen die Menschenrechte drei wichtige Merkmale auf: die politisch-rechtlichen Standards, der universale Geltungsanspruch und die Durchsetzung gleicher Freiheit bzw. gleichberechtigter Partizipation, die in der Anerkennung der Würde des Menschen wurzeln. Menschenrechte stellen in diesem Sinne eine politisch-rechtliche Kategorie dar. Ihr Geltungsanspruch ist nicht auf einen humanitären Appell begrenzt, sondern nimmt in politisch-rechtlichen Institutionen und Verfahren konkrete Gestalt an. Im modernen Verfassungsstaat finden die Menschenrechte eine Verankerung als einklagbare Grundrechte. Ein erfolgreiches Beispiel für die regional-völkerrechtliche Normierung von Menschenrechten ist die Europäische Menschenrechtskonvention, die im Rahmen des Europarates 1950 entstand. In Kraft trat sie 1953.

Der Begriff der Menschenrechte enthält auch den universalen Geltungsanspruch, der davon ausgeht, dass diese für den Menschen schlechthin Geltung besitzt. Weil die Menschenrechte für jeden Menschen gleichermaßen Gültigkeit haben, verstehen sie sich auch als Gleichheitsrechte. „Die menschenrechtliche Gleichheit meint allerdings nicht Uniformität, sondern gleiche Freiheit, und zwar nicht nur gleiche persönliche oder private Freiheit, sondern auch gleichberechtigte Mitwirkung an den Belangen der Gemeinschaft, vor allem der politischen Gemeinschaft".[6] Die Menschenrechte stellen nicht nur eine Form des gemeinsamen Nenners aller Grundwerte dar, die man in den unterschiedlichen Religionen oder Kulturen findet, sondern sie fordern auch einen universalen und zugleich eigenständig modernen Freiheits- und Gleichheitsanspruch. Dieser Anspruch kann mit religiösen Traditionen durchaus in Konflikt geraten, wie viele Beispiele zeigen. Die Anerkennung der Menschenrechte

---

[6] Bielefeldt 1999, 432.

von Seiten der Weltreligionen erfordert daher Bereitschaft zur Selbstkritik und zu Reformen. „Nur dadurch ist es möglich, den humanen Anspruch der Menschenrechte – konzentriert im Bekenntnis zur unantastbaren Würde jedes Menschen – als Chance für die (Neu-)Erschließung freiheitlicher Sinnpotentiale in religiösen Traditionen wahrzunehmen und religiösen Glauben gleichzeitig als Motiv für menschenrechtliches Engagement einzubringen".[7] Heute wird die Modernität der Menschenrechte stark hervorgehoben, was allerdings nicht die Propagierung einer fortschrittsideologischen Zivilisationsmission zu Lasten religiöser Traditionen und Vielfalt bedeutet. Was die Verbreitung und Propagierung der Menschenrechte betrifft, hatten die Freimaurerlogen eine tragende Funktion, weil sie mit dem humanitären Wirken der Freimaurerei in enger Verbindung standen. Die Freimaurer waren Ermutiger und Verstärker bei der Propagierung der Menschenrechte. Sie hatten eine katalysatorische Wirkung bei ihrer Verbreitung und waren ein wichtiger Weg zum Weltfrieden.

7   Bielefeldt 1999, 436.

Bibliographie

Bielefeldt 1999 = Heiner Bielefeldt, Menschenrechte, in: Christoph Auffahrth/Jutta Bernard/Huber Mohr (Hg.), Metzler Lexikon Religion Bd. 2, Stuttgart-Weimar 1999, 429-431.
Bielefeldt 1998 = Heiner Bielefeldt, Philosophie der Menschenrechte. Grundlagen eines weltweiten Freiheitsethos, Darmstadt 1998.
Bielefeldt 2012 = Heiner Bielefeldt, Streit um die Religionsfreiheit. Aktuelle Facetten der internationalen Debatte, Erlangen 2012.
Hartung, Commichau, Murphy 1998 = Fritz Hartung/Gerhard Commichau/Ralf Murphy, Die Entwicklung der Menschen- und Bürgerrechte von 1776 bis zur Gegenwart, Göttingen-Zürich 1998.
Hilpert 1991 = Konrad Hilpert, Die Menschenrechte. Geschichte-Theologie-Aktualität, Düsseldorf 1991.
Hoffmann 1991 = Johannes Hoffmann (Hg.), Begründung von Menschenrechten aus der Sicht unterschiedlicher Kulturen, Frankfurt am Main 1991.
Hoffmann 1994 = Johannes Hoffmann, Universale Menschenrechte im Widerspruch der Kulturen, Frankfurt am Main 1994.
Horstmann 1980 = Rolf-Peter Horstmann, Menschenwürde, in: Joachim Ritter (Hg.), Historisches Wörterbuch der Philosophie, Basel 1980, Spalten 1124-1126.
Hutter 2003 = Franz-Josef Hutter, No rights. Menschenrechte als Fundament einer funktionierenden Weltordnung, Berlin 2003.
Koenig 2005 = Matthias Koenig, Menschenrechte, Frankfurt am Main 2005.
Kühnhardt 1987 = Ludger Kühnhardt, Die Universalität der Menschenrechte. Studie zur ideengeschichtlichen Bestimmung eines politischen Schlüsselbegriffs, München 1987.
Lennhoff, Posner, Binder 2006 = Eugen Lennhoff/Oskar Posner/Dieter A. Binder, Internationales Freimaurerlexikon, München 2006.
Maier 1997 = Hans Maier, Wie universal sind die Menschenrechte?, Freiburg i. Br. 1997.
Menke, Pollmann 2007 = Christoph Menke/Arnd Pollmann, Philosophie der Menschenrechte zur Einführung, Hamburg 2007.
Oestreich 1978 = Oestreich, Gerhard, Geschichte der Menschenrechte und Grundfreiheiten im Umriss, Berlin 1978.
Reinalter 2010 = Helmut Reinalter, Die Freimaurer, München 2010.
Wetz 2011 = Franz J. Wetz, (Hg.), Texte zur Menschenwürde, Stuttgart 2011.

Michel Dormal
Demokratie und Menschenrechte
Gibt es einen Gegensatz?

Die Frage nach dem Verhältnis von Menschenrechten und Demokratie spricht zwei Themen an, die für Jean Paul Lehners zumindest insofern zusammengehören, als er in den letzten Jahren sowohl Inhaber des Lehrstuhls für Menschenrechte war, als auch Leiter eines historischen Forschungsprojekts zur Nationenbildung und Demokratie in Luxemburg. Ob und wie beide Themenbereiche auch sachlich harmonisch zusammengehen, möchte ich in diesem Beitrag ausgiebiger kritisch würdigen.

Die Frage, ob es einen Gegensatz zwischen Menschenrechten und Demokratie gibt, ist auf den ersten Blick natürlich eine Provokation. Als engagierte Bürger und Bürgerinnen würden die meisten von uns wohl intuitiv antworten, dass dem natürlich nicht so ist. Und wer würde dem widersprechen wollen? Wie könnte es Demokratie geben, wenn elementarste Rechte missachtet werden? Wie sollen Menschenrechte gesichert sein, wenn die Regierenden gegenüber den Regierten nicht verantwortlich sind? Als kritische Wissenschaftler und Wissenschaftlerinnen, als Historiker, Politikwissenschaftler oder Rechtstheoretiker, sollten wir uns aber vor den einfachen, vorschnellen Antworten hüten und uns auf eine Klärung der Begriffe und der dahinterstehenden Problematik einlassen. Denn die Geschichte des Politischen (und mit dem Politischen, nicht dem bloß Juristischen, haben wir es in dieser Frage zu tun) ist immer auch eine Geschichte widersprüchlicher Konstellationen und sich wandelnder Deutungen.

Im ersten Teil dieses Aufsatzes möchte ich zunächst herausarbeiten, dass zwischen Menschenrechten und Demokratie in der Tat Spannung bestehen kann. Die Problematik lässt sich auf der Ebene der Theorie vor allem an der Frage festmachen, inwiefern die angeborenen Menschenrechte eine transzendentale, dem Politischen entzogene universale Norm darstellen und wer diese implementieren darf. Im ersten Abschnitt werden anhand der Positionen von Ernst-Wolfgang Böckenförde und Ingeborg Maus zwei gegensätzliche aktuelle Sichtweisen auf diese Frage skizziert (1.). Anschließend werde ich auf die politische Genealogie der Menschenrechte eingehen, um die Ursprünge und Hintergründe dieser Spannung besser herauszuarbeiten. Auf den ersten Blick wird es dann so scheinen, als ob eine Spannung einzig zwischen dem universalistischen Charakter der Menschenrechte und der spezifisch nationalstaatlichen Gestalt demokratischer Bürgerrechte besteht (2.). Ein zweiter, an Constant und Marx geschärfter Blick zeigt jedoch, so die im dritten Abschnitt vertretene These, dass das Problem darüber hinaus auch zwei unterschiedliche Verständnisse von Politik und Bürgerschaft betrifft (3). Im Anschluss an einige Überlegungen von Claude Lefort möchte ich am Ende eine eigene Lesart des Spannungsverhältnisses zwischen Demokratie und Menschenrechten vorschlagen, die darin nicht so sehr einen problematischen Gegensatz als ein politisches Versprechen entdeckt (4).

1. Wo ist das Problem?

In einem Aufsatz zum Zusammenhang von Rechtstaat und Demokratie hat Jürgen Habermas vor einigen Jahren festgehalten, dass die politische Philosophie bisher „die Spannung zwischen Volkssouveränität und Menschenrechten" nie ernstlich „zum Ausgleich bringen" und in der Regel „die eine Idee nur auf Kosten der anderen zur Geltung gebracht werden" konnte.[1] Ein Blick in die rechts- und demokratietheoretische Literatur offenbart in der Tat verschiedene latente Reibungspunkte zwischen Menschenrechten und Demokratie. Aus den vielfältigen Beiträgen zu diesem Themenbereich möchte ich im Folgenden zwei ausgewählte und in wichtigen Hinsichten konträre Positionen exemplarisch skizzieren.

Einen ersten möglichen Gegensatz macht der bekannte Staatsrechtler Ernst-Wolfgang Böckenförde aus. Sein Ausgangspunkt ist die Frage, ob es so etwas wie ein Menschenrecht auf Demokratie gebe. Die Frage wird von Böckenförde abschlägig beantwortet. Würde man sie bejahen, so hieße dies in der Konsequenz, dass die Demokratie ebenso universal sein müsse wie die Menschenrechte. Sie wäre dann jenseits aller partikularen Verhältnisse und Situationen nicht nur gültig, sondern auch normativ geboten.[2] Damit verkenne man aber, so Böckenförde, den Charakter der Demokratie. Deren Funktionieren hänge nämlich von besonderen Voraussetzungen ab, die sie nicht selbst schaffen könne. Dazu zählten soziokulturelle, politisch-strukturelle und ethische Faktoren. Vor allem bedürfe es eines gewissen Zusammengehörigkeitsgefühl und eines gemeinsamen Ethos der Bürgerinnen und Bürger, das sich in der Anerkennung der demokratischen Ordnung und der Orientierung am Gemeinwohl ausdrücke. All diese Bedingungen seien keineswegs universal, sondern, auch wenn die französischen und amerikanischen Revolutionäre anderes behaupteten, historisch höchst partikular. Der grundsätzlichere Gedanke hinter dieser These ist in der Staatslehre als Böckenförde-Dilemma bekannt geworden: „Der freiheitliche, säkularisierte Staat lebt von Voraussetzungen, die er selbst nicht garantieren kann [...] Als freiheitlicher Staat kann er einerseits nur bestehen, wenn sich die Freiheit, die er seinen Bürgern gewährt, von innen her, aus der moralischen Substanz des einzelnen und der Homogenität der Gesellschaft, reguliert. Anderseits kann er diese inneren Regulierungskräfte nicht von sich aus, das heißt, mit den Mitteln des Rechtszwanges und autoritativen Gebots zu garantieren versuchen, ohne seine Freiheitlichkeit auf-

---

[1] Habermas 1999, 298-299.
[2] Böckenförde 1991, 236.

zugeben".[3] Versuche man eine Demokratie zu errichten, ohne dass diese Voraussetzungen erfüllt sind, so führe das unweigerlich zum politischen Zerfall. Dort, wo dem Volk ein Zusammengehörigkeitsgefühl fehle, würden im Zuge der Konkurrenz um die Macht bevorzugt exklusive, insbesondere ethnische Zugehörigkeiten politisiert und mobilisiert.[4] Konkurrierende ethnische Gruppen aber tendieren in der Regel dazu, sich demokratischen Mehrheitsentscheidungen nicht ohne weiteres unterordnen zu wollen. Im Extremfall drohe dann ein Bürgerkrieg. In diesem Fall gefährde, so Böckenförde, gerade die Demokratisierung die Geltung der elementaren individuellen Menschenrechte – wenn auch unfreiwillig. Wem die Menschenrechte am Herzen liegen, so dann die logische Konsequenz, der solle mit dem Ruf nach Demokratie vorsichtig sein. Die beste Garantie für die Menschenrechte böten vielmehr andere, nämlich unpolitische Formen der Machtkontrolle. Für Böckenförde ist dies insbesondere die Institutionalisierung einer unabhängigen Justiz.

Ein analoges Argument formuliert auch Ingeborg Maus.[5] Ihre Stoßrichtung ist jedoch eine ganz andere. Sie geht nicht von den Menschenrechten aus, sondern von der Volkssouveränität in der Tradition Rousseaus. Das Recht kann aus dieser Perspektive niemals ganz auf sich selbst geschlossen sein, denn der freie Volkswille muss sich gegen den Staatsapparat und seine Funktionseliten zur Geltung bringen können. Mit Sorge beobachtet Maus daher neuere Entwicklungen, die gerade dem entsprechen, was Böckenförde als Ideal vorschwebte – nämlich die entpolitisierende Wirkung eines ausschließlich juristischen Verständnis von Menschenrechten und damit verbunden eine wachsende Skepsis gegenüber der Idee der Souveränität als solcher auf Seiten derer, die sich als Anwälte der Menschenrechte verstehen. Bereits das Bundesverfassungsgericht in Deutschland beruhe, so Maus, auf einer solchen falschen, nämlich gezielt als Beschränkung der Volkssouveränität gedachten Vorstellung vom Sinn und Zweck der Grundrechte. Paradigmatisch für die Tendenz zur juristischen Verselbstständigung des Rechtsbegriffs sei in der jüngeren Gegenwart in einer dem vergleichbaren Weise vor allem der verbreitete Glaube, dass internationale Organisationen und Institutionen, gleichsam globale Bundesverfassungsgerichte, die für Menschenrechte bevorzugt zuständige Instanz wären oder sein sollten. Durch die Dominanz eines solchen universaljuristischen, nicht mehr an das Volk zurückgebundenen Grundrechtediskurs verlören die Menschenrechte aber „ihre Intention der Abwehr bzw. Begrenzung staatlicher Politik und fungieren als Ermächtigungsnormen für Politik".[6] So wie das Bundesverfassungsgericht in Deutschland durch die Deutung von Grundrechten bisweilen selbst Politik macht, ohne sich dafür verantworten zu müssen, drohen, Maus zufolge, auf globaler Ebene die Menschenrechte sich in

---

3   Böckenförde 1976. Er ist keineswegs der erste, der dieses Dilemma bemerkt. Es ist bereits in Rousseaus Überlegungen über die Zivilreligion offenkundig.
4   Böckenförde 1991, 241.
5   Maus 1999, 276-292.
6   Maus 1999, 282, 290.

einen von den politischen Funktionseliten nach Belieben gehandhabten und in Anspruch genommenen selbstreferenziellen Code zu verwandeln. Im Extremfall könne dergleichen für die willkürliche Selbstlegitimation äußerer, Souveränität verletzender oder verdrängender militärischer Interventionen instrumentalisiert werden. Der ungelöste Streit um die Berechtigung sogenannter humanitärer Interventionen zeugt hiervon. Aber auch auf der innenpolitischen Ebene bleibt die von Maus aufgeworfene Frage brisant; man denke nur an die anhaltende Debatte darüber, ob ein besonderes Verständnis von Menschenrechten, etwa hinsichtlich der Gleichheit von Männern und Frauen, in einer multikulturellen Gesellschaft den Bürgerinnen und Bürgern juristisch aufgezwungen werden darf.

2. *Homme* und *Citoyen*

Ein gewisses Konfliktpotential zwischen Menschenrechten und Demokratie scheint angesichts dieser Debatten also nicht von der Hand zu weisen. Wie man es einschätzt und wo genau man es lokalisiert, hängt aber offenkundig davon ab, wie die beiden Begriffe mit Inhalt gefüllt und ihr Zusammenhang im Einzelnen gedacht wird. Ich möchte daher an dieser Stelle zunächst einen genaueren Blick auf die historischen Konstellationen und Diskurse werfen, in denen die Idee der Menschenrechte aufkam und proklamiert wurde.

Historiker wissen sehr gut, dass Rechte die meiste Zeit über etwas höchst Exklusives waren. In der antiken Demokratie Athens zu Zeiten von Perikles genossen von den insgesamt ca. 200 000 Einwohnern nur um die 30 000 alle Rechte und nach allem was wir wissen, war es damals einigermaßen unvorstellbar, im Namen allgemeiner, dem Menschen als solchen zukommender Eigenschaften die Teilhabe an den öffentlichen Angelegenheiten auf Frauen oder Sklaven auszudehnen.[7] Natürlich liegt die Krux in der Frage, von welchen Rechten genau die Rede ist. Die Griechen kannten nur das Bürger- und nicht das Menschenrecht, Bürger aber waren nun mal nicht alle. Noch für Aristoteles stand außer Frage, dass „die einen Freie sind und die anderen Sklaven", die Sklaverei für die Sklaven aber „zuträglich" und „gerecht" sei.[8]

In der Neuzeit veränderten sich die Koordinaten des Rechtediskurses ganz grundsätzlich. Sicherlich brauchte es im Einzelnen meist lange und zähe Kämpfe, bis die rechtliche Ungleichheit aller, vor allem auch der Frauen, empirisch beseitigt war. Doch auf der Ebene der Begründung wurde die alte Idee naturgegebener Ungleichheit durch das vertragstheoretische Denken in der politischen Moderne frontal zertrümmert. Der Begriff der subjektiven Rechte wurde zur logischen Grundlage des politischen Denkens überhaupt.[9] Das System staatsbürgerlicher Rechte und damit die Konstruktion des *body politic* selbst galten nun mehr und mehr gleichsam nur als eine nachgeordnete

---

7   Canfora 1995, 34-53.
8   Aristoteles 1989, 85 (1255a).
9   Siehe auch: Gauchet 2007.

Implementation vorpolitischer natürlicher Rechte und Freiheiten. Ganz deutlich wird dies beim Vater des neuzeitlichen Liberalismus, John Locke. In seinen Augen besitzen die Menschen reale vorgemeinschaftliche Rechte, die den Einzelnen als solchen, als Geschöpfen Gottes, zukommen. Die Einzelnen sollen von Natur aus das Recht haben, „to order their actions and dispose of their possessions and persons, as they think fit, within the bounds of the law of nature; without asking leave, or depending upon the will of any other man".[10] Das law of nature aber soll in den Maßgaben der angeborenen Vernunft gefunden werden können: „reason, which is that law, teaches all mankind, who will but consult it, that being all equal and independent, no one ought to harm another in his life, health, liberty and possessions: for men being all the workmanship of one omnipotent and infinitely wise Maker".[11] Staaten entstehen für Locke nur, um diese Rechte auf Dauer zu stellen. Die wichtigste politische Institution ist daher für Locke die unabhängige Gerichtsbarkeit. Sie dient der Verhinderung von willkürlichen Angriffen auf Eigentum und Leben und stellt sicher, dass niemand Richter in eigener Sache sein kann, indem alle Rechtsfragen nach festen und gleichen Maßstäben geregelt werden. Denn „though the law of nature be plain and intelligible to all rational creatures", seien doch die einzelnen Menschen „not apt to allow of it as a law binding to them in the application of it to their particular cases".[12] Die ganze Idee natürlicher Rechte der Einzelnen, auf deren Umsetzung eine Regierung hin verpflichtet werden kann, richtete sich in erster Linie gegen die damals gängigen patriarchalen und religiösen Verteidigungen erblicher Herrschaftsprivilegien (im Fall von Locke ganz konkret gegen Robert Filmers Schrift Patriarcha, or the Natural Power of Kings). Im Konflikt zwischen der Monarchie und dem aufstrebenden Bürgertum konnte diese Argumentation in der Tat eine enorme politische Wirkkraft entfalten. Die maßgeblich von Lockes Schriften beeinflusste amerikanische Unabhängigkeitserklärung hat dem in ihren einleitenden Zeilen des zweiten Absatzes ein Denkmal gesetzt. Dort heißt es bekanntlich: „We hold these truths to be self-evident, that all men are created equal, that they are endowed by their Creator with certain unalienable Rights, that among these are Life, Liberty and the pursuit of Happiness".

Diese neuzeitliche Verlagerung des Rechteverständnisses weg vom exklusiven Bürgerrecht der antiken Republiken hin zum gleichen und natürlichen Recht der Einzelnen, auf das jede Regierung verpflichtet werden soll, birgt aber zugleich ein erhebliches politisches Problem.

Die angeborenen und damit ihrem normativen Geltungsanspruch nach universalen Rechte der Menschen wurden einst mit der Absicht der Kritik vorgefundener Ungleichheit axiomatisch proklamiert. Doch in dem Augenblick, wo sie von einem Maßstab der Kritik des Bestehenden zu einem Projekt

---

[10] Locke 2003, 101 (second treatise, § 4).
[11] Locke 2003, 102 (second treatise, § 6).
[12] Locke 2003, 155 (second treatise, § 124).

wurden, das es nun tatsächlich zu realisieren und zu institutionalisieren galt, veränderte sich ihr Charakter. Denn praktisch realisiert wurden auch die allgemeinen Rechte historisch (in Abwesenheit einer universalen rechtssetzenden Instanz) stets nur in Gestalt partikularer Bürgerrechte, sprich durch die Mitgliedschaft in einem konkreten Gemeinwesen. Der Mensch schlechthin, ohne besondere Eigenschaften und Zugehörigkeiten, auf den sich das liberale Verständnis der Menschenrechte berief, blieb eine abstrakte Fiktion, die in der politischen Wirklichkeit nirgends zu finden war. Die politischen Implikationen dieses Zwiespalts hat Hannah Arendt in ihrem Buch zu den Elementen und Ursprüngen totaler Herrschaft mit der Formel von den Aporien der Menschenrechte beschrieben. Vor allem bleibe der gut gemeinte, moralische Appell an die nackte Tatsache, dass wir doch alle Menschen seien, vergeblich. Die Wirksamkeit solcher Appelle breche faktisch in dem Augenblick zusammen, wo die Menschen aller übrigen Zugehörigkeiten beraubt seien. Dies habe die tragische Geschichte des frühen 20. Jahrhundert gezeigt. Herausgestellt habe sich, so Arendt mit Blick auf den prekären Status von Flüchtlingen und Staatenlosen in der Zwischenkriegszeit, dass „in dem Augenblick, in dem Menschen [...] keine Staatsbürgerrechte mehr genießen und daher auf das Minimum an Recht verwiesen sind, das ihnen angeblich eingeboren ist, es niemanden gab, der ihnen dies Recht garantieren konnte".[13] Noch vor den individuellen Menschenrechten stehe daher das fundamentale Recht, Rechte zu haben. Dieses aber beruhe auf wechselseitiger Anerkennung als Mitglieder einer Rechtsgemeinschaft. Solches Recht, überhaupt Rechte zu haben, konnten in der politischen Neuzeit aber nur der territorial einheitliche und souveräne Nationalstaat und die Mitgliedschaft im nationalen Kollektiv faktisch garantieren. Dies jedoch mit fatalen Folgen: Der Zuschnitt der Politik auf nationale Kollektive produzierte zugleich neue Ausgrenzungen und rechtlose Personengruppen in unbekanntem Ausmaß und führte, so Arendt, schließlich zum Bankrott und Zusammenbruch des ganzen Rechtesystems in den Dreißigerjahren des 20. Jahrhunderts.[14]

Die Spannung zwischen Demokratie und Menschenrechten stellt sich vor diesem Hintergrund als ein Gegensatz zwischen dem abstrakten Allgemeinheitsanspruch der Menschenrechte und der konkreten nationalstaatlichen Verfassheit der modernen Demokratie dar. Auch die von Böckenförde und Maus skizzierten Ambivalenzen könnte man nun vor allem als solche eines spezifisch nationalstaatlichen Demokratiemodells begreifen. So befürchtet Böckenförde das Scheitern dessen, was man heute *nation building* zu nennen pflegt. Demokratie erfordere innere Homogenität, daher sei sie nicht im gleichen Maße wie Menschenrechte universalisierbar. Maus hingegen schreibt dagegen an, Menschenrechte zur höchsten Norm zu erklären, da sie befürchtet, diese würden als Begründung für gegen die nationalstaatliche Souveränität gerichtete Inter-

---

13 Arendt 1986, 455.
14 Vgl. dazu auch Benhabib 2008, Kapitel 2; Volk 2010, Kapitel 1.

ventionen missbraucht. Beide verweisen demnach, wenn auch mit ganz unterschiedlichen Absichten, darauf, dass die Demokratie einen besonderen, mehr oder weniger klar umrissenen souveränen Demos zur Voraussetzung habe und deswegen mit der universalistischen Intention der Menschenrechte ins Gehege gerät. Beide denken die Demokratie im nationalstaatlichen Rahmen. Nicht zuletzt deswegen können beide keine befriedigende Lösung für die Spannung zwischen Menschenrechte und Demokratie anbieten, sondern nur das eine gegen das andere ausspielen.

Sollen wir also versuchen, die „Demokratie ohne Demos"[15] neu zu denken und unser Verständnis von Bürgerrechten von nationalen Grenzen und letztlich auch vom territorialen Souveränitätskonzept der Neuzeit überhaupt zu lösen? In der Tat liegt der Gedanke nahe, dass dann auch der wesentliche Anlass für mögliche Reibungen zwischen den unterschiedlichen Konzeptionen von Demokratie und Menschenrechten verschwände. Der Gedanke ist verlockend. In seine Richtung zeigen eine Reihe von Überlegungen zu Kosmopolitismus[16] oder einem mehrschichtigen, pluralen Verständnis von Staatsbürgerschaftsrechten.[17] Ich möchte diesen Weg hier aber nicht weiter verfolgen. Zwar steht außer Zweifel, dass dem Nationalstaat in diesen Dingen eine ebenso wichtige wie problematische Rolle zukommt. Doch die hier in Frage stehende Spannung lässt sich nicht umstandslos auf die ambivalente Rolle des Nationalstaats reduzieren. Der Kern des Problems betrifft das Politische selbst.

3. *Liberté des Anciens* und *Liberté des Modernes*

Was ist mit dieser These gemeint? Meine Vermutung ist, dass hinter der oberflächlichen Spannung zwischen Menschenrechten und Demokratie als konkreten Institutionen und auch jener zwischen Kosmopolitismus und Nationalstaat letztlich eine Spannung zwischen zwei Dimensionen des Politischen steht – auf der einen Seite ein Verständnis von Politik als äußere Regulierungs- und Schutzinstanz, auf der anderen Seite als aktive, kollektive Gestaltung gesellschaftlicher Verhältnisse.

Eine erste Annäherung an diese Differenz liefert J.G.A. Pococks einschlägige Unterscheidung der beiden klassischen Modelle von *citizenship*.[18] Das griechische Modell bezog sich demnach vor allem auf die Mitbestimmung an politischen Angelegenheiten. Es war geleitet vom Ideal, dass der Bürger nur durch die Teilhabe an der öffentlichen Selbstregierung ein gutes und vollendetes Leben führen könne. Daher blieb es aber zugleich an die bekannten engen territorialen und sozialen Schranken gebunden. Im alten Rom hingegen war das Recht vor allem auf den Besitz und Austausch von Dingen bezogen, inklusive des eigenen Körpers und des Lebens. „Persons acted upon things, and most if

---

[15] Collion-Thélène 2011.
[16] Nussbaum, Cohen 1997.
[17] Yuval-Davis 1999, 119-136.
[18] Pocock 1995, 28-52.

their actions were directed at taking or maintaining possessions; it was through these actions, and through the things or possessions which were the subjects of the actions, that they encountered one another and entered into relationships which might require regulation [...] The individual thus became a citizen ... through the possession of things and the practice of jurisprudence".[19] Das Recht stellte einen individuellen Schutztitel dar und berechtigte in erster Linie dazu, bestimmte Gerichtsprozeduren und Grundrechte in Anspruch zu nehmen. Eine Teilhabe an der Gesetzgebung und Einfluss auf höchste Entscheidungen war dabei aber nicht zwangsläufig mitgemeint. Daher konnten die Römer in ihrem ausgedehnten Reich auch relativ freigiebig mit dem Bürgerrecht umgehen. Lassen wir diese zwei sicherlich etwas vereinfachenden Idealtypen einmal gelten, so scheint die „römische" Sichtweise historisch zweifelsfrei am meisten Einfluss gewonnen zu haben. Bei Locke wird das Verständnis von Rechten ja ganz deutlich vom Anliegen einer wechselseitigen rechtlichen Sicherung von Eigentum und Leben der Einzelnen bestimmt. Und noch der Streitpunkt bei Böckenförde und Maus scheint dann im Kern der zu sein, ob man eine Art menschenrechtliche *pax romana* für das kleinere (Böckenförde) oder größere (Maus) Übel hält.

In der politischen Theorie und Philosophie hat es sich eingebürgert, mit Blick auf diese unterschiedlichen Verständnisse von Bürgerschaft von einem liberalen und einem republikanischen Politikbegriff zu sprechen.[20] Am berühmtesten hat diesen Unterschied in der Neuzeit einst Benjamin Constant benannt, als er die private, individuelle *liberté des modernes*, die vor allem in einer negativen Freiheit gegen den Staat liege, der *liberté des anciens* gegenüberstellte, die eine kollektive, positive Freiheit in der Sphäre der Öffentlichkeit gewesen sei.[21] Diese bekannte Formulierung ist aber insofern missverständlich, als im Selbstregierungsversprechen der demokratischen Revolutionen der Neuzeit durchaus immer auch eine Spur der Freiheit der Alten erhalten blieb und aktualisiert wurde. Am prominentesten scheint sie durch in der harschen Kritik, wie sie der junge Marx in seinem berühmten Aufsatz zur Judenfrage gegen die Menschenrechte lancierte. Die Menschenrechte der bürgerlichen Vordenker sind in seinen Augen bloß negative Rechte, die sich darin erschöpfen, „ohne Beziehung auf andre Menschen, unabhängig von der Gesellschaft, sein Vermögen zu genießen und über dasselbe zu disponieren, das Recht des Eigennutzes".[22] Wenn vom Menschen schlechthin die Rede ist, so seien in Wirklichkeit doch nur die Rechte „des egoistischen Menschen, des vom Menschen und vom Gemeinwesen getrennten Menschen" gemeint, Rechte, die „jeden Menschen im andern Menschen nicht die Verwirklichung, sondern vielmehr die Schranke seiner Freiheit finden" lassen. Marx steht hier in der Tra-

---

19 Pocock 1995, 35.
20 Vgl. Drei normative Modelle der Demokratie, in: Habermas 1999.
21 Constant 1997.
22 Marx 1974, 364.

dition Hegels, der beklagte, dass „wenn der Staat mit der bürgerlichen Gesellschaft verwechselt und seine Bestimmung in die Sicherheit und den Schutz des Eigentums und der persönlichen Freiheit gesetzt wird, so ist das Interesse der Einzelnen als solcher der letzte Zweck, zu welchem sie vereinigt sind, und es folgt hieraus ebenso, daß es etwas Beliebiges ist, Mitglied des Staates zu sein"; in Wahrheit aber sei „die Vereinigung als solche […] selbst der wahrhafte Inhalt und Zweck, und die Bestimmung der Individuen ist, ein allgemeines Leben zu führen".[23]

Das Ziel der Kritik sind dabei also nicht die Menschenrechte als solche, sondern die Tatsache, dass sie aus dem im engeren Sinne politischen, aufs Gemeinwesen bezogenen Bereich ausgegliedert und für natürlich ausgegeben werden. Tatsächlich seien die Menschenrechte nichts Naturgegebenes, sondern, so Marx, die Rechte von Menschen, so wie jene als Subjekte in einer durch den Markt und den individuellen Tausch von Waren konstituierten Gesellschaft untereinander konkret empirisch verkehren. Mit Blick etwa auf Locke ist die Berechtigung der Kritik kaum von der Hand zu weisen. Die Aneignung und Besitz von privatem Eigentum ist für Locke ein angeborenes Recht und die vertraglich von den Eigentümern eingesetzte Regierung dient primär dazu, dieses Recht zu sichern und auf Dauer zu stellen: „The great and chief end […] of men's uniting into commonwealth, and putting themselves under government, is the preservation of their property".[24] Die Grundlagen des Eigentums lassen sich aus einer lockeschen Perspektive nicht in Frage stellen.[25] Die bürgerliche Gesellschaft, sprich die empirische Welt der materiellen Bedürfnisse, der Arbeitsteilung und der Privatinteressen, ist dem Staat und dem Recht vielmehr schlechterdings als ihre „Naturbasis" vorausgesetzt.[26] Diese Ausgliederung ins vermeintlich Naturhafte ist aber in Wahrheit selbst schon auf ihre Weise eine politische Geste, insofern sie wesentliche Grundlagen des gesellschaftlichen Verkehrs der Politisierung entzieht.[27] Diese konstitutive politische Ambivalenz festgehalten und sichtbar gemacht zu haben, ist das anhaltende Verdienst der Marx'schen Kritik.

4. Die demokratische Dialektik von Recht und Macht

Allerdings greift Marx selbst mit seinem Beharren auf einem erneuerten positiven und unmittelbaren Freiheitsbegriff, den er der *liberté des modernes* gegenüberstellt, seinerseits zu kurz. Im Kontext moderner Demokratien haben wir es nämlich in Wahrheit gar nicht mit zwei sich ausschließenden Politikbegriffen, sondern mit zwei notwendigerweise gleichzeitig vorliegenden und operierenden Dimensionen ein und derselben Sache zu tun. Marxens Lehrer, Hegel, wusste darum, als er die Notwendigkeit der beständigen institutionel-

[23] Hegel 1989, § 258.
[24] Locke 2003, 155 (second treatise, § 124).
[25] Habermas 1969, 63.
[26] Marx 1974, 369.
[27] Zizek 2000, 95.

len Vermittlung von individueller und kollektiver Freiheit betonte.[28] Jürgen Habermas spricht in diesem Zusammenhang auch von der „Gleichursprünglichkeit" von Rechtstaatlichkeit und Menschenrecht auf der einen und Demokratie auf der anderen Seite.[29] Dieser Begriff der „Gleichursprünglichkeit" hört sich aber in meinen Ohren noch zu sehr nach einem eindeutigen, alles Spätere vorwegnehmenden ersten Ursprung an. Eher sollte man vielleicht von einer historischen Dialektik der Rechte sprechen.

Damit ist Folgendes gemeint: Die liberale Individualisierung und Verrechtlichung der Politik und auch die damit verbundene axiomatische Proklamation von Rechten als natürlich und angeboren war das Medium, in dem die Gesellschaft in der politischen Moderne ein grundsätzlich neues Verhältnis zur Macht einnehmen konnte. Zwar musste zuvor auch der Fürst in der mittelalterlichen Monarchie mannigfaltige Rechte beachten – besondere Vorrechte des Adels, der Korporationen, der Städte. Doch waren damals diese in der mittelalterlichen Idee des Herrschaftspakts zusammengefassten Gewohnheitsrechte gleichsam die organischen Konstitutionsbedingungen der Monarchie selbst.[30] Im Liberalismus der Neuzeit treten jedoch Macht und Recht in radikaler Weise auseinander. Die individuellen Menschenrechte verweisen auf ein der Macht grundsätzlich inkommensurables Äußeres.

Dieses neue Verhältnis von Macht und Recht muss allerdings, um es in seiner Tragweite zu verstehen, wiederum republikanisch gedeutet werden. Denn die Menschenrechte bilden kein positives Äußeres, das der Macht einfach stumm gegenüberstünde, so wie die Naturgesetze und die dinghafte Welt dem, was die Menschen tun und lassen können, äußere Grenzen setzten. Die Menschenrechte bilden ein inneres, performatives ‚Äußeres'. Sie sind, wie Claude Lefort schreibt, nicht einfach ein gegebener „Gegenstand der Erklärung", sondern es gehört konstitutiv zu ihrem Wesen, erklärt zu werden und „sich selbst zu deklarieren".[31] Es ist eben nicht schlechterdings „self-evident, that all men are created equal". Es braucht immer jemand, der den Satz ausspricht und andere, die ihn interpretieren und im Handeln aktualisieren. Damit werden die Menschenrechte aber von einem juristischen Code oder einem statischen moralischen Imperativ selbst zu einem im Kern politischen Gegenstand und Versprechen. Dennoch sind sie kein Gegenstand, der je vollständig im ‚Besitz' einer einzelnen politischen Gemeinschaft wäre und ganz in ihr aufginge.

Mit Claude Lefort möchte ich die politische Bedeutung der Menschenrechte daher gerade in dem sehen, was Arendt und Marx als naiv und unpolitisch kritisierten, nämlich im abstrakten Postulat eines Menschen ohne weitere Bestimmung – insofern diese Idee des Menschen ohne Bestimmung nicht von jener des ‚Unbestimmbaren' zu lösen ist, die auch und gerade für die Demo-

---

28 Göhler 1994.
29 Über den internen Zusammenhang von Rechtsstaat und Demokratie, in: Habermas 1999, 301.
30 Lefort 1990, 259.
31 Lefort 1990, 261.

kratie konstitutiv ist. Damit ist gemeint, dass in einer demokratischen Gesellschaft, in der alle das gleiche Anrecht auf die Macht haben, es keine höhere Autorität und auch keine metaphysische Instanz mehr gibt, die dem Ganzen endgültige Werte und Ziele oder unverrückbare Grenzen des Sagbaren und des Handelns vorgeben dürfte. Die Gesellschaft selbst erweist sich „als in ihrer Gesamtheit nicht fassbar, und zwar aufgrund der Tatsache, dass sie sich nicht mehr auf sich selbst in all ihren Bestandteilen beziehen, sich nicht mehr als einen einzigen Körper darstellen kann".[32] Die Menschenrechte verweisen derart, vor jeder juristischen Objektivierung, auf ein Versprechen der Freiheit, das sich jedem entzieht, der es zu fixieren und sich seiner zu bemächtigen versucht.[33] Das Auseinandertreten von Macht und Recht eröffnete eine – in der griechischen Demokratie in der Form noch kaum denkbare – Lücke, durch die die Masse der Bevölkerung mitsamt ihren Forderungen und Interessen nach und nach in den Bereich des Politischen hereintreten und ihre Angelegenheiten gleichberechtigt zu öffentlichen Angelegenheiten machen konnte. „Von der Anerkennung des Streikrechts der Gewerkschaften bis zum Recht auf Arbeit oder soziale Sicherheit hat sich auf der Grundlage der Menschenrechte eine ganze Geschichte entfaltet, die die Grenzen, in denen sich der Staat definieren wollte, überschritten hat und die zukunftsoffen bleibt".[34]

Menschenrechte und Demokratie sind also – um die Eingangsfrage dieses Aufsatzes zu beantworten – trotz vorhandener oberflächlicher Spannungen weder historisch noch ihrem inneren Zusammenhang nach zu trennen. Diese dialektische ‚Gleichursprünglichkeit' von Menschenrechten und Demokratie läuft dann aber nicht in erster Linie, wie Jürgen Habermas vorschlägt, auf eine passgenaue wechselseitige Konstitution von realisierter subjektiver und öffentlicher Autonomie hinaus, sondern auf die Institutionalisierung des politischen Konflikts als dem unvermeidlichen Ergebnis dieses doppelten Autonomieversprechens.

5. Abschließende Bemerkungen

Das hier abschließend skizzierte demokratische Verständnis von Menschenrechten und Demokratie bietet uns eine Perspektive, in der die verschiedenen zuvor identifizierten latenten Antinomien zwischen beiden Begriffen wenn auch nicht schlechterdings aufgelöst, so doch ein Stück weit aufgehoben und theoretisch wie historisch neu gedacht werden können. Als „Republikanismus jenseits der Republik"[35] verabschiedet diese Sicht einerseits die Vorstellung, Demokratie bedürfe eines als Quelle der Souveränität eindeutig identifizierbaren konkreten Demos. Genauso verwirft sie aber auch das Ideal einer über aller Politik stehenden, sich selbst ermächtigenden menschenrechtlichen

---

32 Lefort 1990, 259.
33 Vgl. für eine ähnliche Argumentation auch: Volk 2009.
34 Lefort 1990, 263.
35 Niederberger 2009.

pax romana. Die Menschenrechte und die Praxis ihrer Proklamation, Deutung und Neuformulierung bilden vielmehr eine konstitutive Grundlage des politischen Handelns und Streitens in einer nicht mehr als Einheit fassbaren und nicht mehr eindeutig definierbaren Gesellschaft. Drei abschließende Bemerkungen müssen diesen Überlegungen sogleich angefügt werden.

Erstens ist die hier vorgeschlagene Perspektive sicher nicht die heute in der Öffentlichkeit am meisten verbreitete. Es dominiert dort in der Tat häufig ein unpolitischer Menschenrechtsbegriff. Dies hat neben den hier problematisierten geistesgeschichtlichen auch ganz pragmatische Ursachen. So glauben etwa viele Vorkämpferinnen und Anwälte der Menschenrechte, und dies meist auch mit guten Gründen, dass ihre häufig unter schwierigen Bedingungen stattfindende Arbeit im konkreten Fall nur dann Aussicht auf Erfolg hat, wenn sie sich unpolitisch geben und auf die Eigenlogik der Rechtsdimension beschränken. Die Dinge in ihrem grundsätzlichen Zusammenhang zur Sprache zu bringen, ist ein Stück weit Privileg des von den Zwängen des Handelns entbundenen Akademikers.

Zweitens muss darauf hingewiesen werden, dass Demokratie sich nicht im Kampf um Menschenrechte und andere, auf diese zurückführbare Rechte erschöpft. Insofern Rechte die Reichweite und innere Struktur des politischen Raums bestimmen, ist der Kampf um sie für Demokratie wohl konstitutiv. Doch nicht alle politischen Fragen sind umgekehrt auch selbst vollständig auf Fragen der Anerkennung von Rechten zu reduzieren. Insbesondere gilt dies für solche politische Entscheidungen, die Gewinner und Verlierer produzieren. Die auch von Lefort angesprochenen sozialen Rechte sind diesbezüglich einigermaßen ambivalent. Der Kampf um soziale Rechte, der im weitesten Sinne im Rückgriff auf die Logik der Menschenrechte – Recht auf Wohnung, Gesundheit usw. – geführt und begründet wurde, war einst eine erfolgreiche Losung der sozialen und politischen Mobilisierung. Doch in der Semantik der Rechte wurde zugleich ein Stück weit unsichtbar, dass dahinter ein ungelöster kollektiver Konflikt um die Verteilung des gesellschaftlichen Reichtums stand. Als Soziologen und Politiker in den achtziger und neunziger Jahren des 20. Jahrhunderts die sozialen Rechte in Richtung individueller Chancengerechtigkeit uminterpretierten – der Staat sollte nun nur noch den Einzelnen gleiche Ausgangs- und Rahmenbedingungen garantieren, nicht mehr aber selbst aktiv umverteilend und regulierend in die sozioökonomische Sphäre eingreifen – wurden diese Rechte unbemerkt von einem Hebel zu einer Form der Entpolitisierung und Individualisierung des sozialen Konflikts.

Drittens und abschließend zeigen die hier angestellten Überlegungen uns mehr eine allgemeine Richtung der Betrachtung an, als dass sie unmittelbar Handreichung für konkrete Fälle liefern könnten. Die Dialektik von Menschenrecht und Demokratie hat zwar universalen Prinzipien zum Inhalt, ist aber selbst nicht von ihrem je konkreten historischen Verlauf zu trennen. Jüngstes Beispiel für die ganze Fragilität dieser Dialektik sind die Länder des kurzen arabischen Frühlings. Sie lässt sich nicht verordnen und ihr Erfolg ist nicht garantiert.

Bibliographie

Arendt 1986 = Hannah Arendt, Elemente und Ursprünge totaler Herrschaft: Antisemitismus, Imperialismus, Totalitarismus, München 1986.

Aristoteles 1989 = Aristoteles, Politik, Stuttgart 1989.

Benhabib 2008 = Seyla Benhabib, Die Rechte der Anderen, Frankfurt am Main 2008.

Böckenförde 1976 = Ernst-Wolfgang Böckenförde, Staat, Gesellschaft, Freiheit: Studien zur Staatstheorie und zum Verfassungsrecht, Frankfurt am Main 1976.

Böckenförde 1991 = Ernst-Wolfgang Böckenförde, Ist Demokratie eine notwendige Forderung der Menschenrechte?, in: Stefan Gosepath/Georg Lohmann (Hg.), Philosophie der Menschenrechte, Frankfurt am Main 1991, 233-243.

Canfora 1995 = Luciano Canfora, Eine kurze Geschichte der Demokratie, Köln 2006.

Collion-Thélène 2011 = Cathérine Collion-Thélène, La démocratie sans demos, Paris 2011.

Constant 1997 = Benjamin Constant, Ecrits politiques, Paris 1997.

Craven Nussbaum, Cohen 1997 = Martha Craven Nussbaum/Joshua Cohen, For Love of Country: Debating the Limits of Patriotism, Boston 1997.

Gauchet 2007 = Marchel Gauchet, L'avènement de la démocratie I. La révolution moderne, Paris 2007.

Göhler 1994 = Gerhard Göhler, Hegel und das Problem der gesellschaftlichen Einheit. Die Staatslehre neu gelesen, in: Michael Th. Grewen (Hg.), Politikwissenschaft als kritische Theorie: Festschrift für Kurt Lenk, Baden-Baden 1994.

Habermas 1969 = Jürgen Habermas, Naturrecht und Revolution, in: Derselbe, Theorie und Praxis: sozialphilosophische Studien, Neuwied 1969, 52-88.

Habermas 1999 = Jürgen Habermas, Über den internen Zusammenhang von Rechtsstaat und Demokratie, in: Derselbe, Die Einbeziehung des Anderen: Studien zur Politischen Theorie, Frankfurt am Main 1999.

Hegel 1989 = Georg Wilhelm Friedrich Hegel, Werke, Bd. 7, Grundlinien der Philosophie des Rechts, Frankfurt am Main 1989.

Marx 1974 = Karl Marx, Zur Judenfrage, in: Karl Marx/Friedrich Engels, Werke, Bd. 1, Berlin (DDR) 1976, 347-377.

Maus 1999 = Ingeborg Maus, Menschenrechte als Ermächtigungsnormen internationaler Politik oder: Der zerstörte Zusammenhang von Menschenrechten und Demokratie, in: Hauke Brunkhorst/Wolfgang R. Köhler/Matthias Lutz-Bachmann (Hg.), Recht auf Menschenrechte. Menschenrechte, Demokratie und internationale Politik, Frankfurt am Main 1999, 276-292.

Niederberger 2009 = Andreas Niederberger, Republikanismus jenseits der Republik? Zur symbolischen Funktion der Demokratie bei Marcel Gauchet, Claude Lefort, Jaques Rancière und Pierre Rosanvallon, in: Michael Hirsch/Rüdiger Voigt (Hg.), Der Staat in der Postdemokratie. Staat, Politik, Demokratie und Recht im neueren französischen Denken, Stuttgart 2009, 93-113.

Pocock 1995 = J. G. A Pocock, The Ideal of Citizenship Since Classical Times, in: Ronald Beiner (Hg.), Theorizing Citizenship, Albany (NY) 1995, 28-52.

Volk 2009 = Christian Volk, Überlegungen zu einer freiheitlichen Weltordnung im Anschluss an Arendt und Montesquieu, in: Renovatio: Zeitschrift für das interdisziplinäre Gespräch, 66 (2009), 11-20.

Volk 2010 = Christian Volk, Die Ordnung der Freiheit: Recht und Politik im Denken Hannah Arendts, Baden-Baden 2010.

Yuval-Davis 1999 = Nira Yuval-Davis, The Multi-Layered Citizen, in: International Feminist Journal of Politics 1 (1999), 119-136.

Zizek 2000 = Slavoj Zizek, Class Struggle or Postmodernism? Yes, Please! In: Judith Butler/Ernesto Laclau/Slavoj Zizek (Hg.), Contingence, Hegemony, Universality: contemporary dialogues on the left, London u. a. 2000, 90-135.

Anhang

Kurzbiographien der Beteiligten

Dr. Michel Dormal ist seit 2011 am Fach Politikwissenschaft der Universität Trier tätig, zunächst an der Professur für Politische Theorie und seit 2014 an der Professur für Regierungslehre. Seine Interessen liegen an der Grenze zwischen Politischer Theorie und empirischer Regierungslehre. Die Vorbereitung seiner Dissertation wurde im Rahmen des Programms „Aides Formation Recherche" vom Fonds National de la Recherche gefördert. Er verteidigte seine Doktorarbeit Anfang 2014 an der Universität Luxemburg. Diese Studie beschäftigte sich u.a. mit der Theorie und Praxis politischer Repräsentation im 19. und frühen 20. Jahrhundert. Weitere Schwerpunkte in Lehre und Forschung sind derzeit das Verhältnis von Demokratie und Nation sowie Idee und Wirklichkeit der Wahlen. Als regelmäßiger Teilnehmer in der Debatte um eine Reform der Luxemburger Verfassung beschäftigt er sich auch vermehrt mit der Rolle von Verfassungen in der Demokratie.

Prof. Peter Feldbauer war seit 1970 Assistent, seit 1977 Dozent, seit 1997 außerordentlicher Professor am Institut für Wirtschafts- und Sozialgeschichte der Universität Wien. Daneben forschte er 1971 und 1974 als Stipendiat der Humboldt-Stiftung in München, weitere Forschungsaufenthalte in Paris (1980) und Mexiko-Stadt (1988) schlossen sich an. Seit 1992 lehrte er auch in Luxemburg. Arbeitsschwerpunkte: Verfassungs- und Sozialgeschichte des spätmittelalterlichen Österreich, Wirtschafts- und Sozialgeschichte Wiens im 19. Jahrhundert, europäische Expansion und überseeische Entwicklung im Zeitalter des Imperialismus, Vorstufen und Anfänge der Europäischen Expansion 10.–16. Jahrhundert. Mitherausgeber der Buchreihen „Historische Sozialkunde", „Edition Weltregionen", „Querschnitte", „Expansion.Interaktion.Akkulturation", „Globalgeschichte und Entwicklungspolitik", „Mittelmeerstudien" sowie der „1000–2000 Globalgeschichte bei Mandelbaum" in acht Bänden.

Prof. Norbert Franz wurde 1998 mit einer Sozialgeschichte der Stadt Luxemburg im 18. Und 19. Jahrhundert an der Universität Trier promoviert, wo er 1998 bis 2002 als wissenschaftlicher Mitarbeiter bei Prof. Lutz Raphael beschäftigt war. 2006 folgte die Habilitation im Fachbereich III der Universität Trier. Er lehrte 2005–2008 am Campus Nancy des Institut d'Études Politiques, Paris, seit 2007 als Lehrbeauftragter an der Universität Luxemburg und seit 2006 als Privatdozent, seit 2010 als außerplanmäßiger Professor an der Universität Trier. Seit 2011 ist er Mitherausgeber der Zeitschrift „Hémecht" (Luxemburg). 2009–2014 leitete er gemeinsam mit Prof. Jean-Paul Lehners zwei Forschungsprojekte an der Universität Luxemburg. Im Zentrum dieser Arbeit standen Nationsbildungsprozesse und die Frage zivilgesellschaftlicher und politischer Partizipation in Luxemburg im europäischen Zusammenhang. Seit 2014 arbeitet Franz als freiberuflicher Forscher und Hochschullehrer.

Prof. Sonja Kmec promovierte 2004 nach Studien in Luxemburg, Paris, Glasgow und Durham in Oxford zur Adels- und Gendergeschichte der Frühen Neuzeit. Seit 2004 forscht und lehrt sie an der Universität Luxemburg, zunächst als wissenschaftliche Mitarbeiterin, seit 2010 als Professorin für historisch-kulturelle Luxemburgstudien. Ihre Schwerpunkte in Forschung und Lehre sind Geschichte der Frühen Neuzeit, Gendergeschichte, Erinnerungs- und Identitätsforschung. Sie wirkt in der Leitung der „IPSE Doctoral School" der Forschungseinheit „Identités, Politiques, Sociétés, Éspaces" und der „Ecole doctorale transfrontalière LOGOS". Nach einer Gastprofessur an der UC Berkeley leitet sie darüber hinaus das vom Fonds National de la Recherche (Luxembourg) geförderte Projekt „Material Culture and Spaces of Remembrance". Als Nachfolgerin von Prof. Lehners leitete sie das Projekt „Gesellschaftliche Partizipation und Identitätsbildung" in seiner Abschlussphase.

Dr. Thomas Kolnberger wurde 2012 an der Universität Luxemburg promoviert, seine Dissertation über die Geschichte Phnom Penhs betreuten Prof. Jean-Paul Lehners (Luxemburg) und Prof. Rüdiger Korff (Passau). Bereits seit 2002 war er wissenschaftlicher Mitarbeiter am Institut für Sozial- und Wirtschaftsgeschichte der Universität Wien und gab mehrere geschichtswissenschaftliche Reihen und Einzelbände heraus. Seit 2008 forschte und lehrte Kolnberger an der Universität Luxemburg als wissenschaftlicher Assistent von Prof. Lehners. Seit 2012 war er Mitglied im wissenschaftlichen Beirat der Ausstellung „iLux. Identités au Luxembourg", 2013 setzte er seine Forschungs- und Lehrtätigkeit an der Universität Luxemburg fort. Seit 2015 arbeitet er dort als Forscher und Projektmanager im Projekt „Material Culture and Spaces of Remembrance. A Study of Cemeteries in the Context of the Greater Region", das vom Fonds National de la Recherche, Luxembourg, gefördert wird.

Prof. René Leboutte promovierte 1985 an der Universität Lüttich über den wirtschaftlichen und demographischen Wandel der Industrieregion um Lüttich. 1997 legte er an der Universität Lille eine Habilitationsschrift über die Geschichte der europäischen Industriereviere vor. Ein Schwerpunkt seiner Forschungstätigkeit sind – neben Wirtschafts- und Sozialgeschichte Europas insbesondere des 19. und 20. Jahrhunderts – Technikgeschichte und die Geschichte der europäischen Integration. Seit 1991 lehrte er als Professor am Institut Universitaire Européen und seit 1999 an der Universität Aberdeen. Seit 2006 forscht und lehrt Leboutte an der Universität Luxemburg als Professor für Europäische Geschichte des 19. und 20. Jahrhunderts. Darüber hinaus hat er seit 2009 den Jean-Monet-Lehrstuhl für Zeitgeschichte (*ad personam*) inne. Unter anderem leitet er an der Universität Luxemburg das Forschungsprogramm „European Governance" und den Master-Studiengang zur europäischen Geschichte.

Privatdozent Dr. Gottfried Liedl wurde 1984 an der Universität Wien zum Dr. phil. promoviert, 2007 folgte die Habilitation. Seither lehrt und forscht Liedl am Institut für Wirtschafts- und Sozialgeschichte. Die Schwerpunkte seiner Arbeit in Forschung und Lehre sind Sozial- und Wirtschaftsgeschichte des Spätmittelalters und der Frühen Neuzeit, Globalgeschichte, Vergleichs- und Beziehungsgeschichte, Geschichte des Mittelmeerraumes und der Islamischen Welt, Körperkultur und Soziale Disziplinierung sowie Ökologiegeschichte. Er hat zahlreiche Monographien vorgelegt, darunter „Al Hamra'. Zur Geschichte der spanisch-arabischen Renaissance in Granada (1990/1993) oder „Farantira: Die Schule des Feindes (1997, 1999, 2005). Seit 2002 gibt er gemeinsam mit Peter Feldbauer, Thomas Kolnberger, John Morrissey und Manfred Pittioni die Buchreihe „Expansion.Interaktion.Akkulturation" heraus. Seit 2010 ist Dr. Liedl geschäftsführender Herausgeber der Buchreihe „Mittelmeerstudien".

Prof. Michel Margue wurde 1999 mit einer Studie über die Geschichte der Grafschaft Luxemburg an der Freien Universität Brüssel promoviert. 2001 wurde er Assistenzprofessor am Centre Universitaire Luxembourg, 2003 Professor für mittelalterliche Geschichte an der neu gegründeten Universität Luxemburg und zugleich Leiter des Historischen Instituts. 2005 bis 2008 leitete er den Master-Studiengang „Europäische Geschichte" sowie von 2006 bis 2008 die zwischen Einzelfächern und Fakultät angesiedelte Forschungseinheit „Identités. Politiques, Sociétés, Espaces". 2008 bis 2012 amtierte er als Dekan der Fakultät für Literatur, Geisteswissenschaften, Kunst und Erziehungswissenschaften", seit 2013 leitet er wieder das historische Institut der Universität Luxemburg. Margue hat zahlreiche Forschungsprojekte geleitet und ist in mehreren forschungsrelevanten Institutionen aktiv, so in der Forschungseinheit mittelalterliche Geschichte der Freien Universität Brüssel.

Prof. Michael Mitterauer wurde 1960 an der Universität Wien zum Dr. phil. promoviert. Nach mehreren Forschungsaufenthalten wurde er dort auch für den Fachteil Sozial- und Wirtschaftsgeschichte habilitiert. Im Zentrum seiner Forschungs- und Lehrtätigkeit standen, neben der Geschichte des Mittelalters, die historische Demographie und die populare Autobiographik. Unter seiner Leitung baute das Institut für Sozial- und Wirtschaftsgeschichte eine Dokumentation lebensgeschichtlicher Aufzeichnungen auf sowie eine vielbändige Buchreihe, die dieser Thematik gewidmet ist. Ein Jahr vor seiner Emeritierung 2003 wurde ein nach ihm benannter Preis für Gesellschafts-, Kultur- und Wirtschaftsgeschichte gestiftet. Mitterauer wurde vielfach geehrt, unter anderem mit dem Wilhelm-Hartel-Preis (2003), dem Preis des Historischen Kollegs (2004), dem Österreichischen Ehrenzeichen für Wissenschaft und Kunst (2007) oder dem Goldenen Doktordiplom der Universität Wien (2010).

Régis Moes hat an der Freien Universität Brüssel und an der Pariser Univesität Paris 1 Panthéon-Sorbonne Geschichte studiert. Von 2008 bis 2011 besuchte er zudem die École normale supérieure in Paris. Seit 2011 ist Moes Doktorand an der Universität Paris I und der Universität Luxemburg, wo er von Jean-Paul Lehners betreut wird und vom Fonds National de la Recherche gefördert wurde. Der Titel seiner Studie: „Les Luxembourgeois et les Colonies: voyages dans les interstices des empires coloniaux. 1850–1960". Seine Masterarbeit mit dem Titel „‚Cette colonie qui nous appartient un peu'. Introduction à l'histoire de la communauté luxembourgeoise au Congo belge (1883–1960)" wurde in die Buchreihe der Robert-Krips-Stiftung aufgenommen, die besonders gut gelungene Qualifikationsarbeiten dieses Niveaus publiziert. Seit 2014 wirkt Régis Moes als Kurator im Musée national d'histoire et d'arts Luxembourg.

Prof. Hans-Heinrich Nolte wurde 1967 in Göttingen mit einer Studie zur religiösen Toleranz im frühneuzeitlichen Russland zum Dr. phil. promoviert. Seit 1970 war er Hochschulassistent an der Universität Hannover, wo er sich 1975 mit einer Untersuchung der sowjetischen Geschichtsschreibung der deutschen Ostkolonisation habilitierte. Von 1980 bis zu seiner Emeritierung 2003 lehrte und forschte Nolte als Professor für Osteuropäische Geschichte. Er wirkte als Gastprofessor in Lincoln (Nebraska), Woronesch und Wien. Er war Vorsitzender und ist nun Ehrenvorsitzender des „Vereins für Geschichte des Weltsystems", er gibt die „Zeitschrift für Weltgeschichte" heraus und leitet die Zweigstelle Hannover der Deutschen Gesellschaft für Osteuropakunde. Zu seinen wichtigsten Publikationen gehören, „Die eine Welt. Abriss der Geschichte des internationalen Systems" (1993), „Weltgeschichte des 20. Jahrhunderts" (2009) oder „Geschichte Russlands" (2012).

Prof. Antonio Papisca promovierte über Internationales Recht und lehrte bis zu seiner Emeritierung als Professur für die Internationale Organisation der Menschenrechte und des Friedens an der Universität Padua. Zwischen 1980 und 1983 leitete er als Dekan die politikwissenschaftliche Fakultät dieser Universität, gründete und leitete unter anderem das interdisziplinäre Zentrum für Menschen Rechte und den europäischen Master-Studiengang für Menschenrechte und Demokratisierung mit Sitz in Venedig. Darüber hinaus wirkte er an zahlreichen anderen Universitäten Italiens und weiterer Staaten Europas. Die Schwerpunkte seiner Tätigkeit in Forschung und Lehre sind „Weltordnung", „Internationale und transnationale Demokratie", Politik und Institutionen der Menschenrechte" sowie „Europäische Integration". Sein aktueller Tätigkeitsbereich ist „Stadt-Diplomatie". Prof. Papisca hat zahlreiche Publikationen zu diesen Themenbereichen vorgelegt und leitet verschiedene internationale Organisationen.

Prof. Michel Pauly wurde 1990 an der Universität Trier mit einer Studie über die Stadtgesellschaft Luxemburg im späten Mittelalter zum Dr. phil. promoviert. Bereits drei Jahre zuvor hatte er gemeinsam mit Michel Margue das am am Centre Universitaire de Luxembourg angesiedelte „Centre luxembourgeois de Documentation et d'Études médiévales" (CLUDEM) gegründet. 1997 bis 2002 leitete er das Forschungsprojekt „Hospitäler im Rhein-Maas-Mosel-Raum vom 7. bis zum 15. Jahrhundert", aus dem auch seine Habilitationsschrift hervorging. Schon 2001 war er am Centre Universitaire Luxemburg zum Assistenzprofessor ernannt worden. 2005 wurde Pauly im Fachbereich III der Universität Trier habilitiert und ein Jahr später auf eine Professur für transnationale luxemburgische Geschichte an der Universität Luxemburg berufen. Seit 2010 wirkt er im wissenschaftlichen Beirat des Instituts für vergleichende Stadtgeschichte (Münster) mit. Seit 2011 ist er Mitherausgeber der Zeitschrift „Hémecht".

Dr. Pit Péporté studierte zunächst am Centre Universitaire Luxemburg und schloss seine Studien an der Universität Edinburgh 2002 mit einem Master in Geschichte ab. Nach einem weiteren Master in Mittelalterforschung an dieser Universität (2003) wurde er dort 2008 zum Dr. phil. promoviert. Bereits seit 2003 forschte er an der Universität Luxemburg. 2006 bis 2008 lehrte Péporté als Tutor an der Universität Edinburgh. Seit 2008 forschte er als wissenschaftlicher Mitarbeiter an der Universität Luxemburg. 2013 lehrte er als Gastdozent an der Universität Sheffield. Seit 2013 wirkt Péporté als assoziierter Forscher am Nationalarchiv Luxemburg und seit 2014 als Lehrbeauftragter an der Universität Luxemburg. Er ist u. a. Mitglied des Centre luxembourgeois de documentation et d'études médiévales und Mitherausgeber der Zeitschrift The Medieval Low Countries und mit zahlreichen Publikationen zur mittelalterlichen Geschichte und der Erinnerungsforschung hervorgetreten.

Prof. Helmut Reinalter wurde 1971 an der Universität Innsbruck mit einer Dissertation über das Thema „Aufklärung – Absolutismus – Reaktion" zum Dr. phil. promoviert. Danach war er wissenschaftlicher Assistent am Institut für Geschichte und habilitierte sich 1978 im dem Fach Geschichte der Neuzeit und Zeitgeschichte mit einer Habilitationsschrift über den Aufgeklärten Absolutismus. 1981 wurde er auf die Professur für Geschichte der Neuzeit berufen und leitete seither die Internationale Forschungsstelle „Demokratische Bewegungen in Mitteleuropa" an der Universität Innsbruck. Reinalter wirkte als Gastprofessor in Aix-en-Provence, Salzburg, Luxemburg, Krakau und New York. Von 1992 bis 2005 war er Vorsitzender der Wissenschaftlichen Kommission zur Erforschung der Freimaurerei. 2000 gründete er das private Institut für Ideengeschichte. Seit 2010 wirkt Reinalter als Dekan der Philosophischen Klasse der Europäischen Akademie der Wissenschaften und Künste.

Dr. Guy Thewes studierte an der Katholischen Universität Löwen und schloss seine Studien mit dem Grad eines Magisters ab. Nachdem bereits seine Magisterarbeit publiziert worden war und große Anerkennung gefunden hatte, promovierte Thewes 2011 an der Universität Luxemburg mit einer grundlegenden Studie über die Versorgung der Truppen in den Österreichischen Niederlanden, die er 2012 veröffentlichte. Seit 1993 ist er als Kurator im Historischen Museum der Stadt Luxemburg für Sammlungen und Ausstellungen verantwortlich. Zugleich forscht er an der Universität Luxemburg. Hier ist sein Tätigkeitsschwerpunkt die luxemburgische Städtegeschichte. Zugleich ist er Mitglied der traditionsreichen Historischen Kommission des Großherzoglichen Instituts Luxemburg. Dr. Thewes hat zahlreiche Publikationen zur Städte-, Verwaltungs- und Militärgeschichte der südlichen Niederlande und Luxemburgs in der Frühen Neuzeit vorgelegt.

Dr. Fabian Trinkaus studierte zunächst an der Universität des Saarlandes Geschichtswissenschaft und der Germanistik. Von 2009 bis 2012 war er im Rahmen des Programms *Aides Formation Recherche* des luxemburgischen Fonds National de la Recherche und des Projekts „Nationenbildung und Demokratie" (PARTIZIP) wissenschaftlicher Mitarbeiter der Universität Luxemburg. Seine Dissertation „Arbeiterexistenzen und Arbeiterbewegung in den Hüttenstädten Neukirchen/Saar und Düdelingen/Luxemburg wurde von Prof. Gabriele Clemens (Universität des Saarlandes) und Prof. Jean-Paul Lehners (Universität Luxemburg) betreut und 2014 publiziert. Neben seiner Dissertation hat Dr. Trinkhaus zahlreiche weitere kleinere Studien zur Geschichte der Arbeiterbewegung und zur Nationsbildung publiziert. 2012 bis 2014 setzte er seine Ausbildung in Trier als Referendar für das Lehramt an Gymnasien fort. Seit seinem zweiten Staatsexamen lehrt er an einem Trierer Gymnasium.

Dr. Rolf Wittenbrock lehrte seit 1974 am Deutsch-Französischen Gymnasium Saarbrücken und war von 1986 bis 1991 zur Universität des Saarlandes abgeordnet, wo 1989 zum Dr. phil. promoviert wurde. 1992 bis 2007 leitete der das Deutsch-Französische Gymnasium Saarbrücken, seit 2007 das Planungsbüro Schwerpunkt Europa an der Universität des Saarlandes. Neben seiner Tätigkeit als Gymnasial- und Hochschullehrer engagiert sich Dr. Wittenbrock auf dem Gebiet der bi-nationalen Didaktik und forscht zur Stadt-, Regional- und europäischen Geschichte. Er ist Geschäftsführer der Kommission für saarländische Landesgeschichte und Mitglied der Académie Nationale de Metz, des Deutsch-Französischen Historikerkomitees, der Expertenkommission für das deutsch-französische Geschichtsbuch und des Verwaltungsrats der Universität Metz. Darüber hinaus ist er durch zahlreiche Publikationen zur Landes-, Regional- und Europa-Geschichte hervorgetreten.

Prof. Jean-Marie Yante ist einer der besten Kenner der Geschichte Luxemburgs in Mittelalter und Frühneuzeit. Er studierte an der katholischen Universität Löwen und der École pratique des Hautes Études de Paris und wurde an der Universität Löwen (Louvain-la-Neuve) zum Dr. phil. promoviert. Inzwischen lehrt er dort als Professor für Geschichte sowie am Institute for the Analysis of Change in Contemporary and Historical Societies. Bereits 1993 begann er seine Lehrtätigkeit am Centre Universitaire in Luxemburg über die Geschichte des Späten Mittelalters und der Frühen Neuzeit. Dies setzte er an der Universität Luxemburg fort. Prof. Yantes Forschungsschwerpunkte liegen auf der Institutionen-, Wirtschafts- und Sozialgeschichte des Späten Mittelalters und der Frühen Neuzeit, insbesondere im Raum zwischen Maas und Rhein. Darüber hinaus forscht er über zeitgenössische Verwaltungsstrukturen und Archive. Über diese Forschungsgebiete hat Prof. Yante auch umfassend publiziert.